Hybride Regulierung
des Freiverkehrs

Europäische Hochschulschriften

European University Studies

Publications Universitaires Européennes

Reihe II **Rechtswissenschaft**

Series II Law

Série II Droit

Band/Volume **5421**

Michael Schweppe

Hybride Regulierung des Freiverkehrs

Aspekte einer europarechtswidrigen börsen- und wertpapierhandelsrechtlichen Regulierung des Freiverkehrs in Bezug auf das Ziel der Schaffung eines integrierten Finanzbinnenmarktes

PL ACADEMIC RESEARCH

Bibliografische Information der Deutschen Nationalbibliothek
Die Deutsche Nationalbibliothek verzeichnet diese Publikation in der Deutschen Nationalbibliografie; detaillierte bibliografische Daten sind im Internet über http://dnb.d-nb.de abrufbar.

Zugl.: Frankfurt (Main), Univ., Diss., 2012

Gedruckt auf alterungsbeständigem,
säurefreiem Papier.

D 30
ISSN 0531-7312
ISBN 978-3-631-62501-9

www.peterlang.de

Vorwort

Die vorliegende Arbeit wurde im Jahr 2012 vom Fachbereich Rechtswissenschaft der Johann Wolfgang Goethe-Universität Frankfurt am Main als Dissertation angenommen. Sie befindet sich grundsätzlich auf dem Stand von April 2012.

Mein großer Dank gilt meiner Doktormutter Frau Prof. Dr. Katja Langenbucher. Ihr danke ich für den regelmäßigen Austausch mit wertvollen Hinweisen zur Fertigstellung der Arbeit und die sehr schnelle Erstellung des Erstgutachtens. Für die ebenfalls sehr schnelle Erstellung des Zweitgutachtens bin ich Frau Prof. Dr. Marina Wellenhofer zu Dank verpflichtet.

Durch ihre andauernde Unterstützung während der Erstellung dieser Arbeit hat meine Familie maßgeblich zum erfolgreichen Abschluss meines Promotionsvorhabens beigetragen. Dafür danke ich ihr sehr herzlich. Mein besonderer Dank für ihre Unterstützung gilt Frau Dr. Christine Riederer. Als Zeichen meiner tief empfundenen Dankbarkeit widme ich ihnen diese Arbeit.

München, im Oktober 2012 — Dr. Michael Schweppe

Inhaltsverzeichnis

Einleitung

Der Kapitalmarkt hat in den vergangenen Jahren zunehmend an Bedeutung gewonnen. Für Unternehmen ist er als Finanzierungsquelle eine wichtige Alternative zur bankenbasierten Finanzierung geworden. Insbesondere kleine und mittlere Unternehmen, die aufgrund der Erfahrungen der Finanz- und Wirtschaftskrise seit dem Jahr 2008 eine restriktivere Kreditvergabe durch Banken in besonderem Maße zu spüren bekommen, sind verstärkt auf eine kapitalmarktbasierte Finanzierung angewiesen. Aus Sicht von Investoren ist der Kapitalmarkt ebenfalls verstärkt in den Fokus gerückt. Für private Anleger stellt die staatliche Altersvorsorge aufgrund der demographischen Entwicklung alleine keine adäquate Absicherung mehr dar; institutionelle Investoren sehen in den volatilen, krisengeschüttelten Märkten durchaus Chancen und beide Typen von Investoren können von kapitalmarkbasierten Produkten immer öfter zumindest bessere Renditen erwarten, als sie ihnen konservative Anlageprodukte bieten.

Als zentrale Orte des Handels mit Kapitalmarktprodukten existieren Handelsplätze. Entscheidend für die Wahl von Handelsplätzen durch Emittenten von Wertpapieren sowie Anleger sind die Effizienz und die Attraktivität eines Handelsplatzes. Beide Faktoren werden sowohl durch Angebote der Betreiber der betreffenden Handelsplätze bestimmt, wie etwa Ausführungsgarantien, maximale Differenzen zwischen dem besten Kauf- und dem besten Verkaufskurs (*Spread*) und ähnlichem, als auch durch regulatorische Rahmenbedingungen. Die regulatorischen Rahmenbedingungen können durch die Betreiber nicht unmittelbar beeinflusst werden. Sie üben ihrerseits aber maßgeblichen Einfluss auf für Handelsplätze bedeutende Merkmale wie die Höhe von Transaktionskosten und dem Maß der Liquidität aus. Diese Merkmale bestimmen maßgeblich die Effizienz und Attraktivität eines Handelsplatzes.

Zu den regulatorischen Einflussgrößen gehören in erster Linie marktorganisationsrechtliche Vorschriften des Börsen- und Wertpapierhandelsrechts. Sie werden bereits seit einigen Jahren weit überwiegend von Vorgaben der Europäischen Union geprägt. Darüber hinaus haben auch solche Vorschriften Einfluss auf die regulatorischen Bedingungen an einem Handelsplatz, die sich nicht unmittelbar mit Fragen der Marktorganisation beschäftigen, sondern für die Einschätzung der Integrität eines Handelsplatzes sowie den mit dem Zugang zu einem Handelsplatz verbundenen Kosten von Bedeutung sind.

Die regulatorischen Rahmenbedingungen für den Wertpapierhandel stehen in engem Zusammenhang mit den technischen Entwicklungen im Bereich des Wertpapierhandels. Das Angebot von Wertpapierhandelsdienstleistungen hat sich parallel zur Bedeutungszunahme des Kapitalmarktes verändert. Während noch vor wenigen Jahren die Börse in Bezug auf die Aufnahme und Investition von Kapital eine monopolartige Stellung hatte, entwickelten sich verstärkt Handelssysteme außerhalb der Börse. Diese sogenannten alternativen Handelssysteme[1] bieten Wertpapierhandelsdienstleistungen ausschließlich über elektronische Kommunikationswege an. Indem Angebot und Nachfrage ebenfalls rein elektronisch zusammengeführt werden, können unter anderem Kosten im Zusammenhang mit einer Wertpapiertransaktion reduziert werden. Alternative Handelssysteme konnten dadurch mitunter bedeutende Anteile am Handelsvolumen gewinnen. Die Möglichkeiten einer örtlich unabhängigen Beauftragung und Ausführung von Wertpapiertransaktionen haben umgekehrt zu Strukturänderungen an den börslichen Handelsplätzen geführt. Am deutlichsten zeigen sich die Veränderungen durch Dezentralisierungstendenzen an dem von der Öffentlichkeit mit dem Wertpapierhandel gedanklich untrennbar verbunden Präsenzhandel auf dem Börsenparkett.[2] Anstelle des unmittelbar persönlichen Austauschs zwischen Händlern und Maklern kommunizieren die Beteiligten auf dem Parkett heute über elektronische Systeme, falls der börsliche Handelsplatz überhaupt noch einen Präsenzhandel aufrecht erhält.

Anders als die börslichen Handelsplätze waren die alternativen Handelssysteme jedoch nur geringfügig reguliert. Mit der Zunahme des außerbörslichen Handelsvolumens entstand das Bedürfnis nach einer Regulierung dieser Handelsplätze. Da die technischen Weiterentwicklungen zu einem grenzübergreifenden Handel führten, bot es sich an, auf europäischer Ebene verbindliche Vorgaben für das Angebot von Wertpapierhandelsdienstleistungen innerhalb der Europäischen Union zu machen. Mit dem Aktionsplan für Finanzdienstleistungen (Financial Services Action Plan – *FSAP*)[3] kam die Europäische Union diesem Bedürfnis nach. Neben dem Schutz der Funktionsfähigkeit des Kapitalmarktes und dem Schutz der Anleger möchte die Europäische Union mit dem

1 Vgl. Loff, Alternative Handelssysteme, S. 6 ff., 31 ff.; Börsensachverständigenkommission, Empfehlungen zur Regulierung Alternativer Handelssysteme, S. 2 ff.; Hartmuth, Institutioneller Wandel von Börsen, S. 71.

2 Der Präsenzhandel hat mit einem Anteil am gesamten börslichen Handelsvolumen im einstelligen Prozentbereich (vgl. Deutsche Börse AG, Cash Market: Monthly Statistics October 2011, S. 2, abrufbar unter www.deutsche-boerse.com) in den vergangenen Jahren einen erheblichen Bedeutungsverlust gegenüber ausschließlich elektronischen Börsenhandelssystemen erfahren.

3 KOM(1999) 232, vom 11.05.99 (Finanzdienstleistungen: Umsetzung des Finanzmarktrahmens: Aktionsplan).

FSAP auch den Wettbewerb zwischen den verschiedenen Anbietern von Wertpapierhandelsdienstleistungen forcieren, um einen Binnenmarkt für Finanzdienstleistungen zu verwirklichen. Durch die möglichst effiziente Zusammenführung von Kapitalangebot und Kapitalnachfrage in einem harmonisierten europäischen Kapitalmarkt sollen zudem die wirtschaftlichen Bedingungen innerhalb der einzelnen Mitgliedstaaten der Europäischen Union verbessert werden.

Zur konkreten Verwirklichung dieser Pläne sah der FSAP mit der Finanzmarkt-Richtlinie (Markets for Financial Instruments Directive – *MiFID*)[4] insbesondere Veränderungen der Marktorganisation für den Wertpapierhandel vor. Durch die Abschaffung rechtlicher und administrativer Hindernisse, sollen den Betreibern von Handelsplätzen Rahmenbedingungen zur Verfügung gestellt werden, um Wertpapierhandelsdienstleistungen ungehindert grenzüberschreitend anbieten zu können. Die MiFID trägt dabei auch der mittlerweile bedeutenden Marktstellung alternativer Handelssysteme Rechnung. Neben geregelten Märkten, welche aufgrund ihrer Merkmale den börslichen Handelsplätzen entsprechen, und systematischen Internalisierern, mit welchen der häufige und regelmäßige außerbörsliche und außerhalb alternativer Handelssysteme stattfindende Handel durch Wertpapierdienstleistungsunternehmen auf eigene Rechnung durch die Ausführung von Kundenaufträgen verbunden wird, klassifiziert die Richtlinie einen weiteren Handelsplatztyp: das multilaterale Handelssystem (Multilateral Trading Facility – *MTF*).[5]

Als wesentliches Merkmal verbindet den börslichen Handelsplatz und MTF der Handel durch eine Vielzahl von Nutzern innerhalb des jeweiligen Handelssystems (*Multilateralität*). Das gemeinsame Merkmal des multilateralen Handels hat eine Nutzungs- und Funktionsgleichheit zur Folge, aus der sich zwangsläufig eine Wettbewerbssituation ergibt.[6] Durch das Merkmal der Multilateralität unterscheiden sich der geregelte Markt und das MTF im Übrigen auch grundlegend von der systematischen Internalisierung, bei welchen allein ein bilateraler Handel durchgeführt wird.

Über die Klassifizierung dieser drei Handelsplatztypen wollte die Europäische Union nahezu das vollständige Handelsvolumen mit Wertpapieren erfas-

---

4 Richtlinie 2004/39/EG des Europäischen Parlaments und des Rates vom 21. April 2004 über Märkte für Finanzinstrumente, zur Änderung der Richtlinien 85/611/EWG und 93/6/EWG des Rates und der Richtlinie 2000/12/EG des Europäischen Parlaments und des Rates und zur Aufhebung der Richtlinie 93/22/EWG des Rates, ABl. L 145/1.

5 Siehe zur Klassifizierung ausführlich Kapitel I. B.

6 Vgl. Lenenbach, Kapitalmarktrecht, Rn. 3.238.

sen. Die Erfahrungen der Finanz- und Wirtschaftskrise haben jedoch gezeigt, dass sich verschiedene Mischformen von Handelsplatztypen gebildet haben. Der mit der MiFID beabsichtigte Transparenz- und Regulierungseffekt trat dadurch noch nicht in der gewünschten Form ein. Aus diesem Grund leitete die Europäische Kommission ein Konsultationsverfahren ein, an dessen Ende sie im Oktober 2011 einen Vorschlag für eine Neufassung der MiFID dem Europäischen Parlament und dem Rat der Europäischen Union zur Beratung und Verabschiedung vorlegte.[7] Durch die Klassifizierung eines vierten Handelsplatztyps, dem organisierten Handelssystem (Organised Trading Facility, *OTF*), versucht die Europäische Kommission die Ziele des FSAP und der MiFID weiter umzusetzen.

Aufgrund der Maßnahmen der Europäischen Union zur Förderung des Wettbewerbs im Bereich des Angebots von Wertpapierhandelsdienstleistungen im Wege der Vereinheitlichung der Rahmenbedingungen für den Betrieb börslicher Handelsplätze und MTF hätte erwartet werden können, dass MTFs einen entsprechenden Zuwachs des Anteils am Handelsvolumen erfuhren. Einen solchen Befund gibt es für Deutschland jedoch nicht.[8]

Auch wenn die Umsetzung der Vorgaben der MiFID weitgehende Änderungen des deutschen Marktorganisationsrechts mit sich brachte, wird hier bezweifelt, dass die Änderungen der Strukturen des deutschen Marktorganisationsrechts, welche auch im Rahmen der Umsetzung der MiFID nicht grundlegend angetastet wurden, ausreichend waren, um den europäischen Zielvorstellungen zur Schaffung eines integrierten Finanzbinnenmarktes in der erforderlichen Weise Rechnung zu tragen. Konkreten Anlass hierzu bietet die börsen- und wertpapierhandelsrechtliche Regulierung des Freiverkehrs, welche von den Betreibern börslicher Handelsplätze veranstaltet werden.

Die MiFID erfasst den Freiverkehr nicht als eigenständigen Handelsplatztyp. Aufgrund seiner historischen Verbindung mit der Börse und der Regulierung im Börsengesetz wäre es zunächst naheliegend, den Freiverkehr dem Bereich des börslichen Handels zuzuordnen. Die Verflechtung des Freiverkehrs mit der Börse kann jedoch durchaus kritisch gesehen werden und ist daher zu hinterfragen. Denn vor dem Hintergrund der europäischen Vorgaben für die Neuorganisation des Marktorganisationsrechts und aufgrund von Besonderheiten des

---

7 KOM(2011), 656 endgültig und KOM(2011), 652 endgültig (beide vom 20. Oktober 2011).

8 Nach der Zulassung des früheren MTF Tradegate als Börse, ist im Bereich des Aktienhandels mittlerweile kein MTF mehr zugelassen.

deutschen Börsenorganisationsrechts kann der Freiverkehr als Handelsplatztyp abschließend weder dem geregelten Markt, noch dem MTF zugeordnet werden. Die Sonderstellung des Freiverkehrs zeigt sich bereits in der uneinheitlichen Wahrnehmung dieses Handelsplatztyps durch die Europäische Union und die Bundesanstalt für Finanzdienstleistungen (*BaFin*). Während die European Securities and Markets Authority (*ESMA*) die deutschen Freiverkehrsmärkte dem Handelsplatztyp des MTF unter einer Aufsicht der BaFin zuordnet, werden diese zum einen von der BaFin selbst nicht als MTF eingestuft und zum anderen durch die Börsenaufsichtsbehörden der Länder überwacht.[9]

Durch den FSAP und die MiFID sollten alle Privilegierungen der Börse gegenüber dem MTF abgeschafft werden. Aufgrund der Verbindung der Börse mit dem Freiverkehr, ist von dieser Vorgabe auch die Art und Weise der Regulierung des Freiverkehrs erfasst, da eine Privilegierung des Freiverkehrs insoweit einer Privilegierung der Börse selbst gleich kommen würde. Eine Bevorzugung der Börse über den Freiverkehr wäre nicht mit den europäischen Vorgaben der Schaffung eines *level playing field* zwischen den verschiedenen Handelsplatztypen zu vereinbaren. Vielmehr müssten die europäischen Vorgaben in einer Art und Weise umgesetzt werden, welche den Zielen der Vorgaben zur höchstmöglichen Effizienz verhelfen. Gleichzeitig müssten bestehende Vorschriften angepasst werden, falls sie den europäischen Vorgaben entgegenstehen oder die Wirkung der Vorgaben negativ beeinflussen. Bezeichnend ist in diesem Zusammenhang, dass mit der Börse Tradegate ein als MTF gestarteter Handelsplatz seinen Umsatz nach der Zulassung und Aufnahme des Handelsbetriebs als Börse in kürzester Zeit überproportional im Verhältnis zu bereits als Börsen zugelassenen Handelsplätzen steigern konnte.

Um die Rolle und die Bedeutung des Freiverkehrs in Bezug auf den angestrebten Wettbewerb zwischen der Börsen und ihren Betreibern sowie den MTFs und ihren Betreibern einordnen zu können, sollen zunächst die Vorgaben der Europäischen Union zur Schaffung eines integrierten Finanzbinnenmarktes zum Gegenstand des ersten Kapitels gemacht werden. Sie sind Bestandteil einer genaueren Darstellung der Organisation und der Struktur des Marktes für den Wertpapierhandel. Im Rahmen der Erläuterung der verschiedenen von der MiFID klassifizierten und im Wettbewerb stehenden Handelsplatztypen, sollen insbesondere auch die Merkmale herausgearbeitet werden, aufgrund welcher Handelsplätze bewertet werden können. Im Wesentlichen sind dies die eng mit-

9 Der Jahresbericht der Bundesanstalt für Finanzdienstleistungsaufsicht 2010, S. 196 weist eine deutlich geringere Zahl an MTF gegenüber der von der ESMA unter http://mifiddatabase.esma.europa.eu angegebenen Zahl auf.

einander verbundenen Transaktionskosten und die Liquidität. In diesen Merkmalen zeigt sich die praktische Relevanz der Ausgestaltung und Art und Weise der Umsetzung der regulatorischen Vorgaben, da von rationalen Anlegern zu erwarten ist, dass sie sich zumindest an objektivierbaren Kriterien im Zusammenhang mit einer Anlageentscheidung bzw. Kapitalmaßnahmen und der diesbezüglichen Wahl eines Handelsplatzes bzw. Handelsplatztyps leiten lassen.

Die Befürchtungen, dass aufgrund der Reform der Marktorganisation die Börsen ein Ende finden könnten, sollen Ausgangspunkt für eine Betrachtung der tatsächlichen Auswirkungen der Umsetzung der europäischen Vorgaben sein. Bereits hier kann vorweggenommen werden, dass sich die Strukturen des Marktes für Wertpapierhandelsdienstleistungen in Deutschland nicht in der von der Europäischen Union beabsichtigten Art und Weise verändert haben. Dieser Befund dürfte auch mit gewissen handelstechnischen Gründen zusammenhängen: Aufgrund der Freiheit des Kapitalverkehrs bündeln insbesondere institutionelle Investoren ihre Anlagetätigkeiten im Ausland und damit auch auf ausländischen MTF, welche anders als deutsche MTF einen starken Bedeutungszuwachs in Folge der Marktorganisationsreform durch die MiFID erfahren haben. Gleichwohl wird hier mit der Regulierung des Freiverkehrs ein weiterer Faktor im Wettbewerb zwischen Börse und MTF identifiziert, welcher der Wirkung der europäischen Vorgaben entgegenstehen könnte. Der Freiverkehr selbst ist nicht unmittelbar Gegenstand der MiFID und kann daher zunächst nicht eindeutig in das System der von der Richtlinie klassifizierten Handelsplatztypen eingeordnet werden.

Aufgrund dieses Befundes soll im zweiten Kapitel die regulatorische Sonderstellung des Freiverkehrs näher beleuchtet werden. Dabei sollen die verschiedenen Regulierungselemente und Merkmale des Freiverkehrs in Bezug zu den bekannten Handelsplatztypen der Börse und des MTF dargestellt werden, um im dritten Kapitel eine Bewertung hinsichtlich der Konformität der Regulierung des Freiverkehrs mit den europäischen Vorgaben der MiFID und des FSAP vornehmen zu können. In diesem Zusammenhang soll es sowohl auf die zuvor ausgearbeiteten Erkenntnisse in Bezug auf die Marktorganisationsform des Freiverkehrs einschließlich der sich daraus ergebenden Folgen für die Qualität der Preisfeststellung und der Handelsüberwachung, als auch mit Regelungen in Bezug auf die Insiderüberwachung und das Verbot der Marktmanipulation auf eine Untersuchung und die Konformität des Anwendungsbereichs wesentlicher wertpapierhandelsrechtlicher Vorschriften sowie eine Betrachtung kapitalmarktrechtlicher Publizitätsvorschriften ankommen, da auch sie von Bedeutung für die Integrität und Attraktivität eines Handelsplatzes bzw. Handelsplatztyps sind und damit Einfluss auf die Effektivität der Schaffung eines integrierten Binnenmarktes ausüben können.

Kapitel I. Organisation und Struktur des Marktes für den Wertpapierhandel

Um die unterschiedlichen Interessen der Emittenten von Wertpapieren (*Kapitalnachfrager*) und der Anleger (*Kapitalanbieter*) effektiv miteinander verbinden zu können, ist im Bereich des Handels mit Wertpapieren eine gewisse Organisation von Vorteil. Denn nur ein organisierter Kapitalmarkt trägt durch die von Informations- und Kommunikationstechnologien getragenen Handels- und Preisfeststellungssysteme zu der volkswirtschaftlich notwendigen Kapitaltransformation bei.[10] In Abgrenzung dazu werden im Bereich des nicht organisierten Kapitalmarktes, dem sogenannten grauen Kapitalmarkt (auch *freier Kapitalmarkt* oder auch *Nebenkapitalmarkt* genannt), vor allem Anteile an Publikumspersonengesellschaften, geschlossenen Immobilienfonds, oder Beteiligungen an Bauherrenmodellen gehandelt. Transaktionen in diesem Bereich finden üblicherweise nicht über Handelsplattformen statt.[11] Der graue Kapitalmarkt ist zudem nicht Gegenstand der hier relevanten europäischen Vorgaben des Aktionsplans für Finanzdienstleistungen (Financial Services Action Plan – *FSAP*)[12] und der Finanzmarkt-Richtlinie (Markets for Financial Instruments Directive – *MiFID*),[13] anhand welcher die Umsetzung in deutsches Recht im Hinblick auf die Schaffung eines integrierten Finanzbinnenmarktes untersucht wird.

Der Begriff des Handelsplatzes, seine Bedeutung im Kapitalmarkt und die verschiedenen Typen von Handelsplätzen sind hilfreich bei der Einordnung des in der Folge näher zu betrachtenden Freiverkehrs als durch die MiFID nicht klassifizierten Handelsplatztyp. Die Struktur des Marktes für den Wertpapierhandel, sein Regulierungsumfeld und die Wettbewerbsverhältnisse sind darüber hinaus die Grundlage für eine Bewertung der Regulierung des Freiverkehrs und

---

10 Vgl. Beck/Seite, in: Breuer, Finanzierung, S. 33, 39; Nabben/Rudolph, ZFP 1994, 167, 167; Bley, Grundlagen und Praxis des Wertpapiergeschäfts, S. 208 ff.; Picot/Bortenlänger/Röhrl, Börsen im Wandel, S. 81.

11 Siehe aber von Daniels, Private Equity secondary transactions, S. 78 ff. für die Börse Hamburg.

12 KOM(1999) 232, vom 11.05.99 (Finanzdienstleistungen: Umsetzung des Finanzmarktrahmens: Aktionsplan).

13 Richtlinie 2004/39/EG des Europäischen Parlaments und des Rates vom 21. April 2004 über Märkte für Finanzinstrumente, zur Änderung der Richtlinien 85/611/EWG und 93/6/EWG des Rates und der Richtlinie 2000/12/EG des Europäischen Parlaments und des Rates und zur Aufhebung der Richtlinie 93/22/EWG des Rates, ABl. L 145/1.

deren Bedeutung im Zusammenhang mit dem Ziel des FSAP und der MiFID, einen fairen Wettbewerb zwischen den verschiedenen Handelsplatztypen und den dahinter stehenden Börsenbetreibergesellschaften und Wertpapierdienstleistungsunternehmen zu forcieren und dadurch einen integrierten Finanzbinnenmarkt zu schaffen.

A. Handelsplätze im Zentrum des Kapitalmarktes

I. Begriff des Handelsplatzes

Ein Handelsplatz ist der Oberbegriff für alle Ausführungsorte zum Handel von Gegenständen oder Rechten. Hier werden darunter jeweils die Systeme verstanden, in denen Geschäfte über Wertpapiere zustande kommen und welche aufgrund der Klassifizierung durch die MiFID typisiert werden können.[14] Art. 2 Nr. 8 MiFID-DVO bezeichnet den Handelsplatz als „einen geregelten Markt, multilaterale Handelssysteme oder systematische Internalisierer, die in dieser Eigenschaft handeln". Der Begriff soll durch die von der Europäischen Kommission im Rahmen der Überprüfung der Regelungen der MiFID neu vorgeschlagene Verordnung, die MiFID II-VO-E,[15] geringfügig verändert werden. Gemäß Art. 2 Abs. 1 Nr. 25 MiFID II-VO-E soll ein Handelsplatz danach ein „geregelter Markt, ein MTF oder ein OTF" sein. Der durch den Vorschlag neu klassifizierte Handelsplatztyp des OTF, mit welchem insbesondere der Handel in Derivaten und auf anonymisierten Handelsplattformen erfasst werden soll,[16] würde den systematischen Internalisierer ersetzen und ist gleichzeitig ein Beleg für den von der Europäischen Union bevorzugten multilateralen Handel gegenüber einem bilateralen Handel.[17]

Jeder Handelsplatz setzt sich folglich nicht nur aus einem oder mehreren Systemen zum Handel von Wertpapieren zusammen, sondern ist durch die Zu-

---

14 Vgl. Lenenbach, Kapitalmarktrecht, Rn. 1.9 ff. sowie Erwägungsgrund (6) der MiFID, siehe ausführlich Kapitel I. B.

15 Vorschlag für eine Verordnung des Europäischen Parlaments und des Rates über Märkte für Finanzinstrumente und zur Änderung der Verordnung [EMIR] über OTC-Derivate, zentrale Gegenparteien und Transaktionsregister, KOM(2011) 652 endgültig, 2011/0296 (COD).

16 Ausführlich dazu unter Kapitel I. B.I.3.

17 Dazu Kapitel I. B.II.3.

sammenführung von Angebot und Nachfrage und ein eigenes Preisermittlungsverfahren ein Markt für sich.[18]

II. Zentralisierungs- und Bewertungsfunktion

Handelsplätze üben eine Zentralisierungsfunktion aus, indem sie die Angebote von Kapitalanbietern und Kapitalnachfragern räumlich, zeitlich und inhaltlich zusammenführen.[19] Die Verlagerung von Finanzkapital und Tendenzen einer Zentralität von Börsen in bestimmten Anlageklassen und Branchen zeigten sich bereits im 17. Jahrhundert.[20]

Neben der Handelsfunktion kommt Handelsplätzen auch eine Bewertungsfunktion zu, anhand welcher z. B. Beteiligungen an Unternehmen quantifiziert werden können.[21] Aufgrund des grenzüberschreitenden Wettbewerbs ist die Qualität dieses Zusammenführungs- und Bewertungsprozesses auch von entscheidender gesamtwirtschaftlicher Bedeutung.[22]

Handelsplätze stehen auch deshalb im Zentrum des Kapitalmarktes, weil sie den Primärmarkt und den Sekundärmarkt miteinander verbinden. Bei dem Primärmarkt und dem Sekundärmarkt handelt es sich um funktionale Unterteilungen der Finanzierungs- und Investitionsaktivitäten auf dem Kapitalmarkt.

1. Wertpapieremissionen auf dem Primärmarkt

Im Primärmarkt erfolgt das erstmalige Angebot des Emittenten an Investoren zur Zeichnung von Wertpapieren. Die Zeichnung von Wertpapieren im Primärmarkt kann Gegenstand einer erstmaligen oder wiederholten Ausgabe von Wertpapieren sein.[23]

---

18 Lenenbach, Kapitalmarktrecht, Rn. 1.28 ff., 3.88.

19 Vgl. Hartmuth, Institutioneller Wandel von Börsen, S. 59.

20 Vgl. Walter, Wirtschafts- und Sozialgeschichte, S. 151 ff.

21 Lenenbach, Kapitalmarktrecht, Rn. 1.8.

22 Vgl. Hartmann/Heider/Papaioannou/Lo Duca, in: Freixas / Hartmann / Mayer, European Financial Markets and Institutions, S. 118 ff.

23 Vgl. Kümpel, Kapitalmarktrecht, S. 71 f.; Ekkenga/Maas, Wertpapieremissionen, S. 21; Lenenbach, Kapitalmarktrecht, Rn. 1.21; Buck-Heeb, Kapitalmarktrecht, Rn. 70; Bröcker, in: Claussen, Bank- und Börsenrecht, S. 317; Elster, Europäisches Kapitalmarktrecht, S. 3.

Die in der Öffentlichkeit häufig am stärksten wahrgenommene Kapitalmaßnahme auf dem Primärmarkt ist das erstmalige, öffentliche Angebot zur Zeichnung von Aktien (*IPO*) großer Unternehmen im Rahmen eines sogenannten Börsengangs.[24] Ein solcher IPO findet fast ausschließlich im Wege einer Fremdemission statt.[25] Dazu erfolgt vor dem Erwerb der Anteile durch Anleger ein Zwischenerwerb durch ein Emissionskonsortium, welches die Papiere über seine Vertriebsstrukturen bei Investoren platziert.[26] Das Zeichnungsangebot und die Zuteilung an die Anleger erfolgt als Teil des Bankengeschäfts. Der Primärmarkt ist somit in der Regel nicht mit einem bestimmten Handelsplatztyp verbunden. Die Emission der Wertpapiere und deren Zuteilung auf dem Primärmarkt sind daher von der ersten Feststellung eines Preises für das betreffende Wertpapier im Sekundärmarkt und dem dort erfolgenden Handel abzugrenzen.[27] Im Gegensatz zum Sekundärmarkt weist der Primärmarkt keine rechtlich zwingenden organisatorischen Strukturen auf.[28]

---

24 Der IPO wird hier als „sogenannter" Börsengang bezeichnet, da nach der hier vertretenen Auffassung, die Zulassung oder Einbeziehung von Aktien im Rahmen eines IPO nicht zwingend an einem börslichen Handelsplatz stattzufinden hat. Die emittierten Wertpapiere können gleichermaßen auch an einem MTF in den Handel einbezogen werden. Damit ist jeder Börsengang ein IPO, aber nicht jeder IPO zwingend ein Börsengang. Dafür spricht auch, dass in unzulässiger Ausweitung des Begriffs „Börsengang" auch die nach einem IPO stattfindende Einbeziehung in den Handel des Freiverkehrs typischerweise als ein solcher bezeichnet wird. Detailliert zum Verhältnis zwischen Börse und Freiverkehr s. Kapitel II. A.

25 Merkt/Rossbach, JuS 2003, 217, 218. Formen der Eigenplatzierung durch den Emittenten selbst sind von geringer Aussicht auf Erfolg, außer es handelt sich bei dem Emittenten um ein Kredit- oder Finanzdienstleistungsinstitut, welches seinerseits über Kontakte zu Anlegern und den Vertriebsstrukturen zur Erreichung eines breiteren Publikums verfügt. Zum überschaubaren Erfolg von Eigenemissionen über das Internet s. Schanz, Börseneinführung, § 10 Rn. 10; zu elektronischen Primärmarkten von Kuczkowski, Elektronische Primär- und Sekundärmärkte im Internet, S. 57 ff.

26 Schlitt in: Grunewald / Schlitt, Kapitalmarktrecht, S. 5; Buck-Heeb, Kapitalmarktrecht, Rn. 72; Heinze, Europäisches Kapitalmarktrecht, S. 5.

27 Kümpel/Veil, Wertpapierhandelsgesetz, S. 28.

28 Kümpel, Kapitalmarktrecht, S. 76. Unabhängig von organisatorischen Pflichten im Zusammenhang mit der Emission unterliegen die Konsortialbanken allgemeinen Organisations- und Verhaltenspflichten als Kredit- und Finanzdienstleistungsinstitute.

2. Wertpapierhandel im Sekundärmarkt

In Abgrenzung zum Primärmarkt spricht man in Bezug auf den laufenden Handel mit bereits emittierten Wertpapieren von einem Sekundärmarkt.[29] Der Handel schließt die Veräußerung durch den Ersterwerber der Papiere nach der Zuteilung und alle sich daran anschließenden Veräußerungsvorgänge ein.[30] Im Sekundärmarkt stehen sich typischerweise Anleger und Finanzintermediäre gegenüber.[31] Im Falle der elektronischen Zusammenführung von Angebot und Nachfrage ist regelmäßig kein Finanzintermediär beteiligt.

Der Sekundärmarkt kann börslich oder außerbörslich organisiert sein. Neben Wertpapiergeschäften unter Anlegern, erfasst der Sekundärmarkt z. B. auch Umplatzierungen bereits notierter Aktien im Wege eines öffentlichen Angebots oder eines *block trades*.[32] In einem Sekundärmarkt werden typischerweise Handels-, Bewertungs- und Preisbildungsfunktionen sowie Geschäftsabwicklungsdienste angeboten.[33] Handelsplätze dienen somit nicht unmittelbar der Kapitalbeschaffung, sondern vielmehr der Umschichtung bereits vorhandenen Kapitals. Sie üben jedoch einen mittelbaren Einfluss auf die Beschaffung finanzieller Mittel am Primärmarkt aus.[34]

Als organisierte Marktform für den Wertpapierhandel unterliegt der Sekundärmarkt staatlicher Reglementierung.[35] Merkmale eines organisierten (Sekundär-)Kapitalmarktes sind insbesondere die zeitliche und örtliche Konzentration des Handels in standardisierten und fungiblen Finanzinstrumenten, strenge Preisermittlungsmethoden und eine Vielzahl von Publizitätsakten.[36] Zu derartig organisierten Marktformen gehören sowohl mit Wertpapierbörsen als auch MTF

---

29 Kümpel, Kapitalmarktrecht, S. 74; Elster, Europäisches Kapitalmarktrecht, S. 3.

30 Lenenbach, Kapitalmarktrecht, Rn. 1.25; Buck-Heeb, Kapitalmarktrecht, Rn. 70; Bröcker, in: Claussen, Bank- und Börsenrecht, S. 317; Kümpel/Veil, Wertpapierhandelsgesetz, S. 28.

31 Heinze, Europäisches Kapitalmarktrecht, S. 5.

32 Dabei handelt es sich um die Veräußerung von großen Aktienpaketen, siehe Schlitt in: Grunewald / Schlitt, Kapitalmarktrecht, S. 5.

33 Vgl. Hartmuth, Institutioneller Wandel von Börsen, S. 60.

34 Möller, Kapitalmarktaufsicht, S. 91

35 Kümpel, Bank- und Kapitalmarktrecht, Rn. 8.217.

36 Vgl. Buck-Heeb, Kapitalmarktrecht, Rn. 76; Pape, Grundlagen der Finanzierung und Investition, S. 10 f.; Viermetz, in: Kley / Leven / Rudolph / Schneider, Aktie und Kapitalmarkt, S. 27.

beide der hier näher betrachteten multilateralen Handelsplatztypen.[37] Indem Sekundärmärkte den Handel mit Finanzinstrumenten durch eine in geplanter Weise durchgeführte Konzentration von Angebot und Nachfrage durchführen, erfüllen sie eine volkswirtschaftlich bedeutende Zentralisierungsfunktion.[38]

Die Finanzierung von Unternehmen durch die Emission von Wertpapieren im Primärmarkt und der Handel dieser Papiere über ein Wertpapierhandelssystem im Sekundärmarkt sind zwar funktional voneinander getrennt, können praktisch aber nicht ohne den jeweils anderen Markt bestehen.

3. Konkurrenz um die Weiterleitung des Auftragsstroms

Aus der Zentralisierungsfunktion von Handelsplätzen ergibt sich der wesentliche Gegenstand des Wettbewerbs der Handelsplätze untereinander. Handelsplätze konkurrieren entsprechend der funktionalen Einteilung des Kapitalmarktes um die Erbringung von Dienstleistungen in den Bereichen des Primärmarktes wie auch des Sekundärmarktes. Das bedeutet zunächst eine Auseinandersetzung um Emittenten. Auch wenn die Handelsplätze mit ihren Handelssystemen nicht unmittelbar auf dem Primärmarkt tätig sind, wird im Rahmen der Emission von Wertpapieren unmittelbar die Aufnahme in einen Sekundärmarkt angestrebt, um die Papiere fungibel zu machen. Handelssysteme und Handelsregeln werden daher regelmäßig an die Interessen der Marktteilnehmer angepasst.[39]

In Bezug auf die Emittenten ist dabei ein starker internationaler Wettbewerb entstanden, da der freie Kapitalverkehr eine flexible Verschiebung von Finanzierungsaktivitäten über nationale Grenzen hinaus ermöglicht.[40] Ein Wettbewerb

---

37 Lenenbach, Kapitalmarktrecht, Rn. 1.28 ff.; Möller, Kapitalmarktaufsicht, S. 27; Kümpel/Hammen, Börsenrecht, S. 17 ff.

38 Picot/Bortenlänger/Röhrl, Börsen im Wandel, S. 28 f.; Kumpan, Die Regulierung außerbörslicher Wertpapierhandelssysteme, S. 267; Möller, Kapitalmarktaufsicht, S. 92.

39 Blumentritt, Die privatrechtlich organisierte Börse, S. 37; Lepczyk, Rechtliche Aspekte internationaler Börsenfusionen, S. 13 f.; Picot/Bortenlänger/Röhrl, Börsen im Wandel, S. 111 ff.; Hartmuth, Institutioneller Wandel von Börsen, S. 158 ff.; Kullmann/van Aerssen, ZBB 2010, 10, 11.

40 Buckley, International Financial System, S. 14 ff., 135 ff. Insbesondere osteuropäische und chinesische Unternehmen streben ein Listing in den westeuropäischen Märkten an. Neben Kostenaspekten spielen dabei handelstechnische und unternehmenspolitische Aspekte eine Rolle.

um die Ansiedlung geschäftlicher Aktivitäten besteht damit auch auf staatlicher Ebene.[41]

Aufgrund der eigentlichen Funktion von Handelsplätzen, der Zusammenführung von Wertpapierhandelsaufträgen im Bereich des Sekundärmarktes,[42] besteht die Konkurrenz im Kern allerdings in Bezug auf die Weiterleitung der Orderströme der Wertpapierhandelshäuser auf das von den Betreibern der Handelsplätze genutzte Handelssystem.[43] Ziel eines Handelsplatzes kann es danach nur sein, im Rahmen der Aufstellung der Ausführungsgrundsätze durch die Best Execution-Praxis als derjenige Handelsplatz nach § 33a Abs. 5 S. 1 Nr. 2 WpHG berücksichtigt zu werden, auf welchem gleichbleibend die besten Ausführungsergebnisse erzielt werden.[44] Der Wettbewerb zwischen den Handelsplätzen ist somit ein Wettbewerb, der Finanzintermediäre einschließt, da bei ihnen die Wertpapierhandelsaufträge zusammenlaufen.

4. Der Handelsplatz als Verbindungselement zwischen Primär- und Sekundärmarkt

Da zwischen dem Primärmarkt und dem Sekundärmarkt offenbar gewisse Wechselwirkungen bestehen, hat die Regulierung von Handelsplätzen, welche

41 Vgl. Stürner, Markt und Wettbewerb, S. 108 f. Im Zuge eines Anstiegs ausländischer Kapitalinvestitionen hat ein Staat darauf zu achten, dass bei der volkswirtschaftlichen Transformation des durch die Märkte investierten Kapitals, die Kapitalströme in die Produktionswirtschaft einfließen. Können die Mittel nicht in einen Produktions- und Konsumprozess konvertiert werden, besteht die Gefahr einer Spekulationsblasenbildung, wie das Beispiel der Asienkrise 1997 zeigte, als sich im Zuge weiträumiger und weitläufiger Wirtschaftsliberalisierungen bedeutende Anstiege von Kapitalinvestitionen ergaben, vgl. Buckley, International Financial System, S. 19.

42 Weiter Dienstleistungsangebote umfassen die Teilnahme am Wertpapierhandel, Bereitstellung/Nutzung der Handelsinfrastruktur sowie die Feststellung und Veröffentlichung von Markt- und Handelsinformationen, Mues, Die Börse als Unternehmen, S. 91; siehe auch von Olenhusen, Börsen und Kartellrecht, S. 31 ff.

43 Hartmuth, Institutioneller Wandel von Börsen, S. 159; Vgl. Stenzel, Außerbörslicher Aktienhandel, S. 105; Rudolph/Röhrl, in: Hopt / Rudolph / Baum, Börsenreform, S. 225 f.; Schmidt/Oesterhelweg/Treske, Kredit und Kapital 1997, S. 369, 403; Röhrl, Börsenwettbewerb, S. 60; Bauer, in: Clouth / Lang, MiFID Praktikerhandbuch, S. 329; Ausschuss der Weisen, Schlussbericht über die Regulierung der europäischen Wertpapiermärkte, S. 90.

44 Siehe ausführlich zu den Grundsätzen der Auftragsausführung Kapitel I. C.2.b.bb.

sich im Wesentlichen auf den Betrieb im Bereich des Sekundärmarktes beschränkt, Bedeutung über den reinen Handelsbereich hinaus.

Der Handel von Wertpapieren im Sekundärmarkt setzt zunächst voraus, dass die betreffenden Wertpapiere erfolgreich im Primärmarkt platziert werden konnten. Der Sekundärmarkt dient den Ersterwerbern nach der Platzierung und allen Folgeerwerbern zum Handel in diesen Wertpapieren.[45] Der Primärmarkt wird deshalb auch als *Emissionsmarkt* und der Sekundärmarkt als *Zirkulationsmarkt* bezeichnet.[46] Zwischen Primär- und Sekundärmarkt besteht insoweit eine Interdependenz, als sich ein funktionsfähiger Sekundärmarkt positiv auf die Allokationseffizienz des Primärmarktes auswirkt, das heißt der Zusammenführung von Kapitalangebot und Kapitalnachfrage.[47]

Bei einem Anleger, von dem unterstellt wird, dass er rational handelt, ist vernünftiger Weise nicht davon auszugehen, dass dieser neu emittierte Aktien erwerben würde, ohne eine realistische Aussicht auf deren Wiederverkauf zu haben.[48] Die realistische Aussicht auf Handelsmöglichkeiten beeinflusst somit in hohem Maße die Kapitalbeschaffungsmöglichkeiten von Unternehmen.[49] Die Preise der Wertpapiere im Bereich des Sekundärmarktes bestimmen im Rahmen einer Kapitalerhöhung den Ausgabepreis neu zu platzierender Wertpapiere im Primärmarkt. Die wechselseitige Beziehung zwischen den beiden Märkten zeigt sich insbesondere in der Phase der Bestimmung des Emissionspreises im Rahmen einer Aktienemission.[50]

Die Interessenlagen der Beteiligten im Primärmarkt und im Sekundärmarkt weichen dabei geringfügig von einander ab. So ist das Informationsbedürfnis der Anleger zum Zeitpunkt des Angebots von Wertpapieren ein anderes als zum

---

45 Kümpel/Hammen, Börsenrecht, S. 17.

46 Schmidt, Wertpapierbörsen, S. 5; Ekkenga/Maas, Wertpapieremissionen, S. 21.

47 Kübler/Assmann, Gesellschaftsrecht, S. 469 f.; Buck-Heeb, Kapitalmarktrecht, Rn. 11; Pape, Grundlagen der Finanzierung und Investition, S. 12; Trapp, in: Habersack / Mülbert / Schlitt, Unternehmensfinanzierung am Kapitalmarkt, § 31 Rn. 2.

48 Klenke, Börsendienstleistungen im Europäischen Binnenmarkt, S. 34; vgl. Kesy, Informationsverarbeitung am Rentenmarkt, S. 13; Boschan, Wertpapierhandelssysteme, S. 9 f.; Fleischer, Kapitalmarktrechtliches Gutachten, F 94.

49 Nabben/Rudolph, ZFP 1994, 167, 167.

50 Klöhn, in: Langenbucher, Europarechtliche Bezüge des Privatrechts, § 6 Rn. 54a; Heinze, Europäisches Kapitalmarktrecht, S. 5.

Zeitpunkt des Handels mit den betreffenden Wertpapieren.[51] Ein Aspekt der Kapitalallokation ist in diesem Zusammenhang der Wertpapierprospekt, welcher bei einem öffentlichen Angebot von Aktien oder für an einem organisierten Markt zum Handel zuzulassende Aktien gemäß § 3 Abs. 1 WpPG publik zu machen ist.[52] Mit Hilfe des Prospekts können Anleger die Qualität einer potentiellen Investition einschätzen und werden in die Lage versetzt, eine fundierte Anlageentscheidung zu treffen. Es enthält regelmäßig einen Hinweis darauf, in welchem Sekundärmarkt ein Handel mit den Aktien angestrebt wird. Die Verhältnisse an dem Sekundärmarkt können wiederum die auf Grundlage des Prospekts zu treffende Entscheidung über eine Zeichnung der Wertpapiere im Primärmarkt beeinflussen. Auf diese Weise trägt der Wertpapierprospekt zu einer funktionierenden Kapitalallokation im Bereich des Primärmarktes bei und zeigt die Verbindung zwischen den beiden Funktionsbereichen des Kapitalmarktes auf.[53]

Durch die Verbindungsfunktion, welche Handelsplätze zwischen dem Primär- und dem Sekundärmarkt ausüben, stehen sie im Zentrum der Kapitalmarktorganisation und bilden dessen institutionelles Fundament.[54] Gleichzeitig wird die Bedeutung der Regulierung von Handelsplätzen für die Attraktivität der betreffenden Handelsplatztypen im Kapitalmarkt, aber auch für die Attraktivität des Kapitalmarktes an sich deutlich.

III. (Qualitäts-)Maßstäbe für Handelsplätze

Vergleichbar mit anderen Dienstleistungen oder Produkten, haben die einzelnen Handelsplätze unterschiedliche Leistungsangebote und zeichnen sich durch bestimmte Qualitätsmerkmale aus, welche sie voneinander unterscheiden und für die Wahl eines Handelsplatzes durch die Beteiligten auf dem Kapitalmarkt von entscheidender Bedeutung sind. Die Unterscheidungsmerkmale sind zum Teil der historischen Entwicklung geschuldet, so etwa in Bezug auf den typischerweise vorhandenen Liquiditätsvorsprung zugunsten der seit vielen Jahren bestehenden und etablierten börslichen Handelsplätze, sind aber auch das Ergebnis

51 Elster, Europäisches Kapitalmarktrecht, S. 3; vgl. auch Hopt, ZHR 1977, 389, 425 f.

52 Ausführlicher zur Emissionspublizität siehe Kapitel III. D.I.

53 Grundlegend in diesem Zusammenhang Fleischer, Informationsasymmetrie im Vertragsrecht, S. 94 ff.

54 Vgl. Ronellenfitsch/Maier, in: Kluth / Müller / Peilert, Wirtschaft – Verwaltung – Recht, S. 449.

des jeweiligen regulatorischen Umfeldes. Bevor nachfolgend näher auf die verschiedenen Handelsplatztypen und deren regulatorische Rahmenbedingungen eingegangen wird, sollen zunächst unabhängig davon die Kriterien herausgearbeitet werden, in welchen die Bemühungen der Europäischen Union um eine Angleichung der Wettbewerbsbedingungen zwischen den verschiedenen Handelsplätzen zum Ausdruck kommen.

1. Effizienz und Integrität

Jene Merkmale, welche in Bezug auf die Funktionsfähigkeit des Kapitalmarktes als förderlich gelten, sind grundsätzlich auch hinsichtlich der Handelsplätze als Institutionen des Kapitalmarktes positiv. Während also die Funktionsfähigkeit des Kapitalmarktes insbesondere durch den ungehinderten Marktzugang von Emittenten und Anlegern und wirksame rechtliche Rahmenbedingungen, die das Vertrauen der Anleger in die Stabilität, Fairness, Transparenz und Integrität der Märkte gewährleisten, sichergestellt wird,[55] kann auf Ebene des jeweiligen Handelsplatzes selbst nichts anderes gelten. Denn ohne ein hinreichendes Vertrauen tätigen weder institutionelle noch private Anleger Wertpapiergeschäfte.[56]

Das Maß der Integrität eines Marktes bzw. eines Handelsplatzes wird insbesondere durch einen fairen, nachvollziehbaren und in seinem Ablauf vorhersehbaren Handel bestimmt.[57] Ein integerer Handel ist dabei auch von der Effizienz der Informationsverarbeitung abhängig. Die Informationseffizienz misst die Art und Weise der Verarbeitung der im Markt vorhandenen Informationen. In einem – nur theoretisch denkbaren – friktionslosen Markt, d. h. einem Markt ohne zeitliche und inhaltliche Verluste der Informationsübertragung, finden alle bewertungsrelevanten Informationen der Vergangenheit, Gegenwart und Zukunft, unmittelbar Eingang in die Berechnung des Preises für ein Wertpapier.[58] Somit

---

55 Assmann, in: Assmann/Schütze, Kapitalanlagerecht, § 1 Rn. 26; Horst, Kapitalanlegerschutz, S. 317; Kümpel/Veil, Wertpapierhandelsgesetz, S. 21; Buck-Heeb, Kapitalmarktrecht, Rn. 9; Merkt, Unternehmenspublizität, S. 300; Kümpel, Kapitalmarktrecht, S. 32.

56 Bräunig, in: Kley / Leven / Rudolph / Schneider, Aktie und Kapitalmarkt, S. 195; vgl. auch Hopt, Gutachten G für den 51. Deutschen Juristentag, G 50.

57 Bortenlänger, Börsenautomatisierung, S. 95 f. Hinzu kommt eine technische Integrität, welche die technischen Gegebenheiten des Handelssystems an sich betrifft, siehe dazu Fernholz, Börse und ihre Alternativen, S. 97 f.

58 Fama, The Journal of Finance 1970, 383, 385 ff.; Vgl. Rudolph/Röhrl, in: Hopt / Rudolph / Baum, Börsenreform, S. 181; Picot/Bortenlänger/Röhrl, Börsen im Wandel,

verstärkt der freie, gegenseitige Wettbewerb die Informationseffizienz, da er die Weitergabe von Informationen fördert und damit auch die Anpassungsgeschwindigkeiten der berechneten Preise.[59] Die Europäische Kommission unterstreicht die Bedeutung der Informationseffizienz für die Funktionsfähigkeit des Kapitalmarktes und den Schutz der Anleger in ihrem Vorschlag zur Neufassung der MiFID, indem sie gemäß Art. 34 und Art. 54 MiFID II-RL-E[60] eine Zusammenarbeit und den Informationsaustausch zwischen den Betreibern der verschiedenen Handelsplatztypen und untereinander vorschreibt. Darin zeigt sich auch die Verbindung zwischen den im Markt insgesamt und den auf Ebene der Handelsplätze vorhandenen und verarbeiteten Informationen.

Transparenz und Publizität kommen zusätzlich im Zusammenhang mit Bemühungen um eine Erhöhung der Allokationseffizienz eine zentrale Bedeutung zu, da das Informationsrisiko eine überragende Rolle für die Anlagebereitschaft spielt.[61]

Die Effizienz des Marktes kommt aber nicht allein in der Zuordnung von Kapital zu einer bestimmten Anlage zum Ausdruck. Sie besteht auch in einer Bewertungsfunktion. Daher sind zentrale Aspekte der Allokationsfähigkeit von Handelsplätzen neben der Informationsversorgung von Anlegern auch die Regeln zur Feststellung der Preise der betreffenden Wertpapiere.[62] Allgemein ist ein Allokationsoptimum dann erreicht, wenn die knappen Güter, über die eine Gesellschaft verfügt, als Produktionsmittel so eingesetzt werden, dass sie im Sinne der Optimierung des gesellschaftlichen Wohlstandes möglichst nutzbringend sind.[63] Im Bereich des Kapitalmarktes liegt ein Allokationsoptimum vor, wenn Anleger die Möglichkeit haben, ihre Ersparnisse effektiv zu investieren. Je allokationseffizienter ein Markt ausgestaltet ist, desto eher sind Anleger bereit, Kapital zu investieren. Umgekehrt finden Unternehmen in einem solchen Um-

---

S. 22; Averdiek-Bolwin, Die Effizienz von Aktienbörsen, S. 84 f.; Davis/Steil, Institutional Investors, S. 404.

59 Vgl. Scheffrahn, Gestaltung einer wettbewerbsfähigen Börse Schweiz, S. 34 f.

60 Vorschlag für eine Richtlinie des Europäischen Parlaments und des Rates über Märkte für Finanzinstrumente zur Aufhebung der Richtlinie 2004/39/EG des Europäischen Parlaments und des Rates, KOM(2011) 656 endgültig, 2011/0298 (COD).

61 Möller, Kapitalmarktaufsicht, S. 103; Assmann, ZBB 1989, 49, 60.

62 Dietl/Pauli/Royer, Internationaler Finanzplatzwettbewerb, S. 14; Pape, Grundlagen der Finanzierung und Investition, S. 12 f.

63 Behrens, Die ökonomischen Grundlagen des Rechts, S. 83.

feld leichter Anleger. Partiell bestimmt die Allokationseffizienz somit die Leistungsfähigkeit einer Volkswirtschaft.[64]

Die Qualität eines Handelsplatzes zeigt sich aber noch viel deutlicher an konkret messbaren Kriterien. Dazu gehören vor Allem die Transaktionskosten und die Liquidität.

2. Transaktionskosten und Liquidität

In der wissenschaftlichen Betrachtung von Transaktionen spielten Transaktionskosten zunächst keine Rolle. In neoklassischen volkswirtschaftlichen Modellen waren die Marktteilnehmer immer vollkommen informiert, rational und konnten sich augenblicklich und kostenlos entscheiden, ohne dass sie sich auf die Suche nach Informationen zu dem Vertragsgegenstand oder Vertragspartner machen müssten.[65] Die Neue Institutionenökonomik erkennt hingegen an, dass in einer komplexen arbeitsteiligen Welt, Individuen auf Basis unvollständiger Informationen agieren.[66] In der Folge werden institutionelle Arrangements relevant.[67] Bei diesen Institutionen handelt es sich um alle von Menschen aufgestellten Regel- und Handlungssysteme, die als Intermediäre in Interaktionen mit der Zielsetzung eingreifen, das Handeln von Menschen in einem bestimmten ökonomischen Umfeld zu strukturieren.[68] Zu diesen Institutionen gehören auch Handelsplätze.

Die im Zusammenhang mit der Anbahnung und Durchführung einer Transaktion entstehenden Kosten können sich aus Informations- und Kommunikationskosten sowie Kosten aufgrund der Nutzung von Institutionen zusammensetzen.[69] Die Höhe der Kosten der Informationsbeschaffung können dabei die Mög-

---

64 Breuer, in: Gerke, Die Börse der Zukunft, S. 2; ausführlich Welfens, Finanzmarktintegration und Wirtschaftswachstum, S. 83 ff.; Caspari, ZGR 1994, 530, 532 f.

65 Richter/Furubotn, Neue Institutionenökonomik, S. 13 ff .; Jansen, in: Horsch / Meinhövel / Paul, Institutionenökonomie und Betriebswirtschaftslehre, S. 104; Hartmuth, Institutioneller Wandel von Börsen, S. 17.

66 Jansen, in: Horsch / Meinhövel / Paul, Institutionenökonomie und Betriebswirtschaftslehre, S. 103.

67 Coase, Economica 1937, 386, 386 ff.; Blum/Dudley/Leibbrand/Weiske, Angewandte Institutionenökonomik, S. 43.

68 North, Institutionen, institutioneller Wandel und Wirtschaftsleistung,, S. 3 ff.; Rawls, Theorie der Gerechtigkeit, S. 74 f.; Schneider, Betriebswirtschaftslehre, S. 20 ff., vgl. auch Blum/Dudley/Leibbrand/Weiske, Angewandte Institutionenökonomik, S. 43.

69 Richter/Furubotn, Neue Institutionenökonomik, S. 523; Blum / Dudley / Leibbrand / Weiske, Angewandte Institutionenökonomik, S. 47; Picot/Dietl, WiSt 1990, 178, 178 ff.

lichkeiten der Marktteilnehmer übersteigen.[70] Müssten sie dennoch eine Transaktionsentscheidung treffen, würde ein entsprechendes Maß an Unsicherheit bestehen.[71] Indem mit Handelsplätzen spezielle Institutionen eingeschaltet werden, vermindern sich nicht nur die Komplexitäten im Bereich des politischen, sozialen und wirtschaftlichen Austausches, sondern auch Unsicherheiten und damit wiederum Transaktionskosten.[72] Insoweit steuern die Handelsplätze als Institutionen das individuelle Verhalten in eine von ihnen beabsichtigte Richtung und beeinflussen auf diese Weise die Leistungsfähigkeit der Volkswirtschaft.[73] Umso wichtiger ist daher die Ausgestaltung ihrer institutionellen Rahmenbedingungen.[74]

a. Handelsplätze als transaktionskostensenkende Institutionen

Für die Beurteilung der Effizienz eines Handelsplatzes stellen die Transaktionskosten und die Liquidität die entscheidenden Kenngrößen dar.[75] Gerade die Höhe der anfallenden Transaktionskosten ist ausschlaggebend für die Auswahl eines Handelsplatzes durch Emittenten oder Anleger.[76] Sie ergibt sich wiederum aus einer Verknüpfung mehrerer marktorganisatorischer Faktoren, wie z. B. der zuvor schon in Bezug genommenen Transparenz des Handelsplatzes, der Qualität der Preisberechnung, seiner Liquidität, der Effizienz der Informationsverarbeitung, Zugangsvoraussetzungen und die sich danach ergebende Integrität des

---

70 Die Versorgung mit Informationen kann auch unter dem Stichwort „information overload" zu einem eigenständigen Problem führen, vgl. Williamson, Markets and Hierarchies, S. 21 f.

71 Merkt, Unternehmenspublizität, S. 209; Richter/Furubotn, Neue Institutionenökonomik, S. 4.

72 Vgl. Erlei/Leschke/Sauerland, Neue Institutionenökonomik, S. 551; Hartmuth, Institutioneller Wandel von Börsen, S. 17; Brand, Der Transaktionskostenansatz in der betriebswirtschaftlichen Organisationstheorie, S. 68 f.

73 North, Institutionen, institutioneller Wandel und Wirtschaftsleistung, S. 6; Wenzler, Institutionenökonomik und öffentliche Finanzkontrolle, S. 80; Hartmuth, Institutioneller Wandel von Börsen, S. 9, 15.

74 Vgl. Horsch, in: Horsch / Meinhövel / Paul, Institutionenökonomie und Betriebswirtschaftslehre, S. 83 ff.

75 Vgl. Lüdecke, Struktur und Qualität von Finanzmärkten, S. 17 ff.; Möller, Kapitalmarktaufsicht, S. 93; Schmidt, Vorteile und Nachteile eines integrierten Zirkulationsmarktes für Wertpapiere, S. 12 f., 20 ff.

76 Mues, Die Börse als Unternehmen, S. 92.

Handelsplatzes insgesamt.[77] Die einzelnen Faktoren stehen dabei typischerweise in einer wechselseitigen Beziehung zueinander.

Die Höhe der Transaktionskosten ist eng mit der Liquidität verknüpft. Je geringer die Transaktionskosten und je höher die Liquidität sind, desto attraktiver ist ein Handelsplatz für Anleger und damit auch für Emittenten. Da die Attraktivität eines Handelsplatzes zu seiner häufigeren Nutzung durch die Beteiligten im Kapitalmarkt führt, verändern sich mit der erhöhten Nutzungsfrequenz auch die Transaktionskosten und die Liquidität als wesentliche Kenngrößen eines Handelsplatzes. Eine positive Veränderung dieser Kriterien wirkt sich wiederum positiv auf die weitere Nutzung des betreffenden Handelsplatzes durch Anleger wie auch Emittenten aus.

Als Transaktionskosten werden allgemein diejenigen Kosten bezeichnet, welche der Erwerb von Wertpapieren über einen Handelsplatz mit sich bringt und welche zusätzlich zu dem Wert der Wertpapiere selbst entstehen.[78] Die wesentlichen Bestandteile der Transaktionskosten (Geld-Brief-Spanne und handelsplatzbezogene Abgaben) sind zumindest in Bezug auf die besten Kauf- und Verkaufspositionen offener Orderbücher und der Angabe von handelsplatzabhängigen Kosten wie Maklerkosten vor der Erteilung eines Wertpapierauftrages, wie etwa in einer Ordermaske beim Online-Brokerage, für den Anleger identifizierbar. Anleger haben daher theoretisch die Möglichkeit, sekundenschnell auf andere Handelsplätze auszuweichen, da sich die Höhe der Transaktionskosten unmittelbar auf die Bereitschaft der Anleger auswirkt eine Wertpapiertransaktion an einem bestimmten Handelsplatz in Auftrag zu geben.[79]

Je niedriger die Transaktionskosten für die Anleger sind, desto höher fällt die Rendite auf das erworbene Wertpapier aus. Der Vorteil geringer Transaktionskosten besteht darin, dass bei einer niedrigeren Bruttorendite eine gleichbleibende oder bessere Nettorendite erwirtschaftet werden kann. Die Erwartungshaltung der Anleger ist dann geringer und fördert die Einstellung zum Erwerb bestimmter Wertpapiere oder Wertpapiere insgesamt.[80] Sind die Kosten einer mög-

---

77 Vgl. Picot/Bortenlänger/Röhrl, Börsen im Wandel, S. 21; Rudolph/Röhrl, in: Hopt / Rudolph / Baum, Börsenreform, S. 185 ff.; Möller, Kapitalmarktaufsicht, S. 104; Gerke/Rapp, DBW 1994, 5, 11 ff.; Picot, BB 1986, 1, 7 ff.

78 Lenenbach, Kapitalmarktrecht, Rn. 1.75.

79 Röhrl, Börsenwettbewerb, S. 66; Schmidt/Iversen/Treske, ZBB 1993, 209, 210 f.

80 Domowitz/Steil, Automation, Trading Costs, and the Structure of the Securities Trading Industry, S. 33 ff.; vgl. auch Seifert/Habbel/Mattern/Streit/Voth, Performance ist kein Schicksal, S. 190 ff.

lichen Wertpapiertransaktion zu hoch, werden Anleger ihr Kapital möglicherweise nicht nur an einem anderen Handelsplatz, sondern auch in eine andere Anlagekategorie verschieben. Eine Transaktion kommt also grundsätzlich nur zustande, wenn der Nutzen einer Transaktion für den Anleger höher ist als die Kosten der Transaktion. Handelsplätze sind daher als transaktionskostensenkende Institutionen an den infolge von Kostensenkungen herbeigeführten Allokationsverbesserungen zu messen und bestimmen die Funktionsfähigkeit der Märkte in einem nicht unwesentlichen Maße mit.[81]

b. *Explizite Transaktionskosten*

Die Transaktionskosten setzen sich aus verschiedenen Komponenten zusammen. Sie können nach expliziten und impliziten Kostenkomponenten unterschieden werden. Während Letztere in verstärkter Abhängigkeit von der Liquidität auf dem Handelsplatz stehen, setzen sich die expliziten Transaktionskosten in erster Linie aus den Kosten der Transaktion selbst und der Informationsbeschaffung zusammen.[82]

Danach ergeben sich die Kosten der Transaktion aus Dienstleistungen der Handelsplatzbetreiber (z. B. Gebühren für die Nutzung des Handelssystems, Abwicklungskosten, etc.) und gegebenenfalls Kosten für weitere Intermediäre (Brokerprovision, Maklercourtage). Explizite Transaktionskosten werden daher auch als *Kommissionskosten* bezeichnet.[83] Kosten im Zusammenhang mit der Informationsbeschaffung sind alle Kosten, die bei der Entscheidungsfindung und der Überwachung der Transaktion entstehen. Eine marktplatzübergreifende Information ermöglicht es dem Anleger, eine umfassende Informationslage in Bezug auf seine Anlageentscheidung zu berücksichtigen. Die umständliche und zeitaufwendige marktplatzübergreifende Suche nach Informationen würde eine effiziente, d. h. schnelle und kostengünstige Ausführung des Auftrags behin-

---

81 Vgl. Dietl/Pauli/Royer, Internationaler Finanzplatzwettbewerb, S. 15; Europäische Kommission, ZBB 2002, 518, 545 f.; Hopt/Baum, in: Hopt / Rudolph / Baum, Börsenreform, S. 361.

82 Lattemann/Zuber, ZfE 2001, 75, 85.

83 Röhrl, Börsenwettbewerb, S. 42; Schmidt/Schleef//Simic, ZBB 2001, 69, 71. Wertpapierhandelsrechtlich ist die Bezeichnung nicht ganz unproblematisch: Die Finanzintermediation kann nicht nur im Wege eines Kommissionsgeschäfts nach § 1 Abs. 1 S. 2 Nr. 4 KWG, sondern auch im Wege des Eigenhandels gemäß § 1 Abs. 1a S. 2 Nr. 4 KWG erfolgen.

dern.[84] Die Wiedergabe bereits ausgeführter Aufträge bietet dem Anleger weitere Orientierungsmöglichkeiten. Dadurch sinken Such- und Einigungskosten, um den passenden Transaktionspreis für die Beteiligten zu bestimmen.[85]

Die handelsbezogenen Transparenzvorschriften sind daher einerseits grundsätzlich ein ökonomisch wichtiges Element der Regulierung,[86] im medialen Zeitalter andererseits aber oft vernachlässigbar klein geworden. Teilweise entstehen überhaupt keine Kosten mehr für (zeitnahe) Marktinformationen, da der Wettbewerb der Handelsplätze dazu geführt hat, dass manche Informationen wie Handelsumsätze mittlerweile vollständig kostenfrei von den Betreibern von Handelsplätzen veröffentlicht werden. Mitunter stellt das Angebot von Marktinformationen eine gesonderte Dienstleistungen dar, die abseits der Organisationsform einer Handelsplattform erbracht wird.[87]

Aus Sicht der Emittenten ergeben sich explizite Transaktionskosten bei der Emission von Wertpapieren vor allem aus einer etwaig notwendigen Erstellung eines Prospekts und sonstigen Pflichtveröffentlichungen sowie Listing- und Notierungskosten des gewählten Handelsplatzes.[88] Die Höhe der diesbezüglich anfallenden Kosten kann sich für den Betreiber wiederum nur aus seiner Marktposition ergeben. Im Rahmen einer Wertpapieremission kommt somit der Wahl des Handelsplatztyps bereits auf der Kostenebene eine entscheidende Bedeutung zu. Selbstverständlich spielen darüber hinaus auch eine Vielzahl weiterer Faktoren ein Rolle für die Wahl des Handelsplatztyps, insbesondere werden hierzu auch die Kriterien der Effizienz und Integrität spielen, aber auch der Reputation und Öffentlichkeitswirksamkeit. Reine Kostenüberlegungen sind vor dem Hintergrund des regelmäßig deutlich niedrigeren Emissionserlöses und des geringeren Volumens etwaiger zukünftiger Kapitalmaßnahmen in erster Linie für kleine und mittlere Unternehmen im Vergleich zu großen Unternehmen von entscheidender Bedeutung.

---

84 Vgl. Liersch, WM 2003, 473, 475.

85 Vgl. Rudolph/Röhrl, in: Hopt / Rudolph / Baum, Börsenreform, S. 205.

86 Von Rosen, in: Assmann / Schütze, Kapitalanlagerecht, § 2 Rn. 289.

87 Boschan, Wertpapierhandelssysteme, S. 52.

88 Kümpel, Kapitalmarktrecht, S. 39 f.; Ekkenga, Anlegerschutz, Rechnungslegung und Kapitalmarkt, S. 31 f., 34; vgl. in diesem Zusammenhang auch Kapitel III. D.I.

c. *Implizite Transaktionskosten (Liquidität)*

Neben der expliziten Transaktionskostenkomponente entstehen zusätzliche Transaktionskosten, die sich aus der Höhe der Geld-Brief-Spanne[89] und Marktbeeinflussungskosten[90] sowie insbesondere der Liquidität zusammensetzen.[91] Diese auch als implizite Transaktionskosten bezeichneten Kosten ergeben sich danach unmittelbar aus der Frequentierung eines Handelsplatzes, welche wiederum das Ergebnis der den Handelsplatz betreffenden Rahmenbedingungen sind.

Ein Markt kann als liquide bezeichnet werden, wenn Kauf- und Verkaufsaufträge in nahezu beliebiger Größe in kurzer Zeit zu geringen Transaktionskosten ausgeführt werden können.[92] Ein Handelsplatz ist unter Gesichtspunkten der Liquidität effizient, wenn eine Transaktion auch bei Auftreten größerer Kauf- und Verkaufsaufträge ohne größere Preiseffekte verarbeitet wird.[93] Entscheidende Kriterien für die Liquidität eines Handelsplatzes sind Marktbreite, Markttiefe, Erneuerungskraft und die Sofortigkeit der Ausführung von Wertpapierhandelsaufträgen.[94] Das Maß der Liquidität kann regelmäßig an der Geld-

---

89 Die Geld-Brief-Spanne (Bid-Ask-Spread) bezeichnet die Differenz zwischen dem Geldkurs (dem besten Angebot zum Erwerb eines Wertpapiers) und dem Briefkurs (dem besten Angebot zur Veräußerung eines Wertpapiers). Der Spread ist im Wesentlichen auch ein Ergebnis der Liquidität auf dem Handelsplatz – je höher die Liquidität ist, desto geringer ist die Differenz typischer Weise.

90 Die Marktbeeinflussungskosten (auch Market-Impact-Kosten genannt) sind Kosten, die sich aus besonders großen Orders in der dadurch bedingten über das normale Maß hinausgehenden Kursschwankung niederschlagen. Diese Kosten bestehen in der Differenz zu dem hypothetischen Kurs, den der Wert ohne die Abgaben der außergewöhnlich großen Order haben würde.90 Die Marktbeeinflussungskosten können insbesondere durch eine hohe Liquidität und der sich daraus ergebenden Ausführungswahrscheinlichkeit gering gehalten werden (vgl. Boschan, Wertpapierhandelssysteme, S. 62).

91 Boschan, Wertpapierhandelssysteme, S. 52 ff.

92 Vgl. Rudolph/Röhrl, in: Hopt / Rudolph / Baum, Börsenreform, S. 177; Zaß, ZfgK 2000, 631, 632; Schmidt/Iversen, ZBB 1991, 209, 210 f.; Picot/Bortenlänger/Röhrl, Börsen im Wandel, S. 26 f.

93 Detailliert zum Zusammenhang zwischen Liquidität und verschiedenen Eigenschaften eines Marktes Wahrenburg, in: Weinhardt / Meyer zu Sellhausen / Morlock, Informationssysteme in der Finanzwirtschaft, S. 207 ff.

94 Brunner, Meßkonzepte zur Liquidität auf Wertpapiermärkten, S. 6 ff.; Röhrl, Börsenwettbewerb, S. 96; Schiereck, ZBB 1996, 185, 189; Averdiek-Bolwin, Die Effizienz von Aktienbörsen, S. 81 f.; Fernholz, Börse und ihre Alternativen, S. 75 ff. Umstritten

Brief-Spanne abgelesen werden. Eine hohe Spanne indiziert eine geringe Liquidität in dem Markt.

Da die Liquidität die Wahrscheinlichkeit der Veräußerung von Wertpapieren beeinflusst, ist sie eines der entscheidenden Merkmale für die Qualität eines Marktes.[95] Bei nicht ausreichender Liquidität, wird die Transaktion – falls überhaupt – nur mit preislichen Zugeständnissen ausgeführt werden können. Der dann ermittelte Preis reflektiert nicht mehr die tatsächliche Marktlage.[96] Ein solches Defizit kann auch nicht durch das Merkmal einer neutralen Preisermittlung kompensiert werden.[97] Zudem steigen die Transaktionskosten der Teilnehmer.[98]

Eine hohe Liquidität verringert zudem die Volatilitätsanfälligkeit von Wertpapieren und die Differenz zwischen dem besten Kauf- und Verkaufsangebot.[99] Dadurch sinken wiederum die Kosten. Die zu diesem Zeitpunkt auch bereits bestehende Sicherheit in Bezug auf die Preisfeststellung und Entwicklung fördert zusätzliches Liquiditätsaufkommen im Markt, welches sich wiederum Emittenten im Bereich der Finanzierung im Primärmarkt zu Nutze machen können.[100]

Ein Handelssystem wird umso wertvoller je mehr Nutzer es auf sich vereinigen kann.[101] Eine hohe Marktliquidität und eine geringe Volatilität lassen einen positiven Netzwerkeffekt entstehen, der die Nutzer des Handelssystems in ein gegenseitiges Abhängigkeitsverhältnis stellt.[102] Bei zunehmender Anzahl

---

ist dabei, ob die Sofortigkeit der Orderausführung eines der bedeutenden Merkmale ist. Einerseits ist in Zeiten der elektronischen Orderausführung die Sofortigkeit zwar ein wesentlicher Faktor für die Leistungsfähigkeit eines Handelsplatzes (so etwa Gerke, DBW 1993, 725, 733 f.), andererseits ist ein konsolidierter Orderstrom der Sofortigkeit vorzuziehen, da die besonders hohe Geschwindigkeit der Orderausführung die Transaktionskosten bedeutend erhöht und nur für einen kleinen Teil der Marktteilnehmer wirklich von wesentlicher Bedeutung ist (vgl. Vgl. Möller, Kapitalmarktaufsicht, S. 99).

95 Börsensachverständigenkommission, Empfehlungen zur Regulierung Alternativer Handelssysteme, S. 10; Klenke, Börsendienstleistungen im Europäischen Binnenmarkt, S. 98.

96 Spindler, WM 2002, 1325, 1328; Börsen-Zeitung v. 7. Februar 2003, S. 3; Kümpel/Hammen, Börsenrecht, S. 47.

97 Kümpel/Hammen, Börsenrecht, S. 47.

98 Beck, WM 1998, 417, 419; Obst/Hintner, Geld-, Bank- und Börsenwesen, S. 379.

99 Pagano, Review of Economic Studies 1989, 269, 269.

100 Vgl. Pagano, Review of Economic Studies 1989, 269, 269.

101 Vgl. Thum, Netzwerkeffekte, S. 5; Möller, Kapitalmarktaufsicht, S. 97.

102 Dethof, Internet-Marktplätze, S. 31 ff.

von Nutzern steigt der individuelle Nutzen für den einzelnen Teilnehmer überproportional an.[103] Diese Wirkung ergibt sich im Bereich des Wertpapierhandels durch die zeitliche und örtliche Konzentration von Orderströmen.[104] Aufgrund dieser netzartigen Struktur verfügen Handelsplätze über einen gewissen „*Sog-Effekt*".[105] Handelsteilnehmer werden also unter diesem Gesichtspunkt bei der Wahl mehrerer Handelsplätze, den Handelsplatz wählen, der die höchste Liquidität aufweist.[106] Dieses Phänomen führt zu sogenannten *lock in-Effekten*, d. h. ein einmal führender Handelsplatz wird diese Position auch behalten, sofern nicht in einer gemeinsamen Aktion eine Vielzahl von Teilnehmern gleichzeitig die Handelsplattform wechselt.[107]

Der Liquidität wird bei der Auswahl eines Handelsplatzes insbesondere auch durch institutionelle Anleger eine herausragende Bedeutung beigemessen.[108] Wenig liquide Märkte erleiden aufgrund der unausgeglichenen Auftragslage und der damit unwahrscheinlicher werdenden Ausführung größerer Orders (*block trades*), wodurch sich wiederum die Vereinbarungskosten erhöhen, einen Attraktivitätsverlust, weil als Reaktion auf die Ausführung großer Orders in einem wenig liquiden Markt gravierende nachteilige Preisreaktionen entstehen können.[109] Die einzelnen Merkmale der Liquidität haben einen sich selbst verstärkenden Effekt auf die verschiedenen ökonomischen Kenngrößen an einem Handelsplatz.[110]

Sowohl institutionelle wie auch private Anleger werden dadurch in ihrer Entscheidung zum Markteintritt bestärkt.[111] Je größer deren Anzahl und Umfang, desto geringer sind im Verhältnis die Kosten für die Teilnehmer. Die Han-

---

103 Vgl. Pagano, Quarterly Journal of Economics, Vol. 104, 1989, S. 255, 268 f.

104 Mues, Die Börse als Unternehmen, S. 192.

105 Spindler, DStR 2002, 1576, 1583; Economides, FMII 1993, 89, 93. Den Zusammenhang der Entwicklung der Handelsteilnehmer stellt Book, Elektronischer Börsenhandel und globale Märkte, S. 131 anschaulich dar.

106 Mit Modellrechnungen in Bezug auf die Wahrscheinlichkeit der Wahl einer Börse in Abhängigkeit von ihrem Marktanteil siehe Grote, Die Entwicklung des Finanzplatzes Frankfurt, S. 221 f.

107 Vgl. dazu Grote/Harrschar-Ehmborg/Lo, Technologies and Proximities, S. 18 f.

108 Schiereck, ZfB 1996, 1057, 1065.

109 Bortenlänger, Börsenautomatisierung, S. 49; Gerke/Rapp, DBW 1994, 5, 6.

110 Dietl/Pauli/Royer, Internationaler Finanzplatzwettbewerb, S. 60.

111 Klenke, Börsendienstleistungen im Europäischen Binnenmarkt, S. 98.

delsplattformen haben somit ein Interesse daran, eine weitere Konzentration des Handels herbeizuführen.[112] Der erweiterte Teilnehmerkreis führt sodann zu einer Liquiditätssteigerung, wodurch wiederum die Volatilität und folglich die Marktbeeinflussungskosten gemindert werden. Somit kann auch der Spread enger gestellt werden.[113] Mithin liegt ein unmittelbarer Zusammenhang zwischen Marktliquidität und Transaktionskosten vor. Beide ergeben sich infolge effektiver Rahmenbedingungen von Handelsplätzen. Die Liquidität ist zudem ein wesentliches Kriterium in der ökonomischen Bewertung der Preisfindung.[114] Die Bedeutung von Liquidität und Preisbildung haben zur Folge, dass Handelsplätze mit einer geringen Liquidität und einem undurchsichtigen Preisbildungsprozess gemieden werden.[115] Liquiditätsschwächere Handelsplätze müssen, um sich einen Markteintritt zu verschaffen, durch geringere (explizite) Transaktionskosten an Attraktivität gewinnen. Eine Möglichkeit die Kosten zu senken, besteht in der Kürzung von Intermediationsstufen. Auf diese Art und Weise haben alternative Handelssysteme eine Konkurrenz zu den etablierten Börsen aufgebaut. Um jedoch eine nachdrückliche Wettbewerbsposition zu erlangen und über einen nur sehr geringen Handelsanteil hinauszukommen, ist es in der Folge jedoch erforderlich, dass ein entsprechender Liquiditätssog aufgebaut wird. Ausgangspunkt könnten in diesem Zusammenhang Emittenten sein, die noch keine Kapitalmarktpräsenz haben und hinsichtlich der Aufnahme zum Handel eine Alternative zum börslichen Handelsplatz suchen. Motivation hierzu könnten geringere Kosten und Pflichten im Zusammenhang mit einer alternativen Handelsaufnahme sein. Ein alternativer Handelsplatz müsste Kapitalnachfragern einen alternativen Zugang zur Kapitalangebotsseite bieten. Gleichzeitig muss allerdings davon ausgegangen werden, dass junge, kapitalbedarfsintensive Unternehmen aber auch auf die positiven Effekte etablierter Handelsplätze, wie Liquidität, Integrität und Publizität, angewiesen sind. Eine Alternative für außerbörsliche Handelsplätze besteht in diesem Rahmen im Angebot bereits für den börslichen Handel zugelassener Wertpapiere zu günstigeren Konditionen, um die Nettorendite der Anleger zu steigern.

---

112 Böhme, Transaktionskosten im Aktienhandel, S. 236.

113 Spindler, WM 2002, 1325, 1328; Rudolph/Röhrl, in: Hopt / Rudolph / Baum, Börsenreform, S. 242.

114 Schwark, WM 1997, 293, 297; Beck, WM 1998, 417, 419; Bauer/Möllers, Die Beendigung des Parketthandels an der FWB, S. 30 f.

115 Schreiber/Schwartz, in: Amihud / Ho / Schwartz, Market Making and the Changing Structure of the Securities Industries, S. 19, 25; Schiereck, ZfB 1996, 1057, 1061 ff.

3. Bedeutung von Kenngrößen für die Wahl von Handelsplätzen

An Kenngrößen wie den Transaktionskosten und der Liquidität zeigen sich die Auswirkungen der regulatorischen Rahmenbedingungen auf den Wettbewerb zwischen den Betreibern von Handelsplätzen. Sie sind das Ergebnis der gesetzgeberischen Umsetzung der europäischen Vorgaben zur Regulierung von Handelsplätzen sowie darüber hinausgehender Maßnahmen im Bereich des Wertpapierhandels.

Die durch regulatorische Anforderungen verursachten Kosten werden typischerweise an die Nutzer der betreffenden Handelsplätze weitergegeben. Aus diesem Grund könnte vermutet werden, dass sich die Handelsausführung mit zunehmender Regulierung dorthin verlagert, wo der geringste Regulierungsstandard angewendet wird.[116] Die Gefahr eines solchen *race to the bottom*,[117] also eines Deregulierungswettbewerbs, hat sich jedoch nicht bestätigt. Durch die Vorgaben zu einer Regulierung außerbörslicher Handelssysteme über die MiFID hat die Europäische Union einen hohen, einheitlichen Regulierungsstandard gesetzt, der den bedeutendsten Anteil des Handelsvolumens innerhalb der Europäischen Union umfasst.[118]

Vielmehr wird deutlich, dass die Wahl eines Handelsplatzes anhand objektiver Kenngrößen das Ergebnis einer rationalen Entscheidung der Nutzer des Handelsplatzes sein kann.[119] Im Bereich des Wertpapierhandels kann das rationale Verhalten der Nutzer durch die Renditeorientierung im Zusammenhang mit Kapitalanlagen und aufgrund der dargestellten Korrelation zwischen Transaktionskosten und Rendite insoweit auch vorhersehbar gesteuert werden. Damit haben regulatorische Maßnahmen sowohl einen direkten als auch einen indirekten Einfluss auf den Wettbewerb im Bereich des Angebots von Wertpapierhandelsdienstleistungen durch Börsen und MTFs. Sie kommen in bestimmten die Handelsplätze betreffende Kenngrößen zum Ausdruck. Aufgrund der Harmonisie-

---

116 Grundmann, ZGR 2001, 783, 794 ff.; Wittich, WM 1999, 1613, 1613; Dreyling, in: Hummel / Breuer, Handbuch Europäischer Kapitalmarkt, S. 126.

117 Zum Begriff s. auch Frenz, Hdb. Europarecht, Bd. 5, Rn. 3363.

118 Die dahinter stehenden Merkmale des Anleger- und Funktionsschutzes, d. h. insbesondere Transparenz, Preisermittlung- und Preisfeststellung, Liquidität, Marktzugang und Vermeidung von Interessenkonflikten, waren das wesentliche Kriterium für die Empfehlung zur Regulierung alternativer Handelssysteme durch die Börsensachverständigenkommission, Empfehlungen zur Regulierung Alternativer Handelssysteme, S. 2 ff.

119 Vgl. Stünkel, EG-Grundfreiheiten und Kapitalmärkte, S. 73 f.; Schmidt/Oesterhelweg/Treske, Kredit und Kapital 1997, 369, 372

rung der Rahmenbedingungen für multilaterale Handelsplätze ist die Schaffung eines Finanzbinnenmarktes unter dem Gesichtspunkt der Senkung von Transaktionskosten umso wichtiger. Indem rechtliche und administrative Hindernisse, die eine Bevorzugung börslicher Handelsplätze bedeuteten, zugunsten multilateraler Handelssysteme abgeschafft werden, entsteht ergänzend zu dem Inter-Börsenwettbewerb ein zusätzlicher Dienstleistungswettbewerb im Bereich des Wertpapierhandels. Da sich als Folge eines Wettbewerbs zwischen Marktteilnehmern oft Preissenkungen ergeben, ist die Organisation des Marktes von großer Bedeutung für die Transaktionskosten und umgekehrt.

B. Klassifizierte Typen von Handelsplätzen

Die technischen Weiterentwicklungen der vergangenen Jahre, haben zu einer Vielzahl unterschiedlich ausgestalteter Typen von Handelsplätzen geführt. Um einen integrierten Finanzbinnenmarkt zu schaffen, den Anlegerschutz zu verbessern, den Wettbewerb zwischen den Handelsplätzen bzw. ihren Betreibern zu fördern und einen modernen Rechtsrahmen für wettbewerbsfähige Sekundärmärkte zu ermöglichen,[120] klassifizierte die MiFID drei Typen von Handelsplätzen:[121] Den geregelten Markt, der durch den Vorschlag zur Neufassung der MiFID durch die Europäische Kommission[122] nunmehr in Art. 2 Abs. 1 Nr. 5 MiFID II-VO-E begrifflich bestimmt werden soll und faktisch einem börslichen Handelsplatz entspricht, das multilaterale Handelssystem (Art. 2 Abs. 1 Nr. 6 MiFID II-VO-E) und systematische Internalisierer (Art. 2 Abs. 1 Nr. 3 Mi-

---

120 Da bedeutendere außerbörsliche Handelsplätze schon seit mehreren Jahrzehnten bestehen, sich der Wettbewerb mit den Börsen allerdings erst aufgrund der technischen Entwicklungen in den letzten zwanzig Jahre zunehmend intensivierte, kann durchaus auch gut vertreten werden, dass die Regelungen der MiFID keinen Wettbewerb geschaffen, sondern diesem eine Kontur gegeben und dadurch zusätzliche Schubkraft verliehen haben, vgl. Bessler/Schmidt, Wertpapiertransaktionen im Spannungsfeld von börslichem und außerbörslichem Handel, S. 134.

121 Die Umsetzung der MiFID erfolgte durch das Finanzmarktrichtlinie-Umsetzungsgesetz (Gesetz zur Umsetzung der Richtlinie über Märkte für Finanzinstrumente und der Durchführungsrichtlinie der Kommission vom 16. Juli 2007, BGBl. I 1330, FRUG).

122 Der Vorschlag zur Neufassung der MiFID geht auf ein Konsultationsverfahren zur Überprüfung der Regelungen der MiFID zurück; ausführlich dazu Kapitel I. C.I.2.b.

FID II-VO-E).[123] Als gänzlich neu klassifizierten Handelsplatztyp schlägt die Europäische Kommission mit Art. 2 Abs. 1 Nr. 7 MiFID II-VO-E die Klassifizierung des organisierten Handelssystems (Organised Trading Facility, *OTF*) vor. Die Bestimmung der verschiedenen Handelsplatztypen deckt nahezu den gesamten Bereich des Wertpapierhandels im organisierten Kapitalmarkt und nahezu alle anlegerorientierten Kapitalmarktaktivitäten ab. Die Klassifizierung soll insbesondere auch dazu dienen, die Angebote von Wertpapierdienstleistungsunternehmen im Bereich der Ausführung des Wertpapierhandels einheitlichen Voraussetzungen zu unterstellen. Dadurch soll eine klare Verteilung der Zuständigkeiten für die Zulassung und die Überwachung der von ihnen betriebenen Handelssysteme gewährleistet und die Funktionsfähigkeit des Finanz- und Kapitalmarktes geschützt werden.[124]

Die Klassifizierung der Handelsplatztypen ist Anlass und zugleich Grundlage der Untersuchung der Regulierung des Freiverkehrs unter dem Gesichtspunkt der Schaffung eines fairen Wettbewerbs zwischen den ausdrücklich klassifizierten Handelsplatztypen Börse und MTF sowie den dahinter stehenden Betreibern, den Börsenträgergesellschaften und Wertpapierdienstleistungsunternehmen. Da der Freiverkehr selbst nicht als eigener Handelsplatztyp klassifiziert ist, sollen zur Einordnung einer Marktorganisationsform und der Bedeutung seiner Regulierung zunächst die in diesem Kontext näher dargestellt werden.

I. Multilaterale Handelsplätze

Ist das Wertpapierhandelssystem so ausgestaltet, dass es Geschäftsabschlüsse zwischen verschiedenen Marktteilnehmern gestattet und nicht allein mit einer zentralen Gegenpartei, spricht man von einem multilateralen System. Die Interessen der Beteiligten am Kauf und Verkauf von Finanzinstrumenten müssen innerhalb des Systems zusammengeführt oder deren Zusammenführen gefördert werden. Die relativ offene Definition eines multilateralen Systems erfasst nicht nur „technische" Systeme für das Zusammenführen von Aufträgen, sondern auch Märkte, die nur aus einem Regelwerk zu Fragen der Mitgliedschaft in dem System, der Zulassung von Finanzinstrumenten zum Handel, dem Handel zwischen Mitgliedern und Transparenzpflichten bestehen. Dadurch werden Han-

123 Vgl. Art. 2 Nr. 8 Durchführungsverordnung 2006/1287/EG zur MiFID; Bessler/Schmidt, Wertpapiertransaktionen im Spannungsfeld von börslichem und außerbörslichem Handel, S. 115 ff.

124 Europäische Kommission, FSAP, S. 5 f. und im Zusammenhang mit der beabsichtigten Neufassung der MiFID siehe Begründung zur MiFID II-VO-E, S. 3.

delsplätze erfasst, die sowohl einen Präsenzhandel, als auch einen elektronischen Handel durchführen.[125] Für ein multilaterales System kommt es somit auf die Beteiligung von mehr als zwei Parteien an.[126]

1. Der geregelte Markt

a. Zulassung, Überwachung und Organisation

Gemäß Art. 4 Abs. 1 Nr. 14 MiFID bzw. Art. 2 Abs. 1 Nr. 5 MiFID II-VO-E handelt es sich bei dem geregelten Markt um „ein von einem Marktbetreiber betriebenes und/oder verwaltetes multilaterales System, das die Interessen einer Vielzahl Dritter am Kauf und Verkauf von Finanzinstrumenten innerhalb des Systems und nach seinen nichtdiskretionären Regeln in einer Weise zusammenführt oder das Zusammenführen fördert, die zu einem Vertrag in Bezug auf Finanzinstrumente führt, die gemäß den Regeln und/oder den Systemen des Marktes zum Handel zugelassen wurden".

Der geregelte Markt wird von einem Marktbetreiber veranstaltet. Dabei handelt es sich nach Art. 4 Abs. 1 Nr. 13 MiFID bzw. Art. 2 Abs. 1 Nr. 4 MiFID II-VO-E um eine oder mehrere Personen, die das Geschäft eines geregelten Marktes verwalten und/oder betreiben. Marktbetreiber kann auch der geregelte Markt selbst sein.

Die Interessen müssen weiter nach nichtdiskretionären Regeln in einem Vertrag zusammengeführt werden. Das bedeutet, dass dem Betreiber durch die Ausgestaltung der Regeln kein Ermessensspielraum im Hinblick auf mögliche Wechselwirkungen zwischen Interessen eingeräumt werden dürfen.[127] Gegenstand der Interessen sind Finanzinstrumente. Dabei handelt es sich nach Art. 4 Abs. 1 Nr. 17 i.V.m. Anhang I Abschnitt C MiFID bzw. Art. 4 Abs. 2 Nr. 14 i.V.m. Anhang I Abschnitt C MiFID II-RL-E vor allem um übertragbare Wertpapiere, Geldmarktinstrumente und Derivate.

Mit Art. 4 Abs. 1 Nr. 14 MiFID wurde auf europäischer Ebene erstmals eine Zulassungspflicht für den geregelten Markt eingeführt. Zuvor brachte es die Einstufung als geregelter Markt lediglich mit sich, dass die Funktionsbedingun-

---

125 Vgl. Erwägungsgrund (6) MiFID bzw. Erwägungsgrund (6) MiFID II-VO-E zur Neufassung der MiFID; so auch Boschan, Wertpapierhandelssysteme, S. 401 f.

126 Holzborn/Israel, NJW 2008, 791, 795.

127 So bereits Europäisches Parlament, Stellungnahme zu Finanzmarkt-Richtline, 2002/0269(COD), S. 6 f.

gen des Marktes, die Zugangsbedingungen für Handelsteilnehmer und die Zulassungsbedingungen für die Handelsgegenstände von den zuständigen Behörden erlassen oder genehmigt wurden.[128]

Als Voraussetzung für die Zulassung eines geregelten Marktes sind gemäß Art. 36 Abs. 1 MiFID die Bestimmungen des Titels III der MiFID einzuhalten. Diese bestehen im Wesentlichen aus Vorgaben zur regelmäßigen staatlichen Aufsicht über die mit der Organisation und dem Betrieb des geregelten Marktes verbundenen Aufgaben (Art. 36 Abs. 2 MiFID), Anforderungen an Personen, die die Geschäfte und den Betrieb des geregelten Marktes leiten (Art. 37, 38 MiFID), organisatorische Anforderungen wie die Vermeidung von Interessenkonflikten, die Einhaltung von Sicherheitsvorkehrungen für die Verwaltung und den Betrieb des Systems und die Verpflichtung zur Überwachung der Einhaltung dieser und anderer Verpflichtungen (Art. 39, 43 MiFID). Neben Bestimmungen über die Zulassung von Finanzinstrumenten (Art. 40 MiFID) und den Zugang zum Markt (Art. 42 MiFID), werden Anforderungen in Bezug auf Handelsbestimmungen (Art. 41 MiFID), sowie Vorhandels- und Nachhandels-Transparenzpflichten (Art. 44, 45 MiFID) getroffen. Die Zulassung eines Systems als geregelter Markt ist gemäß Art. 36 Abs. 1 MiFID erlaubnispflichtig. Die Voraussetzungen für die Zulassung eines geregelten Marktes verschieben sich im Vorschlag der Europäischen Kommission in die Art. 47 ff. MiFID II-RL-E entsprechend. Darüber hinaus beabsichtigt die Europäische Kommission mit der Neufassung der MiFID allerdings deutlich weitergehende Anforderungen an die Zulassung eines geregelten Marktes zu stellen. So sollen gemäß Art. 48 MiFID II-RL-E insbesondere verschärfte Anforderungen an die Leitung des geregelten Marktes gestellt werden. Die Vorgaben beziehen sich auf eine Konkretisierung der Wahrnehmung der Aufgaben der Mitglieder des Leitungsorgans, deren Qualifikationen und internen Überwachungsmechanismen zur Kontrolle der Tätigkeiten durch das Leitungsorgan.

Weiter soll über Art. 51 MiFID II-RL-E die technische Zuverlässigkeit der genutzten Handelssysteme sichergestellt werden. Danach hat der geregelte Markt über wirksame Systeme, Verfahren und Vorkehrungen zu verfügen, um marktstörenden Beeinflussungen vorzubeugen. Gemäß Art. 54 MiFID II-RL-E sollen die Betreiber eines geregelten Marktes und die Betreiber anderer geregelter Märkte unmittelbar über marktstörende Handelsbedingungen, missbräuchliches Marktverhalten und Systemstörungen in Kenntnis zu setzen. Der angestrebten Vernetzung der Handelsplätze entspricht auch der Vorschlag gemäß Art. 53 Abs. 2 S. 4 MiFID II-RL-E, dass die Aussetzung oder der Ausschluss eines Fi-

128 Vgl. Art. 1 Nr. 13 Wertpapierdienstleistungs-Richtlinie.

nanzinstruments vom Handel unter bestimmten Voraussetzungen auch von anderen multilateralen Handelsplätzen, auf denen dasselbe Finanzinstrument gehandelt wird, ebenfalls eine Aussetzung oder den Ausschluss vom Handel vornehmen.

b. *Die Wertpapierbörse als geregelter Markt*

Die Umsetzung der Vorgaben der MiFID erfolgte in § 2 Abs. 5 WpHG. Der geregelte Markt wird dort allerdings als organisierter Markt bezeichnet. Der von dem Sprachgebrauch der MiFID abweichende Begriff des organisierten Marktes im Wertpapierhandelsgesetz gegenüber dem geregelten Markt aus der MiFID ist auf die gleich lautende Bezeichnung eines früheren Börsenmarktsegmentes (§§ 49 ff. BörsG a. F.) zurückzuführen. Der geregelte Markt wird mit der alten Rechtslage verbunden, nach welcher zwischen dem amtlichen und dem geregelten Markt unterschieden wurde (mittlerweile werden der amtliche und der geregelte Markt zusammen unter der Bezeichnung *regulierter Markt* betrieben), so dass der Begriff des geregelten Marktes nur noch in der Übergangsregelung § 52 Abs. 7 BörsG steht. Durch die Bezeichnung des geregelten Marktes als organisierter Markt sollen mögliche Irreführungen vermieden werden.[129]

Der organisierte Markt ist nach § 2 Abs. 5 WpHG ein in Deutschland betriebenes oder verwaltetes „durch staatliche Stellen genehmigtes, geregeltes und überwachtes multilaterales System, das die Interessen einer Vielzahl von Personen am Kauf und Verkauf von dort zum Handel zugelassenen Finanzinstrumenten innerhalb des Systems und nach festgelegten Bestimmungen in einer Weise zusammenbringt oder das Zusammenbringen fördert, die zu einem Vertrag über den Kauf dieser Finanzinstrumente führt“. Die Definition des organisierten Marktes ist mit der Bezeichnung „multilaterales System“ bewusst offen formuliert worden. Für die Einstufung als organisierter Markt kommt es somit nicht auf die Technik an, auf welcher die Handelsausführung basiert, sondern darauf, dass jede geregelte Zusammenführung von Angebot und Nachfrage erfasst wird.[130]

Das multilaterale System zeichnet sich dadurch aus, dass Käufer und Verkäufer entweder miteinander einen durch das Handelssystem vermittelten Ver-

---

129 BT-Drucks. 13/7142, S. 103; Fuchs, in: Fuchs, WpHG, § 2 Rn. 142. Im Folgenden werden daher die Begriffe geregelter Markt und organisierter Markt synonym benutzt, sofern sie sich auf diesen Handelsplatztyp beziehen.

130 Fuchs, in: Fuchs, WpHG, § 2 Rn. 145.

trag schließen, oder jeweils mit einem Liquiditätsanbieter[131] (einem sogenannten Market Maker, vgl. Art. 4 Abs. 1 Nr. 8 MiFID bzw. Art. 4 Abs. 2 Nr. 6 MiFID II-RL-E) ins Geschäft kommen.

Nachdem der deutsche Gesetzgeber lange Zeit eine Legaldefinition der Börse ablehnte, definierte er den Begriff der Börse im Rahmen der Umsetzung der MiFID.[132] Anlass hierzu war der Umstand, dass vor dem Hintergrund der technischen Entwicklungen eine Differenzierung zwischen Börsen und außerbörslichen (in der Regel computergestützten) Handelssystemen kaum mehr zu gewährleisten war und im Ergebnis zu Rechtsunsicherheit führte.[133] Eine gesetzliche Definition wurde deshalb auch schon seit längerem als erforderlich angesehen, weil die Börsenaufsicht, sobald ein elektronisches Handelssystem bzw. ein alternatives Handelssystem in Betrieb genommen wird, prüfen muss, ob dieses als Börse einzuordnen ist.[134]

Gemäß § 2 Abs. 1 BörsG werden Börsen definiert als „teilrechtsfähige Anstalten des öffentlichen Rechts, die nach Maßgabe des Börsengesetzes multilaterale Systeme regeln und überwachen, welche die Interessen einer Vielzahl von Personen am Kauf und Verkauf von dort zum Handel zugelassenen Wirtschaftsgütern und Rechten innerhalb des Systems nach festgelegten Bestimmungen in einer Weise zusammenbringen oder das Zusammenbringen fördern, die zu einem Vertrag über den Kauf dieser Handelsobjekte führt“.[135]

---

131 Ob ein Liquiditätsanbieter tätig ist, hängt vom Handelsvolumen des jeweiligen Wertpapiers ab.

132 Die vorherige Ablehnung einer gesetzlichen Definition begründet der Gesetzgeber mit dem größeren Maß an Flexibilität, welche der Verzicht auf eine Definition der Börse im Hinblick auf zu erwartende Entwicklungen in den Bereichen der Telekommunikation und der Datenverarbeitung und der sich danach ergebenden Einflüsse auf das Erscheinungsbild börslicher Handelsplätze verspreche. Der Gesetzgeber befürchtete, dass durch eine zu enge Definition dessen, was seiner Vorstellung nach eine Börse sei, weitere Entwicklungen in diesem Bereich behindert werden könnten (BT-Drucks. 11/4177, S. 22 und BT-Drucks. 14/8017, S. 146; Beck, WM 1998, 417, 418 Fn. 20; Hammen, WM 2001, 929, 930).

133 Wastl/Schlitt, WM 2001, 1702, 1702; Hopt/Baum, in: Hopt / Rudolph / Baum, Börsenreform, S. 378.

134 Vgl. Hopt/Baum, in: Hopt / Rudolph / Baum, Börsenreform, S. 381 ff.; Escher/Walz, BKR 2002, 337, 337.

135 Der Gesetzgeber definierte mehr als 100 Jahre nach dem 1897 in Kraft getretenen Börsengesetz erstmals ausdrücklich was eine Börse ist. Zur Entwicklung des Börsenbegriffs Wastl/Schlitt, WM 2001, 1702, 1703 ff.

Der Börsenbegriff umfasst somit zwei Komponenten: Durch eine formale Begriffsbestimmung wird die Rechtsform der Börse als Anstalt des öffentlichen Rechts festgelegt. In materieller Hinsicht wird die Börse als multilaterales System eingestuft. Insoweit entspricht die Definition damit weitgehend der des organisierten Marktes nach § 2 Abs. 5 WpHG.[136] Im Unterschied zum Begriff des geregelten Marktes gemäß Art. 4 Abs. 1 Nr. 14 MiFID bzw. Art. 2 Abs. 1 Nr. 5 MiFID II-VO-E, erfasst der Börsenbegriff jedoch nicht nur Handelsplattformen für Finanzinstrumente, sondern auch solche für Rechte und andere Wirtschaftsgüter, wie z. B. Waren oder Rohstoffe.[137] Sind Finanzinstrumente im Sinne des § 2 Abs. 2b WpHG Gegenstand des Handels, ist die Börse gemäß § 2 Abs. 2 BörsG eine Wertpapierbörse. Da die deutsche Legaldefinition der Börse weitergehend ist, als die Vorgaben für den organisierten Markt nach der MiFID, umfasst der Begriff Börse sämtliche von der Durchführungsverordnung beschriebenen Marktmodelle (Anhang 1 Tabelle II MiFID-DVO) für geregelte Märkte, einschließlich hybrider Marktstrukturen.[138] Im Rahmen dieser Untersuchung ist der Begriff der Wertpapierbörse im Sinne von § 2 Abs. 2 BörsG maßgeblich.[139]

2. Das Multilaterale Handelssystem

Bei multilateralen Handelssystemen handelt es sich – genau wie bei der Börse – um ein multilaterales System. Gesetzlich definiert ist das multilaterale Handelssystem gemäß § 2 Abs. 3 Nr. 8 WpHG als der Betrieb „eines multilateralen Systems, das die Interessen einer Vielzahl von Personen am Kauf und Verkauf von Finanzinstrumenten innerhalb des Systems und nach festgelegten Bestimmungen in einer Weise zusammenbringt, die zu einem Vertrag über den Kauf dieser Finanzinstrumente führt“. Damit entspricht die Legaldefinition nahezu wortgleich der europäischen Definition nach Art. 4 Abs. 1 Nr. 15 MiFID bzw. der über die Verordnung als verbindliche Vorgabe beabsichtigten begrifflichen Bestimmung gemäß Art. 2 Abs. 1 Nr. 6 MiFID II-VO-E. Genau wie der organisierte Markt, zeichnet sich das multilaterale Handelssystem als multilaterales System durch eine Vielzahl an Käufern und Verkäufern aus, die jeweils untereinander Geschäfte betreiben, ohne dass das MTF als Partei in den Geschäftsab-

---

136 Vgl. Groß, Kapitalmarktrecht, § 2 BörsG, Rn. 2 ff; Lenenbach, Kapitalmarktrecht, Rn. 3.16.

137 BT-Drucks. 16/4028, S. 79.

138 BR-Drucks. 833/06, S. 181.

139 Die Begriffe Börse und Wertpapierbörse werden im Weiteren insoweit synonym und jeder für sich anstelle des Begriffs organisierter Markt verwendet.

schluss involviert ist.[140] Bei der Abgrenzung zwischen dem Handelsplatz Börse und dem Handelsplatz multilaterales Handelssystem ist aufgrund der ähnlichen Begrifflichkeit zu beachten, dass zwar jedes multilaterale Handelssystem ein multilaterales System ist, umgekehrt aber nicht jedes multilaterale System ein multilaterales Handelssystem.

a. Entwicklung aus alternativen Handelssystemen

Die Klassifizierung des multilateralen Handelssystems durch die MiFID geht auf die zunehmende Bedeutung außerbörslicher Handelssysteme zurück. Sie sind funktional mit dem Betrieb eines börslichen Handelsplatzes vergleichbar und entstanden lange bevor die Europäische Union mit der MiFID ein „attraktives regulatorisches Umfeld“ für multilaterale Handelssysteme zu etablieren versuchte.[141]

Als Oberbegriff erfassen alternative Handelssysteme die vielfältigen elektronischen Systeme, die im Bereich des außerbörslichen Handels eingesetzt werden.[142] Sie können unter funktionalen Gesichtspunkten oder nach teilnehmerbezogenen Kriterien voneinander abgegrenzt werden.[143] Durch den Aufbau alternativer Handelssysteme verfolgen ihre Betreiber das Ziel, Liquidität von den etablierten börslichen Handelsplätzen abzuzweigen und ihren Marktanteil sukzessive auszubauen.[144] Mit dem Aufkommen einer Vielzahl elektronischer Handelssysteme, wurde es allgemein auch für nicht unwahrscheinlich gehalten, dass es zu einer Verlagerung von Liquidität weg von den traditionellen Wertpapier-

---

140 Da sich weder im Wertpapierhandelsgesetz noch in der MiFID oder den Durchführungsverordnungen Anhaltspunkte dazu finden, wann eine „Vielzahl von Personen“ vorliegt, bestehen Zweifel an der Verfassungsmäßigkeit der Regelung wegen eines Verstoßes gegen den Bestimmtheitsgrundsatz, Schäfer, in: Boos / Fischer / Schulte-Mattler, KWG, § 1 Rn. 1231, der eine Anknüpfung z. B. an § 3 Abs. 2 Nr. 2 WpPG für unangemessen hält, da eine Anzahl von 100 Personen bereits an kleineren Handelsplätzen schon nicht erreicht werde.

141 Gomber, MiFID – Einfluss auf den horizontalen und vertikalen Wettbewerb, S. 22.

142 Vgl. Merkt, Börsenrechtliches Gutachten, G 43, Fn. 136.

143 Vgl. Loff, Alternative Handelssysteme, S. 6 ff., 31 ff.; Börsensachverständigenkommission, Empfehlungen zur Regulierung Alternativer Handelssysteme, S. 2 ff.; Hartmuth, Institutioneller Wandel von Börsen, S. 71.

144 Vgl. Möller, Kapitalmarktaufsicht, S. 120; Hartmuth, Institutioneller Wandel von Börsen, S. 177. Ausführliche Zusammenstellung von Gründen für den Betrieb außerbörslicher Handelssysteme aus Anbieter- und Nachfragersicht bei Gomber, Elektronische Handelssysteme, S. 59 ff.

börsen hin zu außerbörslichen Handelssystemen insgesamt kommen würde.[145] Dieser Umstand ist allerdings nicht eingetreten.

Um im Wettbewerb mit börslichen Handelsplätzen bestehen zu können, müssen alternative Handelssysteme eine kosteneffizientere Handelsorganisation aufweisen. Die grundsätzlichen Voraussetzungen hierzu sollten sich neben organisationsbedingten Optimierungen auch aus günstigeren Kommissionen, der Minimierung von Marktbeeinflussungskosten, also der negativen Wirkung großer Orders auf den Preis, besonderen Abwicklungsalgorithmen sowie einer schnellen Auftragsausführung ergeben.[146] In diesem Zusammenhang macht auch der direkte Zugang zu Handelssystemen, Intermediäre wie Makler, Broker oder Wertpapierhandelshäuser überflüssig, was wesentlich zur Kostenreduktion beiträgt. Gleichzeitig können durch die Automatisierung Kosten im Zusammenhang mit der Ausführung und der Abwicklung des Geschäftes eingespart werden.[147] Nicht zuletzt aufgrund der effizienteren Kostenstruktur ist es alternativen Handelssystemen möglich, längere Handelszeiten im Vergleich zu den etablierten Börsen anzubieten.[148]

Durch den Aufbau eigener Handelsplattformen begründeten die traditionell eng mit den Börsen verbundenen Investmentbanken einen Wettbewerb um die Ausführung von Wertpapierhandelsaufträgen.[149] Die Internalisierung der Ausführung sich entsprechender Orders innerhalb eines Handelshauses und der

---

145 BT-Drucks. 14/8601, S. 15; CESR, Standards for Alternative Trading Systems, S. 2.

146 Schuster/Rudolf, in: Hummel / Breuer, Handbuch Europäischer Kapitalmarkt, S. 382.

147 Vgl. Klenke, Börsendienstleistungen im Europäischen Binnenmarkt, S. 92 ff.; Hartmuth, Institutioneller Wandel von Börsen, S. 177; Lepczyk, Rechtliche Aspekte internationaler Börsenfusionen, S. 14; Rudolph/Röhrl, in: Hopt / Rudolph / Baum, Börsenreform, S. 159; Bernet, Finanzintermediation, S. 236 ff.

148 Hartmuth, Institutioneller Wandel von Börsen, S. 178. Dazu und weiteren möglichen Wettbewerbsvorteilen außerbörslicher Handelssysteme siehe Podewils, Wertpapierauftragsausführungssysteme im Wettbewerb, S. 35 ff.

149 So z. B. mit den Handelssystemen Chi-X, BATS und Turquoise. Teilweise kooperieren sie aber auch mit Börsenbetreibern: Beispielsweise halten die Deutsche Börse AG und der Schweizer Börsenbetreiber SIX an der Trägergesellschaft des MTF „Eurex Bonds" indirekt rund 70 Prozent, während die restlichen Anteile von Marktteilnehmern wie der Deutschen Bank AG, der Commerzbank AG, der West LB AG und Credit Suisse AG gehalten werden (www.eurex-bonds.de).

Aufbau multilateraler Handelssysteme schaffen die Möglichkeit, Orders nur noch vereinzelt an die Börse weiterleiten zu müssen.[150]

Die Entwicklung außerbörslicher Handelssysteme begann 1969 in den USA mit dem System *Instinet*[151] und verlief parallel zu der fortschreitenden Entwicklung im Bereich der Informations- und Telekommunikationstechnologie.[152] Die technische Möglichkeit von Fernmitgliedschaften war der Beginn des Aufweichens der monopolartigen Stellung der Börsen in Bezug auf die Zentralisierung von Wertpapierkauf- und Wertpapierverkaufsaufträgen. Die sinkenden Marktzugangsbarrieren führten nicht nur zu einem verstärkten Wettbewerb der Börsen untereinander, sondern auch zur Entstehung neuer Wettbewerber in Form alternativer Handelssysteme.[153] In den vergangenen Jahrzehnten führte die Verbesserung der Transparenz durch die Bereitstellung aktueller marktrelevanter Daten zu einer Etablierung alternativer Handelsplattformen. In den Vereinigten Staaten konkurrieren alternative Handelssysteme schon seit längerem unmittelbar mit den großen Börsen und weisen bereits einen Anteil von rund 30 Prozent des Handelsvolumens im Vergleich zu der Technologiebörse NASDAQ und rund fünf Prozent der NYSE Euronext auf.[154] In Europa erbrachten alternative Handelssysteme bis vor wenigen Jahren noch spezialisierte Mittlerdienste für professionelle Marktteilnehmer, die den Börsenhandel eher ergänzten als ihn herauszufordern.[155] Seit Beginn des 21. Jahrhunderts nehmen sie aber auch im eu-

---

150 Vgl. Ackermann, in: Krumnow / Lange, eBanking, S. 155, 165 f. Gerade bei Mitgliederbörsen wie der NYSE fahren die Bankhäuser damit eine Doppelstrategie. Zum einen bleiben sie an dem liquidesten Markt beteiligt, treten aber durch den Aufbau eigener Handelssysteme gleichzeitig zu ihm in Konkurrenz, Neubauer, Die Bank 2001, 104, 104.

151 Das System funktionierte noch nicht vollelektronisch. Die Geschäfte wurden über das Telefon abgewickelt, während Computerterminals das Orderaufkommen anzeigten. Ausführlich zu der historischen Entwicklung alternativer Handelssysteme siehe Loff, Alternative Handelssysteme, S. 36 ff.

152 Neubauer, Die Bank 2001, 104, 104 f.

153 Vgl. Blumentritt, Die privatrechtlich organisierte Börse, S. 33 f.; Köndgen, in: Schneider / Hommelhoff / Schmidt / Timm / Grunewald / Drygala, FS Lutter, 1401, 1407 ff.; detailliert auch Klenke, Börsendienstleistungen im Europäischen Binnenmarkt, S. 88 ff.

154 Ausschuss der Weisen, Schlussbericht über die Regulierung der europäischen Wertpapiermärkte, Anhang 5, S. 13.

155 Ausschuss der Weisen, Schlussbericht über die Regulierung der europäischen Wertpapiermärkte, Anhang 5, S. 13 f.

ropäischen Raum eine zunehmend stärkere Stellung ein.[156] Dementsprechend führte das Vierte Finanzmarktförderungsgesetz[157] mit §§ 58 ff. BörsG a. F. erstmals Vorschriften zur Regulierung außerbörslicher Handelssysteme in Deutschland ein.[158] Nach § 59 S. 1 BörsG a. F. handelte es sich bei den als *elektronische Handelssysteme* und *börsenähnliche Einrichtungen* bezeichneten Systemen, um elektronische Handelssysteme, in denen Angebot und Nachfrage in börsenmäßig handelbaren Wirtschaftsgütern oder Rechten mit dem Ziel zusammengeführt werden, Vertragsabschlüsse unter mehreren Marktteilnehmern innerhalb des Systems zu ermöglichen. Die Aufsicht über die börsenähnlichen Einrichtungen wurde gemäß § 60 Abs. 1 S. 1 BörsG durch die Börsenaufsichtsbehörde ausgeübt. Zu den bedeutendsten Erscheinungsformen außerbörslicher Handelssysteme gehören Bulletin Boards,[159] Proprietary Trading Systems (proprietäre Handelssysteme)[160] und Electronic Communication Networks (ECNs)[161].[162]

---

156 Klenke, Börsendienstleistungen im Europäischen Binnenmarkt, S. 89; Näher dazu Köndgen, in: Bessler, Börsen, Banken und Kapitalmärkte, S. 282 f.

157 Gesetz zur weiteren Fortentwicklung des Finanzplatzes Deutschland, vom 21. Juni 2002, BGBl. I S. 2010.

158 Schwark, in: Schwark, Kapitalmarktrechts-Kommentar, vor §§ 58-60 BörsG, Rn. 1.

159 Bulletin Boards sind Preisinformationssysteme, in denen die Handelsinteressenten ihre Angebote veröffentlichen. Die Handelsteilnehmer handeln dann direkt miteinander. Bei aktiven Bulletin Boards legt der Betreiber die Handelsbedingungen fest, passive Systeme dieser Art überlassen den Handelsteilnehmern die Handelsbedingungen.vgl. Florian, Rechtsfragen des Wertpapierhandels im Internet, S. 250 ff.

160 Vom lat. proprietas = Eigentümlichkeit, Eigenschaft, Eigentum. Bei proprietären Handelssystemen handelt es sich um Systeme, in welchen professionelle oder private Nutzer untereinander oder mit einer zentralen Gegenpartei ihre Wertpapiergeschäfte abschließen können. Der Eigentümer des Systems ist meist zugleich auch der Veranstalter des Wertpapierhandels. Siehe auch Schwark, WM 1997, 293, 299; Hammen, WM 2001, 929, 929; Schwark, in: Schwark, Kapitalmarktrechts-Kommentar, vor §§ 58-60 BörsG, Rn. 3; Florian, Rechtsfragen des Wertpapierhandels im Internet, S. 246 ff.

161 ECNs erfassen die vollautomatische Auflistung von Transaktionen in einem Orderbuch oder die Zusammenführung von Orders auf Basis der von einem Dritten bereitgestellten Referenzpreise. Vgl. auch Florian, Rechtsfragen des Wertpapierhandels im Internet, S. 249 f.; Schwark, in: Schwark, Kapitalmarktrechts-Kommentar, vor §§ 58-60 BörsG, Rn. 4.

162 Vgl. Fernholz, Börse und ihre Alternativen, S. 40 und Gomber, Elektronische Handelssysteme, S. 33. Das MTF „Eurex Bonds“ wurde als ECN entwickelt.

Für Anleger und Emittenten war die Entstehung außerbörslicher Handelsplätze grundsätzlich vorteilhaft, da die Betreiber der etablierten Märkte im Wettbewerb um Orderausführungen auf die Gefahr eines Liquiditätsverlustes mit der Senkung von Transaktionskosten und geringeren Kosten für eine Handelsnotierung an der Börse reagierten.[163] Alternative Handelssysteme sind damit Ausdruck der verschiedenen Anleger- und Emittenteninteressen sowie des Wettbewerbs der Handelsplätze untereinander.[164]

b. Voraussetzungen für Betrieb und Organisation

Nach Art. 4 Abs. 1 Nr. 15 MiFID bzw. Art. 2 Abs. 1 Nr. 6 MiFID II-VO-E ist ein multilaterales Handelssystem (kurz auch als *MTF* für *Multilateral Trading Facility* bezeichnet) „ein von einer Wertpapierfirma[165] oder einem Marktbetreiber veranstaltetes multilaterales System, das die Interessen einer Vielzahl Dritter am Kauf und Verkauf von Finanzinstrumenten innerhalb des Systems und nach nichtdiskretionären Regeln in einer Weise zusammenführt, die zu einem Vertrag" führen. Die funktionale Ausgestaltung des multilateralen Handelssystems entspricht der des organisierten Marktes. Der Handel ist multilateral und führt die Interessen innerhalb des Systems zusammen. Im Vergleich zum Betrieb des Handelssystems an einer Börse reicht es allerdings nicht aus, das Zusammenführen der Interessen am Kauf und Verkauf nur zu fördern. Die Voraussetzung des tatsächlichen Zusammenführens ist darauf zurückzuführen, dass sich das MTF gerade dadurch auszeichnet, keinen Präsenzhandel anzubieten.

Bei dem Betrieb eines MTF handelt es sich ferner um eine Wertpapierdienstleistung und eine Anlagetätigkeit.[166] Die Voraussetzungen für die Zulassung von Wertpapierdienstleistungsunternehmen und die Bedingungen für den Betrieb eines MTF werden in Art. 5 – 35 MiFID bzw. Art. 5 – 40 MiFID II-RL-E geregelt. Im Wesentlichen unterscheidet das MTF von der Börse, dass die Handelsgegenstände keine umfangreichen Zulassungsbedingungen erfüllen müssen (Art. 40 MiFID bzw. Art. 40 MiFID II-RL-E), sondern von dem Betreiber eines MTF transparente Regeln aufgestellt werden, nach denen sich be-

163 Hartmuth, Institutioneller Wandel von Börsen, S. 179 f.

164 Vgl. Bröcker, in: Claussen, Bank- und Börsenrecht, S. 341.

165 Der Begriff der Wertpapierfirma ist mit dem des Wertpapierdienstleistungsunternehmens im Wertpapierhandelsgesetz gleichzusetzen, Vollmuth/Seifert, in: Clouth / Lang, MiFID Praktikerhandbuch, S. 375.

166 Erwägungsgrund (5) und Anhang I Abschnitt A Nr. 8 MiFID.

stimmt, wie Finanzinstrumente zum Handel in das System einbezogen werden können.

Auch die Bedingungen für den Zugang zu dem System entsprechen nach Art. 14 Abs. 4, 42 Abs. 3 MiFID denen des geregelten Marktes. Dies soll sich gemäß Art. 18 Abs. 4, 19 Abs. 2 i. V. m. 55 Abs. 3 MiFID II-RL-E auch durch die Neufassung der MiFID nicht ändern. Anders als die Regeln für die Börse müssen die Bedingungen des MTF jedoch nicht nichtdiskriminierend sein, vgl. Art. 42 Abs. 1 MiFID bzw. Art. 55 Abs. 3 MiFID II-RL-E. Betreiber von MTF können damit ihren Teilnehmerkreis freier bestimmen, als dies dem Betreiber des börslichen Handelsplatzes möglich ist.

3. Das Organisierte Handelssystem

Der Vorschlag zur Überarbeitung der MiFID sieht neben der Klassifizierung organisierter Märkte und MTF auch die Regulierung *organisierter Handelssysteme* (Organised Trading Facilities, *OTF*) vor. Ein OTF unterliegt derzeit keiner weitergehenden Regulierung. Es spielt jedoch eine immer wichtigere Rolle, da zunehmend standardisierte Derivatekontrakte auf diesen Plattformen gehandelt werden. Die Transparenz des Handels auf OTF soll daher erhöht werden, insbesondere was sogenannte *Dark Pools* angeht, d. h. Handelsplattformen, die einen anonymisierten Handel ermöglichen, und Ausnahmen nur unter engen Voraussetzungen ermöglichen. Konkret soll es sich bei OTF gemäß Art. 2 Abs. 1 Nr. 7 MiFID II-VO-E um „ein/eine von einem Wertpapierdienstleistungsunternehmen oder einem Marktbetreiber betriebenes System oder betriebene Fazilität handeln, bei dem/der es sich nicht um einen organisierten Markt oder ein MTF handelt und das die Interessen einer Vielzahl Dritter am Kauf und Verkauf von Finanzinstrumenten innerhalb des Systems in einer Weise zusammenführt, die zu einem Vertrag führt".

Vom Handel an der Börse oder einem MTF unterscheidet sich das OTF im Kern dadurch, dass dem Betreiber des OTF bei der Entscheidung über die Art und Weise der Zusammenführung der Geschäfte ein Ermessensspielraum verbleibt.[167] Die Zusammenführung der Interessen Dritter am Kauf und Verkauf von Finanzinstrumenten erfolgen an der Börse und dem MTF gemäß Art. 4 Abs. 1 Nr. 14 und 15 MiFID hingegen nach nichtdiskretionären Regeln, was auch durch die beabsichtigte Neufassung der MiFID nicht geändert werden soll, Art. 2 Abs. 1 Nr. 5 und 6 MiFID II-VO-E. Neben der Möglichkeit einen gewissen Ermessensspielraum ausüben zu können, hat der Betreiber eines OTF die

167 Erwägungsgrund (8) MiFID II-VO-E.

Möglichkeit, „für Kunden Dienste zu erbringen, die sich qualitativ – wenn nicht sogar funktional – von den Diensten unterscheiden, die organisierte Märkte und MTF ihren Mitgliedern und Teilnehmern anbieten“.[168] Aufgrund der diskretionären Zusammenführung der Interessen von Käufern und Verkäufern sowie etwaiger funktionaler Unterschiede beim Dienstleistungsangebot von OTF besteht keine geeignete Vergleichbarkeit des OTF mit den Handelsplatztypen Börse und MTF. Bei der Untersuchung der Regulierung des Freiverkehrs vor dem Hintergrund der beabsichtigten Förderung des Wettbewerbs zwischen den Betreibern von Börsen und denen von MTFs ist das OTF aus diesen Gründen nicht weiter von Bedeutung.

II. Bilaterale Handelsplätze

Neben multilateralen Handelsplätzen klassifizierte die MiFID mit der systematischen Internalisierung auch bilaterale Handelsplätze. Gemäß Art. 4 Abs. 1 Nr. 7 MiFID bzw. Art. 2 Abs. 1 Nr. 3 MiFID II-VO-E liegt eine systematische Internalisierung vor, wenn ein Wertpapierdienstleistungsunternehmen in „organisierter und systematischer Weise häufig regelmäßig Handel für eigene Rechnung durch Ausführung von Kundenaufträgen außerhalb eines geregelten Marktes oder MTF treibt“.

1. Gegenstand der systematischen Internalisierung

Gegenstand der Internalisierung sind Eigengeschäfte von Wertpapierdienstleistungsunternehmen durch Ausübung eines Selbsteintrittsrechts im Sinne des § 400 Abs. 1 HGB.[169] Orderausführungen werden gegen das eigene Buch des Wertpapierdienstleistungsunternehmens vorgenommen. Es treffen also nicht eine Vielzahl von Marktteilnehmern mit unterschiedlichen Kauf- und Verkaufsordern aufeinander, sondern innerhalb eines Systems werden Verträge über den An- bzw. Verkauf von Wertpapieren zu einem von dem Anbieter des Systems bestimmten Preis geschlossen (*bilateraler Handel*).[170] Abhängig davon, ob es

---

168 Begründung zur MiFID II-VO-E, S. 8.

169 Vgl. Häuser, in: MünchKomm HGB, § 400, Rn. 3 ff.

170 Börsensachverständigenkommission, Empfehlungen zur Regulierung Alternativer Handelssysteme, S. 6; Baum/Hopt, in: Schäfer / Burghof / Johanning / Wagner / Rodt, Risikomanagement und kapitalmarktorientierte Finanzierung, S. 541. Im Hinblick auf die Preise herrscht allein für die Quotes nach § 32a WpHG die Vorgabe, dass diese die vorherrschenden Marktbedingungen widerspiegeln müssen, vgl. Art. 24 MiFID-DVO. Ins-

sich bei dem Auftrag um den Kauf oder Verkauf eines Papiers handelt, befindet sich der Betreiber der Internalisierung auf der jeweils anderen Seite der Transaktion. In dieser Funktion handelt er auf eigene Rechnung und eigenes Risiko.[171]

Die Internalisierung ist somit zunächst ein klassisches außerbörsliches Geschäft.[172] Soweit sie häufig regelmäßig und auf organisierte und systematische Weise vorgenommen wird, handelt es sich um eine systematische Internalisierung im Sinne der europäischen Begriffsbestimmung, deren Vorgaben in § 2 Abs. 10 WpHG umgesetzt sind.[173]

Obwohl die systematische Internalisierung keine Wertpapierdienstleistung ist, hat der systematische Internalisierer einzelne wertpapierhandelsrechtliche Pflichten zu erfüllen, soweit er gemäß § 32 Abs. 1 WpHG Aufträge in Aktien und Aktien vertretenden Zertifikaten, die zum Handel an einem organisierten Markt zugelassen sind, bis zur standardmäßigen Marktgröße ausführt.[174] In diesem Fall muss er gemäß § 32a Abs. 1 S. 1 WpHG für die von ihm angebotenen Aktiengattungen verbindliche Kauf- und Verkaufsangebote (*Quotes*) zu angemessenen kaufmännischen Bedingungen nach Maßgabe des § 32d WpHG veröf-

---

gesamt haben die Preise eines solchen Systems jedoch kaum eine Signalwirkung für sonstige Wertpapiergeschäfte, Ekkenga, in: Claussen, Bank- und Börsenrecht, S. 442. Zu den negativen Einflüssen der Internalisierung auf die Preisqualität s. Köndgen, in: Bessler, Börsen, Banken und Kapitalmärkte, S. 286 ff.

171 Hammen, WM 2001, 929, 930; Hellwig, ZGR 1999, 781, 790; Kümpel/Hammen, Börsenrecht, S. 67.

172 Die systematische Internalisierung umfasst das sog. OTC-Geschäft (Over the Counter), vgl. Erwägungsgrund (53) MiFID.

173 Gomber/Hirschberg, AG 2006, 777, 780 f. bemängeln, dass es der europäische Gesetzgeber versäumt habe, klare Kriterien für die Erfüllung des Tatbestandes der systematischen Internalisierung aufzustellen. Dies führe aus Anlegerschutzperspektive zu der problematischen, am Erfolg des Geschäftsmodells ausgerichteten Regulierung. Die Festlegung, ob eine Wertpapierfirma ein systematischer Internalisierer sei, nach den Kriterien „wesentliche kommerzielle Rolle", „bedeutende Einnahmequelle" oder „wichtige Kostenquelle" seien nicht konkret genug, um die tatsächliche Bedeutung der systematischen Internalisierung für das Wertpapierdienstleistungsunternehmen feststellen zu können und führten dazu, dass identische Geschäftsmodelle zweier Unternehmen unterschiedlich klassifiziert werden und damit auch unterschiedlichen Transparenzanforderungen unterliegen könnten. Siehe zu der dementsprechenden Auffassung auch CESR, MiFID Review, S. 17 ff.

174 Die Bestimmung der standardmäßigen Marktgröße wird durch die BaFin jährlich auf Basis des rechnerischen Durchschnittswertes der auf dem Markt ausgeführten Geschäfte festgelegt, § 32b Abs. 1 WpHG.

fentlichen, sofern für diese ein liquider Markt besteht.[175] Besteht kein liquider Markt, muss der systematische Internalisierer auf Anfrage seiner Kunden entsprechende Quotes veröffentlichen, § 32a Abs. 1 S. 2 WpHG. Gemäß § 32c Abs. 1 WpHG ist der systematische Internalisierer verpflichtet den Kundenauftrag zu dem mit dem Auftragseingang veröffentlichten Preis auszuführen. Die Quotes aus der systematischen Internalisierung können nach § 24 Abs. 2 BörsG im Übrigen nicht zur Ermittlung des Börsenpreises herangezogen werden.

2. Abgrenzung zum multilateralen Handel

Ein grundlegendes Unterscheidungsmerkmal zwischen bilateralen und multilateralen Handelsplätzen ist die Anzahl der Beteiligten an einer Wertpapiertransaktion. In einem multilateralen System fungiert der Betreiber des Systems als risikolose Gegenpartei, die zwischen Käufer und Verkäufer von Finanzinstrumenten steht. Käufer und Verkäufer schließen durch das Handelssystem vermittelt miteinander oder mit einem Liquiditätsanbieter ein Geschäft ab.[176] Im Rahmen des bilateralen Handels geht der systematische Internalisierer bewusst Risiken ein. Zentrales Abgrenzungskriterium in einem multilateralen System ist die Möglichkeit, Angebote einzustellen, die von der Preisquotierung des Betreibers abweichen und an andere Handelsteilnehmer vermittelt werden können (*Angebots- und Nachfragepluralität*).[177]

Im Einzelfall ist eine Abgrenzung zwischen multilateralen und bilateralen Handelsplätzen durchaus nicht ganz unproblematisch. So z. B. beim Handel über das System Xetra-Best der Deutsche Börse AG. Xetra-Best ist ein in den börslichen Handel des vollelektronischen Handelssystems Xetra an der Frankfurter Wertpapierbörse integriertes System, dass funktional in den Bereich der systematischen Internalisierung zu verorten ist.[178] Es erweitert die Funktionalität des elektronischen Handelssystems Xetra, indem Kreditinstitute durch das Stellen eigener Angebote eine interne Ausführung in einem börslichen Umfeld vor-

---

175 Schäfer, in: Grunewald / Schlitt, Kapitalmarktrecht, S. 189; Kumpan, WM 2006, 797, 803 ff. Die Bestimmung dessen, was ein liquider Markt ist, ergibt sich aus Art. 22 MiFID-DVO.

176 Erwägungsgrund (6) der MiFID 2004/39/EG, S. 2; Assmann, in: Assmann / Schneider, WpHG, § 2 Rn. 85 ff.

177 Boschan, Wertpapierhandelssysteme, S. 131 f.

178 Ausführlich zur Internalisierung an der Börse Bessler/Schmidt, Wertpapiertransaktionen im Spannungsfeld von börslichem und außerbörslichem Handel, S. 131 ff., 293.

nehmen können.[179] Über das System können Aufträge ihrer Kunden oder von Kunden anderer Teilnehmer des Systems ausgeführt werden, bevor diese im Orderbuch des Handelssystems Xetra erscheinen. Diese Funktionalität ermöglicht einen besseren Preis, als er aus der aktuellen Xetra-Orderbuchlage resultieren würde.[180] Nicht ausführbare Orders werden in das Orderbuch eingestellt. Somit ist Xetra-Best eng mit dem offenen Xetra-Orderbuch verknüpft. Können jedoch Orders unmittelbar über Xetra-Best ausgeführt werden, liegt ein „Börsenhandel ohne Börsenpreise" vor.[181]

Trotz des internalisierten Handels kann der Handel über Xetra BEST jedoch nicht als systematische Internalisierung im Sinne des § 2 Abs. 10 WpHG eingestuft werden.[182] Der Handel mit dem Xetra Best-System wird technisch über das elektronische Handelssystem der Frankfurter Wertpapierbörse abgewickelt. Dazu wird ein abgeschirmter Teilbereich innerhalb des Systems gebildet. Der Handel in diesem Bereich wird von der Handelsüberwachungsstelle und der Börsenaufsichtsbehörde überwacht. Somit muss vielmehr von einem Handel „an" der Börse gesprochen werden.[183] Da ein Handel jedoch auch mit Personen stattfinden kann, die nicht zum Handel an einer Börse zugelassen sind und, wie in § 3 Abs. 4 BörsG angedeutet, ein Börsengeschäft unter Handelsteilnehmern geschlossen wird, ist dies ein Börsenhandel im weiteren Sinne.[184]

---

179 Spindler, WM 2002, 1325, 1327.

180 Deutsche Börse AG, Xetra BEST Marktmodell, S. 4.

181 Beck, BKR 2002, 699, 702; vgl. § 24 Abs. 2 S. 2, § 30 BörsG.

182 Die Börsenaufsichtsbehörde stufte den internalisierten Handel über Xetra BEST als „Börsenhandel" ein. Folglich mussten nach der mittlerweile entfallenen Regelung des Börsenvorrangs nach § 22 BörsG a. F. die internalisierenden Wertpapierdienstleistungsinstitute zu einer Orderausführung über Xetra BEST nicht nach einer expliziten Erlaubnis des Geschäfts fragen, vgl. Köndgen, in: Bessler, Börsen, Banken und Kapitalmärkte, S. 292 ff.; a. A. Ehlers, Wertpapierhandel über Neue Medien, S. 78.

183 Baur/Wagner, Die Bank 2002, 530, 531; Beck, BKR 2002, 699, 702; Kümpel/Hammen, Börsenrecht, S. 69.

184 Hammen, WM 2002, 2129, 2132. Die Rolle der Handelsüberwachungsstelle wird im Zusammenhang mit der Untersuchung des Freiverkehrs eine nicht unbedeutende Rolle spielen. Auf der gleichen Argumentationsgrundlage wird die unzulässige Sonderstellung des Freiverkehrs betont, welche den Betreibern von MTFs einen fairen Wettbewerb mit den Betreibern börslicher Handelsplätze nicht ermöglicht.

3. Regulatorische Bevorzugung des multilateralen Handels

Es ist festzustellen, dass sich aus den Vorgaben der MiFID eine deutliche Hierarchie zugunsten multilateraler Handelsplätze gebildet hat. Die Verpflichtung zur bestmöglichen Ausführung von Kundenaufträgen gemäß Art. 21 MiFID bzw. Art. 27 MiFID II-RL-E, umgesetzt in § 33a Abs. 5 WpHG, bevorzugt den Handel über multilaterale Systeme gegenüber bilateralen Systemen. Die Ausführung eines Kundenauftrages außerhalb der Börse oder eines MTF verpflichtet das Wertpapierdienstleistungsunternehmen den Kunden vor der Ausführung auf diesen Umstand hinzuweisen und dessen ausdrückliche Zustimmung vor der Auftragsausführung einzuholen. Zudem wurde die Attraktivität der systematischen Internalisierung durch die verbindlichen Quote-Veröffentlichungspflichten nach § 32a WpHG und der Ausführungspflicht nach § 32c Abs. 1 S. 1 WpHG für die bedeutendsten Wertpapiere beschränkt und somit nicht unerheblich in die bis dato bestehende Marktorganisation eingegriffen.[185] Das eigentliche Grundkonzept der Schaffung eines *level playing field* zwischen den verschiedenen Handelsplätzen, wird dadurch unter dem Gesichtspunkt der Ausführung von Kundenaufträgen ohne nähere Angaben auf multilaterale Handelsplätze beschränkt.[186]

III. Zwischenergebnis

Durch die Klassifizierung der Börse und des MTF durch die MiFID sind zwei funktional miteinander vergleichbarere multilaterale Handelsplätze entstanden. Nach Erwägungsgrund (6) MiFID bzw. Erwägungsgrund (6) MiFID II-VO-E erfüllen sowohl Börsen als auch MTF „die Funktion des organisierten Handels" und sind Handelsplätze, die „nur aus einem Regelwerk bestehen, das Fragen in Bezug auf die Mitgliedschaft, die Zulassung von Finanzinstrumenten zum Handel, den Handel zwischen Mitgliedern, die Meldung von Geschäften und gegebenenfalls die Transparenzpflichten regelt". Die MiFID gab für die Umsetzung daher vor, dass der von ihr klassifizierte geregelte Markt und das MTF „eng aneinander angelehnt werden" sollen.

---

185 So z. B. Gomber / Hirschberg, AG 2006, 777, 783; Kumpan, WM 2006, 797, 803 ff.; Mülbert, Transparenzregeln, S. 11 f. Entsprechende Vorschriften in der vorgeschlagenen Neufassung der MiFID durch die Europäische Kommission, Art. 13 ff. MiFID II-VO-E.

186 Vgl. Köndgen, in: Bessler, Börsen, Banken und Kapitalmärkte, S. 299; Mülbert, Transparenzregeln, S. 11.

Trotz der funktionalen Vergleichbarkeit kann bereits anhand der rechtlichen Vorgaben für die beiden Handelsplatztypen festgestellt werden, dass sich Börsen und MTF in mehreren Merkmalen voneinander unterscheiden. Zunächst wird von einer Börse nicht nur der Betrieb sondern auch die ausschließliche Möglichkeit der Verwaltung des multilateralen Systems erfasst. Des Weiteren ist für sie die Förderung des Zusammenbringens der Vielzahl von Personen am Kauf und Verkauf von Finanzinstrumenten ausreichend, ohne dass weitere Vorkehrungen für die Herbeiführung eines Vertragsschlusses getroffen werden müssten.[187] Der Betreiber eines MTF muss hingegen zwingend die Interessen in einer Weise zusammenbringen, die zu einem Vertrag über den Kauf der Finanzinstrumente führt. Schließlich ist nur die Börse durch staatliche Stellen genehmigt, geregelt und überwacht.[188]

Die Einstufung eines Handelsplatzes als Börse führt zu einer Reihe von Verhaltenspflichten, durch welche sich staatlich zugelassene und überwachte Märkte von MTF unterscheiden. Dazu gehören z. B. Meldepflichten nach §§ 9 Abs. 1, 21 Abs. 2 WpHG, die Insiderüberwachung gemäß §§ 9 Abs. 1, 15a Abs. 1 S. 3 Nr. 2 WpHG und Überwachung des Verbots der Marktmanipulation nach § 20a Abs. 1 S. 2 Nr. 2 WpHG.[189]

Der Freiverkehr selbst ist hingegen nicht Regelungsgegenstand der MiFID. Sein regulatorischer Charakter soll vor dem Hintergrund der Erkenntnisse aus dem Bereich der klassifizierten Handelsplatztypen noch eingehend untersucht und seine Rolle und Bedeutung vor dem Hintergrund der nachfolgenden Ausarbeitungen zu den Regelungszielen der Europäischen Union und der Wettbewerbssituation im Bereich des Wertpapierhandels ausführlich betrachtet werden.

C. Regulierung und Wettbewerb

Die Organisation und die Struktur des Marktes für den Wertpapierhandel sind wesentlich von ihrem regulatorischen Umfeld beeinflusst. Die regulatorischen Rahmenbedingungen gehen dabei im Wesentlichen auf europäische Vorgaben zurück.[190] Die Europäische Union hat in Bezug auf den Wertpapierhandel eine

187 Spindler/Kasten, WM 2006, 1749, 1754.

188 BT-Drucks. 16/4028, S. 57; vgl. Hirschberg, AG 2006, 398, 400 f.

189 Fuchs, in: Fuchs, WpHG, § 2 Rn. 143.

190 Übersicht zu der Entwicklung eines „europäischen Kapitalmarktrechts“ und den bedeutendsten Richtlinien Bröcker, in: Claussen, Bank- und Börsenrecht, S. 318 ff.; BT-

Vielzahl regulatorischer Maßnahmen vorgenommen, deren Kern eine Reform der Marktorganisation darstellt. Dadurch sollen sowohl der Schutz der Anleger als auch die Funktionsfähigkeit des Marktes erhöht werden. Diese Ziele sollen unter anderem durch eine Forcierung des Wettbewerbs zwischen den verschiedenen Anbietern von Wertpapierhandelsdienstleistungen erreicht werden. Eines der Motive für die möglichst schnelle Harmonisierung des europäischen Rechtsrahmens der Marktorganisation ist dabei auch das Bemühen um eine Stärkung der Finanzplätze innerhalb der Europäischen Union. Angesichts des grenzüberschreitenden Charakters des Wertpapierhandels, kann jederzeit eine Verschiebung von Kapitalmarktaktivitäten außerhalb der Europäischen Union vorgenommen werden. Um derartige Entwicklungen zu verhindern, folgten nur wenige Jahre nach den grundlegenden Reformen des Gesetzgebers durch die Finanzmarktförderungsgesetze erneut umfangreiche Vorgaben für eine Umgestaltung des Marktorganisationsrechts aufgrund europäischer Vorgaben durch den FSAP und die MiFID. Mit ihr beabsichtigt die Europäische Union nicht weniger als das Marktorganisationsrecht „auf neue Füße“ zu stellen.[191]

Ein Verständnis der Regelungsziele und Leitprinzipien der europäischen Vorgaben und ihrer Bemühungen um die Schaffung eines integrierten Finanzbinnenmarktes im Wege der Forcierung des Wettbewerbs zwischen den verschiedenen Handelsplätzen und ihren Betreibern ist von wesentlicher Bedeutung, um die Rolle des Freiverkehrs in diesem Zusammenhang bewerten zu können.

I. Die Schaffung eines „Marktes für Märkte“[192]

Die Schaffung eines gemeinsamen Marktes war von Beginn an das „Kernprojekt der europäischen Einigung“.[193] So hat die Europäische Union nach

Drucks. 15/930, S. 2; Ruthig/Storr, Öffentliches Wirtschaftsrecht, S. 195; Ausführlich zu den neueren europarechtlichen Entwicklungen auch Boschan, Wertpapierhandelssysteme, S. 391 ff. und Rudolf, in: Habersack / Mülbert / Schlitt, Unternehmensfinanzierung am Kapitalmarkt, § 1 Rn. 7, 12.

191 Klöhn, in: Langenbucher, Europarechtliche Bezüge des Privatrechts, § 6 Rn. 16.

192 Nach Gomber, MiFID – Einfluss auf den horizontalen und vertikalen Wettbewerb, S. 32.

193 Schmidt/Schünemann, Europäische Union, S. 139, 279. Das Ziel der Schaffung eines gemeinsamen Binnenmarktes gehörte schon zu den Grundprinzipien der Römischen Verträge von 1957, mit welchen die Europäische Wirtschaftsgemeinschaft gegründet

Art. 26 Abs. 1 AEUV[194] die erforderlichen Maßnahmen zu erlassen, um den Binnenmarkt zu verwirklichen und dessen Funktionieren zu gewährleisten. In Abgrenzung zu einer reinen Freihandelszone oder einer Zollunion, d. h. staatenübergreifenden Gebieten, in denen der Handel mit Gütern frei ist, handelt es sich auf europäischer Ebene bei einem Binnenmarkt gemäß Art. 26 Abs. 2 AEUV um einen gemeinsamen Markt, in welchem auch die freie Beweglichkeit von Personen, Dienstleistungen und Kapital (zusammen die *vier Grundfreiheiten* gemäß Art. 28 ff., 45 ff. AEUV) gewährleistet ist.[195] Nachdem der Binnenmarkt seit Beginn der 1990er Jahre weitestgehend als umgesetzt gilt, befand sich der Finanzsektor zu dieser Zeit gerade am Beginn umfangreicher struktureller Veränderungen.[196] Mit der Errichtung eines integrierten europäischen Kapitalmarktes soll die letzte große Lücke im Binnenmarkt der Europäischen Union geschlossen werden.[197] Ein Grund für die Verzögerung tiefgreifender Maßnahmen in diesem Bereich ist unter anderem die erst vor wenigen Jahren erfolgte Einführung des Euro.[198] Die Integration des Kapitalmarktes gilt auch als logische und notwendige Ergänzung zu der gemeinsamen Währung.[199]

Der Kapitalmarkt ist in den vergangenen Jahren zu einem grenzübergreifenden Markt geworden. Die rasanten Veränderungen der europäischen Kapitalmärkte wurden und werden weiterhin durch mehrere Faktoren angetrieben. Zu ihnen zählen die Globalisierung, Fortschritte in der Informations- und Kommunikationstechnologie sowie die Innovation neuer Finanzprodukte. In der Eurozone, dem Gebiet der Staaten, die den Euro als offizielle Währung eingeführt haben, fördert die Währungsunion durch den Entfall von Wechselkursrisiken die verstärkte Integration der europäischen Kapitalmärkte zusätzlich.[200] Die Währungsunion war für die Europäische Union zudem eine günstige Gelegenheit, ein

---

wurde; zur Dimension der Römischen Verträge für den Finanz- und Kapitalmarkt siehe Maes, European financial integration, S. 26 ff.

194 Vertrag über die Arbeitsweise der Europäischen Union v. 9. Mai 2008, ABl. C 115/47. Der AEUV ersetz gemäß Art. 2 des Vertrags von Lissabon den Vertrag zur Gründung der Europäischen Gemeinschaft (EGV).

195 Schmidt/Schünemann, Europäische Union, S. 136 ff.

196 Vgl. Maes, European financial integration, S. 119.

197 Ausschuss der Weisen, Erster Bericht über die Reglementierung der europäischen Wertpapiermärkte, S. 4.

198 Maes, European financial integration, S. 73.

199 Europäische Kommission, Endspurt für den FSAP, S. 1.

200 Maes, European financial integration, S. 73, 92.

modernes Finanzsystem zu schaffen, in welchem Kapital- und Intermediationskosten minimiert werden.[201]

Um mit den Marktveränderungen Schritt zu halten und gleichzeitig für die notwendige Stabilität der Märkte und den Schutz der Anleger zu sorgen, ist die Europäische Union bemüht einen integrierten europäischen Kapitalmarkt zu schaffen. Zu diesem Zweck sollen die Mitgliedstaaten alle unnötigen Integrationshindernisse beseitigen, die sich aus ihren jeweiligen Rechtsordnungen ergeben. Die wirksame Umsetzung dieses Prozesses ist die wesentliche Voraussetzung für die Schaffung eines integrierten europäischen Kapitalmarktes und eine erfolgreiche, harmonisierte europäische Wirtschaftspolitik, mit welcher die Europäische Union beabsichtigt, die internationale Wettbewerbsfähigkeit der Union zu stärken und weiteres Potential für Unternehmen freizusetzen, wodurch „erhebliche strategische, wirtschaftliche und soziale Vorteile“ gezogen werden können.[202]

Der Markt für Finanzinstrumente oder Finanzdienstleistungen ist dann vollständig integriert, wenn alle Teilnehmer im Handel mit Finanzinstrumenten oder beim Angebot bzw. der Inanspruchnahme von Finanzdienstleistungen einheitlichen gesetzlichen Regeln unterworfen sind, gleichen Zugang zu Finanzinstrumenten und Finanzdienstleistungen haben und gleich behandelt werden.[203] Das Konzept des gemeinsamen Marktes bedeutet auch, dass Anbieter von Finanzdienstleistungen unter gleichen Bedingungen ohne Beschränkung tätig werden können. Die Herstellung eines europäischen Finanzbinnenmarktes bezieht also auch die vollständige Niederlassungsfreiheit für Finanzdienstleistungsinstitute und den Abbau von Beschränkungen und Hemmnissen rechtlicher und administrativer Art mit ein, welche die Erbringung von Finanzdienstleistungen behindern.[204]

Die Europäische Union verspricht sich von der Integration des Finanzdienstleistungs- und Kapitalmarktes langfristige Vorteile. Dazu gehören der ef-

---

201 Ausschuss der Weisen, Erster Bericht über die Reglementierung der europäischen Wertpapiermärkte, S. 3; Europäische Kommission, FSAP, S. 3; vgl. auch Kilger, Finanzmarktintegration in der EU, S. 53.

202 Ausschuss der Weisen, Erster Bericht über die Reglementierung der europäischen Wertpapiermärkte, S. 3. Die Vorteile eines integrierten Finanzbinnenmarktes werden durch zahlreiche Studien belegt, vgl. beispielhaft Europäische Zentralbank, Euro Equity Markets, S. 6 ff.

203 Europäische Zentralbank, Jahresbericht 2005, S. 136.

204 Stünkel, EG-Grundfreiheiten und Kapitalmärkte, S. 43.

fizientere Einsatz von Kapitalmitteln, eine verbesserte Vermittlung zwischen Kapitalmitteln und Sparguthaben und die Steigerung der Attraktivität der Europäischen Union als Investitionsstandort.[205] Die verbesserte Vermittlung von Sparguthaben und Investitionen soll dabei durch einen stärkeren Wettbewerb zwischen „Finanzmärkten und Finanzmittlern“ erreicht werden.[206] Danach sollen Nutzer und Anbieter in einem optimal funktionierenden europäischen Kapitalmarkt von Finanzdienstleistungen die Geschäftsmöglichkeiten, die ein einheitlicher Kapitalmarkt bietet, unbeschränkt nutzen können.[207] Insgesamt sollen die Kosten beim Zugang zum Kapitalmarkt sinken, was sowohl Emittenten als auch Anlegern zu Gute kommt. Über die wettbewerbliche Steuerungsfunktion von Angebot und Nachfrage soll ein Marktgleichgewicht mit effizientem Preisniveau entstehen. Die Wirkung der Marktkräfte sollte dafür sorgen, dass die kostenintensivsten Anbieter aus dem Markt ausscheiden und nur die Anbieter mit dem besten Dienstleistungsangebot erfolgreich sind.[208] Die Integration der Kapitalmärkte eröffnet den Marktteilnehmern also eine größere und attraktivere Palette an Wertpapierdienstleistungen.[209]

1. Verbesserung der Effizienz und Funktionsfähigkeit des Kapitalmarktes

Die Auswirkungen des durch die Europäische Union angestrebten Wettbewerbs sind vielfältig und lassen sich unter funktionalen Gesichtspunkten auf das Ziel der Steigerung der Effizienz und Funktionsfähigkeit des Kapitalmarktes reduzieren.

Da ein funktionsfähiger Kapitalmarkt die internationale Wettbewerbsfähigkeit einer Volkswirtschaft erhöht, ist es primäres Ziel aller kapitalmarktrechtlicher Vorschriften, einen funktionsfähigen Kapitalmarkt zu schaffen, wahren und optimieren.[210] Als Folge eines funktionsfähigen Kapitalmarktes sollen sich ein

---

205 Ausschuss der Weisen, Erster Bericht über die Reglementierung der europäischen Wertpapiermärkte, S. 5 ff.

206 Vgl. Stünkel, EG-Grundfreiheiten und Kapitalmärkte, S. 41.

207 Europäische Kommission, FSAP, S. 3.

208 Stünkel, EG-Grundfreiheiten und Kapitalmärkte, S. 41.

209 Vgl. Heinemann/Jopp, The Benefits of a Working European Retail Market for Financial Services, S. 31.

210 Oulds, in: Kümpel / Wittig, Bank- und Kapitalmarktrecht, Rn. 14.143 ff.; Elster, Europäisches Kapitalmarktrecht, S. 322; Berding, WM 2002, 1149, 1154.

fairer Wettbewerb zwischen den Marktteilnehmern, der Schutz und die Gleichbehandlung der Anleger sowie die Effizienz des Marktes ergeben.[211] Merkmale eines effizienten Marktes sind unter anderem die Begünstigung einer möglichst hohen Eigenkapitalausschöpfung von Unternehmen und das Vertrauen der Anleger in die Integrität des Marktes.[212] Angesichts der Bedeutungszunahme einer kapitalmarktbasierten Altersvorsorge, spielen das Vertrauen der Anleger und ihr Schutz eine immer größere Rolle.[213]

Dadurch kommt auch zum Ausdruck, dass die Funktionsfähigkeit des Marktes und der Schutz der Anleger als Regelungsziele ineinandergreifen. Aufgrund seines Einflusses auf die Steuerungsfähigkeit des Kapitalmarktes durch regulative Maßnahmen bedingt und rechtfertigt sich der Anlegerschutz gleichermaßen.[214]

Der Schutz von Anlegern kann dabei sowohl unter funktionsbezogenen wie auch unter individuellen Gesichtspunkten erfolgen.[215] Im Gegensatz zu den individuellen Aspekten des Anlegerschutzes, bei welchen der Schutz konkreter Vermögenspositionen des einzelnen Anlegers im Vordergrund steht,[216] beschäftigt sich der funktionsbezogene Anlegerschutz mit einem kapitalmarktorientierten Ansatz, der sich auf die im öffentlichen Interesse liegende Leistungsfähigkeit der Einrichtungen und Abläufe des Kapitalmarktes konzentriert. Danach ist dieser „überindividuelle" Anlegerschutz ein Schutz der gesamten Angebots- und Nachfrageseite im Kapitalmarkt.[217] Der Funktionsschutz wird insoweit auch als Argument für eine börsenrechtliche Regulierung des Freiverkehrs herangezogen.[218] Vor dem Hintergrund des heutigen Regulierungsumfeldes im Bereich des Wertpapierhandels gilt es diese Argumentation zu hinterfragen. Denn aufgrund

---

211 Vgl. Hopt, ZHR 1977, 389, 431; Fleischer, Kapitalmarktrechtliches Gutachten, F 27 f.; Lenenbach, Kapitalmarktrecht, Rn. 1.67 ff.; Buck-Heeb, Kapitalmarktrecht, Rn. 7; Schlitt, in: Grunewald / Schlitt, Kapitalmarktrecht, S. 3.

212 So bereits Hopt, Gutachten G für den 51. Deutschen Juristentag, G 47.

213 Europäische Kommission, Mitteilung IP/98/941, S. 1; vgl. auch Ausschuss der Weisen, Erster Bericht über die Reglementierung der europäischen Wertpapiermärkte, S. 5 f. und Europäische Kommission, FSAP, S. 7.

214 Assmann, ZBB 1989, 46, 61 f.; Schmidt, Kredit und Kapital 1983, 184, 188 ff.; Schulte, Die Regulierung der deutschen Effektenbörsen, S. 50.

215 Stünkel, EG-Grundfreiheiten und Kapitalmärkte, S. 73 ff.

216 Siehe dazu Gewiese, Individueller Anlegerschutz bei Finanzdienstleistungen, S. 161 ff.

217 Oulds, in: Kümpel / Wittig, Bank- und Kapitalmarktrecht, Rn. 14.141, 14.170.

218 Vgl. z. B. BT-Drucks. 12/6679, S. 45.

des FSAP und der MiFID sollen nicht-börsliche Handelsplätze, regulatorisch der Börse angepasst werden. Die börsenrechtliche Regulierung des Freiverkehrs könnte danach nicht mehr zeitgemäß sein.

Unter Anlegerschutzgesichtspunkten sind für einen funktionsfähigen Kapitalmarkt die institutionellen Bedingungen der Handelsplätze von entscheidender Bedeutung für eine rationale Anlageentscheidung des Anlegers.[219] Eine kapitalmarktorientierte Ausgestaltung der Verhältnisse des Betriebs von Handelsplätzen soll das Vertrauen der Anleger in die Märkte gewährleisten, was als unerlässliche Voraussetzung für Kapitalinvestitionen der Anleger gilt.[220] Der funktionsorientierte Anlegerschutz steht demnach in engem Zusammenhang mit der Funktionsfähigkeit des Kapitalmarktes insgesamt.[221] Eine Annäherung zwischen individuellem und funktionalem Anlegerschutz hat sich im Rahmen der Finanzmarktkrise gezeigt. So bestanden kaum Forderungen, dass Anleger, die ihr Investitionsverhalten mehr oder weniger unreflektiert an besonders hohe Renditeerwartungen schwer durchschaubarer Anlageprodukte ausgerichtet haben, für ihr Verhalten verantwortlich sein müssten. Vielmehr wird es als rechtspolitische Aufgabe gesehen, Anleger gegen die wirtschaftliche und fachliche Überlegenheit von Finanzdienstleistungsinstituten zu schützen, um einen fortwährenden Kapitalstrom im Interesse der Gesamtwirtschaft zu gewährleisten.[222]

Vor dem Hintergrund des Ziels dieser Untersuchung, wird der Anlegerschutz hier als notwendiges Element eines effizienten Marktes verstanden und daher schwerpunktmäßig in Bezug zu den organisatorischen Rahmenbedingungen im Bereich des Wertpapierhandels gestellt.[223]

---

219 Vgl. Stünkel, EG-Grundfreiheiten und Kapitalmärkte, S. 73 f.

220 Prechtel, Grenzüberschreitende Wertpapierhandelssysteme, S. 112; Hopt, in: Kübler/Mertens/Werner, Festschrift Heinsius, S. 304.

221 Siehe Köndgen, in: Ferrarini, European Securities Markets, S. 115 f.; vgl. auch Grunewald, in: Riesenhuber, Privatrechtsgesellschaft, S. 319.

222 Vgl. Berding, WM 2002, 1149, 1155; Hopt, Der Kapitalanlegerschutz im Recht der Banken, S. 10 f.; Assmann, ZBB 1989, 49, 52.

223 Zu der Umsetzung des Regelungsziels Anlegerschutz ausführlich Wagner, Börsensegmentierung und die Informationspflichten bei der Vermögensanlage in börsennotierte Aktien, S. 54 ff., 104 ff. und 119 ff. Eine Betrachtung unter individualschützenden Gesichtspunkten, die auf den Gegensatz der Zielvorstellungen zwischen Funktions- und Anlegerschutz hinauslaufen und sich insbesondere in dem regelmäßig auf Anlegerseite vorhandenen Informationsdefizit dem Handelsplatzbetreiber und Finanzintermediären gegenüber begründen, soll hier außen vor bleiben (vgl. dazu Mues, Die Börse als Unternehmen, S. 45 ff. m. w. N.).

Die Verbindung zwischen der Funktionsfähigkeit des Kapitalmarktes und dem Schutz der Anleger ist gerade für kleine und mittlere Unternehmen von Bedeutung, da sie im Zuge von Neugründungen und Erweiterungen ihrer Geschäftstätigkeit ein höheres Risikopotential aufweisen, als dies bei etablierten Großunternehmen der Fall ist und deshalb andernfalls mangels Anlagebereitschaft Schwierigkeiten hätten, sich über den Kapitalmarkt zu finanzieren.

2. Reform der Marktorganisation – Gleichstellung von Börse und multilateralem Handelssystem

Die Europäische Union versucht das Ziel, durch die Harmonisierung der verschiedenen mitgliedstaatlichen Rechtsordnungen einen integrierten Finanzbinnenmarkt zu schaffen, durch eine Vielzahl von Einzelmaßnahmen im Rahmen des FSAP zu erreichen. Als Kern dieses Maßnahmenpakets ist die MiFID für die Reform der Organisation des Marktes für das Angebot von Wertpapierhandelsdienstleistungen verantwortlich.

a. Der Aktionsplan für Finanzdienstleistungen

Der Aktionsplan für Finanzdienstleistungen (Financial Services Action Plan – *FSAP*)[224] ist das zentrale Instrument im Zusammenhang mit dem Ziel der Verwirklichung eines Binnenmarktes für Finanzdienstleistungen und der Schaffung eines Marktes für Märkte innerhalb der Europäischen Union. Aufgrund der Flexibilität, Innovationskraft und Bedeutung der Finanzdienstleistungsbranche, dürfte es sich bei diesem Vorhaben um eine der größten Herausforderungen für die Europäische Union in Bezug auf die Schaffung eines Binnenmarktes handeln. Sowohl die nicht immer einfach greifbaren Besonderheiten nationaler Rechtsordnungen, wie z. B. die des deutschen Marktorganisationsrechts aufgrund der dualen Organisationsstruktur des Börsenwesens,[225] als auch die rasanten technischen Entwicklungen, welche den Finanz- und Kapitalmarkt immer wieder neu prägen, zeigen die Komplexität dieser Aufgabe.

Nachdem die Europäische Union zunächst nur einzelne Maßnahmen in Bezug auf die Schaffung des Finanzbinnenmarktes ergriff,[226] erarbeitete sie erst im Zusammenhang mit der Entstehung des einheitlichen europäischen Währungs-

---

224 KOM (1999), 232 endg.

225 Ausführlich dazu im 0 A.II.

226 Siehe hierzu Kilger, Finanzmarktintegration in der EU, S. 109 ff.

raums und auf Betreiben der Europäischen Räte von Cardiff und Wien seit 1998 konkrete Vorschläge zur ganzheitlichen Schaffung und Verbesserung des Binnenmarktes für Finanzdienstleistungen. Die Vorschläge fanden Eingang in den FSAP der sich wiederum aus einem Paket von Einzelmaßnahmen der Europäischen Kommission zur Verbesserung des Binnenmarktes für Finanzdienstleistungen in der Europäischen Union zusammensetzt.[227]

Der FSAP hat bereits zu tiefgreifenden Veränderungen in der europäischen Finanzlandschaft geführt. Sie schlagen sich in einem stärkeren grenzübergreifenden Handel und in der wachsenden Präsenz von Finanzinstituten in den Märkten anderer Mitgliedstaaten nieder.[228] Das Verzeichnis der 42 Einzelmaßnahmen des FSAP basiert auf der geplanten Umsetzung von drei strategischen Zielen:[229]

Zunächst soll ein einheitlicher Firmenkundenmarkt in der Europäischen Union geschaffen werden. Davon betroffen sind Wertpapieremissionen, der Wertpapierhandel und die Wertpapierabwicklung sowie Rechnungslegungsstandards und Fragen der Unternehmensumstrukturierungen.[230] Maßnahmen zu Erreichung dieses Ziels schließen Anpassungen der Prospektrichtlinie ein, um eine effektive gegenseitige Anerkennung von Prospekten für das Angebot von Wertpapieren innerhalb der Europäischen Union zu erreichen. Emittenten soll es dadurch ermöglicht werden, zu wettbewerbsfähigen Bedingungen Kapital aufzunehmen.[231] Zu diesem Zweck soll ein gemeinsamer Rechtsrahmen für integrierte Wertpapiermärkte geschaffen werden. Maßnahmen in diesem Bereich verbessern den Anlegerschutz und erhöhen die Marktintegrität, indem Möglichkeiten zu Insidergeschäften und Marktmanipulationen eingedämmt werden. Anlegern und Intermediären wird dadurch ein Zugang zu sämtlichen Märkten in der Euro-

227 Europäische Kommission, FSAP, S. 4 ff.

228 Europäische Kommission, Endspurt für den FSAP, S. 1.

229 Detailliert Ausschuss der Weisen, Schlussbericht über die Regulierung der europäischen Wertpapiermärkte, S. 95.

230 Kilger, Finanzmarktintegration in der EU, S. 112.

231 Europäische Kommission, FSAP, S. 22. Nach ersten Einschätzungen, hat der FSAP die europäische Finanzwelt dahingehend verändert, dass die unternehmerische Abhängigkeit von Kreditvergaben durch Banken reduziert werden konnte und Unternehmen aufgrund des immer weiter entwickelten und effizienteren Kapitalmarktes bessere Möglichkeiten der Finanzierung und Investition erhalten haben. Dadurch fänden Anleger ein größeres Angebot für die Investition ihrer Sparguthaben vor (Europäische Kommission, Endspurt für den FSAP, S. 1).

päischen Union bereitet. Darüber hinaus können Anbieter von Wertpapierdienstleistungen ihre Dienste grenzübergreifend offerieren, ohne dabei auf unnötige Behinderungen administrativer oder rechtlicher Art zu stoßen.[232] Die Schaffung eines Finanzbinnenmarktes sieht neben dem grenzüberschreitenden Angebot von Finanzdienstleistungen daher zwingend auch die Freiheit zur Niederlassung in anderen Mitgliedstaaten vor.[233]

Das zweite große strategische Ziel besteht in der Schaffung offener und sicherer Privatkundenmärkte. Durch Vorgaben zum Umgang mit Kunden, Verhaltensstandards und Informationspflichten soll privaten Anlegern, eine geschützte, uneingeschränkte und aktive Teilnahme am Finanzbinnenmarkt ermöglicht werden. In diesem Zusammenhang sind insbesondere Vorschriften zur Transparenz und geeignete Überwachungsstrukturen von wesentlicher Bedeutung für eine Vereinheitlichung der rechtlichen Rahmenbedingungen.[234]

Als drittes großes strategisches Ziel sollen die Aufsichtsregeln und die Mechanismen zur Überwachung der Märkte modernisiert werden, um „im Zeitalter des Marktwandels und der Globalisierung Stabilität und Vertrauen erhalten zu können".[235]

Die grundlegenden Veränderungen der europäischen Kapitalmärkte gehen von den Firmenkundenmärkten aus. Nichtsdestotrotz hat der Privatkundenmarkt weiterhin eine hohe Priorität in der Europäischen Union. Im Rahmen des Finanzbinnenmarktes soll es Finanzinstituten ermöglicht werden, ihre Dienstleistungen in der gesamten Union uneingeschränkt anbieten zu können. Nationale Regeln, welche die Solidität und Integrität von heimischen Finanzdienstleistungen und ihrer Anbieter sicherstellen sollen, hindern Verbraucher und Anbieter daran, die „Vorteile des Binnenmarktes in Form größerer Auswahl und schärferen Wettbewerbs zu nutzen" und sind im Sinne eines harmonisierten Rechtsrahmens innerhalb der Europäischen Union von den Mitgliedstaaten zu beseitigen.[236]

Die drei ausdrücklich formulierten strategischen Ziele der Kommission machen deutlich, dass die grenzübergreifend arbeitenden Strukturen von Finanzdienstleistungsanbietern dazu geführt haben, dass eine sektorale Einteilung in

---

232 Europäische Kommission, FSAP, S. 22 f.

233 Maes, European financial integration, S. 56.

234 Europäische Kommission, FSAP, S. 9 ff.

235 Europäische Kommission, FSAP, S. 28.

236 Europäische Kommission, FSAP, S. 9.

Bezug auf den Wertpapierhandel zwischenzeitlich überholt ist. Vor diesem Hintergrund erfolgt die Untersuchung anhand funktionaler Anknüpfungspunkte, in deren Mittelpunkt die Effizienz des Marktes beim Angebot von Dienstleistungen der Betreiber von Handelsplätzen steht.

b. Die Finanzmarkt-Richtlinie

Die Reform der Marktorganisation durch die MiFID, welche auf der grundlegenden Klassifizierung der verschiedenen Handelsplatztypen basiert,[237] erfasst mit der Auflösung von Regelungen eines Börsenzwangs oder eines Börsenvorrangs, der Festlegung von Grundsätzen zur Auftragsausführung und der Einführung von Transparenzstandards wesentliche Maßnahmen, die Grundlage für eine Veränderung des Marktes für den Wertpapierhandel sind. Bei der MiFID handelt es sich um die Kernmaßnahme des FSAP.[238] Sie konkretisiert insbesondere die Vorgaben zur Marktorganisation von Handelsplätzen und Wohlverhaltenspflichten für Marktplatzbetreiber mit dem Ziel, den Markt für Wertpapierhandelsmärkte (weiter) zu öffnen.[239] Zu diesem Zweck soll durch die MiFID das im börslichen Handel bestehende Anlegervertrauen auf den außerbörslichen Handel in einem MTF übertragen werden.[240]

Im Einklang mit dem Lamfalussy-Verfahren,[241] stellt die MiFID auf der ersten Stufe die Basisregelung dar, welche die Grundsätze zur Regelung der Finanzmärkte enthält. Auf der zweiten Stufe wurden eine Durchführungs-Richtlinie[242] und eine Durchführungs-Verordnung[243] erlassen, welche weitere Detailregelungen enthalten. Diese Regeln werden auf der dritten Stufe in einem

---

237 Vgl. Kapitel I. B.

238 Gomber, MiFID – Einfluss auf den horizontalen und vertikalen Wettbewerb, S. 27 spricht von der MiFID als „Herzstück" des FSAP.

239 Gomber, MiFID – Einfluss auf den horizontalen und vertikalen Wettbewerb, S. 32.

240 Lenenbach, Kapitalmarktrecht, Rn. 3.13.

241 Ausführlich zu dem vierstufigen Rechtssetzungs- und Rechtsetzungsumsetzungsprozess Gomber/Chlistalla/Gsell/Pujol/Steenbergen, Umsetzung der MiFID in Deutschland, S. 12 ff.; Klöhn, in: Langenbucher, Europarechtliche Bezüge des Privatrechts, § 6 Rn. 15; Mensching, EuZW 2000, 268, 268 ff. und Kilger, Finanzmarktintegration in der EU, S. 153 ff. Die demokratische Kontrolle Legitimation kritisch betrachtend Zimmer, BKR 2004, 421, 421 ff.

242 Richtlinie 2006/73/EG vom 10. August 2006, ABl. L 241/26.

243 Verordnung (EG) Nr. 1287/2006 vom 10. August 2006, ABl. L 241/1.

fortlaufenden Prozess durch Leitlinien und Auslegungsstandards der European Securities and Markets Authority (*ESMA*) ergänzt,[244] welche das Committee of European Securities Regulators (*CESR*) als zentrales EU-Gremium der nationalen Wertpapieraufseher die zu Beginn des Jahres 2011 ablöste.[245] Die Empfehlungen der ESMA entfalten keine unmittelbare Rechtswirkung. Gleichwohl handelt es sich bei den Empfehlungen um kodifizierte „Best Practice“-Regeln, an welchen sich auch die BaFin orientiert. Nichtsdestotrotz kann eine Abweichung von den Leitlinien und Auslegungsstandards begründet werden.[246]

In Deutschland hat der Gesetzgeber zur Umsetzung der MiFID das Finanzmarkt-Richtlinien-Umsetzungsgesetz,[247] die Wertpapierdienstleistungs-Verhaltens- und Organisationsverordnung[248] und eine Änderung der Finanzanalyseverordnung[249] beschlossen. National wie international sah die Literatur in der Umsetzung der MiFID nicht nur eine Neuregelung des Wertpapierdienstleistungsrechts, sondern eine darüber hinaus tiefgreifende Veränderung des Marktorganisationsrechts.[250] Während hier nicht bestritten wird, dass diese Effekte auf europäischer Ebene eingetreten sind, bestehen jedoch Zweifel in Bezug auf eine den Zielen der MiFID entsprechende Umsetzung der Richtlinie in Deutschland. Diese Zweifel beziehen sich konkret auf die tatsächliche Öffnung des Marktes für das Angebot von Wertpapierhandelsdienstleistungen.

Durch eine Verbesserung des Rechtsrahmens für Wertpapierdienstleistungen und geregelte Märkte, sollen mit Hilfe der MiFID die Fairness, Transparenz,

---

244 Vgl. Erwägungsgrund (108) MiFID II-RL-E / Erwägungsgrund (41) MiFID II-VO-E.

245 Sofern im Folgenden von CESR die Rede ist, bezieht sich dies auf die vorherige Zuständigkeit von CESR für die technische Auslegung und Anwendung der MiFID. Zur ESMA siehe www.esma.europa.eu.

246 Mit entsprechender Begründung kann von den Leitlinien und Auslegungsstandards des Komites abgewichen werden, vgl. Bracht, Best Execution, S. 87 f. Zu dem Ablauf der Regulierung des europäischen Finanzmarktes durch CESR, vgl. Sanio, in: Kley / Leven / Rudolph / Schneider, Aktie und Kapitalmarkt, S. 513 ff.

247 Gesetz zur Umsetzung der Richtlinie über Märkte für Finanzinstrumente und der Durchführungsrichtlinie der Kommission vom 16. Juli 2007, BGBl. I 2007, S. 1330.

248 Verordnung zur Konkretisierung der Verhaltensregeln und Organisationsanforderungen für Wertpapierdienstleistungsunternehmen vom 20. Juli 2007, BGBl. I 2007, S. 1432.

249 Erste Verordnung zur Änderung der Finanzanalyseverordnung vom 20. Juli 2007, BGBl. I 2007, S. 1430.

250 Vgl. Weber, NJW 2007, 3688, 3689; Casey und Lanoo sprechen von einer Revolution im europäischen Wertpapiermarkt, Casey/Lanoo, The MiFID Revolution, S. 5.

Effizienz und Integration der Finanzmärkte gefördert werden.[251] Die Richtlinie regelt für Wertpapierdienstleistungsunternehmen durch harmonisierte Zulassungsbedingungen und –verfahren der zuständigen Herkunftslandbehörde die Möglichkeit, ihre Finanzdienstleistungen grenzüberschreitend anzubieten. Um Anlegern ein möglichst hohes Schutzniveau zu bieten, wird das volle Angebot anlageorientierter Wertpapierdienstleistungen abgedeckt und auf einzelstaatlicher Ebene harmonisiert.[252] Mit der Regulierung des Betriebs multilateraler Handelssysteme durch Wertpapierdienstleistungsunternehmen oder Banken treten diese in einen Wettbewerb mit Börsen und deren Betreibern.[253] Der einheitliche Rechtsrahmen des Marktes für übertragbare Wertpapiere soll einen effizienten und wettbewerbsfähigen Kapitalmarkt fördern, von dem sowohl Anleger als auch Emittenten profitieren.[254] Aus diesen Zielvorstellungen ergibt sich eine Annäherung der verschiedenen Sektoren des Kapitalmarktes. Sie sind Ausdruck des immer größer werdenden Spektrums von Tätigkeiten und Dienstleistungen, die von Wertpapierdienstleistungsunternehmen gleichzeitig vorgenommen werden.[255]

Im Zuge des Überwachungs- und Durchsetzungsprozesses auf der vierten Ebene des Lamfalussy-Verfahrens, leitete die Europäische Kommission im Dezember 2010 eine Konsultation zur Überprüfung der MiFID ein. Ein Konsultationsverfahren ist ein informell ausgestaltetes bzw. ergänzendes Rechtssetzungsverfahren, das der Europäischen Kommission in der Phase vor einer förmlichen Gesetzesinitiative zum Dialog mit den jeweils von den zu gestaltenden Regelungen betroffenen Interessengruppen oder sonstigen Experten dient.[256] Durch die Anhörung vor dem Beginn förmlicher parlamentarischer Prozesse möchte sich die Europäische Kommission den Sachverstand der entsprechenden Interessengruppen zu Nutze machen und die dargestellten Auswirkungen der Rechtsakte

251 Europäische Kommission, Märkte für Finanzinstrumente (MiFID) und Wertpapierdienstleistungen, S. 1; Maes, European financial integration, S. 111 f.

252 Kilger, Finanzmarkintegration in der EU, S. 113.

253 Moloney, in: Weatherill, Better Regulation, S. 327; Ellenberger, in: Clouth / Lang, MiFID Praktikerhandbuch, S. 5; Maes, European financial integration, S. 112 f.

254 Europäische Kommission, Märkte für Finanzinstrumente (MiFID) und Wertpapierdienstleistungen, S. 1.

255 Kilger, Finanzmarktintegration in der EU, S. 114.

256 Kluth, in: Calliess / Ruffert, EUV/AEUV, Art.293 AEUV, Rn. 6 f.

auf die nationalen Rechtsordnungen frühzeitig erkennen und berücksichtigen.[257] Konkreter Anlass für die Europäische Kommission das Konsultationsverfahren durchzuführen war die Feststellung, dass sich die Finanzlandschaft durch neue Produkte und technologische Entwicklungen, wie dem algorithmischen Handel und dem Hochfrequenzhandel, seit dem Inkrafttreten der MiFID stark verändert hat.[258] Als Ergebnis des Konsultationsverfahrens schlägt die Europäische Kommission vor, mit einem Legislativpaket bestehend aus einer Richtlinie (*MiFID II-RL-E*)[259] und einer Verordnung (*MiFID II-VO-E*)[260] die Finanzmärkte noch effizienter, widerstandsfähiger und transparenter zu machen, um den Anlegerschutz weiter zu verbessern und die Marktstrukturen zu stärken.[261] Hintergrund der Untergliederung des Neuvorschlags in eine Richtlinie und eine Verordnung ist die mit der Verordnung beabsichtigte Reduzierung des den Mitgliedstaaten bei der Umsetzung der Vorgaben des FSAP durch Richtlinien eingeräumten Ermessensspielraums.[262] Während sich die Richtlinie in erster Linie auf die spezifischen Anforderungen in Bezug auf die Erbringung von Wertpapierdienstleistungen, an die Organisation und Wohlverhaltensregeln von Wertpapierdienstleistungsunternehmen und die organisatorischen Anforderungen an Handelsplätze konzentriert, legt die Verordnung verbindlich und in all ihren Teilen unmittelbar geltend Anforderungen in Bezug auf die Transparenz von Handelsplätzen, der Veröffentlichung von Handelsdaten, der Verpflichtung zur Verlagerung des Derivatehandels an organisierte Handelsplätze und spezifische Aufsichtsmaßnahmen zu Finanzinstrumenten und Derivatepositionen fest. Als wesentliche,

---

257 KOM (2001) 428 endg. vom 25. Juli 2001, S. 12; KOM (2002) 704 endg. vom 11. Dezember 2002; Kluth, in: Calliess / Ruffert, EUV/AEUV, Art.297 AEUV, Rn. 6.

258 Mitteilungen der Europäischen Kommission, IP/10/1677 vom 8. Dezember 2010 und MEMO/10/659 vom 8. Dezember 2010 (abrufbar unter www.ec.europa.eu).

259 Vorschlag für eine Richtlinie des Europäischen Parlaments und des Rates über Märkte für Finanzinstrumente zur Aufhebung der Richtlinie 2004/39/EG des Europäischen Parlaments und des Rates, KOM(2011) 656 endgültig, 2011/0298 (COD).

260 Vorschlag für eine Verordnung des Europäischen Parlaments und des Rates über Märkte für Finanzinstrumente und zur Änderung der Verordnung [EMIR] über OTC-Derivate, zentrale Gegenparteien und Transaktionsregister, KOM(2011) 652 endgültig, 2011/0296 (COD).

261 Da die MiFID II-Richtlinie und -Verordnung die MiFID zum Teil neu fassen bzw. zum Teil ersetzen, sind sie jeweils im Zusammenhang miteinander gesehen werden.

262 Vgl. Bericht „Der hochrangigen Gruppe Finanzaufsicht in der EU“ unter dem Vorsitz von Jacques des Larosière vom 25. Februar 2009, S. 33 (abrufbar unter www.ec.europa.eu).

gänzlich neue Regelungen sollen zur Möglichkeit der Aufdeckung von Spekulationen, insbesondere an Warenderivatemärkten, die Rolle und Befugnisse der Aufsichtsbehörden gestärkt werden. Bei einer Gefahr für den Anlegerschutz oder die ordnungsgemäße Funktionsweise und die Integrität der Finanzmärkte oder der Finanzstabilität sollen den Aufsichtsbehörden gemäß Art. 31 ff. MiFID II-VO-E in Abstimmung mit der ESMA die Möglichkeiten gegeben werden, „bestimmte Produkte, Dienstleistungen oder Praktiken zu verbieten". In diesem Zusammenhang sollen noch strengere Anforderungen an die Portfolioverwaltung, Anlageberatung und das Anbieten komplexer Finanzprodukte gestellt werden. Darüber hinaus soll mit dem organisierten Handelssystem (Organised Trading Facility, *OTF*) ein weiterer Handelsplatztyp klassifiziert werden.[263] Die Vorschläge liegen derzeit dem Europäischen Parlament und dem Rat der Europäischen Union zur Beratung und Verabschiedung vor.[264]

Die MiFID und der Vorschlag zu ihrer Neufassung sind zentraler Bestandteil des Ziels „der Schaffung eines integrierten Finanzmarktes, in dem die Anleger wirksam geschützt und Effizienz und Integrität des gesamten Marktes gesichert sind".[265] Dieses Ziel zu erreichen erfordere „die Festlegung gemeinsamer rechtlicher Anforderungen für Wertpapierfirmen unabhängig von ihrem Zulassungsort in der Union und für die Funktionsweise geregelter Märkte und anderer Handelssysteme, um zu verhindern, dass mangelnde Transparenz oder Störungen auf einem Markt das reibungslose Funktionieren des europäischen Finanzsystems insgesamt beeinträchtigen". Darüber hinaus sei es nach Erwägungsgrund (2) MiFID bzw. Erwägungsgrund (3) MiFID II-RL-E notwendig, eine Harmonisierung des Rechtsrahmens für das Angebot von Wertpapierhandelsdienstleistungen vorzunehmen, welche Anlegern ein hohes Schutzniveau bieten und es darüber hinaus aber auch Wertpapierdienstleistungsunternehmen ermöglichen, ihre Dienstleistungen im Rahmen des Binnenmarktes in der gesamten Union zu erbringen.

Die sich aus der Vereinheitlichung der Regeln ergebende Vergleichbarkeit von Angeboten auf börslichen Handelsplätzen und außerbörslichen multilateralen Handelssystemen schafft grundsätzlich die Voraussetzungen für Wertpapierdienstleistungsunternehmen, um mit ihrem Angebot von Wertpapierhandelsdienstleistungen in die monopolartige Stellung der Betreiber von Börsen in die-

263 Mitteilung der Europäischen Kommission, IP/11/1219 vom 20. Oktober 2011 (abrufbar unter www.ec.europa.eu).

264 Mit einer Verabschiedung des Vorschlags wird frühestens im Herbst 2012 gerechnet.

265 Erwägungsgrund (71) MiFID bzw. Erwägungsgrund (112) MiFID II-RL-E.

sem Bereich vorzudringen. Gleichzeitig sollen Anleger geschützt und die Integrität des Marktes gesichert werden. Bestimmungen zum Anlegerschutz ergeben sich aus Art. 19 – 24 MiFID (Art. 24 – 30 MiFID II-RL-E). Danach werden Wertpapierdienstleistungsunternehmen bei der Erbringung von Wertpapierdienstleistungen Wohlverhaltensregeln auferlegt. Neben der allgemeinen Verpflichtung gemäß Art. 19 Abs. 1 MiFID (Art. 24 Abs. 1 MiFID II-RL-E), ehrlich, redlich und professionell im bestmöglichen Interesse der Kunden zu handeln, ist die Verpflichtung zur kundengünstigsten Ausführung von Aufträgen nach Art. 21 MiFID (Art. 27 MiFID II-RL-E) von zentraler Bedeutung.[266]

Durch eine an die Marktsituation angepasste Wahl des Handelsplatzes und anhand nachvollziehbarer Kriterien wie Kosten, Schnelligkeit und Wahrscheinlichkeit der Auftragsausführung sollen Anleger das bestmögliche Ergebnis für ihren Auftrag erhalten.[267] In Ergänzung zu den dazu bestehenden Regelungen soll gemäß Art. 27 Abs. 2, 5 MiFID II-RL-E jeder Handelsplatz mindestens einmal jährlich der Öffentlichkeit kostenfrei Informationen über die Qualität der Ausführung von Aufträgen zur Verfügung stellen. Darüber hinaus sollen Wertpapierdienstleistungsunternehmen verpflichtet werden, für jede Klasse von Finanzinstrumenten die fünf wichtigsten Handelsplätze für die Ausführung von Handelsaufträgen im Vorjahr zusammenzufassen und zu veröffentlichen. Nachdem mit den Art. 25 – 30 MiFID erstmals umfangreiche Regelungen zur Markttransparenz und -integrität (insbesondere Mitteilungspflichten gegenüber Behörden zu Geschäftsvorgängen des Wertpapierdienstleistungsunternehmens und verbindliche Vorhandels- und Nachhandelstransparenzpflichten im außerbörslichen Handel) festgelegt wurden,[268] haben die Erfahrungen seit der Umsetzung der MiFID die Europäische Kommission veranlasst diesbezügliche Pflichten erheblich auszuweiten. Um etwaige Lücken der Umsetzung auszuschließen sollen die wesentlichen Pflichten in Bezug auf die Transparenz und die Meldung von Geschäften Bestandteil des Vorschlags der Verordnung zur Neufassung der MiFID werden, da die Verordnung als Rechtsakt der Union gemäß Art. 288 Abs. 2 AEUV in allen ihren Teilen verbindlich ist und unmittelbar gilt.

Ferner sollen durch die Schaffung einheitlicher aufsichtsrechtlicher Standards und erweiterter Publizitätsanforderungen Störungen beseitigt werden, die

266 Petersen/Pujol, ZfgK Technik 2007, 11, 11; Bauer, in: Clouth / Lang, MiFID Praktikerhandbuch, S. 311.

267 Vgl. Zingel, BKR 2007, 173, 173; Ausführlich zu den Grundsätzen für die Auftragsausführung siehe Kapitel I. C.I.2.b.bb.

268 Assmann, in: Assmann / Schneider, WpHG, § 31g Rn. 1.

das reibungslose Funktionieren des europäischen Finanzmarktes beeinträchtigen und zugleich der Anleger- und Verbraucherschutz verbessert werden.[269] Das Vertrauen der Anleger in den Markt ist unerlässlich für einen funktionsfähigen Kapitalmarkt.[270] Durch einen integrierten europäischen Finanzbinnenmarkt soll insbesondere auch im Wettbewerb mit den entwickelten Kapitalmärkten der USA und Japans, sowie den aufstrebenden Kapitalmärkten Asiens und des arabischen Raums bestanden werden.[271]

Die Reform des Marktes für den Wertpapierhandel ergibt sich im Wesentlichen aus der Auflösung des Börsenvorrangs, der Festlegung von Ausführungsgrundsätzen und der Einführung einheitlicher Transparenzstandards.

aa. Auflösung des Börsenvorrangs

Die rechtliche Harmonisierung im Bereich des Wertpapierhandels setzt voraus, dass wesentliche Hemmnisse für einen fairen Wettbewerb unter den verschiedenen Handelsplatztypen abgeschafft werden. Im Sinne eines fairen Wettbewerbs zwischen den Betreibern von Handelsplätzen waren zunächst gesetzliche Privilegierungen des Handels über die Börse zu beseitigen. In Deutschland führte dies zur Aufhebung des § 22 BörsG a. F.[272] Danach waren Aufträge für den Kauf oder Verkauf von Wertpapieren, die zum Handel an einer inländischen Börse zugelassen oder in den Freiverkehr einbezogen waren, über den Handel an einer Börse auszuführen, sofern der Auftraggeber seinen gewöhnlichen Aufenthalt oder seine Geschäftsleitung im Inland hatte und er nicht für den Einzelfall ausdrücklich eine andere Weisung erteilte.

Durch die Börsenprivilegierung sollte das staatliche Interesse an effizienten Wertpapiermärkten, d. h. neutraler, transparenter und unter staatlicher Kontrolle laufender Preisfeststellung sowie eine gewisse Liquidität an den Börsen gewährleistet werden.[273] In erster Linie diente die Norm aber dem Anlegerschutz. Im Interesse von Transparenz und Berechenbarkeit sollten Festlegungen getroffen werden, die den Weg des Kundenauftrages bestimmten, wenn der Kunde keine

---

269 Vgl. Brockmeier/Kapferer/Nickel/Willershausen, FRUG, S. 12; Ellenberger, in: Clouth / Lang, MiFID Praktikerhandbuch, S. 5.

270 Vgl. Schlitt, in: Grunewald / Schlitt, Kapitalmarktrecht, S. 9.

271 Nottmeier, Computertechnik an den europäischen Wertpapiermärkten, S. 226; Seifert/Habbel/Mattern/Streit/Voth, Performance ist kein Schicksal, S. 201.

272 In der Fassung vom 5. Januar 2007 (vor in Kraft treten des Finanzmarkt-Richtlinien-Umsetzungsgesetzes zum 1. November 2007).

273 Kümpel, Bank- und Kapitalmarktrecht, Rn. 17.22.

weiteren Angaben dazu machte.[274] Durch die Regelvermutung zugunsten einer Auftragsausführung an der Börse, sollte dem Anleger die Gewähr für eine ordnungsgemäße Ausführung seines Auftrages gegeben werden, die bei der staatlich geregelten und überwachten Börse regelmäßig als gegeben angesehen wurde.[275] Da nachteilige Auswirkungen auf die Funktionsfähigkeit des Marktes befürchtet wurden, insbesondere mangels Transparenz und Effizienz der Preisbildung, war die außerbörsliche Ausführung der Orders unerwünscht.[276] Dem Anleger war es indes nicht genommen, eine anders lautende Weisung zu erteilen. Somit handelte es sich bei der gesetzlichen Regelung um einen Börsenvorrang[277] und nicht etwa um einen Börsenzwang[278], als welche die Regelung vereinzelt zu Unrecht bezeichnet wurde. Jede Form der Privilegierung börslicher Handelsplätze, hier der Börsenvorrang nach § 22 BörsG a. F., bedeutet eine Einschränkung der Marktzugangsmöglichkeiten für die Betreiber von MTF, selbst wenn dies vor dem Hintergrund der argumentativ bemühten, vermeintlichen Gewährleistung eines effektiven Anlegerschutzes nicht derart eindeutig gewesen sein mag.[279]

Durch den Wegfall der bevorzugten börslichen Ausführung eines Wertpapiertransaktionsauftrages stehen alle multilateralen Handelsplätze als Ausführungsplätze nunmehr gleichberechtigt nebeneinander. In Verbindung mit der Festlegung von Ausführungsgrundsätzen und der Einführung von Transparenzstandards soll die Regulierungsgleichstellung zwischen dem organisierten Markt und MTF eine Angleichung im Wettbewerb bewirken.[280]

Deutlich schwerer zu erkennen und zugleich deutlich komplexer im Hinblick auf eine Änderung der regulatorischen Verhältnisse sind die Beziehungen zwischen dem Freiverkehrsmarkt und dem organisierten Markt, welche vor dem

---

274 BT-Drucks. 12/6679, S. 69; Boschan, Wertpapierhandelssysteme, S. 48.

275 Vgl. BT-Drucks. 12/6679, S. 69; Beck, in: Schwark, Kapitalmarktrechts-Kommentar, § 22 BörsG, Rn. 1.

276 Vgl. Köndgen, in: Bessler, Börsen, Banken und Kapitalmärkte, S. 282.

277 Schwark, in: Schwark, Kapitalmarktrechts-Kommentar, § 22 BörsG, Rn. 1.

278 Ekkenga, in: Claussen, Bank- und Börsenrecht, S. 434. In einigen Ländern (z. B. in Frankreich, Italien und Spanien) herrschten echte concentration rules, die einen Börsenzwang vorsahen. Sie gingen auf die Wertpapierdienstleistungsrichtlinie vom 10. Mai 1993 (93/22/EWG)zurück.

279 Gomber, MiFID – Einfluss auf den horizontalen und vertikalen Wettbewerb, S. 19; Stünkel, EG-Grundfreiheiten und Kapitalmärkte, S. 195 ff.

280 Vgl. Boschan, Wertpapierhandelssysteme, S. 427.

Hintergrund der europäischen Vorgaben zum freien Wettbewerb der Handelsplätze untereinander hier auf eine unzulässige Privilegierung der Betreiber organisierter Märkte untersucht werden sollen. Aufgrund seiner engen Verbindung zum börslichen Handelsplatz ist wohlgemerkt auch der Freiverkehr Bestandteil des aufgrund der MiFID entfallenen Auftragsausführungsprivilegs nach § 22 Abs. 1 BörsG.[281]

bb. Festlegung von Grundsätzen zur Auftragsausführung

Neben der Auflösung des Börsenvorrangs handelt es sich bei der Implementierung von Auftragsausführungspflichten um eine wesentliche, wenn nicht die bedeutendste Anforderung der MiFID.[282] Der Inhalt der Ausführungsgrundsätze hat für die Marktorganisation eine wichtige Bedeutung. Durch sie wird entschieden, auf welchem Handelsplatz Kundenaufträge ausgeführt werden. Insgesamt wird der Auftragsstrom des Wertpapierdienstleistungsunternehmens somit zu dem Markt mit der höchsten operationalen Effizienz gelenkt.[283] Dabei handelt es sich um ein weiteres Motiv der Verpflichtung zur bestmöglichen Ausführung: Die Erfassung der Kundenaufträge zu allen Finanzinstrumenten soll sicherstellen, dass sich im Wettbewerb die effizienten Handelsplätze durchsetzen.[284] Die Wirksamkeit der Auftragsausführungsgrundsätze zugunsten der Betreiber von MTF stellt sich allerdings nur ein, wenn die Wertpapierdienstleistungsunternehmen auch tatsächlich einen Zugang zu dem Markt bekommen. Andernfalls können sie niemals der effektivere Handelsplatz sein, welcher durch die nachfolgenden Ausführungsgrundsätze beim Orderrouting privilegiert werden würde.

Gemäß Art. 21 MiFID bzw. Art. 27 MiFID II-RL-E werden Wertpapierdienstleistungsunternehmen zur kundengünstigsten Ausführung von Kundenaufträgen (in der Finanzbrache als *Best Execution* bezeichnet)[285] verpflichtet. Dogmatisch handelt es sich um eine Organisationspflicht für Wertpapierdienstleistungsunternehmen. Sie ist nur dort von Bedeutung, wo ein Finanzintermediär, d. h. eine Partei oder ein Helfer eines Finanzaustauschprozesses in die Wertpa-

281 Schwark, in: Schwark, Kapitalmarktrechts-Kommentar, § 22 BörsG, Rn. 2.

282 Petersen/Pujol, ZfgK Technik 2007, 11, 11; Bauer, in: Clouth / Lang, MiFID Praktikerhandbuch, S. 311.

283 Klöhn, in: Langenbucher, Europarechtliche Bezüge des Privatrechts, § 6 Rn. 31.

284 Gomber/Hirschberg, AG 2006, 777, 779.

285 Gomber/Chlistalla/Gsell/Pujol/Steenbergen, Umsetzung der MiFID in Deutschland, S. 18.

piertransaktion involviert ist.[286] Inhaltlich sind die diesbezüglichen Anforderungen der MiFID hingegen nicht gänzlich neu. Bereits nach § 31 Abs. 1 Nr. 1 WpHG war und ist ein Wertpapierdienstleistungsunternehmen verpflichtet, Wertpapierdienstleistungen mit der erforderlichen Sachkenntnis, Sorgfalt und Gewissenhaftigkeit im Interesse seiner Kunden zu erbringen.[287] Die sich daraus ergebenden Pflichten wurden durch die MiFID lediglich konkretisiert.[288]

Die Umsetzung der Best Execution-Regeln erfolgte mit § 33a WpHG. Zielsetzung der Vorschrift ist neben dem Anlegerschutz die Steigerung des Wettbewerbs zwischen den verschiedenen Ausführungsplätzen.[289] Weil die durch die Ausweitung des Wettbewerbs bedingte Zersplitterung der Liquidität nachteilige Auswirkungen für die Anleger haben kann, sollen diese durch eine an die Marktsituation angepasste Wahl des Handelsplatzes geschützt werden.[290]

Das Wertpapierdienstleistungsunternehmen muss nach § 33a Abs. 1 WpHG Grundsätze zur Auftragsausführung festlegen, diese mindestens jährlich überprüfen, um das bestmögliche Ergebnis für seine Kunden zu erreichen und sicherstellen, dass die Ausführung jedes Kundenauftrags nach Maßgabe dieser Grundsätze vorgenommen wird. Bei der Aufstellung der Grundsätze müssen nach § 33a Abs. 2 WpHG die Preise für das Finanzinstrument, die mit der Auftragsausführung verbundenen Kosten, die Geschwindigkeit, die Wahrscheinlichkeit der Ausführung und alle sonstigen relevanten Ergebnisse zur bestmöglichen Ausführung berücksichtigt werden.[291] Die verschiedenen Ausführungsfaktoren lassen sich nicht streng mathematisch miteinander vergleichen bzw. gewichten. Es obliegt dem Wertpapierdienstleistungsunternehmen anhand des konkreten Auftrags eine Einschätzung über die Gewichtung der verschiedenen Faktoren vorzunehmen.[292] Maßgeblich sind dabei oft die mit dem Wertpapierhandel verbundenen wirtschaftlichen Interessen. Während es dem privaten Anleger im Wesentlichen um das Gesamtentgelt der Transaktion geht, hat ein insti-

---

286 Vgl. Greenbaum/Thakor, Contemporary Financial Intermediation, S. 49.

287 Siller, Kapitalmarktrecht, S. 49 f.

288 Salomon, BankPraktiker 2006, 472, 476.

289 Bauer, in: Clouth / Lang, MiFID Praktikerhandbuch, S. 312 f.; Gomber/Chlistalla/Groth, ZBB 2008, 2, 5 f.

290 Zingel, BKR 2007, 173, 173.

291 Zu den einzelnen Kriterien Zingel, BKR 2007, 173, 175 ff.; vgl. auch Loff, Alternative Handelssysteme, S. 243 m. w. N.

292 BT-Drucks. 16/4028, S. 72; Bracht, Best Execution, S. 120.

tutioneller Anleger mit Blick auf den Arbitragehandel beispielsweise auch die Ausführungsgeschwindigkeit im Blick.[293]

Durch die Ausführungsbestimmungen setzt sich das Wertpapierdienstleistungsunternehmen mehr oder weniger den eigenen Rechtsrahmen, in welchem es sich bewegt. Bei der Wahl des Ausführungsplatzes ist es allerdings insoweit eingeschränkt, als gemäß § 33a Abs. 5 S. 1 Nr. 2 WpHG mindestens die Ausführungsplätze, an denen das Wertpapierdienstleistungsunternehmen gleichbleibend die bestmöglichen Ergebnisse bei der Ausführung von Kundenaufträgen erzielen kann, enthalten sein müssen. Nach § 11 Abs. 1 WpDVerOV sind Ausführungsplätze im Sinne von § 33a Abs. 5 WpHG organisierte Märkte, multilaterale Handelssysteme, systematische Internalisierer, Market Maker und sonstige Liquiditätsgeber sowie vergleichbare Unternehmen und Einrichtungen in Drittstaaten. Nicht eindeutig ist, ob ein Wertpapierdienstleistungsunternehmen Geschäftsbeziehungen zu einem Ausführungsplatz aufnehmen muss, zu welchem es bis zu diesem Zeitpunkt noch keine hat. Aus einer direkten Geschäftsbeziehung entstehen dem Wertpapierdienstleistungsunternehmen Kosten, welche die Vorteile in Bezug auf die Ausführungsqualität egalisieren oder überkompensieren könnten. Daher steht den Wertpapierdienstleistungsunternehmen bei der Auswahl des jeweiligen Ausführungsplatzes ein Ermessen zu.[294] Eine Verpflichtung zum Aufbau von Geschäftsbeziehungen könnte auch der hinter der MiFID stehenden Entwicklung widersprechen. Einer der Beweggründe zur Entwicklung außerbörslicher Handelsplätze, deren Regulierung mit der MiFID bezweckt wurde, war die Einsparung von Kosten. Aus dem gleichen Grund reduzieren sowohl Emittenten wie Händler die Zahl ihrer Präsenzen auf Handelsplätzen.

Dem Wertpapierdienstleistungsunternehmen bleibt es indes unbenommen, den Auftrag des Kunden zur Ausführung gemäß § 33a Abs. 8 WpHG an Dritte weiterzuleiten, wodurch dem Wertpapierdienstleistungsunternehmen jedoch wiederum zusätzliche Kosten entstehen. Diese Kosten dürften bei den Ausführungsgrundsätzen eigentlich nicht berücksichtigt werden, können aber ohne Wissen des Kunden mit einbezogen werden, da sie für diesen nicht sichtbar sind. Nach § 33a Abs. 5 Nr. 1, Abs. 6 Nr. 1 WpHG i. V. m. § 11 Abs. 4 S. 1 Nr. 1 WpDVerOV wird lediglich eine Informationspflicht über die Ausfüh-

---

293 Bracht, Best Execution, S. 119 f.; Bauer, in: Clouth / Lang, MiFID Praktikerhandbuch, S. 329; vgl. Schmitt/Schielke, Die Bank 2006, 32, 33 f.

294 Dierkes, ZBB 2008, 11, 17 f.; Ferrarini, CMLJ 2007, 404, 408; Bauer, in: Clouth / Lang, MiFID Praktikerhandbuch, S. 319 f.

rungsfaktoren vorgeschrieben.[295] In teleologischer Reduktion des § 33a WpHG dürften andererseits aber auch nur solche Ausführungsplätze in die Ausführungsgrundsätze aufgenommen werden, die für die Erzielung der bestmöglichen Auftragsausführung in Betracht kommen. Grundsätzlich besteht auch die Möglichkeit nur einen Ausführungsplatz zu wählen. Dabei ist jedoch zweifelhaft, ob ein Ausführungsplatz allein wirklich in der Lage ist, gleichbleibend die besten Ergebnisse der Auftragsausführung für alle Kundenaufträge zu erzielen.[296] Aufgrund der vielfältigen Kriterien zur Ermittlung der bestmöglichen Ausführung und der Möglichkeit die Gewichtung der Kriterien individuell dem Auftraggeber anzupassen, wird somit wohl insgesamt in umsichtiger Weise regulatorisch in den Wettbewerb eingegriffen.[297]

Da die MiFID jedoch keine detaillierten Vorgaben in Bezug auf die einzelnen Kriterien macht, besteht trotz der allgemeinen Vorgaben zur Festlegung von Auftragsausführungsgrundsätzen die Gefahr, die etablierten Handelsplätze zu favorisieren. Denn die Börsen vereinen aufgrund ihrer historischen Marktposition die größte Liquidität im Markt auf sich und können damit eine geringe Geld-Brief-Spanne (*Spread*)[298] vorweisen. Unter diesem Gesichtspunkt haben sie gute Chancen im Vergleich zu den nicht etablierten Handelsplätzen geringere Ausführungskosten anbieten zu können. Trotz des umfangreicheren Katalogs an Kriterien für die Aufstellung der Ausführungsgrundsätze, dürften die Ausführungskosten von größerer Bedeutung sein. Eine zu enge Definition, die sich am Ausführungspreis orientiert, wäre unter dem Gesichtspunkt der Liquidität für die Börsen vorteilhaft gewesen. Eine zu weite Angabe hätte im Ergebnis aber zu Schwierigkeiten bei der Überwachung und Durchsetzung von Ausführungsgrundsätzen führen können.[299] Insgesamt spricht für die geltende Regelung, dass sich die Ausführungskosten nicht allein aus dem Spread ergeben und deshalb nicht-börsliche Systeme nicht zwingend benachteiligt sein müssen.

Gleichzeitig ist festzustellen, dass auch wenn vor der Umsetzung der MiFID die Grundsätze der Auftragsausführung aus Sicht der Wertpapierdienstleistungsunternehmen als bedeutendster Wettbewerbsfaktor für den Aktienhandel

---

295 Bracht, Best Execution, S. 121 f.

296 Bracht, Best Execution, S. 123 ff.; Koller, in: Assmann / Schneider, WpHG, § 33a Rn. 5.

297 Vgl. Bracht, Best Execution, S. 82.

298 Die Spanne ergibt sich aus der Differenz zwischen dem Besten Kaufkurs und dem besten Verkaufskurs für ein Wertpapier.

299 Vgl. Ferrarini, CMLJ 2007, 404, 406 ff.

genannt wurden,[300] sie von der weit überwiegenden Mehrheit der deutschen Kreditinstitute (noch) nicht als Wettbewerbsinstrument eingesetzt werden. Zwar sind die Vorgaben der MiFID umgesetzt, praktisch gehen die Ausführungsgrundsätze jedoch oft nicht über abstrakte Beschreibungen hinaus und beziehen nur in weniger als einem Viertel der Fälle konkrete Nennungen bzw. Rangfolgen der Ausführungsplätze mit ein.[301] Möglicherweise liegt dies auch daran, dass die Wertpapierdienstleistungsunternehmen als Betreiber multilateraler Handelsplätze – anders als von der MiFID beabsichtigt – in Deutschland nur geringe Aussichten haben können, eine bedeutende Marktpositionen zu erreichen. Sofern und soweit für Wertpapierdienstleistungsunternehmen mit dem Betrieb von MTF keine tatsächliche Aussicht auf einen Marktzugang besteht, haben sie keinen Vorteil durch die Implementierung und Einhaltung der Ausführungsgrundsätze. Dies entspricht zunächst auch dem mit der Einführung der Ausführungsgrundsätze verfolgten Zweck der Steigerung des Schutzes der Anleger, welche die den Orderstrom maßgeblich steuernden Wertpapierdienstleistungsunternehmen zwingt, welche den Orderstrom maßgeblich steuern, diesen an ihre Wettbewerber, die Betreiber organisierter Märkte, zur Ausführung des Wertpapierhandelsauftrages an einem börslichen Handelsplatz oder im Freiverkehr weiterzuleiten.

cc. Einführung einheitlicher Transparenzstandards

Anleger haben ein Interesse an einem möglichst hohen Informationsstand über den Emittenten, das betreffende Wertpapier und das Marktgeschehen insgesamt.[302] Indes haben Emittenten oder auch institutionelle Investoren nicht zwingend ein Interesse an umfangreicher Transparenz. So ist eine vollkommene Transparenz ökonomisch nicht unbedingt erstrebenswert, da sich Marktteilnehmer in einem solchen Fall möglicherweise keinen (legitimen) Wissensvorsprung vor anderen Marktteilnehmern mehr verschaffen können. Mangels eines sich aus einem Informationsvorsprung ergebenden Investitionsvorteils, könnten Marktteilnehmer veranlasst werden, ihr Kapital anderweitig zu investieren. Der damit einhergehende Abfluss an Liquidität aus dem Markt könnte die Wahrscheinlichkeit der Handelsausführung insgesamt erschweren und zu einem Anstieg der

---

300 Bauer, in: Clouth / Lang, MiFID Praktikerhandbuch, S. 311; vgl. Gomber/Hirschberg, AG 2006, 777, 779.

301 Gomber/Pujol/Wranik, ZBB 2009, 72, 73 ff. nach einer Auswertung von 75 Ausführungsgrundsätzen der größten deutschen Kreditinstitute und Onlinebroker.

302 Schreiber/Schwartz, in: Amihud / Ho / Schwartz, Market Making and the Changing Structure of the Securities Industries, S. 19, 25; Schiereck, ZfB 1996, 1057, 1061 ff.

Volatilität in der Preisfeststellung führen.[303] Hinzu kommt, dass gerade bei großvolumigen Transaktionen die Auftraggeber kein Interesse an einer vollkommenen Transparenz haben.[304] Vor diesem Hintergrund enthält die MiFID nicht nur detaillierte Vorschriften für einheitliche Transparenzstandards für alle von ihr klassifizierten Handelsplatztypen (Vor- und Nachhandelstransparenz), sondern auch Ausnahmevorschriften, um einen ausgewogenen Ausgleich zwischen Anlegerschutzinteressen, Interessen der Marktteilnehmer und der Wahrung der Funktionsfähigkeit des Marktes zu schaffen.[305]

Die Europäische Union beabsichtigte durch die Einführung der Transparenzstandards die Voraussetzungen für einen wirksamen Wettbewerb zwischen den verschiedenen Handelsplätzen zu schaffen.[306] Eine Angleichung der Transparenzvorschriften war schon deshalb geboten, weil zwischen den börslichen Handelssystemen und MTF keine wesentlichen materiell-rechtlichen Unterschiede bestehen.[307] In Verbindung mit der Möglichkeit zur Nutzung von Referenzpreisen bei der Ermittlung der Preise sollten durch umfassende Transparenzvorschriften auch mögliche negative Auswirkungen einer etwaigen Liquiditätszersplitterung aufgrund der Neuorganisation des Marktes ausgeglichen werden.[308]

303 Börsensachverständigenkommission, Empfehlungen zur Regulierung Alternativer Handelssysteme, S. 9; vgl. auch Vollmuth/Seifert, in: Clouth / Lang, MiFID Praktikerhandbuch, S. 370.

304 Scheffrahn, Gestaltung einer wettbewerbsfähigen Börse Schweiz, S. 138; Bortenlänger, Börsenautomatisierung, S. 47.

305 Vgl. Mutschler, Internalisierung der Auftragsausführung im Wertpapierhandel, S. 210 f.; Kumpan, WM 2006, 797, 802 sieht in dem Geflecht an Veröffentlichungspflichten bei gleichzeitigen Ausnahmetatbeständen einen Kompromiss zwischen der Integrität der Märkte und den Bedürfnissen der Industrie. S. auch Mues, Die Börse als Unternehmen, S. 96 ff

306 Assmann, in: Assmann / Schneider, WpHG, § 31g Rn. 1; Fleischer, BKR 2006, 389, 393; Buck-Heeb, Kapitalmarktrecht, Rn. 118 ff.; Gomber/Chlistalla/Gsell/Pujol/Steenbergen, Umsetzung der MiFID in Deutschland, S. 18.

307 Spindler/Kasten, WM 2006, 1749, 1754; La Corte, in: Grunewald/Schlitt, Kapitalmarktrecht, S. 205.

308 Europäische Kommission, ZBB 2002, 518, 550; vgl. Köndgen, in: Bessler, Börsen, Banken und Kapitalmärkte, S. 297 ff.; CESR, MiFID Review, S. 6 f.

Die wesentlichen Vorschriften zur Markttransparenz regelt die Durchführungsverordnung 1287/2006/EG zur MiFID (*MiFID-DVO*).[309] Die maßgeblichen Regelungen für den börslichen Handel (§§ 30, 31 BörsG) und für das MTF (§§ 31g, 31h WpHG) verweisen entsprechend auf die MiFID-DVO. Bei den dortigen Regelungen handelt es sich um in den einzelnen Mitgliedstaaten unmittelbar geltendes Recht (Art. 2889 Abs. 2 AEUV).[310] Die umfangreiche Verweisung ist darauf zurückzuführen, dass es zwischen den Mitgliedstaaten möglichst wenig unterschiedliche Regelungen in Bezug auf die Transparenzvorschriften geben soll, um auch den Austausch an Daten zu vereinfachen.[311] In dieser Hinsicht unterstreicht die geplante Neufassung der Transparenzvorschriften mit den Rechtsakt der Verordnung, welche in allen ihren Teilen verbindlich ist und unmittelbare Geltung in den Mitgliedstaaten der Europäischen Union erlangt, die Bedeutung der Transparenz im Kapitalmarkt für dessen Funktionsfähigkeit und Effizienz. Nachdem die Bedeutung weiterer Finanzinstrumente zunächst nicht erkannt wurde,[312] umfasst die Neufassung der MiFID gemäß Art. 3 ff. MiFID II-VO-E auch Aktienzertifikate, börsengehandelte Fonds, Zertifikate und andere vergleichbare Instrumente, da diese Finanzinstrumente vergleichbar mit den nur bisher erfassten Aktien sind und daher auch denselben Transparenzregeln unterliegen sollten.[313] Der Gesetzgeber ging in dieser Hinsicht schon über die bisherigen Anforderungen hinaus, indem er im Rahmen der Umsetzung der MiFID den Anwendungsbereich der Transparenzstandards auch auf Aktien vertretende Zertifikate ausweitete.[314]

Die Europäische Kommission schlägt darüber hinaus eine Aufteilung in Eigenkapital- und Nichteigenkapitalinstrumente vor. Denn gemäß Art. 7 ff. MiFID II-VO-E sollen über die Ausweitung im Bereich von Eigenkapitalinstrumenten hinausgehende Transparenzpflichten für Nichteigenkapitalinstrumente

---

309 ABl. L 241/1 vom 02. September 2006.

310 Vollmuth/Seifert, in: Clouth / Lang, MiFID Praktikerhandbuch, S. 379. Dem Verweis auf die Durchführungsverordnung kommt somit nur deklaratorische Bedeutung zu.

311 Vgl. Erwägungsgrund (4) und (9) MiFID-DVO.

312 Im Rahmen des CESR, MiFID Review, S. 25 ff. wurde der Europäischen Kommission vorgeschlagen, die Transparenzpflichten nach der MiFID auch auf Depository Receipts (Hinterlegungsscheine, die das Recht an einer Aktie in einen durch ihn bestimmten Umfang umfassen), Exchange Traded Funds (börsengehandelte Fonds) und Zertifikate auszuweiten.

313 Begründung MiFID II-VO-E, S. 9.

314 BT-Drucks. 16/4889, S. 17; Duve/Keller, BB 2006, 2537, 2540.

wie Anleihen, strukturierte Finanzprodukte,[315] Emissionszertifikate und Derivate implementiert werden, da für derartige Produkte bisher kaum ein Transparenzniveau vorhanden ist.[316]

Während sich in Bezug auf Eigenkapitalinstrumente die gegenwärtige Transparenzpflicht für Betreiber von MTF gemäß § 31g Abs. 1, 3 WpHG lediglich auf zum Handel an einem organisierten Markt zugelassene Aktien und Aktien vertretende Zertifikate bezieht, soll durch die Neufassung der Transparenzvorschriften eine weitere Angleichung der Handelsplatztypen vorgenommen werden. Denn die Vor- und Nachhandelstransparenz soll sich gemäß Art. 3 Abs. 1 und Art. 5 Abs. 1 MiFID-VO auf alle über ein MTF gehandelte Eigenkapitalinstrumente beziehen. Im Bereich der Nichteigenkapitalinstrumente sollen die entsprechenden Verpflichtungen auf über ein MTF gehandelte Derivate beschränkt werden. Sollten die von der Europäischen Kommission vorgeschlagenen Regelungen in Form einer Richtlinie erlassen werden, würden die Vorschriften des deutschen Rechts gemäß §§ 30, 31 BörsG und 31g, 31h WpHG aufgrund der dann unmittelbaren Geltung entbehrlich.

II. Auswirkungen der Reformen auf den Markt für Wertpapierhandelsdienstleistungen

Das Ziel der umfassenden Reform der Marktorganisation ist eine Veränderung der Marktverhältnisse im Bereich des Angebots von Wertpapierhandelsdienstleistungen zu bewirken, um die Funktionsfähigkeit des Kapitalmarktes zu erhöhen und gleichzeitig den Schutz der Anleger zu verbessern. Zu diesem Zweck wurde der Betrieb von MTF durch Wertpapierdienstleistungsunternehmen reguliert und damit grundsätzlich ein Wettbewerb mit den etablierten börslichen Handelsplätzen ermöglicht. Im Zusammenhang mit der Abschaffung der Börsenprivilegierung sollten die nationalen Börsenmonopole enden. Die Betreiber börslicher Handelsplätze reagierten darauf mit einer verstärkten Disintermediation, d. h. im Ergebnis der Elektronisierung ihres Handels. Trotz ihrer Bemühungen, dürften die Börsen vor dem Hintergrund der regulatorischen Maßgaben ihre Stellung nicht behauptet haben, sondern nur im Rahmen des Möglichen

---

315 Strukturierte Finanzprodukte sollen gemäß Art. 2 Abs. 1 Nr. 13 MiFID II-VO-E begrifflich als Wertpapiere, zur Besicherung und Übertragung des mit einem Pool an finanziellen Vermögenswerten einhergehenden Kreditrisikos geschaffen wurden und die den Wertpapierinhaber zum Empfang regelmäßiger Zahlungen berechtigen, die vom Cashflow der Basisvermögenswerte abhängen.

316 Begründung MiFID II-VO-E, S. 10.

Marktanteile verteidigt. Durch das Aufkommen außerbörslicher Handelsplattformen in den vergangenen Jahren ist bereits zu großen Teilen ein Markt für Märkte für Finanzinstrumente entstanden.[317] Problematisch ist allerdings, dass es eine den Zielen der europäischen Vorgaben entsprechenden Entwicklung in Deutschland nicht zu geben scheint.

1. Das Ende nationaler Börsenmonopole

Bis weit ins 20. Jahrhundert galten Börsen als regionale Monopolinstitute,[318] die teils als staatliche Einrichtung, teils als (meist) nicht gewinnorientierte Vereinigungen der Börsenmitglieder im öffentlichen Auftrag betrieben wurden. Es überwog die Vorstellung, dass die Konzentration von Orderströmen auf einen einzigen organisierten Markt die wichtigste Voraussetzung zur Erreichung optimaler Marktliquidität und damit eines funktionierenden Kapitalmarktes darstellen würde. Durch die Errichtung eines Marktes mit einheitlichen Rahmenbedingungen schuf die Europäische Union Privilegien ab, welche die Börsen in zahlreichen Mitgliedstaaten genossen.[319] Die Börsen wurden deshalb auch als Verlierer des Umsetzungsprozesses des FSAP und speziell der MiFID ausgemacht,[320] teilweise sogar von ihrem Ende gesprochen.[321] Auch wenn diese Einschätzung aus der Zeit vor der Umsetzung der MiFID ein wenig zu drastisch ausgefallen sein mag, könnte sie gleichwohl den Gesetzgeber veranlasst haben, die Betreiber der Börse nicht gänzlich der wettbewerblichen Kraft der Märkte auszusetzen und nicht nur eine dualistische Organisationsstruktur beizubehalten, sondern den Handel an der Börse durch eine zurückhaltende Anpassung der Regelungen in Bezug auf den Freiverkehr zu schützen. Jedenfalls war sich der Ge-

317 Baum/Hopt, in: Schäfer / Burghof / Johanning / Wagner / Rodt, Risikomanagement und kapitalmarktorientierte Finanzierung, S. 540.

318 Vgl. etwa Carlton, Journal of Futures Markets 1984, 237, 259; Blume/Siegel/Rottenberg, Revolution on Wall Street, S. 31 f.

319 Zu nennen ist insbesondere der in Frankreich, Italien und Spanien existierende Börsenzwang, der durch die Wertpapierdienstleistungsrichtlinie von 1993 (vgl. Art. 14 Abs. 3 Richtlinie 93/22/EWG des Rates v. 10. Mai 1993 über Wertpapierdienstleistungen, ABl. EG Nr. L 141 v. 11. Juni 1993) noch auf nationalstaatlicher Ebene legitimiert wurde.

320 Gomber/Hirschberg, AG 2006, 777, 777.

321 Nobel/Sauerwein, Struktur der Deutsche Börse AG, S. 590. In den überwiegend moderateren Einschätzungen zu den Gewinnern und Verlierern der Marktneuorganisation, erfolgte keine ausdrückliche Festlegung, vgl. Bessler/Schmidt, Wertpapiertransaktionen im Spannungsfeld von börslichem und außerbörslichem Handel, S. 111 ff., 134.

setzgeber bewusst, dass neben der Einbindung in den weltweiten Wettbewerb der gemeinsame europäische Binnenmarkt zu einer zusätzlichen Wettbewerbsintensivierung führen würde.[322]

Der Wettbewerb der Handelsplätze zeigt sich auf mehreren Ebenen. So stehen die etablierten börslichen Handelsplätze nicht nur im Wettbewerb mit anderen Börsen, sondern auch mit alternativen Handelssystemen, welche an den börslichen Handelsplätzen gehandelte Finanzinstrumente in den Handel einbezogen haben.[323]

Die börsliche Wettbewerbssituation ist von globalen wie auch regionalen Komponenten geprägt. Auf nationaler Ebene ist die Zahl der Wertpapierbörsen in den letzten Jahren mit acht börslichen Handelsplätzen gleich geblieben. Der Betrieb der Börse Bremen wurde im Jahr 2007 eingestellt. Dafür hat zu Beginn des Jahres 2010 mit der Tradegate Exchange in Berlin nach vielen Jahren wieder eine gänzlich neue Wertpapierbörse den Betrieb aufgenommen. Mit dem deutschen System an Regionalbörsen vergleichbare Strukturen gibt es unter den führenden Industrienationen der Welt nur noch in den USA und der Schweiz. In den meisten Ländern haben sich Zentralbörsen entwickelt.[324] Auch wenn es in Deutschland mehrere Börsen gibt, so ist doch die Frankfurter Wertpapierbörse von herausragender Bedeutung. Ihr Liquiditätssog, der sich im Zuge der Börsenreformen der 1980er und 90er Jahre durch regulatorische, organisatorische und technische Entwicklungen ergab,[325] hat die Regionalbörsen gezwungen, sich auf den Handel in Wertpapieren abseits der großen inländischen Aktienwerte oder durch besondere Angebote für Privatanleger zu konzentrieren, um einen ausreichend hohen Handelsanteil generieren zu können. Der Wettbewerb unter den Börsen, so begrenzt er im Bereich des Aktienhandels auch sein mag, wirkt sich trotz des bezogen auf das Gesamtvolumen des Wertpapierhandels überragenden Vorsprungs der Frankfurter Wertpapierbörse,[326] positiv auf die Fairness der

---

322 BT-Drucks. 12/6679, S. 33.

323 SEC, Release Nr. 34-58673, S. 7 f.

324 Vgl. Bröcker, in: Claussen, Bank- und Börsenrecht, S. 323; Klenke, Börsendienstleistungen im Europäischen Binnenmarkt, S. 55 f.

325 Freudenberg, in: Bruns / Häuser, Deutschland als Finanzplatz, S. 121 ff.

326 Im Jahr 2009 hatte die Frankfurter Wertpapierbörse (zusammen mit dem elektronischen Handelssystem Xetra) einen Marktanteil von 93,5 Prozent an inländischen Aktien und 81,4 Prozent bezogen auf alle börslich gehandelten Wertpapiere, Deutsche Börse AG, Factbook 2009, S. 13.

Preisbildung, die Transparenz des Marktes und die Innovationskraft der deutschen Börsen aus.[327]

Auf globaler Ebene gibt es unter den führenden Börsen seit einigen Jahren weltweite Übernahmen, Fusionen, Kooperationen und Allianzen.[328] Neben den üblichen Herausforderungen und Aufwendungen, die eine Unternehmensakquisition oder die Zusammenführung früherer Konkurrenten mit sich bringen, müssen sich die Beteiligten auch mit der Bedeutung der Börsen als nationale Symbole und Stolz eines jeden Finanzplatzes auseinandersetzen.[329] Ziel der Börsenbetreiber ist dabei, durch die Aufrechterhaltung und Erhöhung des Handelsvolumens eine führende Rolle unter den internationalen Finanzplätzen einzunehmen.[330] Der Liquidität kommt in diesem Zusammenhang eine besondere Bedeutung zu, weil die an den Handelsplätzen zum Handel aufgenommenen Finanzinstrumente nur dann ohne bedeutende zeitliche Verzögerung gegen Kapital getauscht werden können, wenn sowohl die finanziellen Mittel in dem betreffenden Markt vorhanden sind, als auch eine ausreichende Zahl an potentiellen Tauschpartnern.[331] Wäre dies nicht der Fall, könnte eine Börse ihrer Bewertungsfunktion nicht mehr gerecht werden, da der ermittelte Preis vom Gleichgewichtspreis[332] abweichen würde.[333] Qualität und Quantität einer Handelsplattform sind durch die wechselseitigen Nutzen der Teilnahme des jeweils anderen Tauschpartners zugunsten des Betreibers des Marktes durch einen Sog-Effekt miteinander verbunden, wodurch Konsolidierungsprozesse der Börsenbetreiber

---

327 Freudenberg, in: Bruns / Häuser, Deutschland als Finanzplatz, S. 125.

328 Zu den Entwicklungen der jüngeren Vergangenheit s. Lepczyk, Rechtliche Aspekte internationaler Börsenfusionen, S. 15 ff. Zuletzt durch den geplanten Zusammenschluss zwischen der Deutsche Börse AG und NYSE Euronext.

329 Vgl. Rudolf, in: Habersack / Mülbert / Schlitt, Unternehmensfinanzierung am Kapitalmarkt, § 1 Rn. 27.

330 Vgl. Grote, Die Entwicklung des Finanzplatzes Frankfurt, S. 224; Viermetz, in: Kley / Leven / Rudolph / Schneider, Aktie und Kapitalmarkt, S. 28.

331 Möller, Kapitalmarktaufsicht, S. 97 f.

332 Darunter versteht man den Preis, der zum Marktgleichgewicht, also der gleich hohen Menge an Angebot und Nachfrage führt.

333 Schwark, in: Fuchs /Schwintowski / Zimmer, Wirtschafts- und Privatrecht im Spannungsfeld von Privatautonomie, Wettbewerb und Regulierung, FS Immenga, S. 729; Beck, WM 1998, 417, 419; Obst/Hintner, Geld-, Bank- und Börsenwesen, S. 371, 379; vgl. Viermetz, in: Kley / Leven / Rudolph / Schneider, Aktie und Kapitalmarkt, S. 28.

quasi natürlich angetrieben werden.[334] Die technischen Entwicklungen haben nichtsdestotrotz zu einer Delokalisierung und einer Denationalisierung geführt.[335] Als Reaktion auf die nachhaltige Finanzmarktintegration werden weitere intensive Übernahmekämpfe und die Herausbildung von wenigen großen Börsen prognostiziert.[336]

Aufgrund des vielschichtigen Wettbewerbs sind die Börsen weiter gezwungen, ihre Transaktionsdienstleistungen weiter zu verbessern und zu verbilligen.[337] Dementsprechend haben sie sich zwischenzeitlich als Dienstleistungsunternehmen aufgestellt, um ihre Marktführerschaft im Wettbewerb mit anderen Börsen und Anbietern von außerbörslichen Handelssystemen zu bewahren. Der Wettbewerb zwingt die Börsenbetreiber dabei zum Einsatz der neuesten Technik. Die Deutsche Börse AG ist über den Handel mit dem vollelektronischen Handelssystem Xetra bemüht, ihren Marktanteil weiter konsequent auszubauen und ihre internationale Wettbewerbsposition zu stärken. Dazu werden fortlaufend weitere Wertpapierklassen und ausländische Wertpapiere zum Handel aufgenommen.[338] Gleichzeitig weitete sie die Anwendung des elektronischen Han-

---

334 Vgl. Christoph, Börsenkooperationen und Börsenfusionen, S. 39.

335 Ein gutes Beispiel der globalen Aktivitäten von Börsenbetreibern ist der transatlantische Zusammenschluss zwischen der New York Stock Exchange (NYSE)und der Euronext. Die paneuropäische Börse Euronext entstand im Jahr 2000 durch einen Zusammenschluss führender europäischer Börsen (Paris, Amsterdam und Brüssel). Zwei Jahre später wurde die Euronext durch die Börse Lissabon und die Londoner Terminbörse LIFFE zum größten grenzüberschreitenden Börsenverbund Europas. Die NYSE fusionierte in 2005/2006 aufgrund massiver Umsatzeinbußen mit der Archipelago Gruppe, welche eine elektronische Handelsplattform betrieb. Im Rahmen der Übernahme und weiterer Umstrukturierungen beantragte die NYSE erfolgreich die Aufnahme zum börslichen Handel ihrer Anteile. Im Jahr 2007 folgte dann der Zusammenschluss mit der Euronext unter dem Dach der gemeinsamen Holding NYSE Euronext. Weitere Beispiele sind die verschiedenen Verbindungen zwischen der Technologiebörse NASDAQ, der London Stock Exchange, der finnischen Leitbörse OMX, der Borsa Italiana und der Börse Dubai. Zudem kommt es auch zu verstärkten Vernetzungen mit Börsen im asiatisch-pazifischen Raum; vgl. auch Gomber/Riess/Budimir, in: Bessler, Börsen, Banken und Kapitalmärkte, S. 45 f.

336 Welfens, Finanzmarktintegration und Wirtschaftswachstum, S. 110.

337 Als Beispiel einer unmittelbaren börslichen Reaktion auf die Veränderungen durch die MiFID sei die Handelsplattform „Equiduct Trading“ der Berliner Börse angeführt.

338 Deutsche Börse AG, Pressemitteilung vom 2. Juli 2009 (abrufbar über www.deutsche-boerse.com).

delssystems auch auf den Präsenzhandel an der Frankfurter Wertpapierbörse aus.

Die Börsen haben die wettbewerblichen Herausforderungen lange Zeit nicht erkannt oder ihr ausreichend Beachtung geschenkt.[339] In Deutschland ist dies vornehmlich darauf zurückzuführen, dass die Börsen als Organisatoren und Regulatoren des Marktes ausschließlich in einem verwaltungsrechtlichen und nicht als Finanzdienstleistungsunternehmen in einem wirtschaftsrechtlichen Sinn betrachtet wurden.[340] Neben den Veränderungen im Bereich der Wettbewerbssituation[341] dürften auch die technologischen Entwicklungen maßgeblich zu einem Umdenken beigetragen haben. Die an der Börse gehandelten Finanztitel waren mehr oder weniger regionale Güter, auf welche die jeweilige Regionalbörse eine Art „Monopol" hatte. Dezentralisierungstendenzen haben zu einem Leistungswettbewerb um Anleger und deren Orders geführt.[342] Dieser Wettbewerb spielt sich nicht nur im nationalen, sondern gerade auch im internationalen Rahmen ab.

Die Stärkung der Liquidität durch modernste Handelstechnik und den weiträumigsten Einsatz eines Handelssystems ist insbesondere vor dem Hintergrund des zusätzlichen Wettbewerbs der Börsen mit alternativen Handelssystemen von Bedeutung.[343] Die Entwicklungen im Bereich der Marktorganisation zeigen, dass der Markt für Wertpapierhandelsdienstleistungen nicht länger national, sondern sektorübergreifend und zunehmend ausdifferenziert strukturiert ist. Durch Wettbewerb und Vielfalt werden die Liquidität und Markttiefe gefördert. Die Entwicklungen der vergangenen Jahre haben zudem gezeigt, dass keine Zentralisierung – etwa auf dem europäischen Markt – entstanden ist, sondern ein quer durch Europa verlaufender aufgeteilter und vitaler Markt.[344] Insgesamt haben die Zeiten nationaler Börsen ein Ende gefunden.

---

339 Vgl. Di Noia, Competition and Integration among Stock Exchanges in Europe, S. 2, 44.

340 Merkt, Börsenrechtliches Gutachten, G 115; Beck, in: Schwark, Kapitalmarktrechts-Kommentar, § 6 BörsG Rn. 1.

341 Vgl. hierzu Christoph, Börsenkooperationen und Börsenfusionen, S. 42 f.

342 Picot/Bortenlänger/Röhrl, Börsen im Wandel, S. 112 f.; Schenk, Informationstechnologie und Börsensysteme, S. 48 f.

343 Wastl/Schlitt, WM 2001, 1702, 1702.

344 Vgl. Baum/Hopt, in: Schäfer / Burghof / Johanning / Wagner / Rodt, Risikomanagement und kapitalmarktorientierte Finanzierung, S.542.

2. Disintermediation – Veränderungen der Organisation börslicher Handelsplätze

Die Börsenbetreiber erkannten die Bedeutung alternativer Wertpapierhandelssysteme als Wettbewerber erst lange nach der Aufnahme ihrer Geschäftstätigkeit.[345] Anders als in den USA reagierten die Börsen in Europa dann allerdings schnell und effektiv, indem sie elektronische Handelsbücher einführten, bevor die außerbörslichen Handelssysteme bedeutende Marktanteile erlangen konnten. In funktionaler Hinsicht nahmen die hiesigen Börsen damit in gewisser Weise die Rolle außerbörslicher Handelssysteme ein, was die Entwicklung von MTFs zusätzlich deutlich erschwerte und zum Scheitern vieler Systeme führte.[346]

Insbesondere in Deutschland vollziehen die Börsenbetreiber weiter einen konsequenten Strukturwandel. Die Reorganisation ist dabei, genau wie die Entwicklung multilateraler Handelssysteme, maßgeblich von technischen Entwicklungen geprägt.[347] In einem fortlaufenden Disintermediationsprozess führen die Börsenbetreiber immer neue Informations- und Kommunikationstechnologien ein und entwickeln diese weiter, weil sie erkannt haben, dass elektronische Märkte im Vergleich zum traditionellen Parketthandel deutlich effizienter sind.[348] Sukzessive schafften die Börsen den mehrstufigen Intermediationsprozess durch Kursmakler bzw. Skontroführer zugunsten einer einstufigen Intermediation an elektronischen Handelsplattformen und einem völlig intermediationsfreien Handel für institutionelle Anleger auf multilateralen Handelspattformen weitgehend ab.[349] Die verschiedenen Prozesse der Orderausführung zwischen Anleger, Handelshaus, Börsenhändler, Skontroführer und Market Maker wurden durch Aussparung einzelner Prozessstufen gekürzt, da sich der vielzäh-

345 Vgl. Prechtel, Grenzüberschreitende Wertpapierhandelssysteme, S. 64.

346 Gomber, MiFID – Einfluss auf den horizontalen und vertikalen Wettbewerb, S. 21 f. An der Innovationskraft und marktbeherrschende Stellung der Deutsche Börse AG scheiterte z. B. auch die rein elektronische Handelsplattform Nasdaq Deutschland.

347 Merkt, Börsenrechtliches Gutachten, G 43 ff.; Blumentritt, Die privatrechtlich organisierte Börse, S. 30 ff.; Schwark, WM 1997, 293, 293; stellvertretend für die Börsenlandschaft anhand des Marktes an der Frankfurter Wertpapierbörse s. Gomber/Riess/Budimir, in: Bessler, Börsen, Banken und Kapitalmärkte, S. 56 ff.

348 Christoph, Börsenkooperationen und Börsenfusionen, S. 36; Bauer/Möllers, Die Beendigung des Parketthandels an der FWB, S. 20 f.; Weber, in: Kley / Leven / Rudolph / Schneider, Aktie und Kapitalmarkt, S. 389.

349 Baum/Hopt, in: Schäfer / Burghof / Johanning / Wagner / Rodt, Risikomanagement und kapitalmarktorientierte Finanzierung, S.543.

lige Intermediationsprozess zwingend in höheren Transaktionskosten niederschlug.[350] Zuletzt stellte die Deutsche Börse AG auch im Parketthandel der Frankfurter Wertpapierbörse den Betrieb auf die elektronische Xetra-Technologie um.[351]

Die heutige Terminbörse Eurex startete 1990 unter dem Namen Deutsche Terminbörse bereits als erste Börse einen voll elektronischen Handel. Mit der Einführung des Handelssystems Xetra brach 1997 auch im Bereich des Kassamarkts das Zeitalter des vollelektronischen Handels an. Dabei geht es im Bereich des algorithmischen Handels[352] längst nicht mehr nur um Sekunden, sondern um Millisekunden. Die technischen Möglichkeiten einer Börse, Orders schneller auszuführen als ihre Konkurrenten, entscheiden zunehmend über ihren Handelsanteil. Denn je weniger Zeit zwischen Auftrag und Ausführung einer Order liegt, desto geringer ist das Risiko, dass sich in dieser Zeitspanne die Konditionen der Transaktion verschlechtern. Auch wenn weiterhin ein Teil des Börsenhandels als Präsenzhandel ausgestaltet ist, funktioniert dieser auch nur noch computergesteuert.[353]

In marktorganisationstechnischer Hinsicht hat sich bereits vor Jahrzehnten eine Technologisierung des Handels ergeben. Beginnend 1987 mit dem Kurs-Informations-Service-System (KISS) und dem Börsen-Order-Service-System (BOSS)[354] sowie kurz darauf mit dem Inter-Banken-Informations-System (IBIS) gab es erste elektronische Kursinformationssysteme und die erste automatische

---

350 Merkt, Börsenrechtliches Gutachten, G 41 f.

351 Deutsche Börse AG, Pressemitteilung vom 24. März 2011 (abrufbar unter www.deutsche-boerse.com); vgl. auch AG-Report 2011, R342.

352 Dem automatisierten Handel von Wertpapieren durch Computerprogramme. Daher ist der Maßstab für den elektronischen Handel nicht mehr der Mensch, sondern mit dem Abschied des Menschen aus dem Handel der ihn ablösende Computer, der höchstmögliche Geschwindigkeiten und die blitzschnelle Verarbeitung gewaltiger Datenmengen verlangt.

353 Der Bestandsschutz des Präsenzhandels fiel bereits mit dem Vierten Finanzmarktförderungsgesetz weg, BT-Drucks. 14/8017, S. 63.

354 Das Computersystem wurde im Jahr 2000 in XONTRO umbenannt. Es wird gemeinsam von allen deutschen Wertpapierbörsen über das gemeinsame Tochterunternehmen Brain Trade betrieben und dient der Auftragsübermittlung und Preisfeststellung, indem die Aufträge der Marktteilnehmer in elektronischer Form in die Auftragsbücher (Skontren) der preisfeststellenden Skontroführer übermittelt werden. Außerdem leitet das System die Aufträge direkt zur Abwicklung weiter, vgl. Groß, Kapitalmarktrecht, § 3 BörsG, Rn. 11, Fn. 5.

Zusammenführung von Aufträgen.[355] Vor dem Hintergrund der Handelsverlagerung auf elektronische Handelssysteme wurde mit dem zweiten Finanzmarktförderungsgesetz erstmals die Preisermittlung im elektronischen Handel börsenrechtlich anerkannt.[356] Das elektronische Handelssystem Exchange Electronic Trading (*Xetra*)[357] ersetzte die bis dahin bestehenden elektronischen Handelssysteme an der Frankfurter Wertpapierbörse. Aufgrund der sich daraus ergebenden Möglichkeit eines dezentralen Handels, hat sich dieser weg vom Parkett- oder Präsenzhandel hin zu einem globalen Markt entwickelt.

Die Skontren (Handelsbücher) werden auch am Börsenparkett nur noch elektronisch geführt. Im Gegensatz zum rein elektronischen Handel,[358] wie etwa über Xetra, werden die Handelsbücher durch sogenannten Skontroführer verwaltet.[359] Das Handelsparkett weist jedoch in handelstechnischer Hinsicht eine schwindende Bedeutung auf.[360] Der Anteil des Handels in den 30 Dax-Werten über das vollelektronische Handelssystem Xetra beträgt ca. 98 Prozent.[361]

---

355 Gottschalk, ZBB 1991, 23, 27; Ausführlich zu den verschiedenen Handels- und Informationssystemen Nottmeier, Computertechnik an den europäischen Wertpapiermärkten, S. 49 ff.

356 §§ 11, 12 BörsG a.F, Bekanntmachung vom 9. September 1998, BGBl. I, 2689.

357 Ein vollautomatischer Handel wird über Xetra nur in den liquidesten Titeln durchgeführt. Bei weniger liquiden Titeln wird durch Designates Sponsors bzw. Market Maker in den Handel eingegriffen, um den Anforderungen für einen Mindestumsatz zu genügen. Banken haben dabei vereinzelt Wertpapiere auf eigene Rechnung zu kaufen.

358 Ein elektronischer Handel im engeren Sinn liegt nur dann vor, wenn das Handelssystem in allen Phasen einer Wertpapiertransaktion (Informations-, Orderrouting-, Abschluss- und Abwicklungsphase) vollkommen automatisiert ist. Sind lediglich einzelnen Phasen automatisiert handelt es sich um einen computergestützten Handel bzw. einen elektronischen Handel im weiteren Sinn, vgl. Dietl/Pauli/Royer, Internationaler Finanzplatzwettbewerb, S. 95 und Obst/Hintner, Geld-, Bank- und Börsenwesen, S. 384.

359 Die Aufgabe eines Skontroführers ist es, nach dem Meistausführungsprinzip marktgerechte Preise für einzelne Finanztitel festzustellen. Dabei hat er den Kurs festzustellen, zu dem der höchste Kaufumsatz getätigt werden kann, bei gleichzeitig geringstem Überhang auf Käufer- oder Verkäuferseite. Zu den einzelnen Pflichten vergleiche §§ 24, 28 BörsG.

360 Beispielhaft für den Wettbewerb zwischen elektronischem Handel gegenüber dem Parketthandel Gomber/Riess/Budimir, in: Bessler, Börsen, Banken und Kapitalmärkte, S. 157 ff.

361 Deutsche Börse AG, Factbook 2009, S. 11. Trotz der deutlichen Überlegenheit elektronischer Handelssysteme, kommt dem Parketthandel zumindest im Hinblick auf liquiditätsschwache Papiere eine wichtige Bedeutung zu. Den schleichenden Abschied des

Marktteilnehmer können durch sogenannten *Remote Memberships*[362] weltweit an das elektronische Netz einer Börse angeschlossen werden.[363] Dadurch werden die Handelsaktivität und die Liquidität im Markt erhöht, was zu geringen Geld-Brief-Spannen (*Spreads*) führt. Zudem reduzieren die Börsenbetreiber ihre Kosten, indem sie u. a. Raum- und Personalkosten einsparen.[364] Die Technik erlaubt durch eine größere Kapazität zudem die Ausführung einer höheren Zahl an Aufträgen und die einfachere und nachvollziehbare Abwicklung.[365]

Die Technologisierung dient aber auch institutionellen Händlern als Grundlage zur Ausübung ihrer Geschäftsaktivitäten. Im Bereich des automatischen Handels wandeln gesteuerte Computerprogramme Marktinformationen in Nanosekunden in Anlageentscheidungen um, welche ohne weiteres menschliches Eingreifen zur Ausführung weitergegeben werden (algorithmischer Handel).[366] Diese Systeme geben Aufträge direkt an elektronische Handelssysteme weiter. Insgesamt macht der Anteil des elektronischen Handels rund 60 Prozent des gesamten Aktienhandels aus. Private Anleger kommen dabei auf einen Marktanteil von nur etwa zwei Prozent.[367] Ausgehend von diesem Verhältnis und der entsprechend unterschiedlichen Schutzbedürftigkeit der verschiedenen Anlegergruppen, sah die MiFID die Einführung einer Unterscheidung zwischen Kunden

---

Präsenzhandels wird dies jedoch wohl kaum aufhalten können, vgl. Freudenberg, in: Bruns / Häuser, Deutschland als Finanzplatz, S. 124.

362 Bei einem Remote Membership handelt es sich um die Anbindung eines ausländischen Handelsteilnehmers an das Handels- und Abwicklungssystem. Zu rechtlichen Aspekten der Remote Memberships Beck, in: Ekkenga / Hadding / Hammen, Bankrecht und Kapitalmarktrecht in der Entwicklung, S. 24 ff.

363 Beck, in: Ekkenga / Hadding / Hammen, Bankrecht und Kapitalmarktrecht in der Entwicklung, S. 24; Francioni, in: Kley / Leven / Rudolph / Schneider, Aktie und Kapitalmarkt, S. 42 spricht in diesem Zusammenhang von einem „Virtuellen Finanzplatz".

364 Merkt, Börsenrechtliches Gutachten, G 45; Young/Theys, Revolution im Kapitalmarkt, S. 65 ff.; Viermetz, in: Kley / Leven / Rudolph / Schneider, Aktie und Kapitalmarkt, S. 28; Rudolph/Röhrl, in: Hopt / Rudolph / Baum, Börsenreform, S. 154.

365 Nottmeier, Computertechnik an den europäischen Wertpapiermärkten, S. 218 f.

366 Vgl. Art. 4 Abs. 2 Nr. 30 MiFID II-RL-E. Aufgrund der mit der automatischen Weitergaben von Handelsaufträgen verbundenen potentiellen Risiken, schlägt die Europäische Kommission vor, dass der Betrieb eines algorithmischen Handels durch ein Wertpapierdienstleistungsunternehmen gemäß Art. 17 MiFID II-RL-E speziellen Risikokontrollen unterliegt.

367 Handelsblatt vom 10. Mai 2010, S. 40.

in professionelle Kunden, geeignete Gegenparteien und Privatkunden vor.[368] Der Handel mit professionellen Kunden und geeignete Gegenparteien sieht geringere Anforderungen vor, vgl. §§ 31 Abs. 9, 31b WpHG.

Die Entwicklungen im Bereich der Informations- und Kommunikationstechnologie haben sich auch in allen anderen Phasen des Handelsprozesses durchgesetzt, d. h. in der Informationsbeschaffung und -verwertung[369], dem Orderrouting[370] und der Preisfeststellung.[371]

Neben der rechtlichen Harmonisierung der Kapitalmärkte[372] hat die Globalisierung der Finanzwelt aufgrund der Entwicklungen im Bereich der Kommunikationstechnologie zu einem internationalen Wettbewerb der Marktplatzbetreiber geführt.[373] Keine der größeren Börsen wird nicht zumindest computerbasiert betrieben, die meisten haben sogar den traditionellen Parkett- bzw. Präsenzhandel abgeschafft, da durch den Einsatz elektronischer Medien eine größere Zahl an Aufträgen in kürzerer Frist ausgeführt werden kann.[374]

Die technischen Möglichkeiten haben jedoch auch negative Effekte. Die Entwicklung von Informations- und Kommunikationstechnologien hat asymmetrische Auswirkungen auf die Informations- und Wissensverteilung.[375] Die zunehmende Automatisierung in der Phase der Informationsbeschaffung führt auch nicht selten zu einer Informationsüberflutung. Das umfassende Informationsan-

---

368 Kasten, BKR 2007, 261, 261.

369 Kursticker, Ad-hoc-Mitteilungen, Orderbuch, etc.

370 Zum Orderrouting gehört die Übermittlung aller zum Handelsabschluss benötigten Daten vom Entscheidungsträger zum Ort des Handelsabschlusses, Picot/Bortenlänger/Röhrl, Börsen im Wandel, S. 49.

371 Unabhängig von dem jeweils zugrunde liegenden Preisfindungsverfahren ist es das Ziel einer automatisierten Preisfeststellung, möglichst viele Handelsabschlüsse zu entsprechend fair zustande gekommenen Preisen vorzunehmen und somit Angebot und Nachfrage zu einem Ausgleich zu bringen, Hartmuth, Institutioneller Wandel von Börsen, S. 203; Picot/Bortenlänger/Röhrl, Börsen im Wandel, S. 54.

372 Ausführlich zu den Vereinheitlichungen im Bereich des europäischen Kapitalmarktes Lepczyk, Rechtliche Aspekte internationaler Börsenfusionen, S. 5 ff.

373 Hopt/Baum, WM 1997, Sonderbeilage Nr. 4, S. 3; Hartmuth, Institutioneller Wandel von Börsen, S. 144 ff.; Asmussen/Mai/Nawrath, ZfgK 2004, 198, 198; Schlüter, Börsenhandelsrecht, S. 45 f.

374 Bauer/Möllers, Die Beendigung des Parketthandels an der FWB, S. 17 ff.; Blumentritt, Die privatrechtlich organisierte Börse, S. 30 f.

375 Näher dazu Grote, Die Entwicklung des Finanzplatzes Frankfurt, S. 206 ff.

gebot kann in einem solchen Fall zu einer Verschlechterung der Entscheidungsqualität führen, weil derjenige, der eine Anlageentscheidung zu treffen hat, nur eine gewisse Menge an Informationen verarbeiten kann.[376] Insgesamt verbessert sich jedoch durch eine technisierte Informationsbeschaffung und -verarbeitung die Effizienz des Handels. Die impliziten Transaktionskosten sinken, da sich der Informationsgrad bei automatisierten Abfragemöglichkeiten verbessert. Dies wiederum wirkt sich liquiditätserhöhend aus, da Anleger nunmehr mehrere Märkte gleichzeitig beobachten können und bereit sind, insgesamt mehr Geld an den Kapitalmärkten zu investieren. Gleichzeitig erhöht sich durch den Verbreitungsgrad von Informationen die Zahl der Anleger, da ein physischer Zugang nicht mehr erforderlich ist und sich Hemmschwellen aufgrund der Verbesserung des Wissensstandes abgebaut haben.[377]

3. Veränderungen der Marktstruktur

An der Entwicklung der Marktanteilsverhältnisse von Wertpapierhandelssystemen zeigt sich, dass der Wegfall des Börsenvorrangs und die Umsetzung des Konzepts der MiFID, den Wettbewerb zwischen Ausführungsplätzen für Wertpapieraufträge zu fördern, in der Europäischen Union erste Früchte trägt. Die außerbörslichen Handelsplätze werden mittlerweile auch von den etablierten Börsen als ernsthafte Konkurrenten wahrgenommen. Der stetige Bedeutungszuwachs von MTFs auf dem europäischen Kapitalmarkt hat die Wettbewerbssituation unter den verschiedenen Handelsplatztypen verstärkt.[378]

Der verstärkte Wettbewerb im Bereich des Wertpapierhandels hat die Entwicklung innovativer und schneller Handelssysteme unterstützt. Die Transaktionskosten sind zudem seit 2006 um etwa 30 Prozent gesunken.[379] Unklar ist allerdings, ob die Kostensenkungen den Anlegern nicht an anderer Stelle auferlegt wurden. Denn mit der Fragmentierung der Märkte und der Anbindung der Handelshäuser an andere Märkte, sind neue, zusätzliche Kosten entstanden. Die etablierten Börsen, für die teilweise ein Marktverlust von etwa 40 Prozent prog-

---

376 Hartmuth, Institutioneller Wandel von Börsen, S. 200 f.

377 Hartmuth, Institutioneller Wandel von Börsen, S. 201; insgesamt dazu Picot/Bortenlänger/Röhrl, Börsen im Wandel, S. 35 – 49.

378 BaFin, Jahresbericht 2009, S. 177 f.

379 Börsen-Zeitung v. 13. November 2007, S. 8; Hardt, Assessment of the impact of MiFID, S. 1.

nostiziert wird,[380] reagieren neben Preissenkungen auch mit technischen Verbesserungen, da sich im globalen Wettbewerb nur Handelsplätze durchsetzen werden, die Emittenten und Anlegern die von ihnen gewünschten Rahmenbedingungen für den Wertpapierhandel zur Verfügung stellen.[381]

Bei der Beurteilung der Auswirkungen der MiFID ist zu beachten, dass mit der Finanz- und Wirtschaftskrise eine markttechnische Sondersituation hinzukam, die zeitlich nahezu parallel zu der Umsetzung der MiFID entstand.[382] Gerade die Erfahrungen aus dieser Sondersituation haben die Europäische Kommission bereits zu einem Vorschlag für eine Neufassung der MiFID veranlasst, durch welche ein an den Zielen der MiFID ausgerichteter noch effizienterer Finanz- und Kapitalmarkt entstehen soll.

Die Auswirkungen der Einflüsse durch die MiFID zeigen auf europäischer und auf deutscher Ebene ein diffuses Bild. Während sich auf europäischer Ebene der von der MiFID beabsichtigte Wettbewerb zwischen börslichen Handelsplätzen und MTF eingestellt zu haben scheint (MTF haben dort mittlerweile einen Handelsanteil von einem knappen Drittel des gesamten auf multilateralen Handelsplätzen umgesetzten Wertpapierhandelsvolumens), ist ein solcher Wettbewerb im Bereich des Aktienhandels auf nationaler Ebene nicht zu erkennen. Ersteres scheint auf die Maßnahmen zur Schaffung eines integrierten europäischen Kapitalmarktes zurückzuführen zu sein, wohingegen Letzteres hier insbesondere mit den Besonderheiten der Regulierung von Börsen, MTF und dem Freiverkehr in Deutschland in Verbindung gebracht wird.

a. Die Auswirkungen des Wettbewerbs im europäischen Kapitalmarkt

Der Markt des außerbörslichen Handels im europäischen Raum wird von in London ansässigen MTFs bestimmt. Kurz nach der Umsetzung der MiFID war als bedeutendere Ausführungsplattform das MTF Chi-X[383] in London in Betrieb. Zu diesem Zeitpunkt kam es nach Zahlen der Vereinigung Europäischer Börsen

---

380 Vgl. Handelsblatt vom 26. März 2010, S. 36 für den Handel an der London Stock Exchange.

381 Di Noia, Competition and Integration among Stock Exchanges in Europe, S. 9 f.; Börsen-Zeitung vom 12. Oktober 2007, S. 25.

382 Hardt, Assessment of the impact of MiFID, S. 1 f.

383 Die Anteile an dem MTF werden von großen Finanzinstitutionen wie BNP Paribas, Citigroup, Credit Suisse, Goldman Sachs, Merrill Lynch, Morgan Stanley, Société Genérale und UBS gehalten.

(*FESE*)[384] auf einen Anteil am Orderbuchvolumen in der Europäischen Union von gut einem Prozent. Am Ende des ersten Jahres nach Umsetzung der MiFID waren mit BATS Europe, NASDAQ OMX Europe und Turquoise drei weitere bedeutendere MTF aktiv. Zusammen kamen sie auf einen Handelsanteil von 10,8 Prozent. Im Oktober 2011 waren es bereits 28,6 Prozent.[385] Insgesamt sind innerhalb der Europäischen Union 144 MTF registriert.[386] Die zahlenmäßige Erfassung orientiert sich an der Regulierung durch die MiFID und erfasst in der Kategorie der MTF daher auch die deutschen Freiverkehrsmärkte, obwohl der Freiverkehr durch das Börsengesetz regulatorisch zunächst eine größere Nähe zum börslichen Handelsplatz aufweist. Die Kategorisierung ist damit Ausdruck der uneinheitlichen Einstufung des Freiverkehrs, welche im Weiteren diskutiert werden soll. Die Zahl regulierter Märkte (börslicher Handelsplätze) ist mit 93 im Übrigen deutlich geringer als die Zahl der als MTF registrierten Handelsplätze.

b. Die Situation in Deutschland

Zu Beginn des Jahres 2008, zwei Monate nach der Umsetzung der MiFID, waren in Deutschland drei MTF aktiv. Derzeit betreiben mit der Eurex Bonds GmbH und der Eurex Repo GmbH nur zwei Wertpapierdienstleistungsunternehmen ein MTF. Vor kurzem hat das MTF Tradegate Exchange, erfolgreich die Zulassung als Börse beantragt und zum 1. Januar 2010 von der Börsenerlaubnis Gebrauch gemacht. Seit diesem Zeitpunkt konnte sie ihren Umsatz im Bereich des Aktienhandels um mehr als 30 Prozent steigern,[387] während die sonstigen Börsen ihren Umsatz nur zwischen 10 und 15 Prozent steigern konnten.[388] Die Betreiber der Tradegate Exchange führen den Anstieg auf die Berücksichtigung ihres Handelsplatzes im Rahmen der Best Execution-Regeln zurück, die sich wesentlich aus der Ausführungswahrscheinlichkeit und den mit der Ausführung verbundenen Kosten zusammensetzen. Diese Entwicklung wird

384 Die Federation of European Securities Exchanges vertritt die 46 Betreiber regulierter Märkte.

385 European Equity Market Report - Year 2011, Stand Oktober 2011 (abrufbar unter www.fese.be).

386 http://mifiddatabase.esma.europa.eu/ (Stand: November 2011).

387 Deutsche Börse AG, Mitteilung „Tradegate Exchange erzielt 2010 neue Rekorde“ vom 6. Januar 2011, abrufbar über www.deutsche-boerse.com.

388 Deutsche Börse AG, Mitteilung „Kassamarkt der Deutschen Börse setzt 1,32 Billionen Euro im Jahr 2010 um“ vom 3. Januar 2011, abrufbar über www.deutsche-boerse.com.

hier als Beleg dafür gesehen, dass sich die Integrität eines börslichen Handelsplatzes positiv auf dessen Liquidität und damit dessen Effizienz auswirken. Aufgrund des hohen gesetzlichen Regulierungsniveaus ist der börsliche Handel in gewisser Weise mit einem „Gütestempel" versehen.[389]

Auf den beiden verbliebenen MTF findet kein Aktienhandel statt, Gegenstand des dortigen Handels sind Anleihen und Rückkaufvereinbarungen.[390] Nach alledem kann daher für den deutschen Markt festgehalten werden, dass die börslichen Handelsplätze, einschließlich der Freiverkehrsmärkte, im Grunde konkurrenzlos im Angebot von Wertpapierhandelsdienstleistungen im Bereich des organisierten Kapitalmarktes sind und zurecht als bedeutendster Sekundärmarkt gelten.[391]

D. Der Freiverkehr als Einflussgröße im Wettbewerb zwischen Börse und multilateralem Handelssystem

Der von der Europäischen Union forcierte Wettbewerb ist zunächst auf den Wettbewerb zwischen den börslichen Handelsplätzen und MTF ausgelegt. Neben diesen beiden von der MiFID klassifizierten Handelsplatztypen gibt es mit dem Freiverkehr einen weiteren Handelsplatztyp, dessen Rolle und Bedeutung es mit Blick darauf, dass sich die Reformen der Marktorganisation nicht auf die Struktur des Marktes für den Wertpapierhandel in Deutschland niedergeschlagen haben, näher zu untersuchen gilt. Anlass dazu gibt auch, dass der Freiverkehr von der MiFID nicht als eigenständiger Handelsplatztyp erfasst ist und seine regulatorische Einordnung im Geflecht der Besonderheiten des deutschen Börsenwesens nicht leicht fällt.[392] Die historische Verbindung des Freiverkehrs mit der Börse und seine Regulierung im Börsengesetz legen zunächst nahe, dass er Bestandteil des börslichen Handelsbereichs ist. Andererseits kommen Bedenken

---

389 Von Daniels, Private Equity Secondary Transactions, S. 80, 103; Gerke, Gutachten zur Fortentwicklung des deutschen Börsenwesens, 2 f.; Gerke/Rapp, DBW 1994, 5, 11.

390 Die Eurex Repo (Repo als Kurzform für Sale and Repurchase Agreements) ist von Nachhandelstransparenzpflichten entbunden, da Wertpapierfinanzierungsgeschäfte nach Art. 27 Abs. 1 i.V.m. Art. 5 lit. a) MiFID-DVO von ihr nicht erfasst sind.

391 Schlitt in: Grunewald / Schlitt, Kapitalmarktrecht, S. 5; die Auseinandersetzung mit dem Hintergrund für das konkurrenzlose Angebot soll Gegenstand des Kapitels III. sein.

392 Ausführlich dazu im Kapitel II.

an dieser systematischen Einordnung auf, betrachtet man die von der European Securities and Markets Authority (*ESMA*) geführte Datenbank zu den verschiedenen Handelsplatztypen, welche den Freiverkehr als MTF unter Beaufsichtigung der BaFin einstuft.[393] Zunächst gilt es näher auf die Funktion des Freiverkehrs einzugehen.

I. Kostengünstiger Zugang zum Kapitalmarkt

Der Freiverkehr bietet durch typischerweise geringere Publizitätsanforderungen im Vergleich zu etwaigen Publizitätspflichten an der Börse einen kostengünstigen Zugang zum Kapitalmarkt. Durch die Einführung von Teilbereichen des Freiverkehrs (z. B. den Entry Standard der Deutsche Börse AG) mit besonderen Anforderungen an die Emittenten bzw. den zur Einbeziehung den Antrag stellenden Teilnehmern, haben die Freiverkehrsbetreiber aber auch die Möglichkeit, Marktbereiche zwischen den geringen Anforderungen des Freiverkehrs und den hohen Anforderungen des regulierten Marktes zu schaffen. Der Vorteil einer Einbeziehung in solche Marktbereiche besteht darin, aufgrund erhöhter regulatorischer Anforderungen auch weniger informierte Anleger anzusprechen oder für eine Aufnahme in Fonds mit geringeren Risikoprofilen als solche für den Bereich des regulären Freiverkehrs in Betracht zu kommen, ohne dabei die kosten- und zeitintensiven Anforderungen des regulierten Marktes zu verlangen.[394] Die höheren Transparenzanforderungen im Vergleich zum Freiverkehr sollen zudem einen gewissen Qualitätsstandard widerspiegeln.[395]

Je höher die Eigenkapitalausstattung der Unternehmen ist, desto geringer ist deren Ausfallwahrscheinlichkeit. Angesichts geringerer Publizitätsanforderungen außerhalb des regulierten Marktes ist die finanzielle Situation der betreffenden Unternehmen zusätzlich dadurch verbessert, dass sich die Höhe laufender Belastungen, etwa aus Bankkrediten, was gerade in der Gründungs- oder Expansionsphase von Unternehmen eine existenzielle Gefährdung darstellen kann, verringert.[396]

---

393 http://mifiddatabase.esma.europa.eu.

394 Sudmeyer/Rückert/Kuthe, BB 2005, 2703, 2706.

395 Schanz, Börseneinführung, § 11 Rn. 61; Schlitt/Schäfer, AG 2006, 147, 148.

396 Plückelmann, Der Neue Markt der Deutsche Börse AG, S. 32 ff., 120 ff.; Hopt/Baum, in: Hopt / Rudolph / Baum, Börsenreform, S. 287 ff.; Gerke, Probleme deutscher mittelständischer Unternehmen beim Zugang zum Kapitalmarkt, S. 95 ff.; Baums, ZIP 1997, 1942, 1943 ff.; Bode, Anlegerschutz und Neuer Markt, S. 208 ff.

Somit spricht der Freiverkehr insgesamt Emittenten an, die an liberaleren Regulierungs- und Notierungsstandards im Vergleich zum regulierten Markt[397] interessiert sind, womit er insbesondere für kleine und mittlere Unternehmen (*KMU*) attraktiv ist, da sie die besonderen Voraussetzungen für die Zulassung von Wertpapieren zum regulierten Markt nach der Börsenzulassungsverordnung (*BörsZulV*) nicht erfüllen können oder wollen.

II. Die Bedeutung kleiner und mittlerer Unternehmen

In einen gut funktionierenden Kapitalmarkt können zumindest größere Unternehmen ihren Finanzbedarf unabhängig von oder in Ergänzung zu einer bankenbasierten Finanzierung decken.[398] Je besser der Kapitalmarkt ausgestaltet und je höher frequentiert er ist, desto größer ist die Wahrscheinlichkeit, dass sich auch kleine und mittlere Unternehmen zumindest teilweise über den Kapitalmarkt finanzieren können. Gerade in wirtschaftlich schwierigeren Zeiten kann eine besonders restriktive Kreditvergabe durch Banken herrschen. Für KMUs kann eine zu starke Abhängigkeit von bankenbasierten Finanzierungen dann existenzielle Bedeutung haben.[399] Die Verlagerung bzw. Ergänzung unternehmerischer Finanzierungsmaßnahmen durch eine Eigenkapitalfinanzierung am Kapitalmarkt erweitert daher den unternehmerischen Handlungsspielraum.[400] Zum anderen bestimmen die Rahmenbedingungen die mit der Finanzierungsmaßnahme verbundenen Kosten. Je geringer die Kosten der Kapitalaufnahme am Kapitalmarkt sind und je weniger Verpflichtungen das Unternehmen sowohl im Vorfeld, wie

---

397 Der regulierte Markt ist das alleinige gesetzliche Marktsegment an der Börse. Er verbindet die mittlerweile aufgehobenen amtlichen und geregelten Märkte.

398 Assmussen/Mai/Nawrath, ZfgK 2004, 198, 199.

399 Der Bedeutungsverlust der Fremdkapitalfinanzierung und die gleichzeitige Bedeutungszunahme des Themas Eigenkapitalversorgung ist eine Konsequenz der durch die Insolvenz der Bank Lehman Brothers 2008 ausgelösten Finanz- und Wirtschaftskrise, vgl. Francioni, in: Handelsblatt v. 10. November 2009, S. 39. Die Bundesregierung trug der Insolvenzgefahr in dieser Zeit Rechnung, indem sie den Überschuldungsbegriff nach § 19 Abs. 2 InsO durch Art. 5 des Finanzmarktstabilisierungsgesetzes (BGBl. I, S. 1982) änderte.

400 Den Banken ist allerdings zu Gute zu halten, dass eine Finanzierung über den Kapitalmarkt in einem wirtschaftlich schwierigen Umfeld nicht weniger Herausforderungen mit sich bringt. Alternativen sind dann aber z. B. Anleiheemissionen. Sollten die wirtschaftlichen Bedingungen auch eine kapitalmarktbasierte Finanzierung nicht zulassen, so kann die Existenz dieser Alternative aber zu jeder Zeit dazu führen, dass die Bedingungen der Kreditvergabe für den Kreditnehmer günstiger werden.

auch im Nachgang zu Eigenkapitalmaßnahmen erfüllen muss, desto attraktiver wird eine kapitalmarktbasierte Finanzierung gegenüber einer bankenbasierten Finanzierung für das Unternehmen sein.[401] Umgekehrt beeinflussen die Möglichkeiten der Aufnahme von Kapital am Kapitalmarkt die Bedingungen zur bankenbasierten Finanzierung.[402]

Mit seinen geringeren Anforderungen zur Einbeziehung in den Handel im Vergleich zur Handelsaufnahme im regulierten Markt, verschafft der Freiverkehr KMUs einen einfachen Zugang zum Kapitalmarkt.[403] Langfristig sollen sie die Möglichkeit haben, im Prime oder General Standard, zwei Notierungssegmenten an der Frankfurter Wertpapierbörse, notiert zu werden.[404] Neben dem Einmaleffekt des IPO kann die Kapitalaufnahme über den Kapitalmarkt auch weitere Kapitalmaßnahmen erleichtern.[405] Einen derartigen Zugang zum Kapitalmarkt haben z. B. seit der Gründung des Entry Standards im Oktober 2005 bereits 130 Emittenten genutzt.[406] Auch wenn die Betreiber von MTF nicht nur auf Emittenten beschränkt sind, deren Wertpapiere weder zum Handel in den regulierten Markt zugelassen noch zum Handel in den regulierten Markt einbezogen sind (nur diese dürfen in den Freiverkehr einbezogen werden), konkurrieren sie im Wesentlichen doch um die gleiche Zielgruppe. Denn hinsichtlich bereits an einer Börse zugelassener oder einbezogener Emittenten besteht angesichts des hohen Liquiditätssogs an dem betreffenden börslichen Handelsplatz keine Motivation für Emittenten oder Handelsteilnehmer zur Handelsausweitung auf einen zusätzlichen Handelsplatz – zudem noch auf einen zu Beginn seines Betriebs wenig liquiden Handelsplatz. Vor dem Hintergrund der dargestellten Zusammenhänge zwischen Primär- und Sekundärmarkt zeigt sich die besondere Bedeutung im Zusammenhang mit der Attraktivität gegenüber Emittenten, welche noch keinen Kapitalmarktzugang haben und im Rahmen der Emission auf dem Primärmarkt einen Handelsplatz zur Aufnahme des Handels in den emittierten Wertpapieren auswählen.

---

401 Assmann, in: Assmann / Schütze, Kapitalanlagerecht, § 1 Rn. 25.

402 Ausschuss der Weisen, Erster Bericht über die Reglementierung der europäischen Wertpapiermärkte, S. 8 f.

403 Fey/Kuhn, Mittelstand und Börse, S. 9; Schlitt/Schäfer, AG 2006, 147, 148.

404 Buck-Heeb, Kapitalmarktrecht, Rn. 134 f.

405 Vgl. Bode, Anlegerschutz und Neuer Markt, S. 208 ff.

406 Marktdaten Entry Standard, abrufbar unter www.deutsche-boerse.com (Stand: November 2011). Hinzu kommen vergleichbare Segmente anderer deutscher Börsen, wie etwa das Segment m:access der Bayerischen Börse AG als Trägerin der Börse München.

Auch die Europäische Kommission hat erkannt, dass im Zusammenhang mit den Zielen zur Schaffung eines wettbewerbsfähigeren Kapitalmarktes und zur Verbesserung der wirtschaftlichen Leistungsfähigkeit der Mitgliedstaaten insbesondere KMU einen besseren Zugang zum Kapitalmarkt bekommen müssen, um vorhandene Liquiditätsreserven zu bündeln, die Gründung neuer Unternehmen zu fördern und Alternativen zur traditionellen bankenbasierten Finanzierung zu schaffen.[407]. Dazu sollen sich MTF gemäß Art. 35 Abs. 1 MiFID II-RL-E als sogenannte KMU-Wachstumsmärkte registrieren lassen können. Die Registrierung als KMU-Wachstumsmarkt soll eine Art Qualitätsmerkmal sein, durch welches KMUs Märkte identifizieren können sollen, die ihren speziellen Bedürfnissen Rechnung tragen.[408] Entsprechende MTF soll gemäß Art. 35 Abs. 3 MiFID II-RL-E unter anderem auszeichnen, dass der Großteil der Emittenten, deren Finanzinstrumente in dem MTF zum Handel zugelassen sind, aus KMU besteht, gleichzeitig aber ausreichende Informationen über die in den Handel einbezogenen Finanzinstrumente bzw. dessen Emittenten veröffentlicht werden, welche Anleger in die Lage versetzen, eine informierte Entscheidung darüber zu treffen, ob sie in das Finanzinstrument investieren wollen. Da die Registrierung als KMU-Wachstumsmarkt allerdings auch Marktbetreibern, die ein MTF betreiben – sprich einen Freiverkehrsmarkt – nicht vorenthalten bleiben soll, ergeben sich unter dem Gesichtspunkt eines fairen Wettbewerbs unter den Handelsplätzen keine Vorteile zugunsten des von einem Wertpapierdienstleistungsunternehmen betriebenen MTF.

E. Ergebnis

Handelsplätze sind Institutionen des Sekundärmarktes. Gleichwohl haben die sie betreffenden regulatorischen Maßnahmen Ausstrahlungswirkung auf Vorgänge im Primärmarkt. Durch den Zusammenhang zwischen regulatorischen Vorgaben und den am Handelsplatz insbesondere durch die Transaktionskosten und die Liquidität messbaren Auswirkungen, welche in ihrer Höhe bzw. ihrem Maß typischerweise das Ergebnis der Integrität eines Handelsplatzes sind, haben die regulatorischen Vorgaben nicht nur Bedeutung bei der Wahl eines Ausführungsortes für eine Wertpapiertransaktion im Bereich des Sekundärmarktes, sondern sind bereits für den Emittenten bei der Wahl des Platzes zur Zulassung zu emit-

---

407 Europäische Kommission, FSAP, S. 6; Ausschuss der Weisen, Erster Bericht über die Reglementierung der europäischen Wertpapiermärkte, S. 7.

408 Mitteilung der Europäischen Kommission, IP/11/1219 vom 20. Oktober 2011 (abrufbar unter www.ec.europa.eu).

tierender Wertpapiere von Bedeutung. Je effizienter ein Handelsplatz im Sekundärmarkt ist, desto attraktiver ist er für Emittenten und Anleger insgesamt. Regulatorische Maßnahmen in Bezug auf den Bereich des Wertpapierhandels haben damit weit über den Handelsbetrieb hinausgehende Bedeutung.

Die zunehmende Bedeutung des Kapitalmarktes insgesamt und die Veränderungen im Bereich des Wertpapierhandels haben die Europäische Union dazu veranlasst, mit dem Aktionsplan für Finanzdienstleistungen (*FSAP*) und der Finanzmarkt-Richtlinie (*MiFID*) als deren Kernbestandteil, eine grundlegende Reform der Organisation des Marktes für den Wertpapierhandel vorzunehmen. Ziel der europäischen Bemühungen ist die Schaffung eines integrierten Finanzbinnenmarktes. Durch eine verbesserte Effizienz und Funktionsfähigkeit des Kapitalmarktes sollen zu Gunsten der Finanzierungsmöglichkeiten von Unternehmen Liquiditätsreserven genutzt und der Schutz der Anleger erhöht werden sowie gleichzeitig die Transaktionskosten gesenkt werden, um die Attraktivität des Kapitalmarktes insgesamt zu verbessern. Der Finanzbinnenmarkt für das Angebot von Wertpapierhandelsdienstleistungen soll insbesondere durch einen forcierten Wettbewerb unter im Wesentlichen gleichen regulatorischen Bedingungen (*level playing field*) zwischen börslichen Handelsplätzen und außerbörslichen Handelsplätzen erreicht werden.

Zu diesem Zweck klassifizierte die MiFID verschiedenen Typen von Handelsplätzen. Als multilaterale Handelsplätze (Handel zwischen einer Vielzahl von Markteilnehmern) klassifizierte sie den geregelten bzw. organisierten Markt, welcher gleichbedeutend mit dem börslichen Handelsplatz ist, und das multilaterale Handelssystem (*MTF*), welche von Wertpapierdienstleistungsunternehmen betrieben werden. Durch die Abschaffung von Börsenprivilegierungen sollen sich diese Handelsplatztypen bzw. die hinter ihnen stehenden Betreiber in einem fairen Wettbewerb um die Zuteilung von Wertpapiertransaktionsaufträgen auseinandersetzen. Die als bilaterale Handelsplatztypen klassifizierten systematischen Internalisierer (Eigengeschäfte von Wertpapierdienstleistungsunternehmen) spielen in der Regelungssystematik und Zielrichtung von MiFID und FSAP nur eine untergeordnete Rolle und bleiben in der Betrachtung hier ebenso außen vor, wie der im Rahmen des Neuvorschlags von der Europäischen Kommission klassifizierte Handelsplatztyp des *organisierten Handelssystems*.

Als Ergebnis der regulatorischen Gleichstellung zwischen Börse und MTF hätte erwartet werden können, dass sich der *Markt für Märkte* zu Gunsten der Betreiber von MTFs verändert. Dieser Befund kann in Deutschland jedoch nicht festgestellt werden. Die diesbezüglichen Ziele der Europäischen Union konnten mithin nicht erreicht werden.

Gleichzeitig ist festzustellen, dass es mit dem Freiverkehr in Deutschland einen weiteren Handelsplatztyp gibt, der zunächst nicht eindeutig zugeordnet werden kann. Die MiFID hat keine besonderen regulatorischen Vorgaben hinsichtlich des Freiverkehrs gemacht, aufgrund der Art und Weise der Erfassung des Freiverkehrs durch die European Securities and Markets Authority (*ESMA*) gibt jedoch bereits den Hinweis, dass der Freiverkehr mit einem MTF vergleichbar ist. Bei näherer Betrachtung entspricht dem auch, dass der Freiverkehr insbesondere als Markt für kleine und mittlere Unternehmen (*KMU*) im Wesentlichen die gleiche Zielgruppe anspricht, wie dies Betreiber von MTFs im Hinblick auf den Primärmarkt machen würden. Der Liquiditätssog und die langjährige Verbindung der Börse mit großen Unternehmen macht die Akzeptanz von MTF und dem Freiverkehr unter KMU für die Entwicklungschancen dieser Handelsplatztyps umso wichtiger. Diese Bedeutung hat auch die Europäische Kommission erkannt und sieht daher im Rahmen ihres Vorschlags zur Neufassung der MiFID für MTF die Möglichkeit einer Registrierung als sog. „KMU-Wachstumsmarkt" vor. Sollte damit beabsichtigt sein, die Marktaussichten von MTF weiter zu verbessern, würde eine solche Registrierung in Deutschland auch dem Freiverkehr offen stehen und mithin keine Veränderung im Wettbewerb zwischen der Börse und dem MTF mit sich bringen, falls der Freiverkehr eine Ursache für die mangelhaften Wettbewerbsaussichten von MTF sein sollte. Es gilt daher die regulatorische Ausgestaltung des Freiverkehrs in der Folge näher zu untersuchen und die ihn betreffenden Regelungen vor dem Hintergrund der europäischen Vorgaben für einen chancengleichen Wettbewerb zwischen Börsen und MTF zu bewerten.

Kapitel II. Die regulatorische Sonderstellung des Freiverkehrs

Der von der Europäischen Union verfolgte Wettbewerb zwischen Handelsplätzen ist gleichzeitig ein Wettbewerb zwischen den Betreibern der verschiedenen Handelsplätze. Für den durch die Finanzmarkt-Richtlinie (Markets in Financial Instruments Directive – *MiFID*[409]) klassifizierten Handelsplatztyp des multilateralen Handelssystems (*MTF*), welches von Wertpapierdienstleistungsunternehmen betrieben wird, handelt es sich um die Herausforderung der Betreiber der traditionsreichen börslichen Handelsplätze. Damit die Wertpapierdienstleistungsunternehmen bei dem Betrieb von MTFs angesichts des historisch bedingten Liquiditäts- und Reputationsvorsprungs der börslichen Handelsplätze Aussichten auf Erfolg haben, sehen der Aktionsplan für Finanzdienstleistungen (Financial Services Action Plan – *FSAP*)[410] und die MiFID ein *level playing field* für den Wettbewerb zwischen den verschiedenen Handelsplatztypen vor. Das bedeutet, dass die Mitgliedstaaten alle rechtlichen und administrativen Hindernisse im Sinne eines fairen Wettbewerbs zwischen Börsen und MTF abzuschaffen und die Vorgaben zu einer regulatorischen Anpassung mit dem Ziel der höchstmöglichen Wirksamkeit der Regelungen umzusetzen haben.

In diesem Zusammenhang ist problematisch, dass es mit dem Freiverkehr einen von der MiFID nicht eigenständig klassifizierten Handelsplatztyp gibt, der eine regulatorische Sonderstellung zwischen der Börse und dem MTF einnimmt.[411] Die Sonderstellung des Freiverkehrs kommt bereits darin zum Ausdruck, dass er über § 48 BörsG einerseits mit dem Börsenwesen verbunden, andererseits aber ein rein privatrechtlich betriebener Markt ist.[412] Die Schwierigkeiten bei der Qualifizierung des Freiverkehrs zeigen sich auch im Zusammenhang mit seiner Einordnung durch die European Securities and Markets Authority (*ESMA*), welche den Freiverkehr in der nach Handelsplatztypen kategorisier-

---

409 Richtlinie 2004/39/EG des Europäischen Parlaments und des Rates vom 21. April 2004 über Märkte für Finanzinstrumente, zur Änderung der Richtlinien 85/611/EWG und 93/6/EWG des Rates und der Richtlinie 2000/12/EG des Europäischen Parlaments und des Rates und zur Aufhebung der Richtlinie 93/22/EWG des Rates, ABl. L 145/1.

410 KOM (1999), 232 endg.

411 Vgl. Gomber/Hirschberg, AG 2006, 777, 779; Harrer/Müller, WM 2006, 653, 653.

412 Kümpel/Hammen, Börsenrecht, S. 232 m. w. N.

ten Sammlung von Handelsplätzen der Europäischen Union als MTF unter Beaufsichtigung der BaFin einstuft.[413]

Die Sonderstellung des Freiverkehrs im Geflecht der Besonderheiten des deutschen Börsenwesens bietet Anlass, ihren Einfluss auf den Wettbewerb zwischen der Börse und dem MTF näher zu untersuchen. Dies gilt umso mehr, als die nicht feststellbaren Auswirkungen der Marktorganisationsreform einen bestimmten Einfluss indizieren.

A. Die Verbindung des Freiverkehrs mit der Börse

Der Freiverkehrsmarkt entwickelte sich aus einem Handel zwischen freien Maklern und Kreditinstituten. Nachdem er zunächst außerhalb der Börse abgehalten wurde, zog er nach dem ersten Weltkrieg in den Börsensaal ein. Dort wurde er bis zum Inkrafttreten des Börsenzulassungsgesetzes[414] geduldet. Es bestanden nur sehr begrenzte aufsichtsrechtliche Einwirkungsmöglichkeiten.[415] Mit dem börslichen Handel teilte sich der Freiverkehrsmarkt von Beginn an jedoch nur die Räumlichkeiten. Organisiert wurde der Handel von Freiverkehrsausschüssen, deren Mitglieder von den Handelsteilnehmern entsandt worden waren.[416] Der Freiverkehr ist aufgrund dieser Verbindung zum börslichen Handelsplatz auch Bestandteil des aufgrund der MiFID entfallenen Auftragsausführungsprivilegs nach § 22 Abs. 1 BörsG, wonach ohne zusätzliche Angaben bei der Erteilung des Auftrags für eine Wertpapiertransaktion, der Handel „an einer Börse" auszuführen war.[417]

Gemäß § 48 BörsG kann die Börse für Wertpapiere, die weder zum Handel im regulierten Markt zugelassen noch zum Handel in den regulierten Markt einbezogen sind, den Betrieb eines Freiverkehrs durch den Börsenträger zulassen.

413 http://mifiddatabase.esma.europa.eu.

414 BGBl. I 1986, S. 2478. Mit § 78 BörsG a. F. wurde der Freiverkehr erstmals gesetzlich normiert.

415 Claussen, in: Lutter / Mertens, FS Stimpel, S. 1049 ff.; Kümpel, WM 1985 Sonderbeilage Nr. 5, 7 ff.; Schwark, in: Schwark / Zimmer, Kapitalmarktrechts-Kommentar, § 48 BörsG, Rn. 1.

416 Hammen, in: Habersack / Joeres / Krämer, Entwicklungslinien im Bank- und Kapitalmarktrecht, S. 585. Ausführlich zur Entwicklung des Freiverkehrsmarktes Harter/Franke/Hogrefe/Seger, Wertpapiere in Theorie und Praxis, S. 55 f.

417 Schwark, in: Schwark, Kapitalmarktrechts-Kommentar, § 22 BörsG, Rn. 2.

Der Freiverkehr ist damit regulatorisch in den Bereich des Börsenrechts verortet und vom Börsengesetz erfasst.[418]

Die Struktur des Marktes für Handelsplätze und Anbieter von Wertpapierhandelsdienstleistungen ist in Deutschland von der dualen Organisationsstruktur des diesen Markt dominierenden Börsenwesens geprägt. Während die Regulierung des Freiverkehrs in staatliche und privatrechtliche Elemente unterteilt werden kann, weist auch die Börse im Hinblick auf die Marktveranstaltung und den Betrieb des Handelsplatzes öffentlich-rechtliche und einen privatrechtliche Komponenten auf. Die Ausübungsgewalt über die Börseninfrastruktur und die Organisation des Handels liegen damit nicht in einer Hand.[419] Vielmehr ist mit § 5 Abs. 1 BörsG gesetzlich eine institutionelle Spaltung zwischen der Errichtung und dem Betrieb einer Börse und dem Handelsplatz als solchem vorgesehen. Börsliche Handelsplätze sind daher von einer „komplexen Rechtstruktur im Geflecht zwischen Börse, Börsenträger und Börsenaufsicht" geprägt.[420] Aufgrund der zweistufigen Organisationsstruktur unterscheidet sich die deutsche Börsenstruktur damit nicht nur von den meisten ausländischen Börsenstrukturen, sondern auch von der Organisationsform multilateraler Handelssysteme, welche eine monistische Organisationsstruktur aufweisen.

---

418 Die Vorgaben der MiFID formten das Börsengesetz mehr oder weniger zu einem reinen Marktorganisationsrecht um, nachdem eine Vielzahl handelstechnischer Vorschriften nicht mehr nur für den börslichen Markt, sondern auch für den Handel an außerbörslichen Märkten gelten sollte. Es enthält somit im Wesentlichen Organisationsnormen für die Errichtung einer Börse, Zuständigkeits- und Befugnisnormen für die Börsenorgane sowie Vorschriften für das ordnungsgemäße Zustandekommen von Börsenpreisen sowie Regelungen zum Verhältnis von Börse und Nutzer. Vereinzelt finden sich dort auch anlegerschützende Vorschriften, wie Transparenzanforderungen gemäß §§ 30, 31 BörsG. Die wesentlichen Schutzziele des Börsengesetzes sind daher neben dem Erhalt eines funktionsfähigen Kapitalmarktes auch der Anlegerschutz. Es erstreckt sich seiner Grundstruktur nach allein auf die börsenmäßig organisierten Sekundärmärkte des Kapitalmarktes; vgl. Weber, NJW 2007, 3688, 3689; Buck-Heeb, Kapitalmarktrecht, Rn. 25 und 92 f.

419 In den Anfängen der großen Börsen NYSE und der London Stock Exchange bestand ebenfalls eine nunmehr aufgegebene Trennung zwischen Marktorganisation und –betrieb, Mues, Die Börse als Unternehmen, S. 109 f.

420 Burgi, WM 2009, 2337, 2337.

I. Der Freiverkehr und die börsliche Marktstruktur

Aufgrund der historisch bedingt engen Verbindung zwischen dem Freiverkehr und der Börse wird der Freiverkehrsmarkt mitunter als Marktsegment der Börse bezeichnet.[421] Unter Marktsegmenten an einer Börse können jedoch nur gesetzlich geregelte Bereiche für die Zulassung bzw. die Einbeziehung von Finanzinstrumenten verstanden werden. Denn ergänzend zu den gesetzlich geregelten Segmenten des organisierten Marktes dürfen die Börsen keine zusätzlichen Marktsegmente schaffen, um nicht beliebig gebildete und organisierte sonstige Marktveranstaltungen entstehen zu lassen.[422] Hintergrund dieses „numerus clausus der Marktsegmente“ [423] ist die Gewährleistung der Transparenz von Institutionen für den Wertpapierhandel und damit der Funktionsfähigkeit des Börsenbetriebs.[424]

Die Unterscheidung der Börse in verschiedene Marktsegmente geht insbesondere auf die mittlerweile aufgehobene Differenzierung zwischen amtlichem und geregeltem Markt zurück. Nach der Zusammenlegung des amtlichen und des geregelten Marktes (§§ 30 ff., 49 ff. BörsG a. F.) ist der regulierte Markt gemäß § 32 ff. BörsG das alleinige gesetzliche Marktsegment an der Börse.[425] Somit waren auch die Begriffe „amtlicher Markt“ und „geregelter Markt“ durch den Begriff „regulierter Markt“ zu ersetzen.[426] Wertpapiere, die zum amtlichen oder zum geregelten Markt zugelassen waren, galten mit Umsetzung der MiFID gemäß § 52 Abs. 7 BörsG als zum regulierten Markt zugelassen.

Als organisierter Markt im Sinne des § 2 Abs. 5 WpHG wird der börsliche Handelsplatz von staatlichen Stellen anerkannt, geregelt und überwacht. Aufgrund der umfassenden Reglementierung bietet er Anlegern ein weitreichendes Maß an Informationen.[427] Er ist Teil des öffentlich-rechtlichen Börsenbetriebs. Zwischen Emittent und Börse besteht daher ein öffentlich-rechtliches Benut-

421 Vgl. Groß, Kapitalmarktrecht, § 48 BörsG, Rn. 1; Schwark, in: Schwark, Kapitalmarktrechts-Kommentar, § 57 BörsG, Rn. 1; Hammen, WM 2003, 997, 997.

422 Hammen, WM 2003, 997, 1000 f.; Kümpel, Bank- und Kapitalmarktrecht, Rn. 17.585 ff.

423 Schäfer, in: Marsch-Barner / Schäfer, Handbuch börsennotierte AG, § 12 Rn. 10.

424 Hammen, WM 2003, 997, 1000; Kümpel, Bank- und Kapitalmarktrecht, Rn. 17.585 ff.

425 BT-Drucks. 16/4028, S. 89. Davon abgesehen können die Börsen durch Ermächtigung nach § 42 Abs. 1 BörsG Teilbereiche des regulierten Marktes errichten.

426 BT-Drucks. 16/4028, S. 99 f.

427 Vgl. Bröcker, in: Claussen, Bank- und Börsenrecht, S. 342 f.

zungsverhältnis.[428] Voraussetzung für den Handel im regulierten Markt ist die Zulassung oder Einbeziehung der Wertpapiere nach §§ 32 Abs. 1, 33 BörsG. Der regulierte Markt kann daher auch als Zulassungssegment bezeichnet werden.

Neben dem Zulassungssegment des regulierten Marktes können an den Börsen Notierungssegmente gegründet werden, ohne dass dabei gegen den numerus clausus der Marktsegmente verstoßen werden würde. Der Börsenrat der Frankfurter Wertpapierbörse hat von der Ermächtigung nach § 42 BörsG Gebrauch gemacht und Teilbereiche des regulierten Marktes mit zusätzlichen Voraussetzungen für die Zulassung von Aktien oder Aktien vertretenden Zertifikaten versehen. Der regulierte Markt wird danach in zwei Untersegmente aufgeteilt, den Prime Standard und den General Standard (vgl. §§ 60 ff., 63 ff. BörsO FWB).[429]

Während der General Standard weitestgehend die gesetzlichen Mindestanforderungen an die Zulassung von Aktien zum Handel an der Börse umfasst, sieht der Prime Standard neben erhöhten Zulassungsanforderungen auch weitere Unterrichtungspflichten der Emittenten aufgrund der Zulassung vor. Als zusätzliche Voraussetzungen haben die Emittenten zur Aufnahme in diesen Teilbereich gemäß §§ 65, 66 BörsO FWB Jahres-, Halbjahres- und Quartalsberichte an die Börsengeschäftsführung zu übermitteln, welche diese dem Anlegerpublikum dann zur Verfügung stellt.[430] Darüber hinaus hat der Emittent gemäß §§ 67 - 69 BörsO FWB für das jeweilige Geschäftsjahr einen Unternehmenskalender zu erstellen, eine Analystenkonferenz außerhalb der Pressekonferenz zur Bekanntgabe der Jahresabschlusszahlen abzuhalten und Mitteilungen zu Insiderinformationen auch in englischer Sprache zu veröffentlichen.[431] Bei Nichterfüllung der

---

428 Buck-Heb, Rn. 81; Kümpel, Kapitalmarktrecht, S. 106. Genau wie die Zulassung ist auch die Einführung eines Wertpapiers ein Verwaltungsakt, für dessen Erlass die Börsengeschäftsführung zuständig ist (§ 38 Abs. 1 S. 1 BörsG). Bei der Einführung handelt es sich um die Aufnahme der Notierung zugelassener Wertpapiere im regulierten Markt.

429 Schlitt, AG 2003, 57, 59 ff.; Gebhardt, WM 2003, Sonderbeilage Nr. 2, 3 f.; Kümpel/Hammen, Börsenrecht, S. 230 ff.; Bröcker, in: Claussen, Bank- und Börsenrecht, S. 344 ff.; Lepczyk, JuS 2007, 985, 988.

430 Zur Zwischenberichtspflicht im Bereich des Prime Standard s. Hammen, WM 2003, 997, 998 ff.

431 Die Wahl des Notierungssegments ergibt sich somit unter Investor Relations-Gesichtspunkten und aufgrund der Unternehmensausrichtung. Die internationalen Standards des Prime Standards sind vornehmlich für Emittenten mit ausländischen Anlegern und Absatzmärkten interessant. Dabei kann ein Emittent nicht in verschiedenen Teilbereichen des regulierten Marktes gelistet sein. Das ausdrücklich normierte Verbot der

in dem jeweiligen Teilbereich durch die Börsenordnung geforderten zusätzlichen Pflichten kann die Börsengeschäftsführung den Emittenten nach einer gesetzten angemessenen Frist, aus dem entsprechenden Teilbereich ausschließen, § 42 Abs. 2 S. 1 BörsG. Die Möglichkeit, nach § 42 BörsG Teilbereiche des regulierten Marktes mit besonderen Pflichten für Emittenten einzurichten, bedeutet, dass die Börsenordnung nur schärfere als die gesetzlichen Zulassungsregeln vorsehen kann, nicht hingegen weniger strenge.[432] Der Prime Standard stellt somit als Notierungssegment innerhalb des regulierten Marktes die höchsten Transparenzanforderungen auf.[433]

Der Freiverkehrsmarkt ist danach weder Bestandteil von Zulassungs- noch von Notierungssegmenten einer Börse. Anders als in den vorherigen Fassungen des Börsengesetzes, ist der Freiverkehr mit § 48 BörsG zudem mit Abschnitt 5 des Börsengesetzes in einem eigenen Abschnitt und nicht mehr in dem Abschnitt geregelt, welcher die Voraussetzungen zur Zulassung von Wertpapieren zum Börsenhandel zum Gegenstand hat. Die MiFID unterscheidet auch nicht zwischen Marktsegmenten, sondern zwischen Handelsplätzen und Handelsmodellen.[434] Die gesetzliche Neuregelung unterstreicht somit andeutungsweise die „Sonderstellung“ des Freiverkehrs als nicht-börslicher Handel an der Börse.[435] Jedenfalls ist der Freiverkehr rechtlich nicht in die börsliche Marktstruktur integriert.

Doppelnotierung nach § 49 Abs. 1 S. 1 BörsG a. F. hat nach der Zusammenlegung des amtlichen und des geregelten Marktes wohl nur in dieser Hinsicht seine Geltung behalten, vgl. Kümpel, Kapitalmarktrecht, S. 107; Hopt, in: Baumbach / Hopt, Handelsgesetzbuch, § 32 BörsG, Rn. 1; siehe auch §§ 72 Abs. 1, 78 BörsO FWB zu Grundsätzen der Handelsdurchführung und Preisfeststellung. In diesem Zusammenhang wird als weiteres Indiz für die Eigenständigkeit des Freiverkehrs im Übrigen kein Bezug auf den Freiverkehr als mögliche Doppelnotierung in ihm sowie einem Segment des geregelten Marktes Bezug genommen.

432 Vgl. Hammen, in: Habersack / Joeres / Krämer, Entwicklungslinien im Bank- und Kapitalmarktrecht, S. 595.

433 Meyer, in: Marsch-Barner / Schäfer, Handbuch börsennotierte AG, § 7, Rn. 49 ff.

434 Gomber/Hirschberg, AG 2006, 777, 779.

435 Klöhn, in: Langenbucher, Europarechtliche Bezüge des Privatrechts, § 6 Rn. 26.

II. Der Freiverkehr und die börsliche Organisationsstruktur

Der Freiverkehr wird von dem Träger der jeweiligen Börse betrieben. Obwohl er anders als die Institution Börse nicht öffentlich-rechtlich organisiert ist, untersteht der Freiverkehr aufgrund „seiner technischen und rechtlichen Integration in die Infrastruktur der Börse der Aufsicht der Börsenaufsichtsbehörde".[436] Dies ergibt sich zum einen aus der rechtlichen Beziehung zum Träger der Börse, aber auch aufgrund der technischen Deckungsgleichheit der von dem Börsenträger bereitgestellten Handelssysteme für den börslichen Handel, die auch für den Handel im Freiverkehr genutzt werden.

Nach § 48 Abs. 3 S. 2 BörsG sind auf den Freiverkehr die Vorschriften des Börsengesetzes, mit Ausnahme der Vorschriften über die Skontroführung (§§ 27 – 29 BörsG) und die Zulassung von Wertpapieren (§§ 32 – 47 BörsG) anwendbar. Gegenüber den Vorstellungen des Regierungsentwurfs[437] zum Finanzmarktrichtlinie-Umsetzungsgesetz (*FRUG*)[438] wurde auf Anregung des Bundesrates[439] in § 48 Abs. 3 S. 2 BörsG der Unterschied zwischen dem Freiverkehr einerseits und MTF andererseits deutlich gemacht. Anders als im Regierungsentwurf vorgesehen, war kein Verweis auf die §§ 33, 34 und 34a WpHG vorgesehen, sondern allein eine Bezugnahme auf die Vorschriften des Börsengesetzes mit Ausnahme der §§ 27–29 und 32–47 BörsG.[440] Zusammen mit den Ausnahmeregelungen für Börsenbetreiber in § 2a Abs. 1 Nr. 13 WpHG und § 2 Abs. 6 S. 1 Nr. 16 KWG bewirkt § 48 Abs. 3 S. 2 BörsG, dass der Freiverkehr abschließend im Börsengesetz geregelt ist und die Vorschriften über MTF gemäß §§ 31f ff. WpHG nicht anwendbar sind.[441] Der Gesetzgeber verweist darauf, dass die Vorschriften des Börsengesetzes im Zweifel in Bezug auf den Freiverkehr europarechtskonform auszulegen sind, damit der Betreiber einer Börse bei der Zulassung des Freiverkehrs, die an den Betrieb eines solchen MTF gestellten Zulassungsbedingungen erfüllt, Art. 5 Abs. 2 MiFID.[442]

---

436 BT-Drucks. 16/4899, S. 36; vgl. Groß, Kapitalmarktrecht, § 48 BörsG, Rn. 2.

437 BT-Drucks. 16/4028, S. 106.

438 Gesetz zur Umsetzung der Richtlinie über Märkte für Finanzinstrumente und der Durchführungsrichtlinie der Kommission vom 16. Juli 2007, BGBl. I 1330.

439 BR-Drucks. 833/06, S. 24.

440 Groß, Kapitalmarktrecht, § 48 BörsG, Rn. 1b.

441 BT-Drucks. 16/4899, S. 35; Lenenbach, Kapitalmarktrecht, Rn. 3.22.

442 BT-Drucks. 16/4899, S. 35 f.

1. Zulassung und Erlaubnis zum Betrieb des Freiverkehrs

Zulassung und Betriebserlaubnis des Freiverkehrs erfolgen gemäß § 48 Abs. 1 S. 1 BörsG durch die Börsengeschäftsführung in ihrer Eigenschaft als Leitungsorgan der Börse (§ 15 BörsG). Es handelt sich dabei um eine gebundene Ermessensentscheidung im Rahmen des Selbstverwaltungsrechts der Börse.[443] Voraussetzung für die Zulassung und die Erlaubnis des Betriebs ist, dass Wertpapiere gehandelt werden sollen, die weder zum Handel im regulierten Markt zugelassen noch einbezogen sind. Zudem müssen eine Handelsordnung und Geschäftsbedingungen für den Freiverkehr die ordnungsmäßige Durchführung des Handels und der Geschäftsabwicklung gewährleistet erscheinen lassen.

Mit § 48 Abs. 3 S. 1 BörsG wird die Vorgabe aus Art. 71 Abs. 5 MiFID umgesetzt, wonach der Börsenbetreiber den Betrieb eines MTF beantragen muss.[444] Zuständig für die Erlaubnisentscheidung ist die Börsenaufsichtsbehörde. Voraussetzung für die schriftliche Erlaubniserteilung ist zunächst, dass die Börsengeschäftsführung die Geschäftsbedingungen des Freiverkehrs billigt, § 48 Abs. 1 S. 1 BörsG. Die Geschäftsbedingungen müssen dazu aus Sicht der Börsengeschäftsführung eine ordnungsgemäße Durchführung des Handels und der Geschäftsabwicklung gewährleistet erscheinen lassen. Anlass für diese Anforderungen sind Befürchtungen, dass sich Unregelmäßigkeiten im Freiverkehr negativ auf das öffentlich-rechtliche Marktsegment der Börse auswirken könnten.[445] Da die Börsengeschäftsführung aber regelmäßig aus Vertretern der Börsenträgergesellschaft besteht, erfährt dieser Schutzmechanismus insoweit keine wirksame Umsetzung, als die Prüfung der Geschäftsbedingungen durch diejenigen vorgenommen wird, die an ihrer Erstellung beteiligt waren oder zumindest in einem Abhängigkeitsverhältnis zu dem Arbeitgeber derjenigen, die sie erstellt haben, stehen.

Gleichwohl ist insgesamt davon auszugehen, dass die im Zusammenhang mit der Erlaubnis zum Betrieb eines Freiverkehrs gestellten Anforderungen nach § 48 BörsG gleichwertig zu denen mit der Zulassung und dem Betrieb eines MTF verbundenen Voraussetzungen sind.

---

443 Schwark, in: Schwark / Zimmer, Kapitalmarktrechts-Kommentar, § 48 BörsG, Rn. 7.

444 BT-Drucks. 16/4899, S. 35.

445 Seiffert, in: Kümpel / Wittig, Bank- und Kapitalmarktrecht, Rn. 4.73; Kümpel, Kapitalmarktrecht, S. 112.

2. Handel an einem staatlichen Handelsplatz

Als älteste institutionelle Einrichtung des Kapitalmarktes kommt der Börse eine besondere Rolle hinsichtlich der Verhältnisse auf dem Kapitalmarkt, aber auch in Bezug auf die wirtschaftlichen, gesellschaftlichen, sozialen und politischen Verhältnisse zu. Diese umfassende Bedeutung legt eine öffentlich-rechtliche Ausgestaltung des Börsenwesens nahe. Konkret lässt sich die Veranstaltung des börslichen Wertpapierhandels an der Börse auf die Wahrnehmung einer Staatsaufgabe zurückführen.

Eine Staatsaufgabe kann im Grunde jede vom Staat in legitimer Weise wahrgenommene Aufgabe sein.[446] In Folge der Einstufung eines wirtschaftlichen Prozesses als staatliche Aufgabe werden Ordnungsrahmen für privatautonome Entscheidungen sowie Verfahrens- und Zuständigkeitsregeln geschaffen. Davon sind also auch die Vorgänge am Kapitalmarkt erfasst.[447]

Für den Bereich des Wertpapierhandels gibt es zwar keine ausdrückliche staatsaufgabenrechtliche Zuweisung, so dass es sich bei der Aufrechterhaltung der Funktionsfähigkeit des Kapitalmarktes nicht um eine obligatorische Staatsaufgabe handelt, eine Wahrnehmung durch den Staat ist dadurch jedoch nicht untersagt. Denn nach dem sogenannten formalen Staatsaufgabenbegriff versteht man unter Staatsaufgaben diejenigen Tätigkeitsbereiche, die der Staat im Einklang mit den kompetenzrechtlichen Verfassungsbestimmungen bzw. bei Vorliegen eines öffentlichen Interesses wahrnimmt und im Verhältnis zur Gesellschaft auch wahrnehmen darf.[448] Mithin kommt es hier entscheidend auf das Vorliegen eines öffentlichen Interesses an.

Ein funktionierender Kapitalmarkt ist für unternehmerische Finanzierungsmaßnahmen, aber auch solche des Staates von herausragender Bedeutung.[449] Durch ihn wird die volkswirtschaftlich bedeutende Allokation von Ressourcen, die als Motor von Wachstum und Strukturwandel gilt, gewährleistet.[450] Als Kerninstitution des Sekundärmarktes trägt die Börse zur Ressourcenallokation bei und dient damit nicht nur den konkret an einem Vorgang im Kapitalmarkt

---

446 Mehde, in: Jickeli / Schliesky, Aufgaben des modernen Staates, S. 44.

447 Grunewald, in: Riesenhuber, Privatrechtsgesellschaft, S. 318.

448 BVerfGE 12, 205, 243; Burgi, Funktionale Privatisierung und Verwaltungshilfe, S. 9, 43.

449 Pape, Grundlagen der Finanzierung und Investition, S. 11.

450 Kümpel/Veil, Wertpapierhandelsgesetz, S. 24.

Beteiligten, sondern auch der Allgemeinheit.[451] Der Kapitalmarkt erlangt zudem eine immer größere Bedeutung für die zunehmend an ihm ausgerichtete Altersvorsorge durch private Anleger als Alternative oder Ergänzung zu staatlichen Vorsorgeleistungen.[452] Die an der Börse festgestellten Kurse sind volkswirtschaftlich bedeutsame Daten und sprechen daher öffentliche Interessen an.[453]

Das öffentliche Interesse an der Funktionsfähigkeit des Kapitalmarktes hat zur Folge, dass für die Durchsetzung kapitalmarktrechtlicher Gebote und Verbote Aufsichtsinstanzen bestehen müssen.[454] In diesem Zusammenhang darf das öffentliche Interesse zur Ermittlung des Vorliegens einer Staatsaufgabe jedoch nicht mit dem im Börsengesetz ausdrücklich normierten öffentlichen Interesse in den §§ 7 Abs. 6, 12 Abs. 6, 15 Abs. 6, 22 Abs. 2 S. 3 BörsG verwechselt werden. Nach diesen Vorschriften nehmen die Handelsüberwachungsstelle,[455] der Börsenrat, die Börsengeschäftsführung und der Sanktionsausschuss ihre nach dem Börsengesetz zugewiesenen Aufgaben und Befugnisse im öffentlichen Interesse wahr. Hintergrund der Aufnahme des öffentlichen Interesses in das Börsengesetz durch das Vierte Finanzmarktförderungsgesetz ist allein der Ausschluss der jeweiligen Amtshaftung durch das betreffende Land.[456]

Die Stabilität des Kapitalmarktes ist somit als ein öffentliches Gut zu verstehen.[457] Über börsenmäßig organisierte Märkte gewährleistet der Staat, dass zur Befriedigung der Bedürfnisse der Kapitalallokation regelmäßig ein organisierter Wertpapierhandel veranstaltet wird.[458] Die Veranstaltung des Börsenhan-

---

451 Mues, Die Börse als Unternehmen, S. 125.

452 Buck-Heeb, Kapitalmarktrecht, Rn. 2; von Rosen, in: Hummel / Breuer, Handbuch Europäischer Kapitalmarkt, S. 495 ff.

453 Bröcker, in: Claussen, Bank- und Börsenrecht, S. 331; vgl. auch Kümpel, Festschrift Pleyer, S. 61.

454 Kümpel/Veil, Wertpapierhandelsgesetz, S. 23 f.; Veil, in: Kohl / Kübler / Ott / Schmidt, Zwischen Markt und Staat, S. 769; Kümpel, Bank- und Kapitalmarktrecht, Rn. 18.1.

455 Zur Bedeutung der Handelsüberwachungsstelle siehe Kapitel III. B.III.

456 Groß, Kapitalmarktrecht, § 15 BörsG, Rn. 14; Schwark, in: Schwark / Zimmer, Kapitalmarktrechts-Kommentar, § 12 BörsG, Rn. 4; LG Hamburg, WM 1989, 336, 338.

457 Theurl, in: Eger, Institutionen und wirtschaftliche Entwicklung, S. 231.

458 Wiede, Die Börse als verwaltungsrechtliches Problem und Rechtsinstitut, S. 136.

dels erfolgt somit im öffentlichen Interesse[459] und kann folglich als Staatsaufgabe bezeichnet werden.[460]

Trotz der Einordnung der Durchführung des börslichen Wertpapierhandels in den Bereich staatlicher Aufgaben, war die Rechtsnatur der Börse als „Kernfrage des Börsenrechts" lange umstritten.[461] Bereits vor Einführung der Legaldefinition gemäß § 2 Abs. 1 BörsG im Rahmen des FRUG wurde die Börse von der herrschenden Meinung bereits als teilrechtsfähige Anstalt[462] mit öffentlich-

---

459 Göppert, Das Recht der Börsen, S. 75, 90; Kümpel, BKR 2003, 3, 9; vgl. Burgi, Funktionale Privatisierung und Verwaltungshilfe, S. 77; Breitkreuz, Ordnung der Börse, S. 88.

460 Seiffer, in: Kümpel / Wittig, Bank- und Kapitalmarktrecht, Rn. 4.139 ff.; Wiede, Die Börse als verwaltungsrechtliches Problem und Rechtsinstitut, S. 136; von Olenhusen, Börsen und Kartellrecht, S. 44; Kümpel/Veil, Wertpapierhandelsgesetz, S. 23.

461 Schwark, WM 1997, 293, 302.

462 So bereits OLG Frankfurt a.M., ZIP 2001, 730, 731; OLG Frankfurt a.M., WM 1995, 2009; VGH Kassel, NJW-RR 1997, 110, 110; Kümpel, Bank- und Kapitalmarktrecht, Rn. 17.306 ff.; Lorenz, Die Wertpapierbörse und ihr Träger, S. 29 ff.; Segna, ZBB 1999, 144, 145 f.; Kümpel, WM 1985 Sonderbeilage Nr. 5, 3 f.; Wastl/Schlitt, WM 2001, 1702, 1703; Beck, in: Schwark, Kapitalmarktrechts-Kommentar, § 1 BörsG, Rn. 8; nach a. A. war nicht nur der Börsenträger, sondern aufgrund des Abschlusses privatrechtlicher Geschäfte und der Vergleichbarkeit der Trennung zwischen Börsengeschäftsführung und Börsenrat mit der aktienrechtlichen Unterscheidung zwischen Vorstand und Aufsichtsrat auch die Börsenveranstaltung privatrechtlich organisiert und eine Wahlmöglichkeit für den antragstellenden Börsenträger empfohlen: Claussen/Hoffmann, ZBB 1995, 68, 71 f.; Claussen, Bank- und Börsenrecht, 2. Auflage, 2000, S. 446 ff., der dort die Frage nach der Organisationsform der Börsen noch als „offen" bezeichnete; Nußbaum, Kommentar zum Börsengesetz, S. 8 f.; Anschütz, VerwArch 1903, 519, 521 f.; Wiede, Die Börse als verwaltungsrechtliches Problem und Rechtsinstitut, S. 23 f., 131 ff.; Hopt/Baum, in: Hopt / Rudolph / Baum, Börsenreform, S. 402 f.; Baums/Segna, Börsenreform, S. 51 ff.; Kümpel, WM 1997, 1917, 1923; Schwark, WM 1997, 293, 302. Nach absoluter Mindermeinung wurde die Abschaffung des öffentlich-rechtlichen Organisationsrahmens zugunsten einer allein privatrechtlichen Organisation der Börsen gefordert: Hellwig, ZGR 1999, 781, 793; Köndgen/Mues, WM 1998, 53, 56 f.; Merkt, Börsenrechtliches Gutachten, G 86 ff. Der 64. Deutsche Juristentag, für welchen das Börsenrechtliche Gutachten erstellt wurde, lehnte die Abschaffung der öffentlich-rechtlichen Organisationsform mit 40 zu 11 Stimmen, bei 11 Stimmenthaltungen ab. Die Empfehlung, den Betreibern einer Börse ein Wahlrecht zwischen öffentlich-rechtlicher und privatrechtlicher Organisationsform einzuräumen, wurde angenommen.

rechtlichem Charakter gesehen.[463] Unter funktionalen Gesichtspunkten bestand weitestgehend Einigkeit darüber, dass es sich bei der Börse um eine regelmäßig stattfindende Veranstaltung zum zentralisierten Abschluss von Geschäften einer Vielzahl von Anbietern und Nachfragern in vertretbaren Gegenständen handelt.[464] Indem es sich nach § 2 Abs. 1 BörsG bei der Börse zudem um ein multilaterales System handelt, setzt sich die Legaldefinition nunmehr sowohl aus formalen als auch aus materiellen Kriterien des börslichen Handels zusammen.[465]

3. Integration in die dualistische Organisationsstruktur des Börsenwesens

Im Gegensatz zu anderen Rechtssystemen führender Industrienationen ist das deutsche Börsensystem durch ein als *Dualismus* bezeichnetes Auseinanderfallen von Börsenanstalt als Veranstalter des Börsenhandels und Börsenträger als Organisator und Finanzierer des Börsenhandels in einem öffentlich-rechtlich geprägten Normenkorsett gekennzeichnet.[466]

---

463 Lenenbach, Kapitalmarktrecht, Rn. 3.49 ff. m. w. N. Mit der öffentlich-rechtlichen Struktur unterscheidet sich das deutsche Börsenwesen von Marktorganisationsform anderer industrialisierter Länder sowie der meisten Mitgliedstaaten der Europäischen Union, vgl. Hopt/Baum, in: Hopt / Rudolph / Baum, Börsenreform, S. 400 ff.

464 Beck, in: Schwark, Kapitalmarktrechts-Kommentar, § 1 BörsG, Rn. 2 mw.N.; Posegga, WM 2002, 2402, 2402; Ruthig /Storr, Öffentliches Wirtschaftsrecht, S. 204. Vereinzelt wurden die Preisermittlung, Preisüberwachung und die Beschränkung des Teilnehmerkreises zu weiteren Kriterien gemacht, so etwa Kümpel, in: Kümpel / Hammen / Ekkenga, Kapitalmarktrecht, Kennz. 060, Rn. 24 ff.; Wastl/Schlitt, WM 2001, 1702, 1707 f.; Breitkreuz, Ordnung der Börse, S. 30 ff.

465 BT-Drucks. 16/4028, S. 81.

466 Segna, Die Rechtsform deutscher Wertpapierbörsen, S. 2; Breitkreuz, Ordnung der Börse, S. 48 f.; Kümpel, BKR 2003, 3, 4; Buck-Heeb, Kapitalmarktrecht, Rn. 97; Burgi, WM 2009, 2337, 2337; Hammen, in: Hammen, Interessenkonflikte beim Börsengang von Börsen, S. 15; Bröcker, in: Claussen, Bank- und Börsenrecht, S. 330. Zum dem Vergleich mit anderen Nationen siehe den Länderüberblick bei Hopt / Rudolph / Baum, Börsenreform, S. 593 ff. – Österreich war eines der letzten Länder mit einer vergleichbaren Struktur (dazu noch Kalss, in: Hopt / Rudolph / Baum, Börsenreform, S. 191 ff.). Die öffentlich-rechtliche Marktorganisation wurde 1999 jedoch zugunsten einer privatrechtlichen Organisationsform aufgegeben, siehe Pozniak, ZBB 1998, 357, 358 ff.; Kümpel/Hammen, in: Kümpel / Hammen / Ekkenga, Kapitalmarktrecht, Kennz. 060, S. 108 ff.

Handelt die Börse als Anstalt, kommt den Maßnahmen die Qualität eines Verwaltungsaktes zu.[467] Die Börsenordnung, die Bedingungen für Geschäfte an der Börse, die Gebührenordnung und die Zulassungsordnung für Börsenhändler werden gemäß § 12 Abs. 2 Nr. 1 BörsG als Satzung erlassen. Daraus ergibt sich in der Außenbeziehung ein Über- und Unterordnungsverhältnis (*Subordinationsverhältnis*)[468] zwischen der Börse auf der einen und den Nutzern des Handelsplatzes auf der anderen Seite, da die Börse in Ausübung hoheitlicher Befugnisse einseitige Regelungen für die Durchführung der Marktveranstaltung festlegen und abändern kann.[469] Darin liegt ein bedeutender Unterschied zu einem rein privatrechtlich organisierten Markt, wie dem MTF, aber auch dem Freiverkehr. Zwar sind das öffentliche und das private Recht Teilgebiete einer einheitlichen Rechtsordnung, jedoch wirkt sich der öffentlich-rechtliche Charakter der Börse auf die Befugnisse der Börsenorgane, die Verhältnisse der Aufsicht über die Börse und den Börsenbetrieb aus.

Die duale Organisationsstruktur ergibt sich daraus, dass die Börse nicht selbst Antragsteller einer Erlaubnis zur Errichtung und zum Betrieb einer Börse im Sinne des § 4 Abs. 1 BörsG sein kann. Nach § 5 Abs. 1 S. 1 BörsG ist der Antragsteller zur Erteilung der Börsenerlaubnis der Träger der Börse und nicht die Börse selbst.[470] Die dualistische Struktur zwischen Börse und Börsenbetreiber ist somit normativ verankert.[471] Mit der institutionellen Aufspaltung der Börse durch das Börsengesetz sollte weniger der Handel gefördert werden, sondern vielmehr der Kapitalmarkt vor schädlichen Spekulationen im Bereich des Wertpapierhandels geschützt werden.[472] Vor dem Hintergrund, dass der Betrieb des börslichen Handels als Staatsaufgabe qualifiziert wird, kann diese Argumentation durchaus akzeptiert werden. Ihr Anwendungsbereich, insbesondere im Hinblick auf den Freiverkehr wird angesichts der heute weitgehenden Regulierungsvorgaben beim Betrieb von Handelsplätzen stark in Frage gestellt.

---

467 Burgi, WM 2009, 2337, 2340; Kümpel, Bank- und Kapitalmarktrecht, Rn. 17.261; vgl. auch Ronellenfitsch/Maier, in: Kluth / Müller / Peilert, Wirtschaft – Verwaltung – Recht, S. 453

468 Dazu Maurer, Allgemeines Verwaltungsrecht, § 3 Rn. 16.

469 Vgl. Beck, in: Schwark / Zimmer, Kapitalmarktrechts-Kommentar, § 2 BörsG, Rn. 3.

470 Vgl. Breitkreuz, Ordnung der Börse, S. 49, 168 ff.

471 Burgi, WM 2009, 2337, 2338. Zur Begründung der institutionellen Spaltung der deutschen Börsenorganisation als Folge des Bestehens von Transaktionskosten nach der Neuen Institutionenökonomik, siehe Mues, Die Börse als Unternehmen, S. 110 ff.

472 Mues, Die Börse als Unternehmen, S. 125.

Die börsenrechtlichen Aufgaben werden auf zwei Rechtssubjekte verteilt. Dem Börsenträger wird gemäß § 5 Abs. 1 BörsG die Pflicht zum Betrieb der Börse auferlegt, während die Börse als öffentlich-rechtliche Anstalt größtenteils die Pflichten im Zusammenhang mit der Durchführung eines börsenmäßig organisierten Wertpapierhandels wahrzunehmen hat.[473] Danach kann die Börse als faktischer Marktveranstalter bezeichnet werden, wohingegen der Börsenträger als Adressat der Börsenerlaubnis der Marktveranstalter im rechtlichen Sinne ist.[474]

Als wesentlicher Grund für die Verfestigung der seit langem bestehenden Strukturen der Börsenorganisation werden staatliche Eingriffsmöglichkeiten – „als Gegenpol zur Börsenfreiheit" –, insbesondere in Form der Börsengenehmigung angeführt.[475] Der Träger einer Börse wird seit dem Vierten Finanzmarktförderungsgesetz in § 1 Abs. 2 BörsG a. F. ausdrücklich als Normadressat mit eigenen Rechten und Pflichten erwähnt, nachdem er zuvor gesetzlich lediglich an einzelnen Stellen vorausgesetzt wurde.[476] Als Anstalt des öffentlichen Rechts unterscheidet sich die Börse auch in ihrer Rechtsform von den typischerweise privatrechtlichen Trägern der Börse.[477] Die Verbindung zwischen diesen beiden Rechtssubjekten und die Wahl einer solchen Organisationsstruktur ist eines von immer mehr Beispielen für staatlich-private Verbindungen zur Erledigung einer öffentlichen Aufgabe mit wirtschaftlichem Gehalt.[478]

Auch wenn es sich bei der dualistischen Organisationsstruktur des deutschen Börsenwesens um eine Besonderheit im internationalen Vergleich handelt, bestehen keine Zweifel an der Zulässigkeit dieser Form der Marktorganisation. Die Zulässigkeit des Auseinanderfallens von Börsenträger und Börsenveranstalter wird durch Art. 36 Abs. 1 MiFID bestätigt. Danach werden die Mitgliedstaaten verpflichtet, festzulegen, falls der organisierte Markt von einem anderen Betreiber als dem Betreiber des organisierten Marktes selbst betrieben wird, welche Verpflichtung aus der MiFID vom organisierten Markt und welche von dem

---

473 Hammen/Müller, in: Hammen, Interessenkonflikte beim Börsengang von Börsen, S. 78 f.

474 Vgl. Kümpel, BKR 2003, 3, 4 f.; Hohberg, Wertpapierbörse im Internet, S. 90 f.

475 Klenke, Börsendienstleistungen im Europäischen Binnenmarkt, S.39.

476 Ruthig/Storr, Öffentliches Wirtschaftsrecht, S. 205, Fn. 95.

477 Vgl. Kümpel, BKR 2003, 3, 4.

478 Hervorzuheben sind Partnerschaften im Bereich des Bauwesens, bei Verkehrsinfrastrukturprojekten und im Gesundheitswesen, vgl. Weber/Alfen, Public-Private-Partnership, S. 641 ff.

Betreiber des organisierten Marktes zu erfüllen sind.[479] Die rechtspolitische Diskussion vergangener Jahre über die dualistische Form der Börsenorganisation in Deutschland bezog sich zudem weniger auf die Zulässigkeit dieser Form einer Verbindung zwischen der öffentlichen Hand und Privaten, sondern verstärkt auf Fragen der Praxistauglichkeit und Wettbewerbsfähigkeit einer solchen Organisationsform in einer globalisierten Finanzwelt.[480]

Mangels spürbarer grundrechtsrelevanter Eingriffe im Bereich des Börsenwesens überschreitet die bestehende Organisationsstruktur auch nicht die der Privatisierung im Allgemeinen gesetzten Grenzen durch Art. 33 Abs. 4, 86 ff. GG. Danach ist die Ausübung hoheitlicher Befugnisse als ständige Aufgabe, in der Regel Angehörigen des öffentlichen Dienstes zu übertragen, die in einem öffentlich-rechtlichen Treueverhältnis stehen. Diese Grenze wird dahingehend verstanden, dass nur der Kernbereich staatlichen Handelns unter ein Privatisierungsverbot fällt,[481] was auf die Veranstaltung des Börsenbetriebs jedoch nicht zutrifft.

Der Dualismus ist seit jeher in der Organisationsstruktur des Börsenwesens verankert. Seit einigen Jahren haben sich die Börsen jedoch gewandelt. Sie haben die öffentlich-rechtliche Verbandsstruktur durch privatrechtliche Elemente aufgelockert, um einen Modernisierungsprozess einzuleiten, der die Wettbewerbsfähigkeit der Börse sicherstellen soll. Zentrales Element der Modernisierung ist die Ermöglichung der Errichtung und des Betriebs von Börsen durch privatrechtliche Unternehmen.[482] Anlass für diesen Prozess waren dabei in erster Linie ausländische Börsen, die sich immer stärker über nationale Grenzen hinaus entwickelten. Unter den deutschen Börsen setzte sich insbesondere die Frankfurter Wertpapierbörse seit den 1990er Jahren im Wettbewerb um die Wahl als Finanzierungsstandort mit ihnen auseinander. Eine Privatisierung des Börsenwesens ändert jedoch nichts an dem öffentlich-rechtlichen Charakter, den der Betrieb der Börse mit sich bringt.

479 Dem entspricht der inhaltsgleiche Vorschlag zur Neufassung der MiFID in Art. 47 Abs. 1 MiFID II-RL-E.

480 Vgl. Claussen/Hoffmann, ZBB 1995, 68, 68 ff.; Hopt/Baum, in: Hopt / Rudolph / Baum, Börsenreform, S. 402; Schwark, WM 1997, 293, 302.

481 Knütel, in: Siebel / Röver / Knütel, Projektfinanzierung und PPP, S. 380.

482 Diese Form der Veränderung wird auch als Demutualisierung bezeichnet und beschreibt die Umwandlung der Rechtsform der Börse von einer „Mitgliedervereinigung“ in eine Aktiengesellschaft vgl. Liersch, WM 2003, 473, 479.

Im Zusammenhang mit Privatisierungstendenzen im Börsenwesen ist zu beachten, dass es sich dabei nicht etwa um eine klassische Form der Privatisierung handelt, bei welcher Anteile an einer staatlichen Unternehmenseinheit von einem Privaten erworben werden.[483] Die Börsen selbst sind gänzlich vermögenslose Verwaltungseinheiten. Ihr vermögensrechtliches Zuordnungsobjekt ist der Börsenträger, so dass es schlicht an dem Substrat für eine Übertragung von Unternehmensanteilen mangelt.[484] Gegenstand der Privatisierung ist vielmehr die Überführung einer vormals staatlich wahrgenommenen Aufgabe in den Kompetenzbereich eines privatrechtlichen Unternehmens.

a. Die Börsenanstalt als Veranstalter des Börsenhandels

Die Institution Börse setzt sich aus dem Börsenträger und der Börsenanstalt zusammen.[485] Sofern in Bezug auf die börsliche Marktveranstaltung von der Börse die Rede ist, ist damit die Börsenanstalt als das verantwortliche Rechtssubjekt für die Durchführung des Börsenhandels gemeint.[486] In diesem Zusammenhang war nicht immer klar, was dies unter rechtlichen Gesichtspunkten bedeutet. Durch die Legaldefinition der Börse nach § 2 Abs. 1 BörsG sind Börsen teilrechtsfähige Anstalten des öffentlichen Rechts, die nach Maßgabe des Börsengesetzes multilaterale Systeme regeln und überwachen, welche die Interessen einer Vielzahl von Personen am Kauf und Verkauf von dort zum Handel zugelassenen Wirtschaftsgütern und Rechten innerhalb des Systems nach festgelegten Bestimmungen in einer Weise zusammenbringen oder das Zusammenbringen fördern, die zu einem Vertrag über den Kauf dieser Handelsobjekte führt. Die Aufnahme der Legaldefinition für die Börse war ein zentrales Anliegen der Reform des Börsenrechts.[487] Vor dem Hintergrund der wachsenden Zahl unterschiedlicher Typen von Handelssystemen, hat dies für zusätzliche Rechtsklarheit gesorgt, nachdem die gesetzliche Definition bereits der bis dahin herrschenden

---

483 Mues, Die Börse als Unternehmen, S. 90.

484 Hopt/Baum, in: Hopt / Rudolph / Baum, Börsenreform, S. 408 f.

485 Es ist möglich, dass eine Börse von mehreren Trägern betrieben wird und umgekehrt kann ein Träger auch mehrere Börsen betreiben. Im Zusammenhang mit der Untersuchung der rechtlichen Rahmenbedingungen ist es unschädlich von dem Grundmodell eines Trägers und einer Börsenanstalt auszugehen.

486 Buck-Heeb, Kapitalmarktrecht, Rn. 98.

487 BT-Drucks. 16/4028, S. 79.

Auffassung entspricht.[488] Anderslautende Kategorisierungen der Börse als rechtsfähige Körperschaft,[489] körperschaftliches Gebilde mit öffentlich-rechtlichem Status[490] oder Rechtsgebilde sui generis[491] sind damit endgültig überholt.

Ausgehend von der klassischen Definition des Anstaltsbegriffs,[492] handelt es sich bei der Börsenanstalt um einen Bestand von sachlichen und personellen Mitteln, welcher in der Hand eines Trägers der öffentlichen Verwaltung einem besonderen öffentlichen Zweck zu dienen bestimmt ist. Der Bezug der Legaldefinition der Börse zu öffentlichen Interessen ist damit auch ein Ausdruck für die Bedeutungsbeimessung der Vorgänge am Kapitalmarkt.[493] Denn zu der Organisationsform einer Anstalt greift der Staat meist dann, wenn es ihm darum geht, eine bestimmte im öffentlichen Interesse liegende Aufgabe zu einer Staatsaufgabe zu machen und diese als solche auch dann fortzuführen, wenn der Aufgabenbereich privatisiert werden soll. Der Gesetzgeber möchte dadurch die alleinige Befassung der Privatwirtschaft mit der Aufgabe unterbinden.[494]

Als Anstalt des öffentlichen Rechts gehört die Börse zu den organisatorisch verselbständigten Verwaltungsträgern, allerdings stellt sie keine juristische Person des öffentlichen Rechts im Sinne des § 89 BGB dar, obwohl dies für Anstalten des öffentlichen Rechts grundsätzlich der Fall ist.[495] Denn die Börse ist nicht voll rechtsfähig im Sinne des § 1 BGB. Ihr fehlt die Fähigkeit, Träger von Rech-

---

488 Vgl. Kümpel, Bank- und Kapitalmarktrecht, Rn. 17.317 ff.; Pietzcker, ZBB 2007, 295, 299; Beck, WM 1996, 2313, 2315; Hammen, AG 2001, 549, 549 ff.; Posegga, WM 2002, 2402, 2402; Groß, Kapitalmarktrecht, Vor BörsG, Rn. 26. Die Qualifizierung der Börse als Anstalt des öffentlichen Rechts wurde mit dem Vierten Finanzmarktförderungsgesetz durch die ausdrückliche Erwähnung des Trägers und seines Rechts- und Pflichtenkreises implizit anerkannt, BT-Drucks. 14/8017, S. 72; vgl. Beck, in: Schwark, Kapitalmarktrechts-Kommentar, § 1 BörsG, Rn. 9.

489 Uppenbrink, Die deutschen Wertpapierbörsen als Körperschaften des öffentlichen Rechts, S. 52 ff.; Breitkreuz, Ordnung der Börse, S. 95 ff.

490 Von Olenhusen, Börsen und Kartellrecht, S. 53, 73 f.

491 Bremer, Grundzüge des deutschen und ausländischen Börsenrechts, S. 58.

492 Vgl. Mayer, Deutsches Verwaltungsrecht II, S. 268; Maurer, Allgemeines Verwaltungsrecht, § 23 Rn. 46. Ähnlich die heutige Begriffsbestimmung, Müller, in: Wolff / Bachof / Stober / Kluth, Verwaltungsrecht II, § 86 Rn. 8; Burgi, in: Erichsen / Ehlers, Allgemeines Verwaltungsrecht, § 7 Rn. 13.

493 Vgl. Burgi, WM 2009, 2337, 2338.

494 Burgi, WM 2009, 2337, 2338.

495 Buck-Heeb, Kapitalmarktrecht, Rn. 98; Burgi, WM 2009, 2337, 2338.

ten und Pflichten zu sein. Somit ist sie rechtlich nicht voll selbständig, sondern nur teilrechtsfähig,[496] obwohl sie als Anstalt des öffentlichen Rechts verselbständigt sind.[497] Eine Vollrechtsfähigkeit wäre nur bei einem entsprechenden Verleihungsakt gegeben.[498]

Teilrechtsfähige Anstalten des öffentlichen Rechts sind keine juristischen Personen des öffentlichen Rechts, sondern selbständige Subjekte der staatlichen Verwaltung. Die Organwalter der Anstalt werden von den Organen des Anstaltsträgers berufen.[499] Um die Aufgaben einer Börse wahrnehmen zu können, muss die Börse verschiedene, einer Anstalt des öffentlichen Rechts typischerweise zugebilligte, öffentlich-rechtliche Befugnisse ausüben können. Durch die öffentlich-rechtliche Organisationsstruktur hat die Börse einseitige Regelungsbefugnisse gegenüber den Handelsteilnehmern. Als Anstalt des öffentlichen Rechts ist sie zum Erlass von Satzungen, und damit von Gesetzen im materiellen Sinne befugt.[500] Im Zentrum des Börsengeschehens steht die Börsenordnung, welche auf Grundlage von § 16 BörsG gemäß § 12 Abs. 1 S. 1 Nr. 1 BörsG als Satzung erlassen wird. Die Börsenordnung setzt damit die rechtlichen Rahmenbedingungen für das Handeln der Börse selbst und der Handelsteilnehmer fest. Die Börse steht damit auf der gleichen Legitimationsstufe wie die Kommunen im Verhältnis zum dahinterstehenden Träger, dem Land.[501] Die Börse und ihre Organe können folglich für die einzelnen Regelungsbereiche der Marktveranstaltung bzw. –überwachung Verwaltungsakte und Zwangsmaßnahmen erlassen.[502]

---

496 Beck, WM 1996, 2313, 2315; Seiffert, in: Kümpel / Wittig, Bank- und Kapitalmarktrecht, Rn. 4.185 ff.

497 Vereinzelt wurde die Börse noch als nicht rechtsfähige, da unselbständige Anstalt des öffentlichen Rechts eingestuft, vgl. BT-Drucks. 14/8017, S. 72; Wastl, WM 1999, 620, 624; VGH Kassel, NJW-RR 1997, 110, 110. Der Streit wurde allerdings wenig intensiv geführt und war von geringer praktischer Bedeutung, da der Anstaltsbegriff nicht die Rechtsfähigkeit als notwendige Voraussetzung annimmt, sondern lediglich eine gewisse organisatorische Selbständigkeit genügen lässt, vgl. Schlüter, Börsenhandelsrecht, S. 376 f; Mues, ZBB 2001, 353, 354; Hellwig, ZGR 1999, 781, 793; Segna, ZBB 1999, 144, 145 f.; Samm, Börsenrecht, S. 48; vgl. Müller, in: Wolff / Bachof / Stober / Kluth, Verwaltungsrecht II, § 86 Rn. 10.

498 Buck-Heeb, Kapitalmarktrecht, Rn. 98.

499 Müller, in: Wolff / Bachof / Stober / Kluth, Verwaltungsrecht II, § 86 Rn. 30.

500 Seiffert, in: Kümpel / Wittig, Bank- und Kapitalmarktrecht, Rn. 4.184; Rittner/Dreher, Europäisches und deutsches Wirtschaftsrecht, § 33 Rn. 30.

501 Vgl. Kirchhof in Maunz / Dürig, GG, Art. 83 Rn. 94 ff.

502 Burgi, WM 2009, 2337, 2340.

Errichtet wird die Börsenanstalt durch einen öffentlich-rechtlichen Organisationsakt der Börsenaufsichtsbehörde des jeweiligen Bundeslandes, in welchem die Börse ihren Sitz hat. Die Errichtung erfolgt dabei gleichzeitig mit der Erteilung der an den Börsenträger adressierten Erlaubnis zur Errichtung einer Börse gemäß § 4 Abs. 1 BörsG.[503] Die Börse ist partei- und prozessfähig im Sinne der §§ 50 Abs. 1, 51 Abs. 1 ZPO, so dass sie nach § 2 Abs. 4 BörsG in verwaltungsgerichtlichen Verfahren unter ihrem Namen klagen und verklagt werden kann.[504] Im Unterschied zu anderen Anstalten des öffentlichen Rechts, wie z. B. der Kreditanstalt für Wiederaufbau,[505] verfügt die Börse hingegen nicht über eigenes Kapital. Dies macht eine Finanzierung der börslichen Marktveranstaltung durch den (privatrechtlichen) Träger der Börse erforderlich.[506] Neben der finanziellen Ausstattung ist der Börsenträger mangels voller Rechtsfähigkeit der Börse das Zurechnungssubjekt für die Rechte und Pflichten der Börse im privatrechtlichen Rechtsverkehr.[507] Dazu gehören der Eigentumserwerb an Sacheinrichtungen, der Abschluss von privatrechtlichen Verträgen, insbesondere Anstellungsverträgen von Mitarbeitern und die Verfügung über finanzielle Mittel.[508]

b. Der Börsenträger als Organisator und Finanzierer des Börsenhandels

aa. Keine Anstalt ohne Träger

Die Existenz einer Anstalt setzt einen Träger voraus.[509] Anders als die Börse selbst ist der Börsenträger selbst nicht an eine bestimmte Rechtsform gebunden. Er kann sowohl öffentlich-rechtlich wie auch privatrechtlich organisiert sein.[510] Aufgrund des Wortlauts von § 6 Abs. 1 BörsG, wonach Anzeigepflichten für bedeutende Beteiligungen im Sinne des § 1 Abs. 9 KWG bestehen, macht der Gesetzgeber nicht nur deutlich, dass der Börsenträger in der Rechtsform einer

---

503 BT-Drucks. 14/8017, S. 72; vgl. Hammen/Müller, in: Hammen, Interessenkonflikte beim Börsengang von Börsen, S. 79.

504 Näher dazu Seiffert, in: Kümpel / Wittig, Bank- und Kapitalmarktrecht, Rn. 4.188 f.

505 Vgl. § 1 Abs. 2 S. 1 KredAnstWiAG.

506 Siehe dazu Kapitel II. A.II.3.b.aa.

507 Ruthig/Storr, Öffentliches Wirtschaftsrecht, S. 205, Fn. 95.

508 Beck, in: Schwark / Zimmer, Kapitalmarktrechts-Kommentar, § 2 BörsG Rn. 38.

509 Hammen, in: Bessler, Börsen, Banken und Kapitalmärkte, S. 314 f.

510 Jaskulla, WM 2002, 1093, 1094.

Kapitalgesellschaft organisiert sein kann,[511] sondern auch, dass er die Trägerschaft der Börse durch eine Kapitalgesellschaft als das Grundmodell der heutigen Börsenorganisation betrachtet.

Nach § 3 Abs. 1 S. 2 BörsG unterliegen der Börsenträger wie auch die anderen Börsenorgane, der Aufsicht durch die Börsenaufsichtsbehörde. Die Pflichten des Börsenträgers ergeben sich aus § 5 BörsG. Danach ist es Aufgabe des Börsenträgers, eine Börse zu errichten und zu betreiben. Voraussetzung dafür ist zunächst eine entsprechende Erlaubnis nach § 4 BörsG.[512]

Der Träger einer Börse kann mehrere Anstalten gleichzeitig tragen. Entscheidend ist, dass er in der Lage ist, die ihm übertragenen Aufgaben zu erfüllen.[513] Eine Trägergesellschaft kann danach auch Träger mehrerer Börsen sein, solange sie ihren Pflichten gegenüber jeder einzelnen Börsenanstalt nachkommt.[514] Umgekehrt ist auch eine Trägerschaft durch zwei oder mehr Rechtssubjekte denkbar.[515] So wird die mit Abstand größte deutsche Wertpapierbörse, die Frankfurter Wertpapierbörse, seit kurzem von der Deutsche Börse AG und der Scoach Europa AG getragen.[516]

bb. Die Entwicklung des Börsenträgers von mitgliedschaftlicher Verbandsstruktur zum Dienstleistungsanbieter

Die Börsen wurden ursprünglich von ohne Gewinnzweck organisierten Vereinen oder den örtlichen Industrie- und Handelskammern getragen.[517] Heute sind die Träger aller deutschen Börsen gewinnorientierten Kapitalgesellschaften. Die

---

511 Vgl. Hammen, in: Damm / Heermann / Veil, FS Raiser, S. 675 f.; Hammen/Müller, in: Hammen, Interessenkonflikte beim Börsengang von Börsen, S. 77.

512 Zu der Börsenerlaubnis und den sich daraus ergebenden Rechten und Pflichten siehe Kapitel III. A.II.3.

513 Posegga, WM 2002, 2402, 2403.

514 Christoph, ZBB 2005, 82, 88.

515 Vgl. Christoph, Börsenkooperationen und Börsenfusionen, S. 209.

516 Die Scoach Europa AG ist hinsichtlich des Handels in Optionsscheinen, Zertifikaten und sonstigen strukturierten Produkten die Träger der Frankfurter Wertpapierbörse. Die Scoach Europa AG ist ein Joint Venture zwischen der Swiss Infrastructure and Exchange Group und der Deutsche Börse AG.

517 Von Rosen, ZfgK 2005, 664, 664; Posegga, WM 2002, 2402, 2402; Beck, WM 1996, 2313, 2315. Die Wertpapierbörsen in Berlin, Frankfurt und Hamburg wurden von Industrie- und Handelskammern getragen; die Wertpapierbörsen in Düsseldorf, Hannover, München und Stuttgart waren Vereinsbörsen.

Entwicklung der Börse von einer mitgliedschaftlichen und monopolartigen Verbandsstruktur zu einem modernen Anbieter von Dienstleistungen im Bereich des Wertpapierhandels beruht auf der Übernahme der Trägerschaft durch gewinnorientierte privatrechtliche Unternehmen.[518]

Anlass für die Umwandlung der Börsenträgerschaft waren die erhöhten technischen Anforderungen des Handelsablaufs. Die Entwicklungen in der Informations- und Telekommunikationstechnologie führten zu einer immer höheren Zahl und komplexeren Transaktionen in immer kürzeren Zeiträumen.[519] Die zur Verarbeitung der Transaktionen notwendige Technologie erforderte hohe Investitionssummen, deren Volumen durch mitgliedschaftliche Beiträge alleine nicht mehr aufgebracht werden konnte. Der Betrieb der Börse durch kapitalgesellschaftliche Unternehmen versprach neue und weitergehende Finanzierungsmöglichkeiten.[520]

Anteilseigner der neu gegründeten Börsenträgergesellschaften wurden typischerweise die Mitglieder des früheren Börsenträgers. Zunächst haben sich deshalb aufgrund des Gleichlaufs der Interessen keine Veränderungen für die Beteiligten ergeben. Da allerdings nicht alle Handelsteilnehmer Anteile an der Betreibergesellschaft hielten, wurden diese von den Anteilseignern quersubventioniert.[521] Die Computerisierung des Börsenhandels führte verstärkt zu Fern- und Mehrfachmitgliedschaften von Handelsteilnehmern an den Börsen. Der Teilnehmerkreis wurde im Zuge dessen auch deutlich internationaler.[522] Soweit international agierende Finanzdienstleistungsinstitute an den Trägergesellschaften der Börse beteiligt waren, spielten sie in diesem Zusammenhang eine nicht unwesentliche Rolle für die Anzahl der gelisteten ausländischen Wertpapiere oder internationale Kooperationen und Gemeinschaftsprojekte mit anderen internationalen Börsen.[523]

---

518 Dazu Beck, in: Schwark, Kapitalmarktrechts-Kommentar, § 1 BörsG, Rn. 26 f.

519 Hartmuth, Institutioneller Wandel von Börsen, S. 161.

520 Schlüter, Börsenhandelsrecht, S. 353; Hammen, in: Hammen, Interessenkonflikte beim Börsengang von Börsen, S. 7 f.; Beck, in: Schwark, Kapitalmarktrechts-Kommentar, § 1 BörsG, Rn. 11.

521 Ähnlich auch Hammen, in: Hammen, Interessenkonflikte beim Börsengang von Börsen, S. 9.

522 Hohberg, Wertpapierbörse im Internet, S. 86.

523 Vgl. Breuer, in: Hummel / Bühler / Schuster, Banken in globalen und regionalen Umbruchsituationen, S. 74 ff.; Grote, Die Entwicklung des Finanzplatzes Frankfurt, S. 186.

In einem Prozess der *Demutualisierung*, der seit dem ersten Börsengang einer Börsenträgergesellschaft, der Australian Stock Exchange im Jahr 1998 zu beobachten ist,[524] öffneten sich die großen Börsen dem Anlegerpublikum.[525] Mit der Demutualisierung wird die Trennung von Eigentümerschaft und Börsenmitgliedschaft durch die Umwandlung des Trägers von einer genossenschaftlichen Struktur in eine von vielen Anteilseignern gehaltene Aktiengesellschaft (Ersetzung der *Chairholder* durch *Shareholder*) beschrieben.[526] Als erste international bedeutende Börsenträgergesellschaft bot die Deutsche Börse AG ihre Anteile öffentlich an und wurde am 5. Februar 2001 zum börslichen Handel zugelassen.[527]

Die meisten Börsen haben sich durch die Veränderungen in den Anteilseignerstrukturen der Börsenträgergesellschaften von „Mitgliederbörsen" zu reinen „Nutzerbörsen" gewandelt. Der Börsengang einer Börsenträgergesellschaft bedeutet auch, dass die Kontrolle unternehmerischer Entscheidungen endgültig nicht mehr durch die dem Verband angehörenden Mitglieder, sondern über eine Bewertung der Aktien der Trägergesellschaft am Markt stattfindet.[528] Diese grundlegende Veränderung der Unternehmensstruktur hat sich auch in der Unternehmensphilosophie niedergeschlagen. Der privatrechtliche Betrieb führte zu

524 Dem Börsengang der Australian Stock Exchange ging die Verschmelzung der sechs Regionalbörsen Australiens im Jahr 1996 voraus. Gleichzeitig gaben sie den bis zu diesem Zeitpunkt gültigen Status eines gemeinnützigen Vereins auf Gegenseitigkeit auf.

525 Ökonomische Analyse der Demutualisierung von Börsen bei Niedereichholz, Die Zukunft der Börse, S. 224 – 235.

526 Nobel/Sauerwein, Struktur der Deutsche Börse AG, S. 589; Rudolf, in: Habersack / Mülbert / Schlitt, Unternehmensfinanzierung am Kapitalmarkt, § 1 Rn. 26.

527 Genauer dazu und zu den Beteiligungsverhältnissen und der Aktionärsstruktur der Deutsche Börse AG vor und nach dem Börsengang Niedereichholz, Die Zukunft der Börse, S. 156 ff. Zu Börsengängen internationaler Börsenbetreiber vgl. Claussen, ZBB 2000, 1, 3 und Nobel, in: Schneider / Hommelhoff / Schmidt / Timm / Grunewald / Drygala, FS Lutter, 1485, 1487. Die Börsen Euronext (mittlerweile NYSE Euronext) und die London Stock Exchange boten später im gleichen Jahr ihre Anteile der Öffentlichkeit zum Kauf an. Die New York Stock Exchange tat es ihnen im Jahr 2006 gleich. Mit den Börsen Hong Kongs, Singapurs, Malaysias, der Chicago Mercantile Exchange, der OMX und der Chicago Board of Trade sind mittlerweile zahlreiche weitere bekannte Börsenträgergesellschaften zum Handel an einer Börse gelistet. Die Börsen Tokio und Madrid planen ein öffentliches Angebot ihrer Anteile in näherer Zukunft. Waren zu Beginn des 20. Jahrhunderts erst acht Prozent der Börsen ihrerseits börsennotiert, waren es im Jahr 2006 bereits 63 Prozent, FAZ vom 6. Dezember 2006, S. 24

528 Dazu Blume/Siegel/Rottenberg, Revolution on Wall Street, S. 46.

einer Verstärkung der Dienstleistungsorientierung. Der Dienstleistungscharakter der Tätigkeit des Börsenträgers kommt zum Beispiel in § 17 Abs. 3 BörsG zum Ausdruck, wonach es dem Börsenträger gestattet wird, neben den Gebühren und Auslagenerstattungen für die Zulassung zur Teilnahme am Börsenhandel, für die Zulassung und Einführung von Finanzinstrumenten und weiteren Tätigkeiten sowie für Dienstleistungen, welche er im Rahmen des Börsenbetriebs für Handelsteilnehmer oder Dritte erbringt, separate Entgelte zu verlangen. Dadurch wird in Übereinstimmung mit der derzeitigen Rechtspraxis klargestellt, dass Börsenträger für Dienstleistungen innerhalb des Börsenbetriebs, wie etwa der Bereitstellung von technischen Anbindungen zu Handelssystemen oder dem Vertrieb von Handelsdaten unabhängig von Vermittlungsgebühren nach § 17 Abs. 1 BörsG gesonderte privatrechtliche Entgelte verlangen können.[529] Zu den Zeiten „quasigenossenschaftlicher Strukturen“ des Börsenträgers bestand daran kein besonderes Interesse.[530] Zwischenzeitlich ist die Veranstaltung des Wertpapierhandels für die privatrechtlichen Börsenträger vereinzelt nur noch ein untergeordneter Teil ihrer geschäftlichen Aktivitäten.[531]

Da der privatrechtliche Träger nunmehr in alle Börsenaktivitäten involviert ist,[532] konnte die Effizienz der Wertschöpfungskette des Börsenbetriebs in dem für die Marktbedürfnisse erforderlichen Umfang gesteigert werden. Der Zugang zum Kapitalmarkt eröffnet nach dem einmaligen Erlös durch die Platzierung der Anteile zudem weitere Finanzierungsmöglichkeiten und damit die Chance die Marktpräsenz und das Dienstleistungsangebot weiter auszubauen.[533] Problematisch ist in diesem Zusammenhang allerdings, dass der Börsenträger als gleichzeitiger Betreiber des Freiverkehrs keine getrennte Finanzierung des Freiver-

529 BT-Drucks. 16/4028, S. 88.

530 Dazu Hammen, Gebühren- und Entgeltregelungen für die Teilnahme am elektronischen Börsenhandel, S. 389 ff.

531 Vgl. Schwark, in: Schwark, Kapitalmarktrechts-Kommentar, Einl. BörsG, Rn. 17. Die Deutsche Börse AG erwirtschaftete 2010 nur rund 50 Prozent der Umsatzerlöse über den Kassa- und Terminmarkthandel. Die sonstigen Umsätze ergeben sich aus dem Handel nachgelagerten Dienstleistungen (Geschäftsabwicklung und Wertpapierverwahrung) sowie den Segmenten Marktdaten, Analyse und Informationstechnologie, Deutsche Börse AG, Geschäftsbericht 2010, S. 101 (abrufbar über www.deutsche-boerse.com).

532 Vgl. Mühlenkamp, Ökonomische Analyse von Public Private Partnerships, S. 6 f.

533 Neben der Ausgabe von 195 Mio. nennwertlosen Namens-Stammaktien hat die Deutsche Börse AG festverzinsliche Inhaberschuldverschreibungen und Hybridanleihen in einem Volumen von € 1,1 Mrd. emittiert. Neben Privatplatzierungen von $ 460 Mio. begibt das Unternehmen regelmäßig Commercial Paper.

kehrs vorzunehmen hat. Im Ergebnis wird dadurch der Betrieb des Freiverkehrs zu einer staatlichen Aufgabe gemacht, da er sich aus den Gebühren und Entgelten nach § 17 BörsG zumindest mitfinanziert. Anders als der diesen Einnahmen zugrundeliegenden Veranstaltung des Börsenhandel, ist der Handel im Freiverkehr nach den Vorgaben der MiFID, welche den Freiverkehr zumindest nach Ansicht der ESMA zu einem MTF macht und als dieser mit dem börslichen Handelsplatz konkurrieren sollte, nicht unmittelbar die Wahrnehmung einer Staatsaufgabe.

Die Demutualisierung wirft darüber hinaus auch die Frage nach potentiellen Interessenkonflikten zwischen den Anteilseignern, die an möglichst hohen Gewinnen orientiert sind, und den Interessen der Nutzer auf.[534] Möglichkeiten eines Schutzes des Marktes vor den Risiken einer Marktteilnahme bestehen (in wenig praktikabler Weise) auf Basis gesellschaftsrechtlicher Beteiligungsbeschränkungen, der Ausgaben von Vorzugsaktien, oder der Vinkulierung von Namensaktien sowie aufsichtsrechtlicher Art nach §§ 6 BörsG, 1 Abs. 9 KWG, 22 Abs. 2 WpHG. [535] Um die Transparenz in Bezug auf die Eigentumsverhältnisse an dem Börsenträger sicherzustellen und somit die Funktionsfähigkeit des Marktes zu gewährleisten, ist der Börsenträger nach § 5 Abs. 2 BörsG verpflichtet, aktuelle Angaben in Bezug auf die Eigentümerstruktur zu machen.

Insgesamt stehen sich marktwirtschaftliche Gewinnprinzipien und das öffentliche Interesse an einem funktionsfähigen Kapitalmarkt nicht entgegen. Denn das Streben nach Gewinn führt meist auch immer zu einer deutlichen Verbesserung der Dienstleistungsqualität. Im Falle der Börsendienstleister kann somit nicht von einem Interessenkonflikt zwischen den Nutzern und den Anteilseignern ausgegangen werden.[536]

Seit den Anfangsjahren hat sich die Trägerschaft der Börse in eine unternehmerische Tätigkeit gewandelt.[537] Die Hauptleistung und Kernkompetenz einer Börse besteht dabei in der effizienten Organisation einer Marktveranstaltung für Emittenten und Wertpapierhändler und mit der Vermittlung von Geschäften über die Anschaffung und die Veräußerung von Finanzinstrumenten, einer Fi-

---

534 So auch v. Rosen, ZfgK 2005, 664, 664.

535 Vgl. Hammen, in: Hammen, Interessenkonflikte beim Börsengang von Börsen, S. 21 ff.

536 Vgl. v. Rosen, ZfgK 2005, 664, 664.

537 Mues, Die Börse als Unternehmen, S. 28 ff.; Hopt/Baum, in: Hopt / Rudolph /Baum, Börsenreform, S. 404; Schwark, WM 2000, 2517, 2520.

nanzdienstleistung im Sinne des § 1 Abs. 1a S. 2 Nr. 1 KWG.[538] Die Dienstleistungen des Börsenträgers sind aufgrund des Bedeutungszuwachses der Kapitalmärkte mittlerweile von gesamtwirtschaftlicher Bedeutung,[539] wobei die Betreiber organisierter Märkte nach § 2 Abs. 6 Nr. 16 KWG nicht als Finanzdienstleistungsinstitute gelten.

cc. Die Beleihung des Börsenträgers

In Bezug auf die Rechtsbeziehung zwischen dem Börsenträger und dem Börsensitzland fehlt eine gesetzliche Klarstellung.[540] Der Börsenträger erbringt verschiedene Dienstleistungen im Zusammenhang mit dem Betrieb der Börse. Im Rahmen dieser Tätigkeit ist nicht der Börsenträger, sondern die von ihm zu errichtende Börsenanstalt mit hoheitlichen Befugnissen im Bereich des Wertpapierhandels ausgestattet.

Die Beleihung ist eine von mehreren vielfältig möglichen Formen an Privatisierungsmaßnahmen im öffentlichen Sektor.[541] Sie reichen von der Eigenerledigung durch staatliche Teilnahme am Wirtschaftsverkehr über privatrechtliche Gesellschaften bis hin zur vollständigen Aufgabenwahrnehmung durch Private Dritte.[542] Ordnungspolitische Grundlage für Kooperationsformen zwischen dem Staat und Privaten ist zunehmend das Konzept des Gewährleistungsstaates.[543] Danach soll der Staat nicht mehr selbst als Produzent oder Anbieter einer Leistung auftreten, sondern nur noch gewährleisten, dass bestimmte Aufgaben von Dritten wahrgenommen werden. Die Verantwortungsteilung zwischen Staat und Gesellschaft wird durch die Einbindung des Handelsbetriebs in den Markt um-

---

538 Bernet, Finanzintermediation, S. 223.

539 v. Rosen, ZfgK 2005, 664, 664; Kley, in: Bruns / Häuser, Deutschland als Finanzplatz, S. 50 f.

540 Eine solche gesetzliche Klarstellung ergibt sich beispielsweise im Bereich des Postwesens aus § 33 Abs. 1 PostG ergibt, wonach ein von der Bundesnetzagentur als Regulierungsbehörde lizensiertes Unternehmen, das Briefzustelldienstleistungen erbringt, mit „Hoheitsbefugnissen ausgestattet (beliehener Unternehmer)" ist.

541 Zu den dogmatischen Grundlagen der verschiedenen Formen der Privatisierung siehe Lämmerzahl, Die Beteiligung Privater an der Erledigung öffentlicher Aufgaben, S. 96 ff.

542 Knütel, in: Siebel / Röver / Knütel, Projektfinanzierung und PPP, S. 379 ff.; Schöne, in: Littwin / Schöne, Public Private Partnership, Rn. 38 ff.

543 Hierzu Schuppert, in: König / Benz, Privatisierung und staatliche Regulierung, S. 539 ff.

gesetzt.[544] Die Aufgabenteilung zwischen Staat und Privaten ist damit Ausdruck einer Ökonomisierung, also dem Versuch zur Regulierung einzelner Bereiche des öffentlichen Sektors Marktinstrumente einzusetzen.[545] Hintergrund von Privatisierungsmaßnahmen ist die Erwartung, dass durch die Verteilung von Aufgaben der Wirtschaftsverwaltung auf Private, staatliche Ressourcen finanzieller und personeller Art geschont und die Effizienz der Aufgabenerledigung gefördert wird, da Private in dem von ihnen wahrgenommenen Aufgabenbereich regelmäßig situationsnäher, flexibler und kompetenter handeln können.[546] Die Beleihung ist in diesem Zusammenhang ein Mittel der sogenannten *funktionalen Privatisierung*. Der Staat hat die Möglichkeit, natürlichen oder juristischen Personen des Privatrechts öffentliche Aufgaben zu übertragen und diese somit für diesen Aufgabenbereich in die staatliche Organisation mit einzubeziehen, sie also funktional eine Verwaltungstätigkeit ausüben zu lassen.[547] Anders als bei einer sogenannten *formalen Privatisierung* ist die öffentliche Hand üblicherweise nicht an dem privaten Unternehmensträger beteiligt.[548]

Im Unterschied zur sogenannten *materiellen Privatisierung* oder auch *Aufgabenprivatisierung*, die durch den teilweisen oder vollständigen Rückzug eines staatlichen oder kommunalen Trägers von einer bestimmten Aufgabe charakterisiert ist und vielfach von der Privatisierung der hierfür benötigten Vermögensgegenstände begleitet wird,[549] gibt der Staat im Rahmen der funktionalen Privatisierung nur Teilbereiche an Private ab. Diese sind in Bezug auf die abgegebenen Funktionen für den Staat tätig, d. h. sie erbringen ihre Aufgaben mit funktionalem Bezug zu einer Staatsaufgabe.[550] Das Zusammenwirken zwischen Staat

---

544 Vgl. Budäus, in: Budäus, Kooperationsformen zwischen Staat und Markt, S. 13; Kropp, PVS 2004, 416 ff.

545 Ruthig/Storr, Öffentliches Wirtschaftsrecht, S. 199.

546 Löffler, in: Harms / Reichard, Ökonomisierung des öffentlichen Sektors, S. 22 f.; Harms/Reichard, in: Harms / Reichard, Ökonomisierung des öffentlichen Sektors, S. 14 f.

547 Schliesky, Öffentliches Wirtschaftsrecht, S. 152.

548 Knütel, in: Siebel / Röver / Knütel, Projektfinanzierung und PPP, S. 380. Von einer „unechten Beleihung“ spricht man, wenn ein gemischtwirtschaftliches Unternehmen beliehen wird, OVG Frankfurt/Oder, NVwZ 1997, 604, 608; Schmidt am Busch, DÖV 2007, 533, 537.

549 Burgi, Privatisierung öffentlicher Aufgaben, D 32.

550 Vgl. Burgi, Privatisierung öffentlicher Aufgaben, D 33; Stober, in: Wolff / Bachof / Stober, Verwaltungsrecht, Bd. 3, Vor § 90 Rn. 16; Schulze-Fielitz, in: Hoffmann-Riem /

und Privaten in Form der Beleihung erfolgt ohne dass eine gemeinsam getragene juristische Person gegründet werden müsste.[551] Die Beleihung hat zum Ziel, die öffentliche Verwaltung zu dezentralisieren und private Finanzmittel und Sachkenntnis der Verwaltung nutzbar zu machen.[552] Für die Entstehung eines Beleihungsverhältnisses ist es deshalb erforderlich, dass der Träger privatrechtlich organisiert ist. Denn nur die dem Privaten zukommenden Fachkompetenzen sowie Personal- und Sachmittel machen ihn zu einem tauglichen Beleihungsadressaten.[553] Gleichzeitig gibt der Staat neuem Marktgeschehen Raum und fördert den Wettbewerb im und um den betreffenden Markt.[554]

Ansichten, wonach das Rechtsverhältnis zwischen dem Börsenträger und dem Staat als Verwaltungshilfe einzustufen sei, konnten sich hingegen nicht durchsetzen.[555] Teilweise wird im Verhältnis zwischen dem beliehenen Börsenträger und dem Staat ein Amtswalterverhältnis im weiteren Sinne gesehen.[556] Im Vergleich zum Beamtenverhältnis sei das Beleihungsverhältnis durch größere Freiheiten geprägt.[557] Während der Beamte aber im fremden Namen für den Staat handelt, nimmt der Beliehene nur solche öffentlichen Aufgaben wahr, die ihm konkret aufgrund des mit der Beleihung verbundenen öffentlichen Interes-

---

Schmidt-Aßmann / Voßkuhle, Grundlagen des Verwaltungsrechts, Bd. I, § 12 Rn. 110; zu verfassungsrechtlichen Implikationen funktionaler Privatisierung s. Burgi, Funktionale Privatisierung und Verwaltungshilfe, S. 175 ff.

551 Stober, in: Wolff / Bachof / Stober / Kluth, Verwaltungsrecht II, § 89 Rn. 19; Knütel, in: Siebel / Röver / Knütel, Projektfinanzierung und PPP, S. 380.

552 Lämmerzahl, Die Beteiligung Privater an der Erledigung öffentlicher Aufgaben, S. 184 f.; Schmitz, in: Stelkens / Bonk / Sachs, VwVfG, § 1 Rn. 256 ff.; Peine, DÖV 1997, 353, 361; Burgi, Privatisierung öffentlicher Aufgaben, D 41 in Fn. 149; Kirchhof, AöR 2007, 215, 222 f.; Alfen/Fischer, in: Weber / Schäfer / Hausmann, Praxishandbuch PPP, S. 3; vgl. Ossenbühl, VVDStRL 29 (1971), S. 148.

553 Maurer, Allgemeines Verwaltungsrecht, § 23 Rn. 56; Stober, in: Wolff / Bachof / Stober, Verwaltungsrecht, Bd. 3, § 90 Rn. 3; Wiegand, Die Beleihung mit Normsetzungskompetenzen, S. 125 f.

554 Burgi, Privatisierung öffentlicher Aufgaben, D 33 f.; vgl. in diesem Zusammenhang auch die verschiedenen Modellvarianten bei Reuter, NVwZ 2005, 1246, 1246 f.

555 Vgl. Breitkreuz, Ordnung der Börse, S. 182 ff. und Christoph, Börsenkooperationen und Börsenfusionen, S. 174 ff.

556 Michaelis, Der Beliehene, S. 182 f., Steiner, Öffentliche Verwaltung durch Private, S. 238; Stuible-Treder, Der Beliehene im Verwaltungsrecht, S. 98 f.

557 Stuible-Treder, Der Beliehene im Verwaltungsrecht, S. 99.

ses übertragen wurden.[558] In dem Verhältnis zwischen Börsenträger und dem beleihenden Sitzland der Börse besteht daher vielmehr eine Art verwaltungsrechtliches Schuldverhältnis, welches genauer als öffentlich-rechtliches Auftragsverhältnis zu qualifizieren ist.[559] In Ermangelung einschlägiger öffentlich-rechtlicher Vorschriften finden neben den allgemeinen verwaltungsrechtlichen Vorschriften, die Regelungen über den Auftrag und die Geschäftsbesorgung gemäß §§ 662 ff. BGB entsprechend Anwendung.[560] Ein Rückgriff auf zivilrechtliche Vorschriften ist statthaft, sofern sie analogiefähig und auf das betreffende Rechtsverhältnis übertragbar sind,[561] was vorliegend der Fall ist. Sofern demgegenüber angebracht wird, dass die Pflichten des Börsenträgers ausreichend kodifiziert seien und ein Rückgriff auf das Auftragsrecht daher weder notwendig noch zulässig sei,[562] ist dem entgegenzuhalten, dass zwar hinreichende gesetzliche Grundlagen zur Ermittlung der Pflichten des Börsenträgers bestehen, nicht hingegen zur Ermittlung seines Verhältnisses zum Beleihungsland.

Die Beleihung ist zudem ein Fall der mittelbaren Staatsverwaltung.[563] Ein Fall mittelbarer Staatsverwaltung liegt immer dann vor, wenn der Staat seine Verwaltungsaufgaben nicht unmittelbar selbst durch eigene Behörden erledigt. Die Einbeziehung von Einzelpersonen oder Personenmehrheiten in die öffentlich-rechtliche Verwaltungsorganisation macht diese in Bezug auf die ihnen übertragenen Aufgaben zur Behörde im Sinne des § 1 Abs. 4 VwVfG,[564] ohne

---

558 Maurer, Allgemeines Verwaltungsrecht, § 23 Rn. 57; Beck, WM 1996, 2313, 2315.

559 Seiffert, in: Kümpel / Wittig, Bank- und Kapitalmarktrecht, Rn. 4.151 ff.; Ronellenfitsch/Maier, in: Kluth / Müller / Peilert, Wirtschaft – Verwaltung – Recht, S. 459; Steiner, Öffentliche Verwaltung durch Private, S. 226; Stuible-Treder, Der Beliehene im Verwaltungsrecht, S. 73 f.

560 Steiner, in: Schäffer / Berka / Stolzlechner / Werndl, Staat – Verfassung - Verwaltung, S. 611; Hammen, Gebühren- und Entgeltregelungen für die Teilnahme am elektronischen Börsenhandel, S. 394; Kümpel/Hammen, Börsenrecht, S. 111; Freitag, Das Beleihungsrechtsverhältnis, S. 188; Kümpel, BKR 2003, 3, 5.

561 BVerwGE 18, 308, 314; 20, 295, 297; Freitag, Das Beleihungsrechtsverhältnis, S. 190; Steiner, Öffentliche Verwaltung durch Private, S. 226; Maurer, Allgemeines Verwaltungsrecht, § 3 Rn. 41 ff.

562 Lepczyk, Rechtliche Aspekte internationaler Börsenfusionen, S. 83 f.

563 Detterbeck, Allgemeines Verwaltungsrecht, S. 69; Kirchhof, in: Maunz / Dürig, GG, Art. 83 Rn. 96 f.; Kümpel, WM 1985, Sonderbeilage Nr. 5, 4.

564 Frenz, Die Staatshaftung in den Beleihungstatbeständen, S. 57 f.; Schliesky, Öffentliches Wirtschaftsrecht, S. 152; Burgi, NVwZ 2007, 383, 384; Jaskulla, WM 2002, 1093, 1094.

ein Dienst- oder Beschäftigungsverhältnis entstehen zu lassen.[565] Es bedarf somit nicht der Errichtung einer eigenen (neuen) Behörde zur Bewältigung der staatlichen Aufgabe.[566] Dadurch wird es dem Beliehenen ermöglicht, selbständig im eigenen Namen öffentliche Aufgaben durch die Inanspruchnahme öffentlich-rechtlicher Befugnisse zu erfüllen.[567] Aufgrund dessen stellt die Beleihung den bedeutendsten Machtzuwachs aller Formen der Privatisierung für ein privatrechtliches Unternehmen dar.[568]

Im Bereich des Börsenwesens nimmt der Staat die Verwaltungsaufgaben nicht selbst durch eigene Behörden wahr, sondern bedient sich der Börsenanstalt.[569] Tätigkeiten der öffentlichen Verwaltung durch die Börsenanstalt ergeben sich z. B. bei Entscheidungen über die Zulassung zur Teilnahme am Börsenhandel oder die Zulassung oder Einbeziehung von Finanzinstrumenten zum Handel an der Börse. Im Zusammenhang mit der Mittelbarkeit staatlicher Verwaltungstätigkeit kommt es nicht auf die Rechtsfähigkeit des mit der Verwaltungsaufgabe befassten Verwaltungsträgers an. Rechtsfähige und nicht rechtsfähige Anstalten werden wie Körperschaften oder Stiftungen gleichermaßen zum Bereich der mittelbaren Staatsverwaltung gezählt. Entscheidend ist, dass sie dem Hauptverwaltungsträger mittelbar zuzurechnen sind.[570] Bei der Börse handelt es sich demnach um eine Form der mittelbaren Selbstverwaltung.[571]

Bereits die Trägerschaft der Börsenanstalt durch die örtlichen Industrie- und Handelskammern oder Börsenvereine stellte eine Form der mittelbaren Staatsverwaltung dar.[572] Die Einbindung gewinnorientierter Privater als Träger der Börse hat daran insoweit nichts geändert. Zwar kann die dualistische Struktur des Börsenwesens nicht mit der herkömmlichen Behördenstruktur gleichgestellt werden, als Träger der öffentlichen Gewalt sind die Organe der Börsenanstalt jedoch Behörden im verwaltungsrechtlichen und haftungsrechtlichen Sinne. Da-

565 Ossenbühl, VVDStRL 29 (1971), 192 f.; Steiner, Öffentliche Verwaltung durch Private, S. 46 ff., 263 ff.; Heimburg, Verwaltungsaufgaben und Private, S. 112 ff.

566 Freitag, Das Beleihungsrechtsverhältnis, S. 21.

567 Schliesky, Öffentliches Wirtschaftsrecht, S. 152; Burgi, Privatisierung öffentlicher Aufgaben, D 29; Detterbeck, Allgemeines Verwaltungsrecht, S. 60.

568 Burgi, Privatisierung öffentlicher Aufgaben, D 41.

569 Seiffert, in: Kümpel / Wittig, Bank- und Kapitalmarktrecht, Rn. 4.178 ff.

570 Kirchhof, in: Maunz / Dürig, GG, Art. 83 Rn. 97; Burgi, WM 2009, 2337, 2338.

571 Jaskulla, WM 2002, 1093, 1093 f.; Lorenz, Die Wertpapierbörse und ihr Träger, S. 50.

572 Schliesky, Öffentliches Wirtschaftsrecht, S. 145.

her haftet das Land für die Tätigkeit der Organmitglieder nach § 839 BGB i. V. m. Art. 34 GG.[573] Da die Wahrnehmung der Amtspflicht ausschließlich im öffentlichen Interesse erfolgt, scheidet ein Anspruch lediglich mittelbar Betroffener mangels Drittschutzes aus.[574]

Maßgeblich für die Einstufung der Rechtsverhältnisse an der Börse ist die Erteilung der Börsenerlaubnis nach §§ 4, 5 Abs. 1 BörsG. Bei der Börsenerlaubnis handelt es sich um einen Verwaltungsakt in Gestalt der Börsenerlaubnis im Sinne des § 35 VwVfG. Aufgrund des Dauerverhältnisses im Zusammenhang mit dem Betrieb der Börse wird der Verwaltungsakt als Dauerverwaltungsakt eingestuft.[575] Da die Börsenerlaubnis zur Folge hat, dass der Börsenhandel kontinuierlich ohne staatliche Weisungen und damit eigenverantwortlich wahrzunehmen ist, handelt es sich bei der Erteilung der Börsenerlaubnis um die Beleihung einer juristischen Person zum Träger der Anstalt Börse.[576] Durch die Beleihung entsteht zudem ein Auftrags- oder auch Treue- bzw. Treuhandverhältnis zwischen dem Börsenträger und dem beleihenden Börsensitzland.[577]

Die vom beliehenen Börsenträger wahrzunehmenden Verwaltungsaufgaben sind finanz-, personal- und organisationsbezogene Handlungen. Er nimmt sie über die verschiedenen öffentlich-rechtlichen Handlungsformen, d. h. durch Satzungserlass, Verwaltungsakt, Verwaltungsvertrag oder schlichthoheitlich wahr.[578] Für seine Tätigkeiten stehen dem beliehenen Börsenträger keine finanziellen Ansprüche gegenüber dem beleihenden Bundesland zu. Er refinanziert

---

573 Vgl. Bröcker, in: Claussen, Bank- und Börsenrecht, S. 338.

574 Groß, Kapitalmarktrecht, § 15 BörsG, Rn. 14. Gegen eine solche Form des Haftungsausschlusses im Bereich des Wirtschaftsrechts gibt es vereinzelt verfassungsrechtliche Bedenken: Claussen, DB 1994, 969, 973 f.; Bröcker, in: Claussen, Bank- und Börsenrecht, S. 332, f.; Kümpel/Hammen, Börsenrecht, S. 135 ff.; a. A. BGH, ZIP 2005, 287, 291 f.

575 Beck, in: Schwark, Kapitalmarktrechts-Kommentar, § 1 BörsG Rn. 40; Burgi, WM 2009, 2337, 2342.

576 BT-Drucks. 14/8017, S. 72; Kümpel, BKR 2003, 3, 5; Schneider/Burgard, WM 2000, Sonderbeilage Nr. 3, 24, 27; Schuster/Sohns, ZBB 2006, 342, 351.

577 Vgl. Freitag, Das Beleihungsrechtsverhältnis, S. 188; Steiner, Öffentliche Verwaltung durch Private, S. 226; Kümpel, BKR 2003, 3, 5; Stober, in: Wolff / Bachof / Stober / Kluth, Verwaltungsrecht II, § 90 Rn. 48; Groß, Kapitalmarktrecht, § 5 BörsG, Rn. 3; Beck, in: Schwark, Kapitalmarktrechts-Kommentar, § 1 BörsG Rn. 15; Seiffert, in: Kümpel / Wittig, Bank- und Kapitalmarktrecht, Rn. 4.151 ff.

578 Vgl. Seiffert, in: Kümpel / Wittig, Bank- und Kapitalmarktrecht, Rn. 4.147.

sich im Rahmen des Börsenbetriebs über Gebühren und Entgelte nach § 17 BörsG.

Der Börsenträger gehört durch die Einbindung in die Staatsverwaltung im weitesten Sinne zu den Verwaltungsträgern, ist allerdings nur im Hinblick auf die konkrete Tätigkeit in die staatliche Verwaltungsorganisation eingegliedert. Im Übrigen sind sonstige Rechtshandlungen des Börsenträgers privatrechtlicher Natur.[579]

c. *Das Verhältnis zwischen Börsenträger und Börsenanstalt*

Nach der Erlaubniserteilung zum Betrieb einer Börse, muss der Börsenträger zur Erfüllung der sich daraus ergebenden Pflichten, eine zum Einsatz dieser Handlungsinstrumente befähigte Anstalt schaffen. Dabei bedarf es keines besonderen Gründungsaktes. Die Anstalt des öffentlichen Rechts entsteht quasi mit Erteilung der Börsenerlaubnis.[580]

Die in § 4 Abs. 3 Nr. 3 BörsG normierte Anforderung, dass der Inhaber einer bedeutenden Beteiligung an einer Börsenträgergesellschaft, als solide und umsichtig einzustufen ist, deutet an, dass der Börsenträger, durch die Führung der Börsenanstalt die Börsenverhältnisse bestimmt. Aus § 5 Abs. 1 S. 2 BörsG ergibt sich, dass die Börsenanstalt für die Durchführung und angemessene Fortentwicklung des Börsenbetriebs verantwortlich ist. Aufgrund des dualistischen Systems der Trennung zwischen Börsenträger und Börsenanstalt fungiert der Träger der Börse als reine Versorgungseinrichtung der Börsenanstalt, ohne Einfluss auf das eigentliche Börsengeschehen nehmen zu dürfen.[581] Die Börsenanstalt hingegen veranstaltet das Marktgeschehen aufgrund der ihr gesetzlich zugewiesenen Kompetenzen.[582]

Die Anstalt ist von ihrem Träger jedoch insoweit wirtschaftlich unabhängig, als mit ihr als Anstalt des öffentlichen Rechts aufgrund der „staatsrechtlichen Verankerung und öffentlich-rechtlichen Aufgabenstellung“ kein Beherrschungs-

579 Lorenz, Die Wertpapierbörse und ihr Träger, S. 68; Schmitz, in: Stelkens / Bonk / Sachs, VwVfG, § 1 Rn. 256; Schwark, WM 2000, 2517, 2522; Freitag, Das Beleihungsrechtsverhältnis, S. 23.

580 BT-Drucks. 16/4028, S. 79.

581 Lenenbach, Kapitalmarktrecht, Rn. 3.39 ff.; Seiffert, in: Kümpel / Wittig, Bank- und Kapitalmarktrecht, Rn. 4.165.

582 Burgi, WM 2009, 2337, 2341.

vertrag im Sinne des § 291 Abs. 1 S. 1 AktG geschlossen werden kann.[583] Da der Börsenanstalt die privatrechtliche Rechtsfähigkeit fehlt, kann sie kein Eigentum erwerben. Eigentümer der börsengenutzten Vermögensgegenstände ist daher der Börsenträger. Er ist auch Schuldner der rechtsgeschäftlich begründeten Verbindlichkeiten aus den börsenbezogenen Rechtsgeschäften. Dieser schließt ebenfalls die Verträge mit Mitarbeitern und den Organmitgliedern der Börse ab.[584]

Typischerweise ist eine Anstalt dem ständigen Einfluss des Anstaltsträgers ausgesetzt.[585] Dem Börsenträger fehlt im Rahmen der börsenrechtlichen Organisationsstruktur allerdings jeder rechtliche Einfluss auf die Börsengeschäftsführung. Die Börsengeschäftsführung leitet die Börse nach § 15 Abs. 1 S. 1 BörsG in eigener Verantwortung. Die personelle Unabhängigkeit ergibt sich dadurch, dass die Geschäftsführer nicht vom Börsenträger, sondern vom Börsenrat bestellt werden, § 12 Abs. 2 S. 1 Nr. 2 BörsG. Der Börsenträger wird bei der Besetzung des Börsenrates gemäß § 12 Abs. 1 S. 2 BörsG nicht berücksichtigt. Somit kommen nach der rechtlichen Intention die Regelwerke der Börse durch Selbstregulierung in sachlicher und persönlicher Unabhängigkeit zustande.[586] Im Zusammenhang mit der zu beobachtenden personellen Verflechtung zwischen der Börsengeschäftsführung und der Börsenträgergesellschaft ist anzumerken, dass von einer gesicherten Einflussnahme des Börsenträgers auf die Börsenanstalt nur gesprochen werden kann, wenn diesem durch eine entsprechende Zahl von in der Börsengeschäftsführung vertretenen Angehörigen des Börsenträgers die erforderliche Mehrheit zukommt.[587] Der vom Börsenträger unabhängige

---

583 Hammen, in: Hammen, Interessenkonflikte beim Börsengang von Börsen, S. 34; LAG Berlin, AG 1996, 140, 142 f. Nach Hüffer, Aktiengesetz, § 291 Rn. 7 überzeugt dies dann nicht, sofern die Anstalt des öffentlichen Rechts als Untergesellschaft ohnehin ein abhängiges Unternehmen im Sinne des § 17 AktG ist und staatliche Einflussnahme in privatrechtlicher Form gleichwertig erfolgen kann. So auch Bezzenberger/Schuster, ZGR 1996, 481, 498 f.; Neumann/Rux, DB 1996, 1659, 1662 und Raiser, ZGR 1996, 458, 471 f.. Dem kann mit Altmeppen, in: MünchKomm AktG, § 291 Rn. 3 f. indes nicht gefolgt werden, da die unter § 291 AktG fallenden Unternehmensverträge nur zwischen Unternehmen geschlossen werden können. Der Gesetzgeber verfolgte mit den §§ 291 ff. AktG das Ziel den wirtschaftlichen Bedürfnissen von Konzernen nachzukommen. Konzerne können jedoch nur von Unternehmen gegründet werden.

584 Burgi, WM 2009, 2337, 2339.

585 Vgl. Müller, in: Wolff / Bachof / Stober / Kluth, Verwaltungsrecht II, § 86 Rn. 18.

586 Hammen, in: Hammen, Interessenkonflikte beim Börsengang von Börsen, S. 34 f.

587 Bressler, Public Private Partnerships im Bank- und Börsenrecht, S. 285.

Börsenrat erlässt nach § 12 Abs. 2 S. 1 Nr. 4 BörsG eine Geschäftsordnung für die Geschäftsführung überwacht und die Geschäftsführung nach § 12 Abs. 2 S. 1 Nr. 3 BörsG.

Der Einfluss des Börsenträgers auf den Marktbetrieb ist rechtlich somit deutlich geringer als vermutet werden könnte, wenn auch praktisch nicht von der Hand zu weisen. Im Gegenzug hat die Börsenanstalt keinen Einfluss auf die Geschäftstätigkeit des Trägerunternehmens.[588] Dies gilt freilich nur solange die Trägergesellschaft die mit der Börsenerlaubnis verbundenen gesetzlichen Pflichten erfüllt. Eine verbindliche Aufnahme von Vorgaben an den Träger im Rahmen der Börsenordnung ist nicht möglich, da diese nur für die Organe der Börse rechtlich bindend ist.[589]

Aufgrund der Öffentlichkeitswirksamkeit der Börsenträgergesellschaften werden diese gemeinhin mit der Veranstaltung des Börsenhandels verbunden, und nicht die Börsenanstalt.[590] Während der Veranstalter des börsenmäßig organisierten Wertpapierhandels allein die Anstalt des öffentlichen Rechts ist, stellt der Börsenträger lediglich sicher, dass die Anstalt diese Marktveranstaltung betreiben kann.[591] Der Börsenträger steht zudem in keiner Rechtsbeziehung zu den Handelsteilnehmern und den Emittenten.[592]

Da allein der Börsenträger gemäß § 5 Abs. 1 S. 1 BörsG mit dem Betrieb der Börse beliehen ist, handelt es sich bei der Börsenanstalt um die „gesetzlich bestellte Substitution" des betriebspflichtigen Börsenträgers.[593] Die Insolvenz des Börsenträgers würde zum Untergang der Börsenanstalt führen.[594] Es herrscht somit der Grundsatz: Keine Anstalt ohne Träger.[595]

---

588 Christoph, Börsenkooperationen und Börsenfusionen, S. 285; Beck, BKR 2002, 662, 667.

589 Schwark, WM 2000, 2517, 2529; Christoph, Börsenkooperationen und Börsenfusionen, S. 319.

590 Kümpel, BKR 2003, 3, 4 f.

591 BT-Drucks., 14/8017, S. 72; Seiffert, in: Kümpel / Wittig, Bank- und Kapitalmarktrecht, Rn. 4.175 ff.; Benner, in: Wabnitz / Janovsky, Wirtschafts- und Steuerstrafrecht, 9. Kapitel, Rn. 13.

592 Köndgen/Mues, WM 1998, 53, 57; Göppert, Das Recht der Börsen, S. 87 ff.

593 Kümpel/Hammen, Börsenrecht, S. 108 f.

594 Beck, in: Schwark, Kapitalmarktrechts-Kommentar, § 1 BörsG, Rn. 25.

595 Vgl. BT-Drucks. 16/4028, S. 79.

d. Das Selbstverwaltungsrecht der Börse

Die Börse verfügt aufgrund der ihr übertragenen Verantwortung zur Wahrnehmung von Aufgaben der öffentlichen Verwaltung, über ein Selbstverwaltungsrecht.[596] Der Selbstverwaltungsbegriff erstreckt sich grundsätzlich auch auf Anstalten.[597] Entgegen seinem Wortlaut gestattet § 4 BörsG nicht ein bestimmtes privatrechtliches Verhalten, sondern eröffnet einem Privaten die Möglichkeit, an der Erfüllung einer Staatsaufgabe, d. h. an der Ausübung von Staatsgewalt gegenüber anderen Privaten teilzuhaben.[598]

Um die ihr übertragenen Aufgaben effektiv wahrnehmen zu können, werden die Börsenordnung, die Geschäfts- und Handelsordnung sowie die Zulassungs- und Gebührenordnung gemäß § 12 Abs. 2 S. 1 Nr. 1 BörsG als Satzung erlassen. Als Satzung versteht man Rechtsvorschriften, die von einer dem Staat eingeordneten juristischen Person des öffentlichen Rechts im Rahmen der ihr gesetzlich verliehenen Autonomie mit Wirksamkeit für die ihr angehörigen und unterworfenen Personen erlassen werden.[599] Bei den von der Börse erlassenen Satzungen handelt es sich auch um autonome Satzungen, da die Börsenanstalt durch § 12 Abs. 2 S. 1 Nr. 1 BörsG gesetzlich zum Satzungserlass ermächtigt ist und die Satzungen der Genehmigung der Börsenaufsichtsbehörde bedürfen, vgl. §§ 16 Abs. 3 S. 1, 17 Abs. 2 S. 1 BörsG.[600] Neben dem als „unschätzbar wertvoll" eingestuften Vorteil, die rechtlichen Rahmenbedingungen kurzfristig an die neuen Entwicklungen im Börsenwesen anpassen zu können,[601] wird durch die staatliche Mitwirkung eine sachgemäße Ausübung der Gesetzgebungsbefugnis sichergestellt.[602] Aufgrund der einseitigen Regelungsbefugnis ist die Börse in der Lage, die eigenen Angelegenheiten weitestgehend, ohne Mitwirkung der Handelsteilnehmer und Emittenten einseitig zu regeln, da die Bestimmungen wegen ihres Normcharakters verbindlich sind.[603] Zugleich ist über die Mitwir-

596 Ronellenfitsch/Maier, in: Kluth / Müller / Peilert, Wirtschaft – Verwaltung – Recht, S. 455.

597 Hendler, Selbstverwaltung als Ordnungsprinzip, S. 288; Detterbeck, Allgemeines Verwaltungsrecht, S. 294; Buck-Heeb, Kapitalmarktrecht, Rn. 98.

598 Burgi, WM 2009, 2337, 2342.

599 BVerfGE 33, 125, 156.

600 Vgl. Müller, in: Wolff / Bachof / Stober / Kluth, Verwaltungsrecht II, § 86 Rn. 55.

601 Vgl. Kümpel, BKR 2003, 3, 10.

602 Vgl. BT-Drucks. 12/6679, S. 70.

603 Vgl. Stober, in: Wolff / Bachof / Stober / Kluth, Verwaltungsrecht I, § 25 Rn. 27 ff.

kung des Börsenrats die Einbindung der Handelsteilnehmer und Emittenten sichergestellt und die Normsetzung somit demokratisch legitimiert.[604] Diese Form der Organisation bringt auch ein hohes Maß an Regelungstransparenz mit sich, da neben der Börsenordnung keine weiteren Regelwerke erforderlich sind.

Die von der Börse erlassenen Satzungen sind darüber hinaus Gesetze im materiellen Sinn.[605] Als solche entfalten sie Wirkung, ohne dass die Teilnehmer der Börse diesen zustimmen oder auch nur von ihnen Kenntnis nehmen müssten.[606] Durch diese Form der Selbstregulierung von behördlichen Institutionen wird es dem Staat ermöglicht, unter Berücksichtigung sachlicher und örtlicher Begebenheiten zu handeln.[607] Die Selbständigkeit der Börse in Verbindung mit den ihr verliehenen hoheitlichen Befugnissen, gewährleistet eine sachnahe und flexible Reaktion auf die Anforderungen des Marktes und der Marktteilnehmer.[608] Abgesehen von der Genehmigungsbedürftigkeit der Satzungen (vgl. §§ 16 Abs. 3 S. 1, 17 Abs. 2 S. 1 BörsG), gibt das Selbstverwaltungsrecht der Börse die Möglichkeit, den Handel zu entwickeln, ohne sich mit dem Land als übergeordneter Verwaltungseinheit abstimmen zu müssen.[609]

Rechtssystematisch handelt es sich bei der Satzungsautonomie um einen Akt der Rechtssetzung und nicht lediglich um eine reine Maßnahme im Rahmen der Börsenselbstverwaltung.[610] Trotz des sich aus Art. 20 Abs. 3 GG ergebenden Prinzips des Vorbehalts des Gesetzes, wonach der Parlamentsgesetzgeber verpflichtet ist, alle wesentlichen Entscheidungen im Bereich der Grundrechtsausübung selbst zu treffen (*Wesentlichkeitstheorie*), ist der Autonomiegedanke grundsätzlich verfassungskonform.[611] Die Börsenanstalt kann demnach auf Grundlage der von ihm erlassenen Satzungen durch rechtsgestaltende hoheitliche Maßnahmen (begünstigender oder belastender Verwaltungsakt), mit rechtli-

---

604 Beck, in BKR 2002, 699, 707.

605 BVerfGE 10, 20, 50; BVerfGE 33, 125, 156 f.; Ronellenfitsch/Maier, in: Kluth / Müller / Peilert, Wirtschaft – Verwaltung – Recht, S. 460.

606 Seiffert, in: Kümpel / Wittig, Bank- und Kapitalmarktrecht, Rn. 4.184.

607 Vgl. Ronellenfitsch/Maier, in: Kluth / Müller / Peilert, Wirtschaft – Verwaltung – Recht, S. 460.

608 Baums/Segna, Börsenreform, S. 45.

609 So z. B. Lepczyk, Rechtliche Aspekte internationaler Börsenfusionen, S. 39.

610 Vgl. Kümpel, WM 1985, Sonderbeilage Nr. 5, 5.

611 BVerfGE 77, 170, 230 ff.; vgl. Ronellenfitsch/Maier, in: Kluth / Müller / Peilert, Wirtschaft – Verwaltung – Recht, S. 460 f.

cher Wirkung auf die wirtschaftlichen Verhältnisse der Marktteilnehmer einwirken.[612] Dem Börsenträger steht als Privatrechtssubjekt keine derartige Rechtssetzungsbefugnis zu. Seine Handlungen sind solche des Privatrechts.[613]

Die mit dem Selbstverwaltungsrecht verbundenen Freiheiten werden im Anstaltswesen regelmäßig eingeschränkt, indem der Anstaltsträger die Organe der Anstalt bestellt und Einfluss auf die Leitung der Anstalt nimmt.[614] Die Selbstverwaltung der Börsenanstalt wird jedoch nur in geringer Weise durch einen Einfluss des Börsenträgers relativiert. Aufgrund der gesetzlich vorgesehen Besetzung des Börsenrates ist der Einfluss des Börsenträgers stark abgemildert. Denn der Börsenträger ist gemäß § 12 Abs. 1 BörsG im Börsenrat nicht vertreten. Ein gewisser Einfluss wird in der Praxis, indes nicht zuletzt wegen einer teilweisen Identität der Mitarbeiter des Börsenträgers und den Mitgliedern der Börsenorgane, nicht von der Hand zu weisen sein.

Rechtsschutzmöglichkeiten gegen Maßnahmen der Börse sind für die Handelsteilnehmer, aufgrund der Vielfalt der Handlungsmöglichkeiten, dann auch anhand der Rechtsnatur des jeweiligen Einzelakts zu bestimmen. Ist Gegenstand der Beurteilung eine Satzung, ein Verwaltungsakt oder ein sonstiger Hoheitsakt, so ist der Weg vor die Verwaltungsgerichte im Wege der verwaltungsgerichtlichen Normenkontrolle nach § 47 VwGO eröffnet.[615] Der Normvollzug erfolgt im Übrigen im allgemeinen Verwaltungsverfahren nach den Vorschriften des Verwaltungsverfahrensgesetzes. Durch die eindeutige Regelung der Rechte und Pflichten der Beteiligten, seien die gesetzlichen Voraussetzungen dafür geschaffen, dass die Börsen den Bedürfnissen des Marktes angemessen Rechnung tragen und ihre Wettbewerbsfähigkeit steigern können.[616] Die Vorzüge der öffentlich-rechtlichen Organisationsstruktur mit der autonomen Gesetzgebungsbefugnis werden daher auch als die geeignete und rechtssichere Möglichkeit der Organisation des Börsenhandels und zeitgemäße Organisationsstruktur der deut-

---

612 Vgl. Huber, Wirtschaftsverwaltungsrecht, S. 56.

613 Kümpel /Hammen, Börsenrecht, S. 167 ff.; Blumentritt, Die privatrechtlich organisierte Börse, S. 179.

614 Müller, in: Wolff / Bachof / Stober / Kluth, Verwaltungsrecht II, § 86 Rn. 28.

615 Vgl. Beck, in BKR 2002, 699, 707 f.; VGH Kassel, Beschluss vom 17. Juli 1997, Az.: 8 NG 2271, 7, 14.

616 So die Ansicht von Beck, in BKR 2002, 699, 708.

schen Börsenverfassung gesehen.[617] Ist eine Rechtsbeziehung im Gleichordnungsverhältnis betroffen, ist die Zivilgerichtsbarkeit zuständig.[618]

Die Grenze der Verbindung zwischen dem börslichen Handelsplatz und dem Freiverkehr zeigt sich hier am deutlichsten. Als Betreiber des Freiverkehrs steht dem Börsenträger kein Selbstverwaltungsrecht entsprechend dem börslichen Handelsbetrieb zu. Vielmehr kommt in der im Freiverkehr angewandten privatrechtlichen Regelsetzung seine Vergleichbarkeit mit dem multilateralen Handelssystem zum Ausdruck.

B. Parallelen zwischen Freiverkehr und multilateralem Handelssystem

Der Freiverkehr wird von der MiFID nicht ausdrücklich klassifiziert. Daraus kann allerdings nicht geschlossen werden, dass der Freiverkehr nicht in den Anwendungsbereich der MiFID fällt, denn die MiFID sieht in Erwägungsgrund (56) ausdrücklich die Möglichkeit des Betriebs eines MTF durch einen Börsenbetreiber vor.[619] Gemäß § 2a Abs. 1 Nr.13 WpHG gelten Börsenträger oder Betreiber organisierter Märkte, die neben dem Betrieb eines MTF keine andere Wertpapierdienstleistung im Sinne des § 2 Abs. 3 S. 1 WpHG erbringen, allerdings nicht als Wertpapierdienstleistungsunternehmen.[620] Der Betrieb des Freiverkehrs ist daher nicht mit dem Betrieb eines MTF im Sinne von § 2 Abs. 3 S. 1 Nr. 8 WpHG gleichzusetzen. Weil der Freiverkehr aber nur mit dem staatlichen Handelsplatz Börse verbunden, jedoch privatrechtlich betrieben wird, handelt es sich beim Freiverkehrsmarkt auch nicht um einen organisierten Markt im Sinne des § 2 Abs. 5 WpHG.[621]

---

617 Beck, in BKR 2002, 699, 707.

618 Ronellenfitsch/Maier, in: Kluth / Müller / Peilert, Wirtschaft – Verwaltung – Recht, S. 464.

619 Vgl. Lenenbach, Kapitalmarktrecht, Rn. 3.210.

620 Die Einstufung als Wertpapierdienstleistungsunternehmen ist insoweit von Bedeutung, als ausschließlich sie Adressaten der Verhaltens-, Organisations- und Transparenzpflichten von Abschnitt 6 des Wertpapierhandelsgesetzes (§§ 31 ff. WpHG) sind; vgl. Versteegen, KölnKomm, WpHG, § 2 Rn. 166.

621 Reuschle/Fleckner, BKR 2002, 617, 624 f.; Fleckner/Vollmuth, WM 2004, 1263, 1264; Harrer/Müller, WM 2006, 653, 654; Klöhn, in: Langenbucher, Europarechtliche Bezüge des Privatrechts, § 6 Rn. 26; Lenenbach, Kapitalmarktrecht, Rn. 3.210.

I. Materielle Identität

1. Monistische Organisationsstruktur

Der Betrieb eines MTF und des Freiverkehrs sind von einer monistischen Organisationsstruktur gekennzeichnet. Der Träger der Marktveranstaltung und der Veranstalter des Handelsbetriebs sind typischerweise personenidentisch.

Marktorganisator eines MTF kann der Betreiber eines regulierten Marktes oder ein Wertpapierdienstleistungsunternehmen sein, Art. 4 Abs. 1 Nr. 15 MiFID bzw. Art. 2 Abs. 1 Nr. 6 MiFID II-VO-E, veranstaltet der Betreiber eines organisierten Marktes, also eine Börsenbetreibergesellschaft, ein MTF, handelt es sich dabei um einen Freiverkehr, was auf die formale Unterscheidung zwischen diesen beiden Handelsplatztypen zurückzuführen ist, gleichzeitig aber auch für ihre materielle Vergleichbarkeit spricht.

Die monistische Organisationsstruktur hat auch zur Folge, dass dem Betreiber des Freiverkehrs die sich aus der zweigestuften Aufteilung des börslichen Handelsplatzes ergebenden hoheitlichen Befugnisse fehlen, wie sie dem Betreiber des börslichen Handelsplatzes auf Grundlage der dualistischen Organisationsstruktur vorbehalten ist.

2. Privatrechtliche Regelsetzung

Der privatrechtliche Charakter der Regelsetzung im MTF und im Freiverkehr ist der wesentliche Unterschied zwischen diesen beiden Handelsplatztypen auf der einen Seite und dem börslichen Handelsplatz auf der anderen Seite. Während sich die privatrechtliche Basis des MTF bereits aus dem Betrieb des Handelsplatzes als Wertpapierdienstleistung ergibt,[622] ist der Rechtscharakter der Regelungen im Freiverkehr aufgrund der engen Verbindung dieses Handelsplatztyps mit dem öffentlich-rechtlich geprägten börslichen Handelsplatz weniger eindeutig.

622 Vgl. Seiffert, in: Kümpel / Wittig, Bank- und Kapitalmarktrecht, Rn. 4.70.

a. *Der Charakter der Handelsordnung und der Geschäftsbedingungen im Freiverkehr*

Die Rechtsnatur des Freiverkehrs kann anhand der für seinen Betrieb jeweils notwendigen Handelsordnung und Geschäftsbedingungen beurteilt werden. Gemäß § 57 BörsG a. F. waren die Handelsordnung und die Geschäftsbedingungen noch unter dem Begriff der „Handelsrichtlinien" zusammengefasst. Der Entwurf der Bundesregierung zur Umsetzung der MiFID sah zunächst noch den Erlass von Handelsrichtlinien durch die Börsengeschäftsführung vor, um den Bezug des Freiverkehrs zum hoheitlichen Regelungsbereich der Börsen zum Ausdruck zu bringen und den Börsen durch die öffentlich-rechtliche Rechtsnatur der Handelsrichtlinien einen größeren Gestaltungsspielraum einzuräumen.[623]

Auf die Beschlussempfehlung des Finanzausschusses hin wurde der Begriff der Handelsrichtlinien schließlich aufgegeben und in § 48 Abs. 1 S. 1 BörsG neben dem Erlass der Handelsordnung für den Freiverkehr durch den Börsenrat gemäß § 12 Abs. 2 Nr. 1 BörsG lediglich eine Billigung der Geschäftsbedingungen des Freiverkehrs durch die Börsengeschäftsführung vorgesehen. Dadurch sollte „zur zivilrechtlichen Einordnung der Handelsrichtlinien des Freiverkehrs und zur Gleichstellung des Freiverkehrs mit anderen multilateralen Handelsplattformen (...) klargestellt werden, dass die Handelsrichtlinien Geschäftsbedingungen sind, die vom Börsenträger festgelegt und von der Börse genehmigt werden".[624]

Die Handelsordnung regelt nach § 48 Abs. 1 S. 2 BörsG den Ablauf des Handels, die Geschäftsbedingungen nach § 48 Abs. 1 S. 3 BörsG regelt die Teilnahme am Handel und die Einbeziehung von Wertpapieren zum Handel. Zum Bereich der Handelsordnung, welche gemäß § 12 Abs. 2 S. 1 Nr. 1 BörsG vom Börsenrat als Satzung erlassen wird, können somit wohl alle Regelungsbereiche gezählt werden, die nicht in Beziehung zum Zustandekommen und zur Erfüllung von Geschäften sowie der Einbeziehung von Finanzinstrumenten in den Freiverkehr stehen.[625] Gleichwohl kann die Handelsordnung Regelungen zu den im Freiverkehr zur Verfügung stehenden Handelssystemen und der Preisermittlung treffen. Der Handel kann danach sowohl in einem elektronischen Handelssystem

623 BT-Drucks. 16/4028, S. 39, 89. Zuvor für die privatrechtliche Einordnung der „Freiverkehrsrichtlinien" BT-Drucks. 12/6679, S. 45, 75 f.

624 BT-Drucks. 16/4883, S. 4, 81.

625 Schwark, in: Schwark / Zimmer, Kapitalmarktrechts-Kommentar, § 48 BörsG, Rn. 5.

der Börse wie auch im Präsenzhandel der Börse erfolgen.[626] Die Handelsordnung kann folglich den Betrieb der öffentlich-rechtlichen Börse mit dem privatrechtlichen Freiverkehr verbinden. Gleichzeitig ist es aufgrund der gesonderten Grundlagen für den Betrieb des Freiverkehrs aber auch durchaus denkbar, den Freiverkehr als von den übrigen Dienstleistungen der Börse abgetrennten Bereich zu betrachten.[627]

Bei den Geschäftsbedingungen für den Freiverkehr handelt es sich somit um Allgemeine Geschäftsbedingungen im Sinne der §§ 305 ff. BGB.[628] Sie unterscheiden sich allerdings insoweit vom Normalfall Allgemeiner Geschäftsbedingungen als sie nicht von einer Vertragspartei aufgestellt werden und die Nutzer häufig in Käufer- und Verkäuferrolle wechseln. Eine gerichtliche Kontrolle würde sich daher an § 242 BGB ausrichten.[629]

Der Freiverkehr ist demnach auch ein privatrechtlich betriebener Handelsplatz.[630] Trotz seiner Verbindungen zur Börse ist der Freiverkehr kein organisierter Markt im Sinne des § 2 Abs. 5 WpHG, da es an einer staatlichen Regelung für das multilaterale System Freiverkehr fehlt.[631] Es ist daher auch nicht

---

626 Schwark, in: Schwark / Zimmer, Kapitalmarktrechts-Kommentar, § 48 BörsG, Rn. 5, 10.

627 So schon Mues, Die Börse als Unternehmen, S. 145 f. im Zusammenhang mit der Möglichkeit des Betriebs einer privatrechtlichen Börsenorganisation.

628 Langenbucher Aktien- und Kapitalmarktrecht, § 13 Rn. 15; so auch Trapp, in: Habersack / Mülbert / Schlitt, Unternehmensfinanzierung am Kapitalmarkt, § 31 Rn. 62; Schlitt/Schäfer, AG 2006, 147, 148; Schwark, in: Schwark, Kapitalmarktrechts-Kommentar, § 57 BörsG, Rn. 2; Damrau, Selbstregulierung im Kapitalmarktrecht, S. 333 ff.; Groß, Kapitalmarktrecht, § 48 BörsG, Rn. 1a; a. A. sind wohl Bauer/Pleyer/Hirche, BKR 2002, 102, 111 f. 116 ff., die den AGB-Charakter des Regelwerks unter Verweis auf dessen Geltung „Kraft gesetzlicher Anordnung“ ablehnen. Die Vergleichbarkeit der alten Regelung des § 78 BörsG a. F., die den Freiverkehr noch mit der Börsenordnung verband, mit § 48 Abs. 1 BörsG, ergibt sich aus der Voraussetzung, die Geschäftsbedingungen durch die Börsengeschäftsführung billigen zu lassen sowie jener auch hinter der neuen Vorschrift stehenden Absicht, eine ordnungsmäßige Durchführung des Handels und der Geschäftsabwicklung zu gewährleisten.

629 Schwark, in: Schwark / Zimmer, Kapitalmarktrechts-Kommentar, § 48 BörsG, Rn. 3.

630 Ronellenfitsch/Maier, in: Kluth / Müller / Peilert, Wirtschaft – Verwaltung – Recht, S. 449; Lenenbach, Kapitalmarktrecht, Rn. 3.214 ff.; Raiser/Veil, Recht der Kapitalgesellschaften, S. 90.

631 Vgl. Hopt/Baum, in: Hopt / Rudolph / Baum, Börsenreform, S. 433; Schrader, Geregelter Markt und Freiverkehr, S. 26 ff.; Sudmeyer, BB 2002, 685, 685; Witt, AG 2001,

zutreffend, den Freiverkehr als Teil des Börsenhandels oder als Marktsegment zu bezeichnen.[632]

b. *Keine hoheitlichen Befugnisse*

Die monistische, privatrechtliche Organisationsform von MTF und Freiverkehr haben zur Folge, dass dem Betreiber keine (hoheitlichen) Selbstverwaltungsrechte vergleichbar mit denen der Börse zustehen. Der Charakter der Regelwerke als Allgemeine Geschäftsbedingungen im Sinne der §§ 305 ff. BGB,[633] könnte eine Änderung der vertraglichen Bindungsverhältnisse an die Emittenten Zustimmungserfordernisse notwendig machen.[634] Um nicht die Zustimmung jedes einzelnen Teilnehmers einholen zu müssen, nehmen die Betreiber des Freiverkehrs Änderungsklauseln in die Allgemeinen Geschäftsbedingungen mit auf. So heißt es z. B. in § 4 Abs. 1 Allgemeine Geschäftsbedingungen der Deutsche Börse AG für den Freiverkehr an der Frankfurter Wertpapierbörse (*AGB FV DBAG*),[635] dass Änderungen der Geschäftsbedingungen den Teilnehmern vor deren Inkrafttreten schriftlich oder elektronisch bekannt gegeben werden und sie als genehmigt gelten, wenn der Teilnehmer nicht innerhalb von drei Wochen nach Bekanntgabe der Änderungen schriftlich oder elektronisch Widerspruch bei der Deutsche Börse AG erhebt. Um sich nicht in umfangreiche Widerspruchsverfahren zu verstricken, kann die Deutsche Börse AG nach § 4 Abs. 2 AGB FV DBAG im Fall des Widerspruchs eines Teilnehmers die Geschäftsbeziehung mit dem Teilnehmer mit einer Frist von sechs Wochen kündigen. Auf diese Weise kann der Betreiber die mit der Anwendung von insbesondere § 315 BGB[636] verbundenen Unsicherheiten umgehen.[637]

233, 234; Fuchs, in: Fuchs, WpHG, § 2 Rn. 149; Schlitt/Schäfer, AG 2006, 147, 147, Groß, Kapitalmarktrecht, § 48 BörsG, Rn. 2; OLG München, WM 2008, 1602, 1605; Christoph, Börsenkooperationen und Börsenfusionen, S. 182 f.

632 Breitkreuz, Ordnung der Börse, S. 43, 299; Kümpel/Hammen, Börsenrecht, S. 232.

633 Schwark, in: Schwark, Kapitalmarktrechts-Kommentar, § 57 BörsG, Rn. 2; Kümpel, BKR 2003, 3, 11 und Groß, Kapitalmarktrecht, § 48 BörsG, Rn. 1a, 2 zu der vergleichbaren Einordnung im Bereich des Freiverkehrs, so auch Bachmann, WM 2001, 1793, 1795.

634 Vgl. Hohberg, Wertpapierbörse im Internet, S. 102.

635 Stand 12. Juli 2010.

636 Die Vorschrift ist in Rechtsgebieten, in denen die §§ 307 ff. BGB nicht gelten, wie z. B. im Bereich des Wirtschaftsrechts, grundsätzlich anwendbar, Grüneberg, in: Palandt,

Gleichwohl ist gemäß § 315 Abs. 1 BGB im Zusammenhang mit Regelungen einer einseitigen Vertragsgestaltung die Maßgabe einzuhalten, dass die Bestimmung der Leistung nach billigem Ermessen zu erfolgen hat. Das Kriterium der Billigkeit gibt damit nichts anderes als Einzelfallgerechtigkeit vor.[638] Gerade dabei zeigt sich jedoch der Unterschied zwischen typischen Leistungsverhältnissen, auf welche § 315 BGB sinnvoll angewandt werden kann, und dem Verhältnis zwischen dem Veranstalter eines Wertpapierhandels und den Nutzern eines solchen Marktes. Denn die Ausübung eines billigen Ermessens erfordert die Berücksichtigung der Interessen beider Vertragsparteien, so dass keiner der Vertragspartner entgegen den Geboten von Treu und Glauben benachteiligt wird.[639] Im Zusammenhang mit der Veranstaltung eines Wertpapierhandels sieht sich der Marktveranstalter mit den zugelassenen Emittenten allerdings einer Vielzahl von Vertragspartnern gegenüber. Die Interessen dieser Gruppe können aber durchaus heterogen sein, was am Beispiel der nachträglichen Erhöhung des Anlegerschutzes deutlich werden mag: Würde der Marktveranstalter nachträglich z. B. Veröffentlichungspflichten stärken, um den Anlegerschutz zu verbessern, könnte dies von Emittenten aufgrund der damit verbundenen Erhöhung der Attraktivität des Handelsplatzes willkommen geheißen werden, während andere Emittenten den sich daraus ergebenden Mehraufwand ablehnen.[640] Da die Regelungen gegenüber den Nutzern des Handelsplatzes jedoch einheitlich getroffen werden müssen,[641] wäre es dem Veranstalter unmöglich, eine entsprechende Regelung zu treffen.

Bereits an diesem Beispiel zeigt sich, dass die Vielzahl der Leistungsverhältnisse zwischen den Beteiligten, von einer entsprechenden Zahl an Interessenlagen geprägt sind. Da es sich also weniger um den für § 315 BGB gedachten

BGB, § 315 Rn. 2; vgl. auch Bachmann, WM 2001, 1793, 1796; Wolf, WM 2001, 1785, 1786.

637 Vgl. OLG Frankfurt a.M., NJW 2002, 1958, 1961 f.

638 Rieble, in: Staudinger, BGB, § 315 Rn. 305 ff.

639 BGH, WM 2008, 308, 309 ff.; LG Frankfurt a. M., ZIP 2001, 1498, 1501; Gottwald, in: MünchKomm BGB, § 315 Rn. 31.

640 Kümpel, BKR 2003, 3, 11.

641 Laule, in: Kübler / Mertens / Werner, Festschrift Heinsius, S. 441; Wastl/Schlitt, WM 2001, 1702, 1704; Plückelmann, Der Neue Markt der Deutsche Börse AG, S. 143.

Normalfall „bilateraler Leistungsbeziehungen“ handelt, bestehen durchaus Zweifel, ob die Vorschrift in diesem Kontext anwendbar ist.[642]

Das Beispiel des Ausschlusses von Penny Stocks[643] aus dem rein privatrechtlich organisierten und mittlerweile eingestellten Neuen Markt der Deutsche Börse AG hat gezeigt, welche Schwierigkeiten sich im Zusammenhang mit Änderungen des dem Handel zugrunde liegenden Regelwerks an einem privatrechtlich organisierten Handelsplatz ergeben können.[644] Da der Deutsche Börse AG als Marktveranstalterin des Neuen Marktes keine einseitige Regelsetzungsbefugnis zustand, konnte sie bei dem Vorhaben Emittenten aus dem Handelssegment des Neuen Marktes auszuschließen nur insoweit vom ursprünglichen Regelwerk des Neuen Marktes abweichen, als diese Regeländerungen nicht unbillig waren. Obwohl die Deutsche Börse AG in gerichtlichen Auseinandersetzungen über den Ausschluss von Emittenten, die nur einen geringen Aktienkurs von unter EUR 1,00 und zudem eine geringe Marktkapitalisierung aufwiesen, die überragend wichtige Bedeutung eines Ausschlusses im Hinblick auf die Gewährleistung der Durchführung eines ordnungsgemäßen Handels vortrug, waren den Interessen der Emittenten unter Billigkeitsgesichtspunkten gemäß § 315 BGB insoweit Rechnung zu tragen, als das Regelwerks um eine Karenzzeit in Bezug auf den Ausschluss zu ergänzen war.[645]

Anders als der Träger eines privatrechtlichen Handelsplatzes hat der Börsenträger über die Organe der Börsenanstalt eine autonome Rechtssetzungsbefugnis.[646] Von dem Börsenrat erlassene und von der Börsenaufsichtsbehörde genehmigte Börsenordnungen entfalten unmittelbare Wirkung, ohne dass es einer Zustimmung der Nutzer des Handelsplatzes bedarf.

---

642 Kümpel, BKR 2003, 3, 11 f.; vgl. auch LG Frankfurt a. M., ZIP 2001, 1498, 1501, welches mit der direkten oder analogen Anwendung von § 315 BGB eine konkrete Festlegung offen lässt.

643 Die Bezeichnung geht auf einen Aktienkurs von unter EUR 1,00 oft in Verbindung mit einer geringen Marktkapitalisierung jeweils über einen bestimmten Zeitraum zurück, vgl. z. B. Deutsche Börse AG, Pressemitteilung vom 20. Juli 2001 (abrufbar unter www.deutsche-boerse.com)

644 Vgl. LG Frankfurt a.M., WM 2001, 1607, 1609 ff.; OLG Frankfurt a. M., WM 2002, 924, 925 ff.; Bachmann, WM 2001, 1793, 1795; Heyder, BKR 2002, 806, 806 ff.; Börsen-Zeitung v. 8. Februar 2003, S. 3; Kümpel/Hammen, Börsenrecht, S. 155 ff.; Hohberg, Wertpapierbörse im Internet, S. 104 ff.; OLG Frankfurt, WM 2002, 589, 590 ff.; Bauer/Pleyer/Hirche, BKR 2002, 102, 103 ff.; siehe auch Hammen, AG 2001, 549, 551.

645 LG Frankfurt a. M., ZIP 2001, 1498, 1501 f.

646 Zum Selbstverwaltungsrecht der Börse siehe bereits Kapitel II. A.II.3.d.

Der privatrechtliche Charakter von Benutzungsordnungen kann sich wegen des Prinzips der Vertragstreue und der begrenzten Zulässigkeit von Vertragsänderungsklauseln in Allgemeinen Geschäftsbedingungen somit in bestimmten Situationen als nachteilig erweisen, sollte der Betreiber rasch und effektiv auf Marktveränderungen oder –erfordernisse reagieren wollen oder müssen. Die Möglichkeit, als Alternative die Zustimmung der Nutzer des Handelsplatzes zu Änderungen des Regelwerks vorab einzuholen, scheint jedenfalls aufgrund der für die Nutzer damit verbundenen Unsicherheiten wenig praktikabel. Neben dem Risiko, keine uneingeschränkte Zustimmung zu erfahren sind auch die mit der Einholung der Zustimmung verbundenen zeitlichen Verzögerungen zu beachten. Darüber hinaus würde eine solche Vorgehensweise einen bedeutenden Arbeits- und Zeitaufwand bedeuten.[647] Die Betreiber privatrechtlicher Handelsplätze können sich daher lediglich durch einseitige Kündigungsrechte der Teilnehmerbeziehung bei einem Widerspruch des Teilnehmers gegen die Änderung der Geschäftsbedingungen helfen. Eine in Allgemeinen Geschäftsbedingungen vorbehaltene einseitige Kündigungsmöglichkeit kann allerdings die Attraktivität des Handelsplatzes negativ beeinflussen, da die Leistungsnachfrager in einem solchen Fall, den Regeländerungen durch den Leistungsanbieter ausgeliefert sind.

c. *Freie Ausgestaltung des Handelsplatzes*

Als Vorteil des Mangels an hoheitlichen Befugnissen aufgrund der privatrechtlichen Regelsetzung ergibt sich hingegen die Berechtigung zur weitgehend freien Gestaltung ihres Handelsplatzes. Die freie Ausgestaltungsmöglichkeit trifft nicht nur auf das MTF, sondern auch auf den in die börsliche Organisationsstruktur integrierten Freiverkehr zu. Aufgrund der Entbindung vom *numerus clausus* der Marktsegmente ist er von „Liberalität in allen kapitalmarktrechtlichen Positionen“ geprägt.[648] In diesem Sinne hat etwa die Deutsche Börse AG, als Betreiber des Freiverkehrs an der Frankfurter Wertpapierbörse, mit den §§ 16 – 18 AGB FV DBAG einen Teilbereich des Freiverkehrs mit erhöhten Transparenzstandards (*Entry Standard*) geschaffen. Der Entry Standard sieht mit der Pflicht zur Veröffentlichung eines Konzern-Lageberichts spätestens innerhalb von sechs Monaten nach Beendigung des Berichtzeitraums auf ihrer Unternehmenswebseite sowie der Veröffentlichung eines Zwischenberichts, besondere Voraussetzun-

---

647 Kümpel, BKR 2003, 3, 12.

648 Bröcker, in: Claussen, Bank- und Börsenrecht, S. 349.

gen für die Einbeziehung von Wertpapieren vor.[649] Damit setzt sich der Entry Standard regulatorisch zwischen den Freiverkehr und den regulierten Markt, da er, ohne an die Zulassungspflichten des regulierten Marktes heranzureichen, in Bezug auf Transparenz- und Informationspflichten die jeweiligen Anforderungen gegenüber dem Freiverkehr erhöht.[650]

3. Einbeziehung von Finanzinstrumenten zum Handel

Für die privatrechtlichen MTF und den Freiverkehr ist charakteristisch, dass aus der Einbeziehung nicht zwingend eine Rechtsbeziehung zwischen Emittent und Betreiber des Handelsplatzes entsteht. Aus diesem Grund wird typischerweise der den Einbeziehungsantrag stellende Handelsteilnehmer verpflichtet, die das entsprechende Wertpapier und den Emittenten betreffende Transparenzanforderungen seinerseits aufgrund vertraglicher Beziehung zum Emittenten durchzusetzen. Der den Antrag stellende Handelsteilnehmer hat daher den Emittenten permanent zu überwachen.[651] Vor diesem Hintergrund werden die Teilnehmer des Freiverkehrs über die Freiverkehrsrichtlinien verpflichtet, an der Verwirklichung der Zielrichtung des § 48 Abs. 1 BörsG, die ordnungsgemäße Durchführung des Handels und der Geschäftsabwicklung zu gewährleisten, in zumutbarem Umfang mitzuwirken. Die Antragsteller müssen den Freiverkehrsträger über erhebliche die Wertpapiere oder den Emittenten betreffende Umstände unterrichten.[652]

Der Betreiber des MTF ist neben Regelungen für den Zugang zum MTF, ebenfalls verpflichtet, Regelungen zur Einbeziehung von Finanzinstrumenten[653] aufzustellen. Zunächst ist nur erforderlich, dass überhaupt entsprechende Regelungen bestehen. Bezüglich des Inhalts wird dem Betreiber des MTF ein weiter

649 Die Deutsche Börse AG reagierte damit auf die Offensive der London Stock Exchange und deren Handelssegment „AIM – Alternative Investment Market", mit welchem sie gezielt auch den deutschen Mittelstand ansprechen wollte, vgl. Oelke, BKR 2006, 7, 9.

650 Harrer/Müller, WM 2006, 653, 657; Schlitt/Schäfer, AG 2006, 147, 148.

651 Schlitt/Schäfer, AG 2006, 147, 153.

652 Vgl. § 6 AGB FV DBAG.

653 Unter Finanzinstrumenten versteht man gemäß § 2 Abs. 2b WpHG alle Gattungen von Wertpapieren (Aktien, Aktien vergleichbare Anteile an Gesellschaften, Aktien vertretende Zertifikate, Schuldtitel, Anteile an Investmentvermögen), Geldmarktinstrumente (alle Gattungen von Forderungen die keine Wertpapiere sind und üblicherweise auf dem Geldmarkt gehandelt werden, mit Ausnahme von Zahlungsinstrumenten), Derivate im Sinne von § 2 Abs. 2 WpHG und Rechte auf Zeichnungen von Wertpapieren.

Ermessenspielraum eingeräumt.[654] Das ist schon deshalb erforderlich, weil es keinen Kontrahierungszwang bei der Einbeziehung von Finanzinstrumenten an einem MTF gibt.[655]

Die zustimmungslose Einbeziehung von Finanzinstrumenten in den Handel eines MTF verpflichtet den Emittenten des Finanzinstruments gemäß § 31f Abs. 2 WpHG nicht dazu, Informationen in Bezug auf dieses Finanzinstrument für das betreffende multilaterale Handelssystem erstmalig, laufend oder punktuell zu veröffentlichen.[656] Davon unberührt bleiben etwaige anderweitige gesetzliche Informationspflichten des Emittenten.[657] Bei der Einbeziehung von Wertpapieren nach § 31f Abs. 2 WpHG ohne Zustimmung des Emittenten handelt es sich um die Parallelvorschrift zu § 33 Abs. 1 BörsG, wonach die Börsengeschäftsführung Wertpapiere von Amts wegen in den regulierten Markt einbeziehen kann.

Die Voraussetzungen zur Einbeziehung in den Freiverkehr sind im Vergleich zu den Zulassungsvoraussetzungen zum börslichen Handel gering. Ihr Umfang hängt von dem jeweiligen Segment des Freiverkehrs ab, in welches die Einbeziehung angestrebt wird. Im Falle des Handels im Freiverkehr der Deutsche Börse AG sind die Voraussetzungen im Open Market geringer als im Entry Standard, der einen ersten Schritt zur Notierung im regulierten Markt darstellen soll.[658] In Segmenten mit Mindeststandards sind zur Einbeziehung von Aktien und Aktien vertretenden Zertifikaten im Einbeziehungsantrag häufig lediglich die Firma und der Sitz des den Antrag stellenden Teilnehmers sowie der Emittent und die Art der einzubeziehenden Wertpapiere anzugeben.[659]

Im Zusammenhang mit der Einbeziehung eines Wertpapiers zum Handel in den Freiverkehr besteht anders als bei der Zulassung zum Handel an einem börslichen Handelsplatz zwischen dem Emittenten des Papiers und dem Betreiber des Freiverkehrs kein öffentlich-rechtliches Rechtsverhältnis. Im Gegensatz zur börsenrechtlichen Zulassung zum Handel im regulierten Markt, erfolgt die Ein-

654 Kumpan, Die Regulierung außerbörslicher Wertpapierhandelssysteme, S. 406 f.

655 Fuchs, in: Fuchs, WpHG, § 31f Rn. 6.

656 Art. 14 Abs. 6 MiFID 2004/39/EG.

657 BT-Drucks. 16/4028, S. 68.

658 So Deutsche Börse AG, Ein Jahr Entry Standard, S. 4.

659 § 10 Abs. 1 AGB FV DBAG.

beziehung in den Freiverkehr auf Grundlage eines privatrechtlichen Vertrages und nicht durch Verwaltungsakt.[660]

Der Emittent ist vom Träger des Freiverkehrs bzw. des MTF oder dem jeweiligen Antragsteller über die Einbeziehung zu unterrichten. Die Folgen eines Widerspruchs des Emittenten gegen die Einbeziehung sind nicht unumstritten.[661] Ausgehend von einer Zulässigkeit der zustimmungslosen Einbeziehung werden Emittenten von etwaigen Publikationspflichten in Folge der Einbeziehung befreit.[662]

II. Formale Unterscheidung

Obwohl der Freiverkehr handelstechnisch mit dem MTF gleichzustellen ist,[663] unterscheiden sie sich in formaler Hinsicht.

1. Der Betrieb eines multilateralen Handelssystems als Wertpapierdienstleistung

Der Betrieb eines multilateralen Handelssystems ist gemäß § 2 Abs. 3 S. 1 Nr. 8 WpHG eine Wertpapierdienstleistung. Einzelne Pflichten der zuvor als „börsenähnliche Einrichtungen" bezeichneten Systeme sind von § 59 BörsG a. F. in § 31f WpHG übernommen worden. Im Übrigen gehen die verschiedenen Organisations- und Verhaltenspflichten für die Betreiber von MTF auf Art. 14 MiFID zurück. Mit ihrer Hilfe soll im Interesse der Allgemeinheit die Integrität und Effizienz der Kapitalmärkte und des Finanzsystems gewährleistet werden.[664] Durch die MiFID eingeführte Organisations- und Verhaltenspflichten für Wertpapierdienstleistungsunternehmen entsprechen dabei weitestgehend den bereits nach dem Kreditwesengesetz bestehenden Regelungen.[665]

---

660 Loff, Alternative Handelssysteme, S. 137 ff.; Buck-Heeb, Kapitalmarktrecht, Rn. 81, 125.

661 Dazu Groß, Kapitalmarktrecht, § 48 BörsG, Rn. 5.

662 Vgl. z. B. § 16 Abs. 2 AGB FV DBAG.

663 BT-Drucks. 16/4899, S. 35; Schwark, in: Schwark / Zimmer, Kapitalmarktrecht-Kommentar, § 48 BörsG Rn. 2; Gomber / Hirschberg, AG 2006, 777, 779.

664 Vgl. Assmann, in: Assmann / Schneider, WpHG, § 31f Rn. 3.

665 Brockmeier/Kapferer/Nickel/Willershausen, FRUG, S. 17.

Die Einstufung des Betriebs eines MTF als Wertpapierdienstleistung ist auf Erwägungsgrund (5) MiFID zurückzuführen.[666] Danach hielt es die Europäischen Kommission für erforderlich, „die Ausführung von Geschäften mit Finanzinstrumenten – unabhängig von den für den Abschluss dieser Geschäfte verwendeten Handelsmethoden – umfassend zu regeln, damit bei der Ausführung der entsprechenden Anlegeraufträge eine hohe Qualität gewährleistet ist und die Integrität und Gesamteffizienz des Finanzsystems gewahrt werden" kann. Dazu sollte „ein kohärenter und risikosensibler Rahmen zur Regelung der wichtigsten Arten der derzeit auf dem europäischen Finanzmarkt vertretenen Auftragsausführungssysteme geschaffen werden". Die Entwicklung auf dem Markt des Wertpapierhandels machte es erforderlich, „einer aufkommenden neuen Generation von Systemen des organisierten Handels neben den geregelten Märkten Rechnung zu tragen, die Pflichten unterworfen werden sollten, die auch weiterhin ein wirksames und ordnungsgemäßes Funktionieren der Finanzmärkte gewährleisten". Konkret sollte daher „eine neue Wertpapierdienstleistung, die sich auf den Betrieb von multilateralen Handelssystemen bezieht, vorgesehen werden".

Dementsprechend wurden die Regelungen zu MTF abschließend in das Wertpapierhandelsgesetz und das Kreditwesengesetz übertragen.[667] Zudem kommt dadurch abschließend zum Ausdruck, dass mit dem MTF kein öffentlich-rechtlich geprägter Handelsplatztyp vorliegt, wie dies etwa bei dem im öffentlich-rechtlich strukturierten Börsengesetz geregelten börslichen Handelsplatz der Fall ist.[668] In Folge der Verortung des MTF in das Wertpapierhandelsgesetz, wird dieser Handelsplatztyp auch nicht mehr von der Börsenaufsichtsbehörde des jeweiligen Sitzlandes, sondern durch die BaFin beaufsichtigt.

Der Betrieb eines MTF ist aber nicht nur eine Wertpapierdienstleistung gemäß§ 2 Abs. 3 Nr. 8 WpHG, sondern nach§ 1 Abs. 1a S. 2 Nr. 1 b. KWG auch eine im Wortlaut identische Finanzdienstleistung. Der Betreiber eines MTF, der nicht zugleich auch nach § 2a Abs. 1 Nr. 13 WpHG bzw. § 2 Abs. 6 S. 1 Nr. 16 KWG der Betreiber eines organisierten Marktes ist, benötigt die Zulassung als Wertpapierdienstleistungsunternehmen bzw. als Finanzdienstleistungsinstitut.[669] Die Erlaubnis wird von der BaFin unter den Voraussetzungen von

---

666 Assmann, in: Assmann / Schneider, WpHG, § 2 Rn. 108.

667 BT-Drucks. 16/4028, S. 89.

668 Kümpel/Hammen, Börsenrecht, S. 57; Fuchs, in: Fuchs, WpHG, § 2 Rn. 104.

669 Lenenbach, Kapitalmarktrecht, Rn. 3.7; Duve/Keller, BB 2006, 2537, 2538.

§ 32 KWG erteilt.[670] Während mit der Erlaubnispflicht nach dem KWG ist eine Institutsaufsicht verbunden ist, hat die Erlaubnispflicht nach dem WpHG hat eine Systembetriebsaufsicht zum Gegenstand.[671]

Gemäß § 2 Abs. 4 WpHG sind Wertpapierdienstleistungsunternehmen Kreditinstitute oder Finanzdienstleistungsinstitute und nach § 53 Abs. 1 S. 1 KWG tätige Unternehmen, die Wertpapierdienstleistungen gewerbsmäßig oder in einem Umfang erbringen, der einen in kaufmännischer Weise eingerichteten Geschäftsbetrieb erfordert. Kreditinstitute und Finanzdienstleistungsinstitute nach § 1 Abs. 1, 1a KWG bedürfen gemäß § 32 Abs. 1 S. 1 KWG einer schriftlichen Erlaubnis der Bundesanstalt für Finanzdienstleistungsaufsicht.

Grund für die Erlaubnispflicht von Kreditinstituten und Finanzdienstleistungsinstituten ist deren besondere „Vertrauensempfindlichkeit" aufgrund des Umgangs mit fremden Geldern und Wertpapieren und einer Finanzierungsfunktion für Unternehmen, aufgrund welcher sie eine Schlüsselfunktion für die gesamte Volkswirtschaft haben. Die Erlaubnispflicht bietet daher die Gewähr dafür, dass Wertpapierdienstleistungen nur von solchen Unternehmen betrieben werden, die personell und finanziell die Gewähr für eine ordnungsgemäße Geschäftsführung bieten.[672]

Die Einzelheiten der Anforderungen des Erlaubnisantrags ergeben sich aus § 32 Abs. 1 S. 2 KWG und umfassen im Wesentlichen Angaben zur Beurteilung der Zuverlässigkeit der Geschäftsleiter, einen tragfähigen Geschäftsplan, einen Nachweis über die zum Geschäftsbetrieb erforderlichen Mittel und Angaben zu bedeutenden Beteiligungsverhältnissen des Instituts. Zukünftig sollen die Mitgliedstaaten gemäß Art. 18 Abs. 8 MiFID II-RL-E vorschreiben, dass der Betreiber eines MTF im Zusammenhang mit der Zulassung eine ausführliche Beschreibung der Funktionsweise des MTF zu übermitteln hat.

Kommt es nicht zu einem Vertragsschluss der zusammengeführten Interessen innerhalb des Systems, sondern außerhalb des Systems kann es sich dabei um eine Anlagenvermittlung nach § 1 Abs. 1a S. 2 Nr. 1 KWG handeln, also die Vermittlung von Geschäften über die Anschaffung und die Veräußerung von Finanzinstrumenten. Für Wertpapierdienstleistungsunternehmen, die zum Zeitpunkt der Umsetzung der MiFID bereits Anlagevermittlungen erbrachten, galt die Erlaubnis für den Betrieb eines MTF gemäß Art. 71 Abs. 1 MiFID automa-

670 BT-Drucks. 16/4028, S. 81; Theewen, in: Theewen, Bank- und Kapitalmarktrecht, S. 483.

671 Vgl. Jahresbericht der Bundesanstalt für Finanzdienstleistungsaufsicht 2009, S. 177 f.

672 Vgl. Fischer, in: Boos / Fischer / Schulte-Mattler, KWG, § 32 Rn. 3 f.

tisch als erteilt, sofern das Recht des Mitgliedstaats die nach der MiFID geforderten Regelungen bereits anwendete. Aufgrund der punktuellen Ergänzungsnotwendigkeit des deutschen Rechts für das Angebot einer Wertpapierdienstleistung dieser Art, war der BaFin bis Ende Januar 2008 ein vollständiger Erlaubnisantrag nach § 32 KWG einzureichen.[673] Der Betrieb eines MTF stellt danach regelmäßig auch eine Anlagenvermittlung dar.[674]

Mit Hilfe des Europäischen Passes kann das MTF im gesamten Raum der Europäischen Union tätig sein, § 53b Abs. 1 KWG.[675] Nach § 24a Abs. 3a KWG hat der Betreiber eines MTF, der Handelsteilnehmern in anderen Staaten einen unmittelbaren Zugang zu seinem Handelssystem gewährt, dies der BaFin anzuzeigen.

Die Betreiber von MTF müssen neben den speziellen Vorschriften für den Betrieb des Systems gemäß §§ 31f, 31g WpHG auch alle weiteren sich an Wertpapierdienstleistungsunternehmen richtenden Vorschriften erfüllen.[676] Im Vergleich zu sonstigen Wertpapierdienstleistungsunternehmen haben sie aufgrund der höheren Risiken, welche ihr Geschäftsmodell für den Kapitalmarkt schaffen, gemäß Art. 14 MiFID bzw. Art. 18, 19 MiFID II-RL-E insbesondere transparente Regeln und Verfahren für einen fairen und ordnungsgemäßen Handel zu erfüllen sowie nichtdiskretionäre Regeln, d. h. im Hinblick auf mögliche Wechselwirkungen zwischen den Interessen der Beteiligten ermessensfreie Vorschriften,[677] für die Ausführung von Aufträgen im System festzulegen.[678]

2. Beaufsichtigung des Freiverkehrs durch die Börsenaufsichtsbehörde

Gemäß § 2a Abs. 1 Nr.13 WpHG in Verbindung mit § 2 Abs. 3 S. 1 WpHG ist der Betrieb des Freiverkehrs keine Wertpapierdienstleistung. Entgegen der materiellen Eigenschaften des Freiverkehrs als privatrechtlicher Handelsplatz, wird

673 Insgesamt stellten laut BaFin, Jahresbericht 2008, S. 152 drei Institute erfolgreich einen Umstellungsantrag.

674 Schäfer, in: Boos / Fischer / Schulte-Mattler, KWG, § 1 Rn. 123m; vgl. Boschan, Wertpapierhandelssysteme, S. 277 ff.

675 Weber, NJW 2007, 3688, 3690.

676 Gomber/Hirschberg, AG 2006, 777, 780.

677 Europäisches Parlament, Stellungnahme zu Finanzmarkt-Richtline, 2002/0269(COD), S. 6 f.

678 Europäische Kommission, Vorschlag für eine Richtlinie über Wertpapierdienstleistungen und geregelte Märkte, 2003/ C 71 E/07, S. 75.

er im öffentlich-rechtlich geprägten Börsengesetz geregelt und untersteht daher der gleichen Aufsicht wie der Handel an der Börse selbst. Nach § 48 Abs. 3 S. 2 BörsG sind nur die Vorschriften für die Zulassung, die Skontroführung und die Prospekthaftung ausgenommen. Die Aufsicht über den Handel und die Preisermittlung nimmt die Handelsüberwachungsstelle wahr.[679] Sie überwacht den Handel und die Abwicklung, erfasst Daten und wertet diese aus.[680] Im Rahmen ihrer Überwachungstätigkeit ermittelt die Handelsüberwachungsstelle Sachverhalte, die Anlass zu begründeten Zweifeln an der Ordnungsmäßigkeit des Handels geben. Dazu kann sie auch von der Geschäftsführung der Börse beauftragt werden.[681] Sollten im Rahmen der Ermittlungen Verstöße gegen börsenrechtliche Vorschriften, Anordnungen oder sonstige Missstände festgestellt werden, hat die Handelsüberwachungsstelle gemäß § 7 Abs. 5 S. 1 BörsG unverzüglich die Börsenaufsichtsbehörde und die Börsengeschäftsführung zu unterrichten. Eine unverzügliche Mitteilung an die BaFin hat in Bezug auf Tatsachen zu erfolgen, die in deren Aufsichtsbereich fallen, § 7 Abs. 5 S. 4 und 5 BörsG. Dazu zählen insbesondere Verstöße gegen das Verbot des Insiderhandels sowie der Marktmanipulation nach §§ 14, 20a WpHG.[682]

C. Ergebnis

Der Freiverkehr ist kein von der MiFID ausdrücklich klassifizierter Handelsplatztyp. Bei seinem Betrieb handelt es sich weder um einen organisierten Markt, wie dies beim Betrieb eines börslichen Handelsplatzes der Fall ist, noch um eine Wertpapierdienstleistung, wie beim Betrieb eines MTF. Er nimmt daher eine gewisse Sonderstellung zwischen diesen beiden Handelsplatztypen ein, was vor dem Hintergrund, dass die Reformen der Marktorganisation in Deutschland nicht die von der Europäischen Union beabsichtigten Effekte gezeigt haben, Anlass gibt, seine Rolle und Bedeutung näher zu betrachten.

Der Freiverkehr unterliegt privatrechtlichen Regelwerken. Organisation und Betrieb des Freiverkehrs werden vom Börsenträger in seiner Eigenschaft als privatrechtlicher Marktakteur wahrgenommen. Die Börse als Anstalt des öffentlichen Rechts ist organisatorisch nicht in den Freiverkehrsmarkt involviert. Damit

679 Schwark, in: Schwark / Zimmer, Kapitalmarktrechts-Kommentar, § 48 BörsG, Rn. 11.

680 Beck, in: Schwark / Zimmer, Kapitalmarktrechts-Kommentar, § 7 BörsG, Rn. 13 ff.

681 BT-Drucks. 12/6679, S. 59; Beck, in: Schwark / Zimmer, Kapitalmarktrechts-Kommentar, § 7 BörsG, Rn. 15 ff.

682 Ausführlicher zur Bedeutung der Handelsüberwachungsstelle unter Kapitel III. B.III.

wird die das öffentlich-rechtliche Börsenwesen charakterisierende dualistische Organisationsstruktur durchbrochen. Gleichwohl ist der Freiverkehr eng mit der börslichen Organisationsstruktur verbunden. Die Regeln für die Nutzung der börslichen Handelsplattform ergeben sich aus der Handelsordnung für den Freiverkehr,[683] die vom Börsenrat als Satzung erlassen wird und handelstechnisch die normative Verbindung zwischen dem privatrechtlichen Freiverkehr und dem öffentlich-rechtlichen Börsenbetrieb ist.

Andererseits weist der Freiverkehr eine materielle Identität mit dem MTF auf. Das MTF hingegen ist ein anhand der Mindestvorgaben der MiFID wertpapierhandelsrechtlich organisierter Handelsplatztyp. Die von der materiellen Einstufung des Freiverkehrs als MTF abweichende regulatorische Verortung des Freiverkehrs in das Börsengesetz hat die Sonderstellung des Freiverkehrs im Rahmen der von der MiFID klassifizierten Handelsplatztypen zur Folge. Der Freiverkehr wird daher auch als MTF *sui generis* bezeichnet[684] und kann als eine durch einen Börsenbetreiber privatrechtlich organisierte, außerbörsliche Handelsplattform in Form eines MTF beschrieben werden.

Die Regulierung des Freiverkehrs mit seiner Rechtsform aus öffentlich-rechtlichen und privatrechtlichen Elementen wird hier als hybride Form einer Regulierung bezeichnet, da sie sich abschließend weder vollständig dem einen noch dem anderen Rechtsbereich zuordnen lässt. Angesichts der Ziele der Schaffung eines Finanzbinnenmarktes und eines fairen Wettbewerbs zwischen den Betreibern börslicher Handelsplätze und MTF, wird die hybride Regulierung des Freiverkehrs kritisch gesehen. Im Weiteren gilt es daher sowohl die börsenrechtlichen als auch die wertpapierhandelsrechtlichen Elemente der Regulierung des Freiverkehrs auf ihre Vereinbarkeit mit den europäischen Regelungsziele und Leitprinzipien zu überprüfen.

683 Vgl. z. B. §§ 1 ff. der Handelsordnung für den Freiverkehr an der Frankfurter Wertpapierbörse (Stand: 8. März 2010), abrufbar über www.deutsche-boerse.com.

684 So etwa Weber, NJW 2007, 3688, 3690; s. auch Oulds, in: Kümpel / Wittig, Bank- und Kapitalmarktrecht, Rn. 14.73.

Kapitel III. Vereinbarkeit der Regulierung des Freiverkehrs mit dem Ziel der Schaffung eines Finanzbinnenmarktes

Die deutsche Marktorganisation des Wertpapierhandels weist mit der dualen Organisationsstruktur des Börsenwesens im europäischen Vergleich Besonderheiten auf. Die Integration des Freiverkehrs in die börsliche Organisationsstruktur könnte die mit der MiFID verfolgten Ziele eines freien Wettbewerbs beim Angebot von Wertpapierdienstleistungen zwischen Börsenbetreibern und Wertpapierdienstleistungsunternehmen konterkarieren, zumindest aber erschweren. So könnten Wertpapierdienstleistungsunternehmen, die ein MTF betreiben, durch die enge Verbindung des Freiverkehrs, welcher in materieller Hinsicht einem MTF entspricht, durch die hybride Regulierung des Freiverkehrs aufgrund der Vermengung öffentlich-rechtlicher und privatrechtlicher Vorschriften im Wettbewerb mit börslichen Handelsplätzen benachteiligt sein. Diese wäre bereits dann der Fall, wenn die Gefahr besteht, dass der Freiverkehr mit der Reputation, Finanzierungsgrundlage, Preisfeststellung und Handelsüberwachung aus dem börslichen Bereich auf der einen Seite und der Flexibilität privatrechtlicher Gestaltungsmöglichkeiten auf der anderen Seite eine Position einnimmt, welche die Wettbewerbsaussichten von MTF schmälern könnte. Neben der börsenrechtlichen Regulierung des Freiverkehrs ist die Einbeziehung des Freiverkehrs in wertpapierhandelsrechtliche Verbotsnormen (Insiderhandel und Marktmanipulation) kritisch, da zwar der Betrieb von MTF im Wertpapierhandelsgesetz geregelt ist, auf MTF gehandelte Finanzinstrumente jedoch nicht in den Anwendungsbereich der benannten Verbotsvorschriften einbezogen sind.

Auch wenn der Betreiber des Freiverkehrs die von der MiFID an den Betrieb eines MTF gestellten Voraussetzungen erfüllt, ist dieser Umstand für sich ohne Bedeutung, wenn die Regulierung des Freiverkehrs im Übrigen den Zielen der europäischen Vorgaben nicht zu größtmöglicher Wirksamkeit verhelfen oder ihnen sogar entgegenstehen sollte. Da die Auswirkungen der Art und Weise der Regulierung des Freiverkehrs im Einzelnen schwer messbar sein dürften, ist zu bedenken, dass grundsätzlich bereits die Gefahr einer nicht umfassenden Verwirklichung europäischer Vorgaben ausreichend ist, um zu der Erkenntnis zu gelangen, dass die Umsetzung von europäischen Vorgaben nicht europarechtskonform ist.[685] In Bezug auf die Regulierung des Freiverkehrs könnte dies bedeuten, dass falls aufgrund der Art und Weise der Regulierung des Freiverkehrs, die Vorgaben der MiFID bzw. des FSAP im Hinblick auf die Schaffung eines integrierten Finanzbinnenmarktes und eines regulatorischen *level playing field* zwischen MTF und börslichen Handelsplätzen nicht umgesetzt sein sollten, die bestehende Form der Regulierung nicht europarechtskonform wäre.

A. Maßgeblichkeit der europäischen Regelungsziele und Leitprinzipien für die Regulierung des Freiverkehrs

Als Rechtsakt in Form einer Richtlinie ist die MiFID der Europäischen Union für jeden Mitgliedstaat hinsichtlich des zu erreichenden Ziels verbindlich, Art. 288 Abs. 3 AEUV. Dabei wird den innerstaatlichen Stellen die Wahl der Form und Mittel überlassen. Die Richtlinie unterscheidet sich dadurch von dem Rechtsakt einer Verordnung nach Art. 288 Abs. 2 AEUV, welche in allen ihren Teilen verbindlich ist und unmittelbar gilt. Die sehr unbestimmten Vorgaben aus Art. 288 Abs. 3 AEUV darf allerdings auch nicht zu eng verstanden werden, um eine effektive Durchsetzung der europäischen Vorgaben sicherzustellen. Eine Präzisierung erfährt die Vorschrift durch die Rechtsprechung des EuGH, wonach „die Mitgliedstaaten verpflichtet sind, innerhalb der ihnen (…) belassenen Entscheidungsfreiheit die Formen und Mittel zu wählen, die sich zur Gewährleistung der praktischen Wirksamkeit (*effet utile*) der Richtlinien unter Berücksichtigung des mit ihnen verfolgten Zwecks am besten eignen“.[686]

Insoweit berücksichtigt die Europäische Union bei der Wahl der Richtlinie als erlassenen Rechtsakt im Zusammenhang mit der Reform der Marktorganisation durch einen zweistufigen Rechtssetzungsprozess, dass ihre Mitgliedstaaten mitunter über höchst unterschiedlich ausgestaltete Rechtsordnungen verfügen.[687] Gleichzeitig soll dadurch gewährleistet werden, dass das beabsichtigte Ergebnis in die Regelsysteme der einzelnen Mitgliedstaaten auch integriert werden kann,

---

685 EuGH, Rs. 48/75, Slg. 1976, 497, Rn. 69/73; Lutter, JZ 1992, 593, 605; Ruffert, in: Calliess / Ruffert, EUV/AEUV, Art. 288 AEUV Rn. 27; Frenz, Hdb. Europarecht, Bd. 6, Rn. 3370 f.; Bleckmann, RIW 1987, 929, 933; Bach, JZ 1990, 1108, 1112.

686 So grundlegend für den damaligen Art. 189 EWGV EuGH, Rs. 48/75, Slg. 1976, 497, Rn. 69/73.

687 Vgl. Nettesheim, in: Grabitz / Hilf / Nettesheim, Das Recht der Europäischen Union, Bd. III, Art. 249 EGV, Rn. 152.

ohne durch etwaig widerspruchsbehaftete Vorgaben gesetzliche Systematiken einzelner Mitgliedstaaten zu verletzen.[688] Gerade weil die nationalen Regelungsmodelle und die Kapitalmarktkultur der einzelnen Mitgliedstaaten höchst unterschiedlich ausgeprägt sind,[689] berücksichtigen die europäischen Vorgaben keine Besonderheiten der Rechtsordnungen einzelner Mitgliedstaaten,[690] mithin auch nicht spezielle marktorganisationsrechtliche Merkmale des deutschen Kapitalmarktrechts. Vielmehr kann die Europäische Union davon ausgehen, dass der Gesetzgeber aufgrund der Richtlinienvorgaben und im Rahmen sonstiger europäischer Vorgaben eine Umsetzung der Vorgaben bzw. falls notwendig eine Anpassung bestehender Vorschriften durchführt, welche den europäischen Vorgaben zu größtmöglicher Wirksamkeit verhelfen.

Mit dem Gebot der effektiven Umsetzung von Richtlinien werden allerdings nicht nur formelle Aspekte angesprochen. Unter materiellen Gesichtspunkten versteht man unter der ordnungsgemäßen Umsetzung einer Richtlinie die vollständige Erreichung des Richtlinienziels.[691] Als Ziel verfolgt die Europäische Union dabei weniger ein abstraktes Ziel, sondern vielmehr ein konkretes Ergebnis, so dass sich die Verbindlichkeit einer Richtlinie auf den mit ihr verfolgten Zweck bezieht.[692] Dabei sind auch die Erwägungsgründe einer Richtlinie zu berücksichtigen, da sie Bestandteil der Richtlinie sind.[693] Die Erwägungsgründe (2) und (71) MiFID beziehen sich auf die Schaffung eines integrierten und effizienten Finanzmarktes, in welchem Wertpapierdienstleistungsunternehmen ihre Leistungen im Bereich des Wertpapierhandels im Rahmen des Binnenmarktes anbieten können. Diesen Zielen kommt in der Richtlinie eine besondere Bedeutung zu.

Entscheidend ist daher, dass durch die Art und Weise der Umsetzung der Richtlinienvorgaben, sich die von der Richtlinie erfassten Sachverhalte derart in den mitgliedstaatlichen Rechtsordnungen niederschlagen, dass diese den von der

---

688 Petersen, EG-Richtlinienumsetzung und Übergangsgerechtigkeit, S. 130; vgl. auch Grundmann, JZ 1996, 274, 283; Schön, RabelsZ 64 (2000), 1, 5 f.

689 Seitz, BKR 2002, 340, 347; Seifert/Habbel/Mattern/Streit/Voth, Performance ist kein Schicksal, S. 207.

690 So ausdrücklich Erwägungsgrund (7) MiFID II-RL-E.

691 EuGH, Rs. C-62/00, Slg. 2002, I-6325, Rn 26 ff., vgl. auch Ruffert, in: Calliess / Ruffert, EUV/AEUV, Art. 288 AEUV Rn. 27.

692 Riehm, JZ 2006, 1035, 1037; Grundmann, JZ 1996, 274, 275; vgl. auch Frenz, Hdb. Europarecht, Bd. 5, Rn. 907 ff., 912 ff.

693 Lutter, JZ 1992, 593, 600 ; Bleckmann, RIW 1987, 929, 931.

Europäischen Union beabsichtigten Rechtsfolgen unterzogen werden.[694] So kann z. B. ein Vertragsverletzungsverfahren nach Art. 258 AEUV mit der Nichterreichung des mit einer Richtlinie beabsichtigten Ergebnisses begründet werden.[695] Zur Begründung einer Vertragsverletzung müssten nicht erst die tatsächlichen Auswirkungen des Umsetzungsgesetzes nachgewiesen werden. Ausreichend ist bereits die abstrakte Feststellung, dass die Umsetzung nicht den Anforderungen des Unionsrechts genügt.[696] Gerade im zweistufigen Umsetzungsprozesses einer Richtlinie zeigt sich somit deutlich der Unterschied zwischen der unionsrechtlichen Regelungsaufgabe der Europäischen Union nach Art. 2 Abs. 3, 3 Abs. 1 b), 26 f., 56 ff. AEUV und der mitgliedstaatlichen Umsetzungspflicht.[697] Eine Berufung auf rechtfertigende Argumente ist den Mitgliedstaaten in diesem Zusammenhang verwehrt. Nicht einmal bestimmte lokale Gegebenheiten reichen aus, um die mit einer Richtlinie verfolgten Ziele in Frage zu stellen.[698] Denn nur die vollständige Umsetzung einer Richtlinie schafft die notwendige Rechtsklarheit und –sicherheit.[699]

Die jeweiligen Maßnahmen sind dabei auch an den Grundfreiheiten zu messen. Die grenzübergreifende Erbringung von Finanzdienstleistungen umfasst die Niederlassungsfreiheit und die Dienstleistungsfreiheit.[700]Als Bestandteil des Gesamtbinnenmarktes erfordert der Finanzbinnenmarkt eine Umsetzung der Dienstleistungs- und Niederlassungsfreiheit (einer speziellen Ausprägung der Personenfreizügigkeit). Als Adressaten der Grundfreiheiten haben die Mitgliedstaaten eine den Grundfreiheiten entsprechende Umsetzung der europäischen

694 Riehm, JZ 2006, 1035, 1037; Heiderhoff, Gemeinschaftsprivatrecht, S. 35 f.; Grundmann, JZ 1996, 274, 283.

695 EuGH, Rs. C-431/92, Slg. 1995, I-2189, Rn. 22.

696 Kahl, in: Streinz, EUV/EGV, Art. 175 EGV, Rn. 49; vgl. auch EuGH, Rs. C-392/96, Slg. 1999, I-5901 Rn. 60 f.

697 Vgl. auch Petersen, EG-Richtlinienumsetzung und Übergangsgerechtigkeit, S. 130 und 148.

698 EuGH Slg. 1992 I-2444 – (Nichtakzeptanz der Bevölkerung) oder EuGH Slg. 1999 I-1996 (Richtlinie sehe neues System vor, welches erhebliche Gesetzesänderungen notwendig mache).

699 EuGH, Rs. C-208/90, Slg. 1991, I-4269, Rn. 21 f.

700 Stünkel, EG-Grundfreiheiten und Kapitalmärkte, S. 44.

Vorgaben zu gewährleisten.[701] Sie sind den gemeinschaftlichen Grundsätzen einer offenen Marktwirtschaft mit freiem Wettbewerb verpflichtet.[702]

Da die MiFID eine Einzelmaßnahme des FSAP ist und dieser konkretisierende Vorgaben dazu macht, was unter einem „integrierten Finanzmarkt", der „Effizienz und Integrität des gesamten Marktes" und dem „reibungslosen Funktionieren des europäischen Finanzsystems" zu verstehen ist, stellt sich die Frage, welche Bedeutung diesem Aktionsplan beizumessen ist, handelt es sich bei ihm doch nicht um einen Rechtsakt der Europäischen Union im Sinne von Art. 288 ff. AEUV. Auch wenn einem Aktionsplan mangels Nennung unter dem Abschnitt der Rechtsakte der Union in Kapitel 2, Abschnitt 1 (Art. 288 ff. AEUV) keine verbindliche Wirkung zukommt,[703] kann er als Auslegungshilfe für das Verständnis einer Richtlinie herangezogen werden.[704] Im Rahmen einer systematischen und historischen Interpretation der Richtlinie kommt dem FSAP eine nicht unwesentliche Bedeutung bei den Bemühungen um die Schaffung eines Finanzbinnenmarktes zu.[705]

B. Marktorganisationsform des Freiverkehrs

Auf Basis der Klassifizierung von Handelsplatztypen durch die MiFID, lässt sich der Freiverkehr in materieller Hinsicht als MTF im Sinne von Art. 4 Abs. 1 Nr. 15 MiFID bzw. Art. 2 Abs. 1 Nr. 6 MiFID II-VO-E einstufen. Nach Erwägungsgrund (5) MiFID soll der Betrieb eines MTF eine Wertpapierdienstleistung darstellen. Der Gesetzgeber ist dieser Vorgabe gemäß § 2 Abs. 3 Nr. 8 WpHG allerdings nur für durch Wertpapierdienstleistungsunternehmen betriebene MTF nachgekommen. In Bezug auf den dem MTF handelstechnisch gleichzustellenden Freiverkehr hat sich der Gesetzgeber entschlossen, ihn auch weiterhin ausschließlich über die Vorschriften des Börsengesetzes zu regeln.

---

701 Vgl. Körber, Grundfreiheiten und Privatrecht, S. 79; Bieber/Epiney/Haag, Die Europäische Union, § 11 Rn. 29; Streinz, Europarecht, Rn. 836.

702 Häde/Calliess, in: Calliess / Ruffert, EUV/EGV, Art. 4 EGV, Rn. 41 ff.

703 Vgl. Köndgen, in: Riesenhuber, Europäische Methodenlehre, S. 220.

704 Vgl. Frenz, Hdb. Europarecht, Bd. 5, Rn. 970.

705 Vgl. Riehm, ZZ 2006, 1035, 1040.

Der Gesetzgeber beruft sich im Zusammenhang mit der börsenrechtlichen Regulierung des Freiverkehrs insbesondere auf Art. 71 Abs. 5 MiFID,[706] wonach jedes bestehende von einem Marktbetreiber eines regulierten Marktes betriebene System, welches unter die Definition eines MTF falle, auf Antrag des Betreibers als MTF zugelassen werden könne. Eine solche Zulassung setzt voraus, dass das jeweilige System die Anforderungen erfüllt, die den nach der MiFID aufgestellten Anforderungen an die Zulassung und den Betrieb eines MTF gleichwertig sind. Somit könne der Freiverkehr auch ohne die Verweisung auf die Vorschriften des Wertpapierhandelsgesetzes – so wie es der Entwurf der Bundesregierung zunächst noch vorsah[707] – richtlinienkonform als multilaterales Handelssystem zugelassen werden, da die Vorschriften des Wertpapierhandelsgesetzes für diesen sich grundlegend von anderen am Markt auftretenden MTF unterscheidenden Freiverkehrsmarkt nicht konzipiert seien.

Unter formalen Gesichtspunkten mag die börsenrechtliche Regulierung danach durchaus zutreffend sein, im Hinblick auf den Sinn und Zweck der Umsetzung der europäischen Vorgaben besteht aufgrund der damit verbundenen Auswirkungen auf die Wettbewerbsbedingungen beim Angebot von Wertpapierdienstleistungen und vor dem Hintergrund, dass jeder Mitgliedstaat grundsätzlich verpflichtet ist, die sich aus den Richtlinien ergebenden Ziele in einer Weise umzusetzen, dass sie größtmögliche praktische Wirksamkeit entfalten können,[708] hingegen Anlass die börsenrechtliche Regulierung des Freiverkehrs in Frage zu stellen. Denn aufgrund des Auseinanderfallens der materiellen Einordnung und der formalen Behandlung des Freiverkehrs, kommt dem Freiverkehr eine regulatorische Sonderstellung zu, welche sich grundsätzlich auf seine Integrität und Effizienz als Handelsplatz und damit im Wettbewerb zwischen Börsen und MTF auch zugunsten des Börsenbetreibers als gleichzeitigem Betreiber des Freiverkehrs positiv auswirken kann.

Die Pflicht zu einer umfassend wirksamen Umsetzung europäischer Vorgaben ergibt sich bereits aus dem auch in Bezug auf Art. 288 AEUV dominieren-

---

706 BR-Drucks. 833/1/06, S. 24 f. Die Übergangsbestimmung soll im Rahmen der Neufassung der MiFID aufgehoben werden.

707 BT-Drucks. 16/4028, S. 106.

708 Zur Verpflichtung zur umfassenden Umsetzung bereits EuGH, Rs. 48/75, Slg. 1976, 497, Rn. 69/73; EuGH Slg. 1975, 297, 306; EuGH Slg. 1985, S. 2655, 2668; Bleckmann, in: Bieber / Ress, Die Dynamik des Europäischen Gemeinschaftsrechts, S. 200; Bleckmann, RIW 1987, 929, 933; Bach, JZ 1990, 1108, 1112; Lutter, JZ 1992, 593, 605; Ruffert, in: Calliess / Ruffert, EUV/AEUV, Art. 288 AEUV Rn. 27.

den Effektivitätsgedanken.[709] Maßgeblich ist danach alleine die Bindung an die Ziele der MiFID, so dass auch die historische Verbindung zwischen dem börslichen Handel und dem Freiverkehrsmarkt hier nicht als Umstand vorgebracht werden könnte, wonach eine Umsetzung durch ein Aufbrechen der strukturellen und organisatorischen Verbindungen nicht möglich sei. Vielmehr muss die Rechtsordnung in einer Form gestaltet werden, welche eine effektive Verwirklichung des Finanzbinnenmarktes gewährleistet.[710] In diesem Zusammenhang ist auch zu bewerten, dass die MiFID – anders als Richtlinien häufig – keine punktuelle Einzelmaßnahme ist, sondern als Teil einer Vielzahl von Maßnahmen aus dem FSAP Bestandteil eines umfassenderen Systems.[711]

I. Die rechtliche Doppelstellung des Freiverkehrs

Der Betrieb des Freiverkehrs ist anders als der Betrieb eines MTF keine Wertpapierdienstleistung. Die Abgrenzung des Freiverkehrs vom MTF machte der Gesetzgeber deutlich, indem der Regierungsentwurf des FRUG in § 48 Abs. 3 S. 2 BörsG[712] auf Anregung des Bundesrates[713] den Verweis auf die §§ 33, 34 und 34a WpHG durch einen alleinigen Bezug auf die Vorschriften des Börsengesetzes mit Ausnahme der §§ 27 bis 29 und 32 bis 47 BörsG vorsah.[714] Der Finanzausschuss des Bundesrates begründete die Änderung mit dem grundlegenden Unterschied, welchen der Betrieb des Freiverkehrs an einer öffentlich-rechtlichen Börse im Vergleich zu anderen am Markt auftretenden MTF mit sich bringe.[715] Der Freiverkehr sei derart in die Börse integriert, dass er Teil der Börsenselbstverwaltung sei. Daraus habe eine Aufsicht durch die Börsenaufsichtsbehörde und die Feststellung der Preise im Freiverkehr als Börsenpreise im Sinne des Börsengesetzes zu erfolgen. Die Organisationsvorschriften für Wertpa-

709 Frenz, Hdb. Europarecht, Bd. 5, Rn. 898 und 915; vgl. Langenbucher, in: Langenbucher, Europarechtliche Bezüge des Privatrechts, § 1 Rn. 51.

710 Heiderhoff, Gemeinschaftsprivatrecht, S. 84.

711 Vgl. Mayer/Schürnbrand, JZ 2004, 545, 545; Rittner, JZ 1995, 849, 851 spricht im Zusammenhang mit der mangelnden Umsetzung von Richtlinien hinsichtlich des europäischen Rechtsraums von mithin zwangsläufig entstehenden „einzelnen Inseln, die kein innerer Zusammenhang miteinander verbindet“.

712 BT-Drucks. 16/4028, S. 40.

713 BR-Drucks. 833/1/06, S. 24 f.

714 BT-Drucks. 16/4883, S. 81.

715 BR-Drucks. 833/1/06, S. 24 f.

pierdienstleistungsunternehmen nach §§ 33 ff. WpHG konkurrieren mit den im Börsengesetz enthaltenen Organisationsvorschriften gemäß §§ 5, 6, 15 und 48 Abs. 1 BörsG, welche insoweit allerdings als *leges speciales* anzusehen sind. Aufgrund der Nähe und Verzahnungen des Freiverkehrs mit dem regulierten Markt entspreche der Freiverkehr nicht dem „Normalfall des außerbörslichen multilateralen Handelssystems“. Der Gesetzgeber nehme damit die ihm durch Art. 71 Abs. 5 MiFID gegebene Möglichkeit in Anspruch, abweichende Regelungen für MTF, die von einem Marktbetreiber eines geregelten Marktes betrieben werden, zuzulassen. Er sieht darin auch ohne Bezugnahme auf die Regelungen des Wertpapierhandelsgesetzes eine richtlinienkonforme Zulassung des Freiverkehrs als multilaterales Handelssystem. Im Übrigen verweist der Gesetzgeber darauf, dass die Vorschriften des Börsengesetzes im Zweifel in Bezug auf den Freiverkehr europarechtskonform auszulegen sind, damit der Betreiber einer Börse bei der Zulassung des Freiverkehrs, die an den Betrieb eines solchen MTF gestellten Zulassungsbedingungen erfüllt.[716]

Der Gesetzgeber hat die Einbindung des Freiverkehrs in die Organisationsstruktur der Börse gesetzestechnisch lediglich in zwei Punkten aufgeweicht. Zum einen wird der Freiverkehr mit § 48 BörsG nunmehr in einem eigenen Abschnitt geregelt, zum anderen hat der Gesetzgeber die „Handelsrichtlinien“ gemäß § 57 BörsG a. F. in die Handelsordnung und Geschäftsbedingungen gewandelt, um der privatrechtlichen Rechtsnatur des Freiverkehrs zumindest insoweit Rechnung zu tragen. Der Entwurf der Bundesregierung zur Umsetzung der MiFID sah zunächst noch den Erlass von Handelsrichtlinien durch die Börsengeschäftsführung vor, um den Bezug des Freiverkehrs zum hoheitlichen Regelungsbereich der Börsen zum Ausdruck zu bringen und den Börsen durch die öffentlich-rechtliche Rechtsnatur der Handelsrichtlinien einen größeren Gestaltungsspielraum einzuräumen.[717] Auf die Beschlussempfehlung des Finanzausschusses hin wurde der Begriff der Handelsrichtlinien schließlich aufgegeben und in § 48 Abs. 1 S. 1 BörsG neben dem Erlass der Handelsordnung für den Freiverkehr durch den Börsenrat gemäß § 12 Abs. 2 Nr. 1 BörsG lediglich eine Billigung der Geschäftsbedingungen des Freiverkehrs durch die Börsengeschäftsführung vorgesehen, welche dann erfolgt, wenn die Geschäftsbedingungen aus Sicht der Börsengeschäftsführung eine ordnungsgemäße Durchführung des Handels und der Geschäftsabwicklung gewährleistet erscheinen lassen. Dadurch sollte „zur zivilrechtlichen Einordnung der Handelsrichtlinien des Frei-

716 BT-Drucks. 16/4899, S. 35 f.

717 BT-Drucks. 16/4028, S. 39, 89. Zuvor für die privatrechtliche Einordnung der „Freiverkehrsrichtlinien“ BT-Drucks. 12/6679, S. 45, 75 f.

verkehrs und zur Gleichstellung des Freiverkehrs mit anderen multilateralen Handelsplattformen (...) klargestellt werden, dass die Handelsrichtlinien Geschäftsbedingungen sind, die vom Börsenträger festgelegt und von der Börse genehmigt werden".[718] Weiterer Anlass für diese Anforderungen waren Befürchtungen, dass sich Unregelmäßigkeiten im Freiverkehr negativ auf das öffentlich-rechtliche Marktsegment der Börse auswirken könnten.[719] Da die Börsengeschäftsführung aber regelmäßig aus Vertretern der Börsenträgergesellschaft besteht, erfährt dieser Schutzmechanismus allerdings insoweit keine wirksame Umsetzung, als die Prüfung der Geschäftsbedingungen durch diejenigen vorgenommen wird, die an ihrer Erstellung beteiligt waren oder zumindest in einem Abhängigkeitsverhältnis zu dem Arbeitgeber derjenigen, die sie erstellt haben, stehen. Weder die gesetzessystematische Änderung in Bezug auf den Freiverkehr, noch die Aufspaltung der Handelsrichtlinien in eine Handelsordnung und Geschäftsbedingungen haben die Einordnung des Freiverkehrs in die börsliche Organisationsstruktur angetastet.

Der Finanzausschuss des Bundestages erklärt im Zusammenhang mit der börsenrechtlichen Regelung des Freiverkehrs sowie der zivilrechtlichen Einordnung der Handelsrichtlinien (nunmehr Handelsordnung und Geschäftsbedingungen, § 48 Abs. 1 BörsG), dass der Betrieb des Freiverkehrs durch den Börsenträger „insoweit anderen multilateralen Handelsplattformen nach den §§ 31f ff. WpHG gleichgestellt" sei und damit „der Wettbewerb zwischen dem Freiverkehr und anderen multilateralen Handelssystemen gefördert" werde.[720] Durch das einschränkende „insoweit" deutete er bereits an, dass sich die Gleichstellung lediglich auf die Rechtsnatur des Marktes und eine auf diese bezogene Gleichstellung mit den privatrechtlichen MTF bezieht.[721] Die formalrechtliche Gleichstellung ist angesichts des mit der Umsetzung durch die europäische Union verfolgten Zwecks allerdings nicht alleine maßgeblich. Entscheidend sind vielmehr

---

718 BT-Drucks. 16/4883, S. 4, 81.

719 Seiffert, in: Kümpel / Wittig, Bank- und Kapitalmarktrecht, Rn. 4.73; Kümpel, Kapitalmarktrecht, S. 112.

720 BT-Drucks. 16/4899, S. 35.

721 Die Einordnung der Handelsrichtlinien als privatrechtliche Geschäftsbedingungen war in der Literatur und Rechtsprechung zum Zeitpunkt der Umsetzung der MiFID bereits vorherrschend. Die Annahme einer sich daraus ergebenden Förderung des Wettbewerbs ist durch die gesetzliche Bestätigung dieser Auffassung zwar nicht falsch, jedoch kann bezweifelt werden, dass dies für sich genommen das von der Europäischen Union verfolgte Ziel eines einheitlichen Wertpapierhandelsmarktes entscheidend zu begünstigen vermag.

die praktischen Auswirkungen der Umsetzungsmaßnahmen im Hinblick auf die Forcierung gleicher Wettbewerbsbedingungen zwischen den verschiedenen Handelsplätzen und im Hinblick auf die Schaffung des europäischen Finanzbinnenmarktes.

In den Jahren nach der Umsetzung der MiFID durch das FRUG hat sich die Wettbewerbsposition der Wertpapierdienstleistungsunternehmen beim Angebot von Wertpapierhandelsdienstleistungen über MTF jedoch nicht verändert.[722] Unter diesem Gesichtspunkt ging die Einschätzung des Finanzausschusses fehl. Vielmehr hat sich der Freiverkehr unter dem Dach der marktbeherrschenden Börse als privatrechtliche Marktveranstaltung in Verbindung mit den Vorzügen der Einbettung in bestimmte öffentlich-rechtliche Strukturen des Börsenwesens gestärkt. Von einer praktischen Wirksamkeit der getroffenen Maßnahmen im Zusammenhang mit der Umsetzung der Richtlinienvorgaben kann somit nicht ausgegangen werden.

Gleichzeitig liegt ein Wertungswiderspruch vor, wenn auf der einen Seite festgestellt wird, dass durch die getroffenen Maßnahmen, der Wettbewerb zwischen dem Freiverkehr und anderen multilateralen Handelssystemen gefördert werde, andererseits aber die Sonderstellung des Freiverkehrs betont[723] und damit dem Wettbewerb der unterschiedlichen Handelsplätze ein *level playing field* versagt wird.

Soweit der Gesetzgeber weiter ausführt, dass die Umsetzung der Zulassungs- und Betriebsbedingungen für den Freiverkehr als MTF im Börsengesetz und ohne Verweis auf die Vorschriften des Wertpapierhandelsgesetzes nach Art. 71 Abs. 5 MiFID richtlinienkonform sei, grenzt er den Freiverkehr lediglich von dem „Normalfall des außerbörslichen multilateralen Handelssystems“[724] ab und macht damit deutlich, dass es ihm bei der Regelung des Freiverkehrs nicht auf den mit Art. 71 Abs. 5 MiFID bezweckten Übergangscharakter ankommt, sondern vielmehr um die Fortsetzung der historisch bedingt engen Verbindung zwischen dem Börsen- und Freiverkehrshandel. Nach Wortlaut und Systematik von Art. 71 Abs. 5 MiFID kann der Einschätzung, dass durch die Vorschrift abweichende Regelungen getroffen werden sollen können, nicht uneingeschränkt zugestimmt werden. Denn nach Art. 71 Abs. 5 MiFID, der die amtliche Überschrift „Übergangsbestimmungen“ trägt, können bestehende Systeme, die von Betreibern regulierter Märkte operiert werden, auf Antrag des Marktbetreibers

722 Ausführlich dazu Kapitel I. C.II.

723 BR-Drucks. 833/1/06, S. 24.

724 BR-Drucks. 833/1/06, S. 24 f.

als MTF unter der Voraussetzung zugelassen werden, dass sie die von der Richtlinie an die Zulassung und den Betrieb eines MTF gesetzten Anforderungen erfüllen. Da ein wesentliches Ziel des europäischen Kapitalmarktrechts die Funktionsfähigkeit der Kapitalmärkte ist, könnte in der Bestimmung einzig ein Schutz der Märkte und der Volkswirtschaften betroffener Mitgliedstaaten gesehen werden. Diese sollen bei einer anderen als der rein marktwirtschaftlich angenommenen Struktur des europäischen Gesetzgebers nicht Gefahr laufen, die Funktionsfähigkeit des Kapitalmarktes durch zu schnelle tiefgreifende Veränderungen der Marktorganisation zu gefährden. Gleichwohl bleibt es aber bei einer Übergangsbestimmung, welche nahe legt, dass nach Ablauf einer Übergangszeit der Marktorganisationsreform der Betrieb eines MTF durch Börsenträger als Wertpapierdienstleistung umsetzen ist.

Die Sonderstellung des Freiverkehrs als Ausprägung eines MTF ist im Vergleich zur Regulierung der durch Wertpapierdienstleistungsunternehmen betriebenen MTF auch im Übrigen nicht nachvollziehbar. Durch eine strenge Regulierung des börslichen Handels soll das staatliche Interesse an effizienten Wertpapiermärkten, d. h. neutraler, transparenter und unter staatlicher Kontrolle laufender Preisfeststellung sowie eine gewisse Liquidität an den Börsen gewährleiste werden.[725] Aufgrund der Zulassung des Freiverkehrs an einer öffentlich-rechtlichen Börse wird dieser trotz materiell-funktionaler Identität zu den von Wertpapierdienstleistungsunternehmen betriebenen MTF, nach Ansicht des Gesetzgebers derart in die Börse integriert, dass er in gewisser Weise Bestandteil der Börsenselbstverwaltung wird.[726] Die Aufnahme der Regelung des Freiverkehrs in das Börsengesetz erklärt sich auch daraus, dass es den Freiverkehr schon lange vor dem Erlass des Wertpapierhandelsgesetzes gab. Ziel der MiFID war es, den historischen Vorteil der Börsen gegenüber Wertpapierdienstleistungsunternehmen durch die Ermöglichung eines fairen Wettbewerbs auf den Prüfstand zu stellen. Die Einbeziehung eines von einem Börsenträger betriebenen MTF in den Bereich des Börsenwesens ist nur die Verfestigung alter Strukturen und keine Annahme neuer Wettbewerbsherausforderungen. Im Rahmen der Umsetzung kann es aber insbesondere auch zu der Notwendigkeit von „Einschnitten in gewachsene nationale Rechtsstrukturen“ oder der Verpflichtung kommen, Zusatzregelungen außerhalb des Bereichs einer Richtlinie zu erlassen, welche für die Durchsetzung der Ziele der Richtlinie erforderlich sind, um innerhalb der Europäischen Union den angestrebten einheitlichen Rechtsrahmen

---

725 Kümpel, Bank- und Kapitalmarktrecht, Rn. 17.22.

726 Vgl. BR-Drucks. 833/1/06, S. 24.

erreichen zu können.[727] Eine konsequente Umsetzung der MiFID setzt somit auch die Erkenntnis voraus, dass reguläre MTF als Sekundärmarkt für die volkswirtschaftlich bedeutende Funktion der Unternehmensfinanzierung dienen können. In der Rolle des Konkurrenten für den Freiverkehr sind die MTF gerade als Handelsort für reine Freiverkehrswerte, dass heißt solchen Finanzinstrumenten, die an einem deutschen Freiverkehr gehandelt werden, für die aber an keinem regulierten Markt innerhalb des EWR eine Handelszulassung besteht, zu beachten.

Im Zusammenhang mit der Berufung des Gesetzgebers auf einen Funktionsschutz des Freiverkehrs,[728] ist die damit verbundene Bezugnahme auf die Bedeutung der im Börsengesetz enthaltenen dualen Organisationsstruktur zum Schutz der Funktionsfähigkeit des Kapitalmarktes ebenfalls nicht mehr zeitgemäß. Zum einen sind für den deutschen Kapitalmarkt schädliche Spekulationen bei in den Freiverkehr einbezogenen Wertpapieren ausländischer Unternehmen mit einem Anteil von mehr als 96 Prozent aller einbezogenen Wertpapiere kaum zu erwarten.[729] Zum anderen lässt sich das Argument, dass die organisationstechnische Gleichstellung des Freiverkehrs mit der Börse erforderlich sei, da der Freiverkehr vom inländischen und ausländischen Publikum weithin als ein Marktsegment der Börse betrachtet werde und die Zustände im Freiverkehr Auswirkungen auf das gesamte Börsengeschäft hätten,[730] angesichts der mit einer Einbindung des Freiverkehrs in die börsliche Organisationsstruktur verbundenen Benachteiligung der MTFs kaum hören. Es liegt am Gesetzgeber selbst, für eine deutlichere Trennung der beiden Märkte zu sorgen. Da der Ausgangspunkt für die gesetzgeberischen Aktivitäten im Bereich des Börsenwesens jedoch eine Betrachtung der Börse als Institution ist, kommt eine Systematik, die zwischen verschiedenen Regelungsgegenständen unterscheidet, jedoch weniger zum Tragen.[731]

---

727 Bleckmann, RIW 1987, 929, 933; Petersen, EG-Richtlinienumsetzung und Übergangsgerechtigkeit, S. 113 ff.; Frenz, Hdb. Europarecht, Bd. 5, Rn. 956; vgl. auch Kalss, in: Riesenhuber, Europäische Methodenlehre, S. 616.

728 Vgl. z. B. BT-Drucks. 12/6679, S. 45.

729 Deutsche Börse AG, Cash Market: Monthly Statistics November 2010, S. 41, abrufbar über www.deutsche-boerse.com.

730 BT-Drucks. 15/3174, S. 33; Pawlik, KölnKomm, WpHG, § 12 Rn. 11; Assmann, AG 1994, 237, 245; Sethe, in: Assmann / Schütze, Kapitalanlagerecht, § 12 Rn. 15.

731 Vgl. hierzu die „Entwicklungslinien eines Kapitalmarktrechts“ bei Assmann, in: Assmann / Schütze, Kapitalanlagerecht, § 1 Rn. 5 ff.

Die historisch bedingte Stellung des Freiverkehrs im Börsenrecht führt demnach bis heute dazu, dass eine institutionelle Trennung der Handelsvorgänge in die Bereiche der öffentlich-rechtlichen Börsenanstalt und des privatrechtlichen Freiverkehrs kaum erkennbar ist und die verschiedenen Handelsplatztypen Börse und Freiverkehr von den Marktteilnehmern weiter überwiegend als ein einheitlicher Markt wahrgenommen werden.[732] Im Übrigen werden durch das Passivargument der Marktwahrnehmung, die mit dem FSAP und der MiFID verfolgten Aktivmaßnahmen zur Steigerung der Funktionsfähigkeit und Effizienz des Kapitalmarktes sowie dem Schutz der Anleger nicht berücksichtigt.

Die unzureichende Trennung zwischen dem Freiverkehr und den Organisationsstrukturen des börslichen Handelsplatzes sowie der unzureichenden Umsetzung der MiFID und des FSAP zur Gleichstellung zwischen Börsenbetreibern und Wertpapierdienstleistungsunternehmen beim Angebot von Wertpapierhandelsdienstleistungen führen jedenfalls dazu, dass sich der Freiverkehr im Windschatten des regulierten Marktes der jeweiligen Börse entwickeln kann und typischerweise vorhandene Reputationsvorteile des börslichen Handels[733] eine positive Ausstrahlungswirkung auf den Freiverkehr haben. Da die Liquidität als entscheidender Faktor für die Integrität und Effizienz eines Marktes erkannt wurde, profitiert der Freiverkehr mitunter von vermeintlich auf ihn ausstrahlenden positiven Eigenschaften eines liquiden börslichen Handels. Denn die Zulassung und Überwachung von Wertpapieren an der hochregulierten Börse wird mit einem gewissen „Gütestempel" verbunden, den der Markt für sich in Anspruch nehmen kann.[734] Als Beispiel mag in diesem Zusammenhang die Entwicklung der Börse Tradegate Exchange dienen. Die Börse war bis Ende des Jahres 2009 als MTF zugelassen. Mit Beginn des Jahres 2010 operiert die Tradegate Exchange als regulierte Wertpapierbörse. Seit diesem Zeitpunkt konnte sie ihren Umsatz im Bereich des Aktienhandels um mehr als 30 Prozent steigern,[735] während die

---

732 Vgl. Pawlik, KölnKomm, WpHG, § 12 Rn. 11; Assmann, AG 1994, 237, 245; Assmann, in: Assmann / Schütze, Kapitalanlagerecht, § 1 Rn. 5 ff.

733 Macey/Kanda, Cornell Law Review 1990, 1007, 1023; Köndgen, Journal of Institutional and Theoretical Economics (JITE) 1998, 224, 246. In diesem Sinne auch Maas, Zwangsdelisting und Anlegerschutz, S. 140 f., der in dem Handel über ein multilaterales Handelssystem im Falle des Delistings einer Aktie „kein ausreichendes Substitut" dem börslichen Handel gegenüber sieht.

734 Von Daniels, Private Equity Secondary Transactions, S. 80, 103; Gerke, Gutachten zur Fortentwicklung des deutschen Börsenwesens, 2 f.; Gerke/Rapp, DBW 1994, 5, 11.

735 Deutsche Börse AG, Mitteilung „Tradegate Exchange erzielt 2010 neue Rekorde" vom 6. Januar 2011, abrufbar über www.deutsche-boerse.com.

sonstigen Börsen ihren Umsatz nur zwischen 10 und 15 Prozent steigern konnten.[736] Die Betreiber der Tradegate Exchange führen den Anstieg auf die Berücksichtigung ihres Handelsplatzes im Rahmen der Best Execution-Regeln zurück, die sich wesentlich aus der Ausführungswahrscheinlichkeit und den mit der Ausführung verbundenen Kosten zusammensetzen.

Gerade für Emittenten, die erstmals eine kapitalmarktbasierte Finanzierung anstreben, wird der Freiverkehr alternativlos als der Markt außerhalb des regulierten Marktes wahrgenommen, an welchem die Einbeziehung zu emittierender Wertpapiere außerhalb des strengen Regulierungsregimes der Börse stattfinden kann. Denn die Chancen im Primärmarkt einen möglichst hohen Emissionserlös generieren zu können, korrelieren mit den Aussichten eines liquiden und integeren Handels im Sekundärmarkt. Dabei scheint der Handel über den Freiverkehr „an der Börse" aus Sicht der Anleger eine deutlich bessere Qualität als der Handel über ein sich gerade etablierendes MTF zu versprechen. Grundsätzlich stehen MTF und der Freiverkehr in Bezug auf die erstmalige Einbeziehung von Aktien und anderen Wertpapieren gleichberechtigt nebeneinander. Die Entwicklung der Tradegate Exchange indiziert, dass MTF in diesem Zusammenhang nicht wettbewerbsfähig sind und die rechtlichen Rahmenbedingungen einen nicht unwesentlichen Einfluss darauf haben. Der Liquiditätssog der Börse wird Dank der Nähe des Freiverkehrs zu ihr und ausgewählter rechtlicher Besserstellungen auf den Freiverkehr umgeleitet.

Das dem Freiverkehr indirekt verliehene Gütesiegel durch die Verbindung mit dem börslichen Handelsplatz kann auch durch die geplante Einführung einer Registrierungsmöglichkeit für MTF als KMU-Wachstumsmarkt im Rahmen des Neuvorschlags der MiFID durch die Europäische Kommission nicht kompensiert werden. Denn der Börsenträger als gleichzeitiger Betreiber des Freiverkehrs kann die entsprechende Registrierung auch für den Freiverkehrsmarkt beantragen. Gleichzeitig besitzt der Freiverkehr durch etablierte Segmente wie den Entry Standard oder m:access an den Börsen Frankfurt und München bereits über im Markt bekannte Segmente für kleine und mittlere Unternehmen, welchen bereits eine gewisse Qualität zukommt.

Im Ergebnis werden durch die börsenrechtliche Regulierung des Freiverkehrs die Ziele der MiFID und des FSAP nicht vollständig umgesetzt. Sie ist daher nicht europarechtskonform. Im Einzelnen behindert insbesondere die auf den Betrieb des Freiverkehrs ausstrahlende Integrität des börslichen Handels-

736 Deutsche Börse AG, Mitteilung „Kassamarkt der Deutschen Börse setzt 1,32 Billionen Euro im Jahr 2010 um" vom 3. Januar 2011, abrufbar über www.deutsche-boerse.com.

platzes die Entstehung eines Wettbewerbs zwischen den Betreibern organisierter Märkte und Wertpapierdienstleistungsunternehmen im Bereich des Angebots von Wertpapierhandelsdienstleistungen, speziell im Bereich des Aktienhandels. Indem der Freiverkehrsträger für die Durchführung des Freiverkehrs die Einrichtungen der öffentlich-rechtlichen Börse nutzt,[737] ist er der Börse mehr faktisch als rechtlich angegliedert,[738] obwohl der Freiverkehr aufgrund seiner eigenen Organisationsstruktur als ein von den übrigen Dienstleistungen der Börse abtrennbarer Bereich betrachtet werden kann.

Die Umsetzung der MiFID ist insoweit unzureichend, als mit der Regulierung von Börsen und börsenähnlichen Einrichtungen im Börsengesetz bereits vor der MiFID ein der Richtlinie entsprechendes System zweier Betriebsformen des multilateralen Handels bestand.[739] Die Klassifizierung von Handelsplatztypen durch die MiFID übertrug die privatrechtlich betriebenen Systeme des multilateralen Handels und der systematischen Internalisierung in das Wertpapierhandelsgesetz. Dies trifft auf den Freiverkehr als durch den Börsenbetreiber in Form eines multilateralen Handelssystems veranstalteten Handelsbetriebs hingegen nicht zu und manifestiert die wettbewerbsverzerrende regulatorische Sonderstellung des Freiverkehrs.

II. (Mit-)Finanzierung über börsliche Gebühren und Entgelte

Die Veranstaltung des börslichen Handels erfolgt durch die Börsenanstalt. Ihr Träger, regelmäßig ein privatrechtliches Unternehmen, ist im Wege eines Beleihungsverhältnisses mit dem Sitzland der Börse für die Organisation und Finanzierung des Börsenhandels verantwortlich. Für seine Tätigkeiten stehen dem beliehenen Börsenträger keine finanziellen Ansprüche gegenüber dem beleihenden Bundesland zu. Er refinanziert sich im Rahmen des Börsenbetriebs über Gebühren und Entgelte nach § 17 Abs. 1 BörsG, welche er für Dienstleistungsangebote im Bereich des regulierten Marktes erhält. Die derart vereinnahmten Gebühren vermischen sich mit Entgelten, die aus sonstigen Dienstleistungen nach § 17 Abs. 3 BörsG eingenommen werden können. Gläubiger der jeweiligen Gebühren ist in jedem Fall der Börsenträger und nicht die Börsenanstalt.

---

737 Harrer/Müller, WM 2006, 653, 654; Schlitt/Schäfer, AG 2006, 147, 148 f.

738 Groß, Kapitalmarktrecht, § 48 BörsG, Rn. 2.

739 Vgl. Boschan, Wertpapierhandelssysteme, S. 422.

Problematisch ist in diesem Zusammenhang, dass der Börsenträger als gleichzeitiger Betreiber des Freiverkehrs keine getrennte Finanzierung des Freiverkehrs auszuweisen hat. Die Organisation, Finanzierung und Veranstaltung des Freiverkehrs erfolgt damit – zumindest teilweise – als Ergebnis der Nutzung des Auftrags des Börsenträgers aus dem Beleihungsverhältnis zur Wahrnehmung einer staatlichen Aufgabe. Anders als die diesen Einnahmen zugrundeliegende Veranstaltung des Börsenhandels, ist der Handel im Freiverkehr nach den Vorgaben der MiFID, welche den Freiverkehr zumindest nach Ansicht der ESMA zu einem MTF macht, welches an sich mit dem börslichen Handelsplatz konkurrieren sollte, jedoch keine Wahrnehmung einer Staatsaufgabe. Der Betreib des Freiverkehrs ist entsprechend auch nicht von der Finanzierungspflicht des Börsenträgers nach § 5 Abs. 1 S. 2 BörsG umfasst.[740]

Der Wettbewerb zwischen dem börslichen Handelsplatz und MTF wird aufgrund der Quersubventionierung des Freiverkehrs als Bestandteil des börslichen Handelsplatzes und gleichzeitig die Vergleichbarkeit des Freiverkehrs mit dem MTF untergraben.[741] Denn Handel und Preisfeststellung im Freiverkehr erfolgen über die gleichen technischen Systeme, wie sie im Bereich des regulierten Marktes verwendet werden. Eigens für den Freiverkehr betriebene Wertpapierhandelssysteme sind nicht bekannt.[742] Indem es Börsenträgern in der Folge erspart bleibt, eigene Handelsplattformen für den Betrieb des Freiverkehrs aufzubauen, haben sie einen wirtschaftlichen Wettbewerbsvorteil, da davon ausgegangen werden kann, dass sie durch den Parallelbetrieb mit den börslichen Einrichtungen einen Kostenvorteil gegenüber den Wertpapierdienstleistungsunternehmen als Betreiber von MTF verbuchen. Der Betreiber des börslichen Handelsplatzes profitiert somit über den quersubventionierten Betrieb des Freiverkehrs indirekt von den sich aus seiner Beleihung als Börsenträger mit dem Betrieb des börslichen Handels ergebenden Gebühren und Entgelten.

---

740 Zur Finanzierungspflicht für den börslichen Handel siehe Kapitel II. A.II.3.b.aa.

741 Relativierend ist allerdings zu sagen, dass bezüglich der Höhe der Gebühren das allgemeine verwaltungsrechtliche Äquivalenzprinzip gilt, wonach ein angemessenes Verhältnis zwischen der Gebühr und dem Wert der Leistung für den Empfänger bestehen muss. Der Verwaltungsaufwand darf also nicht wesentlich geringer als die Gesamtheit der Gebühren für die besondere Leistung sein, vgl. Schwark, in: Schwark, Kapitalmarktrechts-Kommentar, § 14 BörsG, Rn. 4 und Groß, Kapitalmarktrecht, § 17 BörsG, Rn. 4.

742 Boschan, Wertpapierhandelssysteme, S. 209 f.

III. Börsliche Preisfeststellung und Handelsüberwachung

Die Einbindung des Freiverkehrs in die börsliche Organisationsstruktur wirkt sich auch auf die Preisfeststellung und die Überwachung des Handels im Freiverkehr aus. Dabei sind die Aufsicht durch die Börsenaufsichtsbehörde und insbesondere der Handelsüberwachungsstelle Folgen der börsenrechtlichen Verortung des Freiverkehrs und nicht Notwendigkeiten einer entsprechenden Überwachung dieses Handelsplatztyps. Auch die besondere Qualität der Preisfeststellung, die sich aus der Feststellung der Preise im Freiverkehr als Börsenpreise ergibt, erscheinen vielmehr eine konsequente Umsetzung der auf dem börslichen Handelsplatz angewandten Verfahren auf den Freiverkehr zu sein als eine unabhängig davon zugunsten des Freiverkehrs notwendiger Weise zu treffende Maßnahme.

Der überwachten Preisfeststellung kommt unter Anlegerschutzgesichtspunkten aufgrund der mit der Preisentwicklung von Finanzinstrumenten verbundenen Gefahren eine besondere Bedeutung zu.[743] Je nachvollziehbarer und verlässlicher die Feststellung eines der Marktlage entsprechenden Preises erfolgt, desto höher ist die Bereitschaft des Handels an dem betreffenden Ausführungsplatz. Das Zusammenspiel zwischen Liquidität, Effizienz und schließlich der Funktionsfähigkeit des Marktes hängt folglich unmittelbar mit der Preisfeststellung zusammen.

Für einen effizienten und funktionierenden Kapitalmarkt ist eine hohe Qualität der Preisfeststellung daher nicht nur im börslichen Bereich, sondern auch in außerbörslichen Handelssystemen geboten.[744] Mit § 59 S. 1 Nr. 2 und 4 BörsG a. F. wurde durch das Vierte Finanzmarktförderungsgesetz erstmals eine Bestimmung für die Preisermittlung und die Qualität der Preisfeststellung im außerbörslichen Handel normiert.[745] Gleichzeitig wurde die amtliche Feststellung des Börsenpreises nach § 29 BörsG a. F. als Akt öffentlichen Rechts aufgehoben. Damit sind sowohl Preisfeststellungen im börslichen Handel wie auch im

743 Hopt /Baum, in: Hopt / Rudolph / Baum, Börsenreform, S. 388.

744 Vgl. Hammen, WM 2001, 929, 930.

745 BT-Drucks. 14/8017, S. 157 mit ausdrücklichem Hinweis auf den Anlegerschutz. Zur Entstehung und Struktur der Neuregelungen durch das Vierte Finanzmarktförderungsgesetz sowie den wesentlichen Auslegungsfragen Cohn, ZBB 2002, 365, 368 ff.; Spindler, WM 2002, 1325, 1333 ff.

außerbörslichen Handel privatrechtlich festgestellte Preise. Jedoch sind allein die Börsenpreise im Sinne des § 24 BörsG staatlich überwachte Preise.[746]

1. Börsenpreise im Freiverkehr

In § 24 Abs. 1 S. 2 BörsG wurde die Regelung des § 57 Abs. 2 S. 1 BörsG a. F. integriert.[747] Gemäß § 24 Abs. 1 S. 2 BörsG gelten neben den während der Börsenzeit an einer Börse festgestellten Preisen auch die im Freiverkehr festgestellten Preise als Börsenpreise.[748] Die Feststellung von Preisen für die im Freiverkehr gehandelten Aktien als Börsenpreise erfolgt unabhängig davon, ob sich der Preis im Parketthandel oder im elektronischen Handel gebildet hat.[749] Zur Ermittlung des Börsenpreises können auf MTF ermittelte Preise nach § 24 Abs. 2 S. 3 BörsG berücksichtigt werden. Für die in MTF selbst festgestellten Preise gilt die Börsenpreisqualität hingegen nicht.

Der hinter der Feststellung eines Börsenpreises stehende Zweck, durch ein staatlich überwachtes Preisbildungsverfahren die Einhaltung gewisser Regeln gewährleisten zu können und damit das Vertrauen der Anleger in die Fairness des Handels und der Preisfindung, sowie die internationale Wettbewerbsfähigkeit zu stärken,[750] wurde demnach auf den Freiverkehr übertragen. Zwingend erforderlich scheint dies indes nicht. Denn seit der Klassifizierung der Handelsplätze durch die MiFID kommt dem Betrieb von MTF die gleiche Funktion zu, wie sie auch der Betrieb des Freiverkehrsmarktes mit sich bringt. Sofern also volkswirtschaftliche Gründe für die Notwendigkeit einer Erweiterung der Vertrauensbildung auf den Freiverkehr herangezogen werden, belohnt der Gesetzgeber damit den Betreiber des Freiverkehrs. Für einen Emittenten, der geringere

---

746 Beck, in: Schwark / Zimmer, Kapitalmarktrechts-Kommentar, § 24 BörsG, Rn. 10; Groß, Kapitalmarktrecht, § 24 BörsG, Rn. 2. Die Bestimmung eines Wertes als Börsenpreis hat über den Betrieb der Börse hinausgehende Bedeutung. So wird der Börsenpreis im Pfandrecht gemäß §§ 1221, 1235 Abs. 2, 1295 BGB, 821 ZPO, im Handelsrecht durch §§ 376 Abs. 2, 3, 379 Abs. 2 S. 1 HGB und insolvenzrechtlich mit § 104 InsO in Bezug genommen.

747 BT-Drucks. 16/4028, S. 86.

748 Die Regelung des § 57 Abs. 2 S. 1 BörsG a. F. wurde in § 24 Abs. 1 S. 2 BörsG integriert, BT-Drucks. 16/4028, S. 86.

749 Groß, Kapitalmarktrecht, § 48 BörsG, Rn. 9.

750 BT-Drucks. 12/6679, S. 70; Jütten, Die Bank 1993, 601, 606; Klenke, Börsendienstleistungen im Europäischen Binnenmarkt, S. 98 f.; vgl. auch Groß, Kapitalmarktrecht, § 24 BörsG, Rn. 1.

Voraussetzungen für die Handelbarkeit von ihm ausgegebenen Wertpapiere erfüllen möchte – und bei der Feststellung der Preise von Wertpapieren handelt es sich sprichwörtlich um nichts anderes als das Ergebnis des Wertpapierhandels –, führt dies im Ergebnis zu einem mit höheren regulativen Anforderungen und Elementen ausgestatteten Qualitätsmerkmal. Wertpapierdienstleistungsunternehmen können ein solches Qualitätsmerkmal schon aufgrund der rechtlichen Kategorisierung der von ihnen betriebenen MTF als Wertpapierdienstleistungen nicht erreichen. Auch wenn die Preise in MTF gemäß § 31f Abs. 1 Nr. 4 WpHG entsprechend den Regelungen des § 24 Abs. 2 BörsG für die Feststellung von Börsenpreisen zustande kommen müssen, fehlt ihnen das öffentlich-rechtliche Gütesiegel einer unmittelbar staatlich überwachten Preisfeststellung.[751] Gerade für kleine und mittlere Emittenten, die vor der Wahl stehen, entweder die Einbeziehung zum Handel in den Freiverkehr oder zum Handel auf einem MTF zu wählen, kann sich dieser qualitative Unterschied zu Gunsten des Freiverkehrs auswirken. Denn auch auf der Kapitalangebotsseite wird die Feststellung der Preise im Freiverkehr als Börsenpreise nur positiv aufgenommen werden.

Besteht faktisch demnach kein Unterschied in der Preisfeststellung zwischen MTF und dem Freiverkehr, wird der Freiverkehr aufgrund seiner diesbezüglichen Verbindung mit dem börslichen Handel privilegiert. Dadurch profitiert indirekt wiederum der Betreiber des organisierten Marktes als gleichzeitiger Betreiber des Freiverkehrs, indem Marktbereiche, in welchen MTF unmittelbar mit dem Freiverkehrsmarkt konkurrieren könnten, aufgrund der mit der börslichen Handelsorganisation verbundenen Strukturen eine faire Wettbewerbsposition versagt wird.

a. Zustandekommen von Börsenpreisen

Nach § 24 Abs. 2 S. 1 BörsG müssen Börsenpreise „ordnungsgemäß" zustande kommen. Dazu müssen sie die gesetzlichen Voraussetzungen und die Regelwerke des Handelsplatzes erfüllen und der wirklichen Marktlage des Handels entsprechen.[752] Eine gesetzliche Definition dessen, was die Marktlage des Handels ist, gibt es nicht. In historischer Auslegung nach dem Wortlaut des § 29 Abs. 3

751 Vgl. von Daniels, Private Equity Secondary Transactions, S. 80, 103; Gerke, Gutachten zur Fortentwicklung des deutschen Börsenwesens, 2 f.; Gerke/Rapp, DBW 1994, 5, 11.

752 Schlüter, Börsenhandelsrecht, S. 405; Boschan, Wertpapierhandelssysteme, S. 214; Schmidt, AG-Report 2003, R 108.

BörsG ist für die Berechnung des Börsenpreises die wirkliche Geschäftslage des Verkehrs an der Börse zu berücksichtigen.[753]

Dabei gilt der Grundsatz der formalen Preis- und Kurswahrheit, der durch das Meistausführungsprinzip konkretisiert wurde. Danach ist der Börsenpreis der Preis, zu dem der größtmögliche Umsatz abgewickelt werden kann.[754]

Nach § 24 Abs. 2 S. 2 BörsG werden die Marktbetreiber verpflichtet, den Handelsteilnehmern Angebote zugänglich zu machen und die Annahme des Angebots zu ermöglichen. Um die Preisfeststellung nicht am Markt vorbei zu vollziehen, sollen die Handelsteilnehmer in einer Vorhandelstransparenzphase über die vorhandene Angebotslage informiert und in den Preisbildungsprozess involviert werden.[755] Die Vorschrift ist jedoch gegenüber dem neu eingefügten § 30 BörsG nachrangig und daher von geringerer Bedeutung.

Die Ermittlung des Börsenpreises durch elektronische Handelssysteme wurde in § 25 BörsG a. F. durch das Vierte Finanzmarktförderungsgesetz mit der Preisfeststellung durch die an Stelle der Kursmakler getretenen Skontroführer gleichgestellt.[756] Mit den §§ 27 ff. BörsG gibt es ausdrückliche Vorschriften für die nichtautomatische Preisfeststellung durch Skontroführer.[757] In den Börsenordnungen und Geschäftsbedingungen gibt es viele darüber hinausgehende Bestimmungen.[758] Hintergrund ist der im Gegensatz zur vollelektronischen Ausführung von Wertpapierhandelsaufträgen bestehende Spielraum der Skontroführer. Da sowohl die im Präsenzhandel wie auch die im elektronischen Handel festgestellten Preise als Börsenpreise im Sinne des § 24 BörsG anerkannt sind, gelten auch die Grundregeln für die Feststellung von Börsenpreisen für beide Handelsarten.[759]

---

753 Beck, in: Schwark / Zimmer, Kapitalmarktrechts-Kommentar, § 24 BörsG Rn. 22; vgl. Lenenbach, Kapitalmarktrecht, Rn. 3.88.

754 Vgl. Beck, in: Schwark / Zimmer, Kapitalmarktrechts-Kommentar, § 24 BörsG, Rn. 22 ff.; Groß, Kapitalmarktrecht, § 24 BörsG, Rn. 7.

755 Groß, Kapitalmarktrecht, § 24 BörsG, Rn. 8.

756 Groß, Kapitalmarktrecht, § 24 BörsG, Rn. 2.

757 Ausführlich zur Rolle der Skontroführer als Neutralitätsverpflichtete Instanz des börslichen Handels siehe Lenenbach, Kapitalmarktrecht, Rn. 3.92 ff.

758 Vgl. z. B. §§ 78 – 97 BörsO FWB.

759 Vgl. Beck, in: Schwark / Zimmer, Kapitalmarktrechts-Kommentar, § 24 BörsG Rn. 9.

b. *Berücksichtigung von Referenzpreisen*

Um der Zersplitterung der Liquidität aufgrund der vielen sich unterschiedlich entwickelnden Märkte entgegenzuwirken, wurde durch das Vierte Finanzmarktförderungsgesetz die Zulässigkeit von „Preisimporten" eingeführt.[760] Durch die Einbeziehung von in anderen Märkten festgestellten Preisen in die Berechnung des Preises eines Papiers in einem Handelssystem, soll insbesondere am börslichen Markt verlorene Liquidität aufgrund des Wegfalls der Börsenprivilegierung nach § 22 BörsG a. F. und der Förderung des Wettbewerbs mit nicht-börslichen Handelsplätzen rechnerisch kompensiert werden.[761] Gleichzeitig sollen im Falle geringer Handelsumsätze und niedriger Liquidität an einem Handelsplatz eine eher zufällig entstehende Preisbildung und erhebliche Preisabweichungen von liquiden Märkten vermieden und ein chancengleicher Wettbewerb der deutschen Börsen mit ausländischen Börsen und alternativen Handelssystemen gewährleistet werden.[762] Zu beachten ist jedoch, dass es sich bei § 24 Abs. 2 S. 3 BörsG lediglich um eine „kann-Vorschrift" handelt. Der Börsenbetreiber ist keineswegs verpflichtet, die Preise anderer Märkte zur Ermittlung des Börsenpreises einzubeziehen.

Die in § 24 Abs. 2 S. 3 BörsG festgehaltene Regelung eröffnet dazu die Möglichkeit, bei der Ermittlung des Börsenpreises, auch Preise anderer Börsen, eines organisierten Marktes mit Sitz im Ausland oder eines MTF zu berücksichtigen.[763] Insbesondere bei ausländischen Papieren kann die Einbeziehung des an der Heimatbörse ermittelten Preises zwingend sein.[764] Die potentielle Einbindung von MTF bei der Ermittlung des Börsenpreises relativiert die Privilegierung des Freiverkehrs über MTF ein Stück weit. Dem entsprechend hat der Betreiber eines MTF gemäß § 31f Abs. 1 Nr. 2 WpHG Regelungen für die ordnungsgemäße Durchführung der Preisermittlung festzulegen. Die Regeln müssen nichtdiskretionär sein, d. h. sie dürfen dem Betreiber keinen Ermessenspielraum im Hinblick auf mögliche Wechselwirkungen zwischen den Interessen der

---

760 Hopt/Baum, in: Hopt / Rudolph / Baum, Börsenreform, S. 388; Beck, in: Schwark / Zimmer, Kapitalmarktrechts-Kommentar, § 24 BörsG Rn. 29.

761 Kümpel/Hammen, Börsenrecht, S. 52; Ehler, Wertpapierhandel über Neue Medien, S. 79; Fuchs, in: Fuchs, WpHG, § 31f Rn. 13.

762 BT-Drucks. 14/8601, S. 35 und BT-Drucks. 14/8017, S. 152.

763 Durch den Verweis in § 31f Abs. 1 Nr. 4 WpHG gilt dies für multilaterale Handelssysteme entsprechend.

764Groß, Kapitalmarktrecht, § 24 BörsG, Rn. 9.

Beteiligten einräumen.[765] Darüber hinaus müssen die Parteien in einer Weise zusammengeführt werden, die auch ihnen keinen Ermessensspielraum darüber einräumt, ob sie in einem bestimmten Einzelfall ein Geschäft mit einem bestimmten Vertragspartner eingehen wollen oder nicht.[766] Nach § 31f Abs. 1 Nr. 4 WpHG ist er darüber hinaus verpflichtet, sicherzustellen, dass die Preise entsprechend den Regelungen des § 24 Abs. 2 BörsG zustande kommen. Im Wesentlichen müssen die Preise also ordnungsgemäß zustande kommen und der wirklichen Marktlage entsprechen, § 24 Abs. 2 S. 1 BörsG (*Prinzip der Kurswahrheit*).[767] In Anwendung der Vorschrift müssen den Handelsteilnehmern Angebote zugänglich gemacht werden und die Annahme der Angebote möglich sein, soweit in § 30 BörsG nichts anderes bestimmt ist. Aufgrund der Vorrangigkeit des § 30 BörsG ist die Bedeutung des § 24 Abs. 2 S. 2 BörsG eher gering. Bei der Ermittlung der Preise können nach § 31f Abs. 1 Nr. 4 WpHG i. V. m. § 24 Abs. 2 S. 3 BörsG auch Preise anderer Börsen, eines organisierten Marktes mit Sitz im Ausland oder eines anderen multilateralen Handelssystems berücksichtigt werden. Die Vorschriften zur Vorhandelstransparenz des Börsengesetzes und des Wertpapierhandelsgesetzes nach § 31g Abs. 1 WpHG entsprechen sich, da § 31f Abs. 1 Nr. 4 WpHG auf den gesamten § 24 Abs. 2 BörsG verweist und auch § 24 Abs. 2 S. 2 BörsG nicht ausnimmt. Durch weitreichende Transparenzpflichten sollen die Anleger in die Lage versetzt werden, bei ihrem Investitionsverhalten verschiedene Marktplätze berücksichtigen zu können.[768]

Nicht eindeutig ist, ob auch der Freiverkehr selbst als Referenzmarkt im Sinne des § 24 Abs. 2 BörsG in Betracht kommt, denn ausdrücklich als solcher erwähnt wird der Freiverkehr nicht. Er ist zudem im Grunde weder Börse noch multilaterales Handelssystem.[769] Unter einem engen Verständnis der Vorschrift wäre der Freiverkehrsmarkt danach nicht als Quelle für den Import von Preisen zulässig. Gegen ein solches Verständnis der Vorschrift zur Feststellung von Börsenpreisen sprechen jedoch Systematik und Zweck der Vorschrift.[770] Zum einen kommen die Preise im Freiverkehr nach öffentlich-rechtlichen Vorschriften zustande und gelten ihrerseits gemäß § 24 Abs. 1 S. 2 BörsG als Börsenprei-

---

765 Erwägungsgrund (6) MiFID, S. 2 umgesetzt in § 31f Abs. 1 Nr. 2 WpHG.

766 Assmann, in: Assmann / Schneider, WpHG, § 2 Rn. 110.

767 Fuchs, in: Fuchs, WpHG, § 31f Rn. 8.

768 Fuchs, in: Fuchs, WpHG, § 31f Rn. 2.

769 Zur Doppelstellung des Freiverkehrs vgl. 0.

770 Hierzu Beck, in: Schwark / Zimmer, Kapitalmarktrechts-Kommentar, § 24 BörsG, Rn. 30.

se. Zum anderen unterliegt der Freiverkehr als faktisch öffentlich-rechtlich regulierter Markt einer der Börsenüberwachung entsprechenden Aufsicht.[771]

2. Kontrolle durch die Handelsüberwachungsstelle

Die Preisfeststellung im Freiverkehrsmarkt unterliegt der Börsenaufsichtsbehörde und der Handelsüberwachungsstelle.[772] Zwischen der Börsenaufsichtsbehörde und der Handelsüberwachungsstelle besteht keine ausdrückliche Aufgabenzuteilung. Beide Institutionen haben den Börsenhandel und die Börsengeschäftsabwicklung zu überwachen. Die primäre Verantwortung kommt aber aufgrund des Prinzips der Börsenselbstverwaltung der Handelsüberwachungsstelle zu, während der Börsenaufsichtsbehörde Weisungs- und Selbsteintrittsrechte zustehen.[773]

Die Handelsüberwachungsstelle ist gemäß § 3 Abs. 1 S. 2 BörsG ein Organ der jeweiligen Börse und als solches Behörde im verwaltungsrechtlichen Sinne, die nach Art. 20 Abs. 3 GG sogar auf verfassungsrechtlicher Ebene an Recht und Gesetz sowie an das Demokratie- und Sozialstaatsprinzip, ebenso wie unmittelbar an die Grundrechte gebunden ist.[774] Sie ist unabhängig und keinem anderen Börsenorgan wie etwa der Geschäftsführung unterstellt.[775] Dem Bürger soll auf diese Weise Vorhersehbarkeit und Sicherheit staatlichen Handels ge-

771 Beck, in: Schwark / Zimmer, Kapitalmarktrechts-Kommentar, § 24 BörsG, Rn. 30; vgl. auch Schwarz, DStR 2003, 1930, 1931.

772 Vgl. für den Freiverkehr der Deutsche Börse AG § 175 Abs. 3 S. 2 BörsO FfM, § 29 ff. AGB FV FWB.

773 BT-Drucks. 12/6679, S. 33, 60. Die Börsenaufsicht hat eine andere Zielrichtung als die Aufsicht durch die BaFin. Die BaFin prüft die Einhaltung der Verhaltensregeln nach dem WpHG (Insiderdelikte, Kurs- und Marktmanipulation), wohingegen die Börsenaufsichtsbehörde die Ordnungsmäßigkeit des Börsenhandels überwacht, BT-Drucks. 12/6679, S. 33, 59, Groß, Kapitalmarktrecht, § 7 BörsG, Rn. 8.

774 Brockhausen, WM 1997, 1924, 1926 f.; Ehlers, in: Schoch / Schmidt-Aßmann / Pietzner, VwGO, § 40 Rn. 19; Herzog/Grzeszick, in: Maunz / Dürig, GG, Art. 20 Rn. 60 ff. und 142 ff. Die Organeigenschaft der Handelsüberwachungsstelle der jeweiligen Börse hat zur Folge, dass die Börse für die Kosten der Handelsüberwachungsstelle aufzukommen hat, Claussen, DB 1994, 969, 971.

775 Arg. ex. § 12 Abs. 2 S. 1 Nr. 5 BörsG (Bestellung und Wiederbestellung des Leiters der Handelsüberwachungsstelle auf Vorschlag der Geschäftsführung durch den Börsenrat im Einvernehmen mit der Börsenaufsichtsbehörde), § 7 Abs. 2 S. 2 BörsG (Entbindung der mit Überwachungsaufgaben betrauten Personen nur im Einvernehmen mit der Börsenaufsichtsbehörde).

währt werden.[776] Zudem ist die Handelsüberwachungsstelle nach § 25 VwVfG zur Beratung und zur Auskunft verpflichtet. Darin dürfte für den börslichen Betrieb ein Vorteil bei der Inanspruchnahme des Vertrauens der Nutzer des Handelsplatzes liegen. Die Handelsüberwachungsstelle kann nach Maßgaben der Börsenaufsichtsbehörde gemäß § 7 Abs. 1 BörsG bei ihrer Einrichtung materiellen oder personellen Weisungen unterliegen.[777] Die mit Überwachungsaufgaben betrauten Mitarbeiter der Handelsüberwachungsstelle können nur im Einvernehmen mit der Börsenaufsicht von ihrer Tätigkeit entbunden werden, § 7 Abs. 2 S. 2 BörsG. Die Börsenaufsichtsbehörde kann Untersuchungen der Handelsüberwachungsstelle jederzeit an sich ziehen (*Substitutionsrecht*).[778]

Die Handelsüberwachungsstelle hat nach § 7 Abs. 1 S. 2 BörsG Daten über den Börsenhandel und die Börsengeschäftsabwicklung systematisch zu erfassen und auszuwerten sowie bei Zweifeln an der richtigen Feststellung von Börsenpreisen notwendige Ermittlungen durchzuführen. Sie überwacht den Handel an der Börse und die Börsengeschäftsabwicklung eigenverantwortlich. Dazu gehören eine umfassende Kontrolle des Tagesgeschäfts, d. h. die Überwachung der Preisfindung und der Handelsvolumina, ständige Kontrolle der Einhaltung der Handelsusancen, Beobachtung der Eigengeschäfte der Skontroführer, Vergleich der Preise mit anderen Handelsplätzen und die Aufrechterhaltung der Ordnung im Börsensaal.[779]

Stellt die Handelsüberwachungsstelle Tatsachen fest, welche die Annahme rechtfertigen, dass börsenrechtliche Vorschriften oder Anordnungen verletzt wurden, hat sie unverzüglich die Börsenaufsichtsbehörde zu unterrichten, § 7 Abs. 5 S. 1 BörsG.[780] Die Handelsüberwachungsstelle ist gemäß § 7 Abs. 4 BörsG zudem berechtigt, Daten über Geschäftsabschlüsse auch den zur Überwachung des Handels an ausländischen Börsen zuständigen Stellen zu übermitteln und von diesen Stellen Daten zu empfangen.[781]

---

776 Herzog/Grzeszick, in: Maunz / Dürig, GG, Art. 20 Rn. 62.

777 BT-Drucks. 12/6679, S. 33, 60.

778 Benner, in: Wabner / Janovsky, Wirtschafts- und Steuerstrafrecht, 9. Kapitel, Rn. 32 f.

779 BT-Drucks. 12/6679, S. 33, 59.

780 Bei der Feststellung von Verstößen gegen wertpapierhandelsrechtliche Vorschriften hat die Handelsüberwachungsstelle unverzüglich die BaFin zu unterrichten, § 7 Abs. 5 S. 4, 5 BörsG.

781 Benner, in: Wabner / Janovsky, Wirtschafts- und Steuerstrafrecht, 9. Kapitel, Rn. 32 f.

Anders als beim Betrieb eines MTF gewährleistet die Handelsüberwachungsstelle eine weitgehende Unabhängigkeit der Handelsüberwachung im Freiverkehr. Da aufgrund der im Preisermittlungsverfahren beanspruchten Qualität, die auf einer neutralen und transparenten Ermittlung der Preise beruht, private wie institutionelle Anbieter börsenmäßig organisierte Sekundärmärkte bevorzugen,[782] profitiert der Freiverkehr von der börsenrechtlichen Preisermittlung und Überwachung. Die börsliche Handelsüberwachung führt bei der Berechnung von Börsenpreisen zu einer glaubwürdigen und neutralen Gestaltung des Wertpapiergeschäfts, welche dem Börsenpreis aufgrund seines Qualitätsstandards[783] einen „Gütesiegel" verleiht.[784] Für einen unter den Voraussetzungen des § 24 BörsG zustande gekommenen Preis gilt die Vermutung der formalen Preis- oder Kurswahrheit.[785]

Nach § 7 Abs. 6 BörsG nimmt die Handelsüberwachungsstelle ihre Aufgaben und Befugnisse nur im öffentlichen Interesse wahr. Ansprüche aus Haftungsfällen, die über einen Amtshaftungsanspruch nach § 839 BGB i.V.m. Art. 34 GG gegenüber dem jeweiligen Bundesland geltend gemacht werden könnten,[786] sollen damit ausgeschlossen werden.[787] Denn dient die ordnungsgemäße Wahrnehmung der jeweiligen Amtspflicht ausschließlich öffentlichen Interessen, scheidet ein Anspruch nur mittelbar Betroffener mangels der sie speziell schützenden Amtspflicht aus.[788] Damit kommen Ansprüche auch bei pflichtwidrigem Verhalten der Handelsüberwachungsstelle nicht in Betracht[789]

---

782 Kümpel/Hammen, Börsenrecht, S. 17.

783 Beck, in: Schwark / Zimmer, Kapitalmarktrechts-Kommentar, § 24 BörsG Rn. 1.

784 Schmidt, AG-Report 2003, R 108; Seiffert, in: Kümpel / Wittig, Bank- und Kapitalmarktrecht, Rn. 4.334; Beck, in: Schwark / Zimmer, Kapitalmarktrechts-Kommentar, § 24 BörsG Rn. 22. Die Merkmale der Preisfeststellung hinsichtlich eines Wertpapiers dürfen dabei nicht mit einer Aussage über die Qualität des Wertpapiers als Anlageobjekt verwechselt werden.

785 Claussen, Bank- und Börsenrecht, § 9 Rn. 235; Lenenbach, Kapitalmarktrecht, Rn. 3.90.

786 Beck, in: Schwark, Kapitalmarktrechts-Kommentar, § 4 BörsG, Rn. 22.

787 Groß, Kapitalmarktrecht, § 7 BörsG, Rn. 12.

788 Groß, Kapitalmarktrecht, § 7 BörsG, Rn. 12.

789 Beck, in: Schwark, Kapitalmarktrechts-Kommentar, § 4 BörsG, Rn. 22; Ansprüche von Handelsteilnehmern oder Emittenten, die unmittelbare Adressaten von Überwachungs- und Ermittlungsmaßnahmen sein können, steht der Haftungsausschluss nicht entgegen, da die Ausübung der Befugnisse nach § 7 BörsG regelmäßig einen Eingriff in die Rechtssphäre des Betroffenen darstellt, Groß, Kapitalmarktrecht, § 7 BörsG, Rn. 12.

Die Kontroll- und Überwachungspflichten im MTF basieren entsprechend der regulatorischen Verortung des MTF allein auf wertpapierhandelsrechtlichen Regelungen. Die Handelsüberwachungsstelle ist nicht in den Betrieb eines MTF eingebunden. Vielmehr ist der Betreiber eines MTF nach § 31f Abs. 1 Nr. 3 WpHG selbst verpflichtet, über angemessene Kontrollverfahren zur Überwachung von Regelungen zur Einbeziehung von Finanzinstrumenten, des Handels und der Preisermittlung und der Geschäftsabwicklung sowie zur Überwachung der Einhaltung des Verbots von Insidergeschäften nach § 14 WpHG und der Markmanipulation nach § 20a WpHG zu verfügen.

Durch die dauerhafte Beachtung der Vorkehrungen soll die Einhaltung der Regeln des multilateralen Handelssystems durch die Nutzer überwacht werden können.[790] Die Kontrollverfahren sollen darüber hinaus auch dazu dienen, marktstörende Handelsbedingungen und Verhaltensweisen, die auf Marktmissbrauch hinweisen, zu erkennen. Das Kontrollelement wird durch die Mitteilungspflicht des Betreibers des MTF gegenüber der BaFin gemäß § 31f Abs. 3 WpHG ergänzt.[791] Ziel der Mitteilungspflicht ist die Sicherstellung der Aufsichtstätigkeit der BaFin.[792] Die Mitteilungspflicht ist inhaltlich umfassend. Sie ist lediglich eingeschränkt durch den Charakter des Verstoßes als „schwerwiegend". Davon ist auszugehen, wenn die zugrunde liegende Handlung eine negative Auswirkung auf das Funktionieren des Handels hat.[793] Eine effektive Überwachung umfasst die Beobachtung der Preise, ihrer Entwicklung, der Verhaltensweise der Marktteilnehmer und des Marktumfeldes.[794] Anders als das Überwachungssystem bezüglich Verstößen gegen die Handelsregeln und Störungen der Marktintegrität gemäß § 31f Abs. 3 WpHG, besteht der BaFin gegenüber keine ausdrückliche Mitteilungspflicht über die Preisermittlung an sich. Da die Mitteilungspflicht jedoch immer dann besteht, wenn eine Handlung registriert wird, die eine negative Auswirkung auf das Funktionieren des Handels haben könnte, erfasst sie wohl auch die Beobachtung der Preise, ihre Entwicklung, die Verhaltensweise der Marktteilnehmer und des Marktumfeldes.[795] Der Betreiber des MTF ist jedenfalls verpflichtet, die erteilten Aufträge und abgeschlossenen

790 BT-Drucks. 16/4028, S. 68.

791 Assmann, in: Assmann / Schneider, WpHG, § 31f Rn. 13.

792 BT-Drucks. 16/4028, S. 68.

793 Assmann, in: Assmann / Schneider, WpHG, § 31f Rn. 21.

794 Schwark, in: Schwark, Kapitalmarktrechts-Kommentar, § 59 BörsG, Rn. 14.

795 Assmann, in: Assmann / Schneider, WpHG, § 31f Rn. 21; Schwark, in: Schwark, Kapitalmarktrechts-Kommentar, § 59 BörsG, Rn. 14.

Geschäfte zu dokumentieren, um eine lückenlose Überwachung durch die BaFin zu gewährleisten. In der Art und Weise der Umsetzung ist der Betreiber des MTF hingegen frei.[796]

Unter Berücksichtigung der Art der Nutzer und der gehandelten Finanzinstrumente ist der Betreiber eines MTF gemäß § 31f Abs. 1 Nr. 6 WpHG verpflichtet, alle für die Nutzung des MTF erforderlichen und zweckdienlichen Informationen öffentlich bekannt zu geben. Dabei umfasst die Informationspflicht insbesondere die Regelungen über den Zugang von Handelsteilnehmern und über die Einbeziehung von Finanzinstrumenten nach § 31f Abs. 1 Nr. 1 und 2 WpHG.[797] Zum Umfang und der konkreten inhaltlichen Ausgestaltung werden ebenso keine Regelungen getroffen, wie zu der genauen Art und Weise der Veröffentlichung. Als Anhaltspunkt inhaltlicher Art dient der hinter § 31f Abs. 1 Nr. 6 WpHG stehende Zweck, den Nutzern des multilateralen Handelssystems eine Beurteilungsgrundlage hinsichtlich ihrer Anlagemöglichkeiten zu bieten. Zweckdienlich dürften danach Informationen über die Benutzung des Systems, Angaben zu dem Preisermittlungsverfahren, Einzelheiten zur Orderabgabe, Hinweise zur Geschäftsausführung und Handelsüberwachung sowie die Angabe der Handelszeiten sein.[798]

Zum Schutz der Funktionsfähigkeit des Kapitalmarktes und zur Verbesserung seiner Effizienz schlägt die Europäische Kommission vor, weitergehende Pflichten zur Veröffentlichung und des Informationsaustausches vorzusehen. Gemäß Art. 32 MiFID II-RL-E soll den Betreibern eines MTF vorgeschrieben werden, die Entscheidung über die Aussetzung oder den Ausschluss eines Finanzinstruments vom Handel zu veröffentlichen und die einschlägigen Informationen an die zuständige Behörde zu übermitteln. Andere Handelsplätze, an welchen das betreffende Finanzinstrument gehandelt wird, sollen unter bestimmten Voraussetzungen das Finanzinstrument dann ebenfalls vom Handel aussetzen oder ausschließen. Unabhängig davon sollen die Betreiber von MTF andere Wertpapierdienstleistungsunternehmen und Marktbetreiber über marktstörende

---

796 Assmann, in: Assmann / Schneider, WpHG, § 31f Rn. 16. Die börsengesetzliche Vorgängernorm des § 59 S. 1 Nr. 5 BörsG a. F. verwies diesbezüglich noch auf § 257 Abs. 3, 5 HGB.

797 Vgl. BT-Drucks. 16/4028, S. 68; Cohn, ZBB 2002, 365, 373; Kumpan, Die Regulierung außerbörslicher Wertpapierhandelssysteme, S. 402; Schwark, in: Schwark, Kapitalmarktrechts-Kommentar, § 59 BörsG, Rn. 18.

798 Cohn, ZBB 2002, 365, 373; Kumpan, Die Regulierung außerbörslicher Wertpapierhandelssysteme, S. 402; Schwark, in: Schwark, Kapitalmarktrechts-Kommentar, § 59 BörsG, Rn. 18; BT-Drucks. 16/4028, S. 68.

Handelsbedingungen, Verhaltensweisen, die auf ein marktmissbräuchliches Verhalten schließen lassen oder Systemstörungen im Zusammenhang mit einem Finanzinstrument anderer organisierter Märkte oder MTF unmittelbar informieren.

Gegenüber MTF kommt der privatrechtliche Freiverkehr durch die Einbindung der Handelsüberwachungsstelle nicht nur in den Genuss einer neutralen und vertrauensbildenden behördlichen Überwachung des Handelsgeschehens und der Preisfindung,[799] sondern muss wegen des Haftungsausschlusses nach § 7 Abs. 6 BörsG zudem auch nicht die Geltendmachung finanzieller Ansprüche bei Fehlern im Zusammenhang mit der Überwachungstätigkeit befürchten. Indem diese privilegierenden börsenorganisationsrechtlichen Merkmale zu Gunsten des Freiverkehrs beibehalten werden, findet eine effektive Umsetzung der europäischen Vorgaben in Bezug auf die Schaffung eines europäischen Finanzbinnenmarktes, in welchem die Betreiber organisierter Märkte mit Wertpapierdienstleistungsunternehmen beim Betrieb von MTF in einem fairen Wettbewerb konkurrieren müssen, nicht statt. Auch unter diesem Gesichtspunkt ist die börsenrechtliche Regulierung des Freiverkehrs europarechtswidrig.

3. Zwischenergebnis

Der Freiverkehr unterliegt börsenverwaltungsrechtlicher Überwachung und Aufsicht. Über § 48 Abs. 3 S. 2 BörsG sind die Vorschriften zur börslichen Preisfeststellung auch auf den Freiverkehr anwendbar; die Preise im Freiverkehr werden als Börsenpreise festgestellt. Darin wird auch der Zuordnung des Freiverkehrs in den Bereich der Börsenselbstverwaltung insgesamt Ausdruck verliehen.[800] Die Kompetenzen in Bezug auf die Preisfeststellung sind dabei auf die Handelsüberwachungsstelle und die Börsenaufsichtsbehörde verteilt. Als über den börslichen Handelsbetrieb finanziertes Börsenorgan gewährleistet die primär zuständige Handelsüberwachungsstelle eine unabhängige, behördliche Überwachung des Handels und der Preisfeststellung im privatrechtlichen Freiverkehr.[801] Der Freiverkehr erfährt dadurch einen hohen Qualitätsstandard, welcher in Bezug auf die Preisfeststellung ein Gütesiegel im gesamten Wertpapierhandelsmarkt ist. Die Anwendung der Regelungen zur Feststellung der Preise im Freiverkehr als Börsenpreise ist auf die Verbindung des Freiverkehrs mit dem

799 Vgl. Fischer, in: Schimansky / Bunte / Lwowski, Bankrechts-Handbuch, § 125 Rn. 6 ff.

800 Beck, in: Schwark, Kapitalmarktrechts-Kommentar, § 24 BörsG, Rn. 17.

801 Vgl. auch Jütten, Die Bank 1993, 601, 606, der von „staatlicherseits kontrollierten Preisen“ spricht.

öffentlich-rechtlichen Regelungsrahmen zurückzuführen. Er wird gemäß § 24 Abs. 1 S. 2 BörsG insoweit dem börslichen Handelsplatz gleichgestellt.

Für MTF gilt dies hingegen nicht. Die Preisfeststellung im Handel über MTF ist gemäß § 31f Abs. 1 Nr. 4 WpHG mit der börslichen Preisfeststellung zwar in materieller Hinsicht gleichgestellt,[802] im Unterschied dazu ist die Preisfeststellung anders als im Freiverkehr nicht aber auch in formaler Hinsicht mit der Preisfeststellung im börslichen Handel vergleichbar. Zwar wird das MTF als solches von der BaFin überwacht, in das Tagesgeschäft ist die Behörde anders als die Handelsüberwachungsstelle im Freiverkehr aber nicht eingebunden. Preise, die auf außerbörslichen Geschäftsabschlüssen beruhen, sind keine Börsenpreise. Es obliegt allein dem Betreiber eines MTF über angemessene Kontrollverfahren zur Überwachung der Preisermittlung zu verfügen. Die in einem MTF festgestellten Preise haben daher auch keine Börsenpreisqualität und sind nicht mit dem Siegel einer unabhängigen handelsplatzinternen Überwachung versehen. Die dortige Preisfeststellung wird allein über die allgemeine Aufsicht durch die BaFin kontrolliert, während mit der Börsenaufsichtsbehörde über der Handelsüberwachungsstelle im Freiverkehr eine weitere behördliche Aufsichtsebene besteht von welcher der Börsenbetreiber als gemeinsamer Veranstalter des Freiverkehrsmarktes und des börslichen Handels im Wettbewerb mit Wertpapierdienstleistungsunternehmen profitiert.

Im Rahmen der Preisfeststellung nimmt der Börsenträger als dessen Betreiber zudem Ressourcen in Anspruch, die sich aus der Erteilung einer Börsenerlaubnis zum Betrieb der öffentlich-rechtlichen Börse erst ergeben haben. Zwar fallen die Mittel wieder auf den Börsenträger zurück, den die Betriebs- und Finanzierungspflicht für den Börsenhandel trifft, nichtsdestotrotz nimmt die Handelsüberwachungsstelle ihre Aufgaben nach § 7 Abs. 6 BörsG im öffentlichen Interesse wahr. Auch wenn diese Regelung auf Haftungsaspekte zurückgeht, besteht keine unmittelbare Beziehung des privatrechtlichen Freiverkehrs zu dem öffentlich-rechtlichen Börsenbetrieb.

Da der hohe Qualitätsmaßstab der Preisfeststellung und der Handelsüberwachung im Freiverkehr eine entsprechende Attraktivität auf Anleger auszuüben vermag, wird die im Zuge der Umsetzung der MiFID entfallene Börsenprivilegierung zu Gunsten der Börsenbetreibergesellschaften ein Stück weit kompensiert.[803] Folglich liegt keine umfassende Umsetzung der europäischen Vorgaben

---

802 Vgl. Hirschberg, AG 2006, 398, 401; Beck, in: Schwark / Zimmer, Kapitalmarktrechts-Kommentar, § 24 BörsG, Rn. 37.

803 Vgl. auch Boschan, Wertpapierhandelssysteme, S. 48 f.

in Bezug auf die Schaffung eines europäischen Finanzbinnenmarktes sowie der Förderung des Wettbewerbs beim Angebot von Wertpapierhandelsdienstleistungen vor. Danach ist die börsenrechtliche Regulierung des Freiverkehrs auch unter diesem Gesichtspunkt europarechtswidrig.

C. Der Anwendungsbereich wertpapierhandelsrechtlicher Verbote

Die Frage der Vereinbarkeit regulatorischer Vorschriften in Bezug auf den Freiverkehr und im Hinblick auf einen fairen Wettbewerb zwischen börslichen Handelsplätzen und MTF beschränkt sich nicht alleine auf die börsenrechtliche Verortung des Freiverkehrs. Die Sonderstellung des Freiverkehrs zwischen MTF und Börse kommt auch im Anwendungsbereich verschiedener kapitalmarktrechtlicher Vorschriften zum Ausdruck. Während die wesentlichen Ge- und Verbotsnormen des Wertpapierhandels umfassende Anwendung auf den börslichen Handelsplatz finden,[804] werden sie uneinheitlich auf das MTF und den Freiverkehr angewendet.

Konkret geht es dabei um die Regelungen zur Insiderüberwachung und der Überwachung des Verbots der Marktmanipulation. Anders als die Regelungen des Börsenrechts haben die Vorschriften zum Insiderhandel und der Marktmanipulation keinen unmittelbaren marktorganisationsrechtlichen Charakter. Sie üben jedoch mittelbar Einfluss auf die Bedingungen des Wettbewerbs im Markt für den Wertpapierhandel aus, da sich die Anwendung kapitalmarktrechtlicher Schutzvorschriften auf einen Handelsplatz typischerweise positiv auf dessen Attraktivität auswirkt. Daher können sich die Regelungen in Bezug auf die In-

---

804 Dazu ausführlich Ekkenga/Maas, Wertpapieremissionen, S. 164 – 167. . So zieht z. B. die Zulassung von Aktien zum börslichen Handel mit aktien- und bilanzrechtlichen Folgepflichten der Zulassung, eine Vielzahl weiterer kapitalmarktrechtlicher Pflichten nach sich, die deren Emittent als börsennotierte Gesellschaft im Sinne des § 3 Abs. 2 AktG zu erfüllen hat. Hintergrund der umfangreicheren Pflichten im Vergleich zu nichtbörsennotierten Aktiengesellschaften ist die exponierte Stellung börsennotierter Aktiengesellschaften, die ein höheres Bedürfnis an Transparenz nach sich zieht, vgl. Heider, in: MünchKomm AktG, § 3 Rn. 40 ff. So bereits Art. 9 Marktmissbrauchs-Richtlinie (Richtlinie 2003/6/EG vom 28. Januar 2003, ABl. L 96/16) und Art. 1 Abs. 1 Transparenz-Richtlinie (Richtlinie 200/109/EG vom 15. Dezember 2004, ABl. L 390/38). Die Vorgaben der Richtlinien wurden in Bezug auf die Einführung des organisierten Marktes nach § 2 Abs. 5 WpHG übernommen, vgl. Klöhn, in: Langenbucher, Europarechtliche Bezüge des Privatrechts, § 6 Rn. 56.

siderüberwachung und das Verbot der Marktmanipulation in gleichem Maße wie die börsenrechtliche Regulierung des Freiverkehrs auf die Integrität und Effizienz eines Handelsplatzes bzw. Handelsplatztyps auswirken und sind deshalb grundsätzlich auch geeignet, Einfluss auf die Schaffung des Finanzbinnenmarktes zu nehmen.

I. Insiderüberwachung und das Verbot der Marktmanipulation

Über wertpapierhandelsrechtliche Ge- und Verbote sollen verlässliche Strukturen für den Handel mit Wertpapieren geschaffen werden, um die Funktionsfähigkeit von Märkten zu gewährleisten. In Bezug auf die Betrachtung der Regeln zur Überwachung der Verbote des Insiderhandels und der Marktmanipulation ist folglich primär der konkrete Anwendungsbereich zur Bewertung der Bedingungen des Wettbewerbs zwischen den Handelsplätzen maßgeblich. Vergleichbar mit der Überprüfung der MiFID, unterzog die Europäische Kommission auch die Marktmissbrauchs-Richtlinie[805] einem Konsultationsverfahren[806] und legte dem Europäischen Parlament und dem Rat zur Verhandlung und Verabschiedung einen Vorschlag zur Neufassung der Marktmissbrauchs-Richtlinie durch eine Verordnung über Insider-Geschäfte und Marktmanipulation (*Marktmissbrauch*)[807] vor (*Marktmissbrauchs-VO-E*), welche ebenfalls im Licht der den Finanz- und Kapitalmarkt rasanten verändernden rechtlichen, kommerziellen und technischen Entwicklungen zu sehen sind. Anlass zu der Überprüfung waren zum einen die Erfahrungen der Finanz- und Wirtschaftskrise, andererseits aber auch rechtliche, kommerzielle und nicht zuletzt, mit dem Aufkommen neuer Handelsplattformen, technischer Entwicklungen, welche zu erheblichen Veränderungen in der Finanzwelt geführt haben.[808]

Als wesentliche Neuerungen soll der Anwendungsbereich der Marktmissbrauchs-Richtlinie gemäß Art. 2 Abs. 1 lit. (a) – (c) Marktmissbrauchs-VO-E auch auf Finanzinstrumente ausgeweitet werden, die ausschließlich auf MTF und OTF gehandelt werden sowie außerbörslich gehandelte Derivate. Der Beg-

---

805 Richtlinie 2003/6/EG des Europäischen Parlaments und des Rates vom 28. Januar 2003 über Insider-Geschäfte und Marktmanipulation (Marktmissbrauch).

806 Vgl. dazu Kapitel II. C.I.2.b.

807 KOM(2011) 651 endgültig vom 20. Oktober 2011.

808 Europäische Kommission, Mitteilung IP/11/1217, S. 1 und Erwägungsgrund (3) Marktmissbrauchs-VO-E.

riff des MTF soll über Art. 5 Nr. 3 Marktmissbrauchs-VO-E auf die Bestimmung in Art. 2 Abs. 1 Nr. 6 MiFID II-VO-E verweisen. Danach wären auch die von einem Marktbetreiber betriebenen multilateralen Systeme, sprich der Freiverkehr, erfasst und eine wesentliche Ungleichbehandlung im Rahmen der bestehenden Rechtslage beseitigt.[809]

1. Das Verbot von Insidergeschäften

Durch das Verbot von Insidergeschäften soll die Funktionsfähigkeit der europäischen Wertpapiermärkte sichergestellt werden.[810] Gegenstand des Verbotes von Insidergeschäften ist gemäß § 14 Abs. 1 Nr. 1 WpHG die Verwendung von Insiderinformationen zum Erwerb oder der Veräußerung von Insiderpapieren für eigene oder fremde Rechnung. Bei Insiderpapieren handelt es sich nach § 12 S. 1 Nr. 1 WpHG um Finanzinstrumente, die an einer inländischen Börse zum Handel zugelassen oder in den regulierten Markt oder in den Freiverkehr einbezogen sind. Der Verwendung von Insiderinformationen auf eigene oder fremde Rechnung steht es nach § 14 Abs. 1 Nr. 2, 3 WpHG gleich, einem anderen die Insiderinformation unbefugt mitzuteilen oder zugänglich zu machen oder ihm auf Grundlage der Insiderinformation den Erwerb oder die Veräußerung des Insiderpapiers zu empfehlen. Eine Insiderinformation ist nach § 13 WpHG eine konkrete Information öffentlich nicht bekannter Umstände, die geeignet ist, den Kurs eines Insiderpapiers erheblich zu beeinflussen. Über den Vorschlag zur Neufassung der Marktmissbrauchs-Richtlinie soll der Begriff der Insiderinformation erweitert werden. So sollen gemäß Art. 6 Abs. 1 lit. (e) Marktmissbrauchs-VO-E insbesondere auch „der Öffentlichkeit in der Regel nicht verfügbare" Informationen unter den Begriff der Insiderinformation fallen. Die geplante Erweiterung soll sich damit in erster Linie auf außerbörslich gehandelte Finanzinstrumente beziehen. Insgesamt sollen sich die Verbote von Insidergeschäften allerdings nur geringfügig von den Regelungen der Marktmissbrauchs-Richtlinie unterscheiden.[811]

---

809 Vgl. auch Veil/Koch, WM 2011, 2297, 2299.

810 BT-Drucks. 12/6679, S. 45.

811 Veil/Koch, WM 2011, 2297, 2300.

2. Überschießende Umsetzung europäischer Vorgaben

Das europäische Insiderhandelsverbot erstreckte sich nach Art. 9 Abs. 1 der Marktmissbrauchs-Richtlinie[812] jedoch nur auf Papiere, die einen Bezug zum geregelten Markt aufweisen. Anders als die Marktmissbrauchs-Richtlinie oder die dieser vorhergehenden Insider-Richtlinie[813] erfasste der Gesetzgeber jedoch auch die in einen Freiverkehr einbezogenen Finanzinstrumente vom Verbot des Insiderhandels, obwohl der Freiverkehr kein Markt im Sinne der Marktmissbrauchs-Richtlinie ist. Indem der Gesetzgeber die in den Freiverkehr einbezogenen Finanzinstrumente in den Schutzbereich des Insiderrechts aufnahm, ging er über die europäischen Vorgaben hinaus.[814] Es handelt sich um einen Fall der sogenannten überschießenden Richtlinienumsetzung.[815] Eine Richtlinie wird immer dann überschießend umgesetzt, wenn das nationale Recht auch Sachverhalte regelt, welche vom Anwendungsbereich der unionsrechtlichen Vorgaben nicht erfasst sind.[816] Dadurch unterwirft der Gesetzgeber richtlinienfremde Sachverhalte freiwillig den Regeln des an das Unionsrecht angeglichenen Rechts.[817]

Der Gesetzgeber hielt die Ausweitung der Überwachung des Insiderhandels auf den Freiverkehr für geboten, weil das Publikum nicht unterscheide, ob „Insiderverstöße an der Börse, im Freiverkehr oder anderen Marktsegmenten stattfinden“. Denn aufgrund der zahlreichen gemeinsamen Bestimmungen und Rechtsgrundsätze sowie der Betrachtung des Freiverkehrs „als Teil der Börse“ in anderen Gesetzen, werde der Freiverkehr vom Publikum als ein „Marktsegment der Börse“ betrachtet. Dies bezieht sich insbesondere auf die Ermittlung von Börsenpreisen im Freiverkehr. Die Aufdeckung sanktionsfreier Insidergeschäfte könne daher dem Ruf des gesamten Wertpapiermarktes schaden und die Funktionsfähigkeit „der übrigen Marktsegmente“ beeinträchtigen. Aus diesem

---

812 Richtlinie 2003/6/EG vom 28. Januar 2003, ABl. L 96/16.

813 Richtlinie 89/592/EWG vom 13. November 1989, ABl. L 334/30, aufgehoben durch die Marktmissbrauchs-Richtlinie, Art. 20.

814 Assmann, in: Assmann / Schneider, WpHG, § 12 Rn. 3.

815 Vgl. Klöhn, in: Langenbucher, Europarechtliche Bezüge des Privatrechts, § 6 Rn. 26; Veil/Koch, WM 2011, 2297, 2299 (FN 45)

816 Langenbucher, in: Langenbucher, Europarechtliche Bezüge des Privatrechts, § 1 Rn. 24; vgl. auch Nettesheim, in: Grabitz / Hilf / Nettesheim, Das Recht der Europäischen Union Bd. III, Art. 249 EGV, Rn. 151; Mansel, in: Festschrift Canaris, S. 832; Habersack/Mayer, JZ 1999, 913, 914; Burmeister/Staebe, EuR 2009, 444, 445; Koch, JZ 2006, 277, 279.

817 Habersack/Mayer, JZ 1999, 913, 914.

Grund sei es insgesamt gerechtfertigt, den Freiverkehr im Bereich des Insiderrechts dem börslichen Handel gleichzustellen.[818]

Die überschießende Umsetzung einer Richtlinienvorgabe ist grundsätzlich zulässig, sofern sie nicht gegen primär- oder sekundärrechtliche Vorgaben verstößt.[819] Auch wenn die Europäische Kommission an die Mitgliedstaaten appelliert, bei der Umsetzung auf eine Erweiterung der Regelungen aus Richtlinien zu verzichten, um einen regulatorischen „Flickenteppich" zu vermeiden,[820] bleibt es den Mitgliedstaaten nichtsdestotrotz unbenommen, außerhalb der Mindestvorgaben einer Richtlinienvorgabe zu agieren, sofern dadurch die Ziele und Zwecke der Richtlinie nicht konterkariert werden.[821] Dies ist in Bezug auf die Ausweitung insiderhandelsrechtlicher Vorschriften auf den Freiverkehr nicht zu erkennen.

Hingegen ist die Ausweitung des Anwendungsbereichs der Marktmissbrauchs-Richtlinie auf den Freiverkehr in Bezug auf die Vereinbarkeit mit den Regelungszielen aus der MiFID hinsichtlich der Nichteinbeziehung von MTF unzulässig. Soweit der Gesetzgeber bei der Ausweitung der Insiderüberwachung auf Risiken für die „übrigen Marktsegmenten" abstellte, ist anzunehmen, dass damit zumindest nicht solche Märkte oder Marktsegmente gemeint waren, die den heutigen MTF entsprechen. Vielmehr ist zu unterstellen, dass damit Marktsegmente innerhalb der börslichen Organisationsstruktur gemeint waren. Zwischenzeitlich hat sich die Einstufung des Marktes an sich jedoch mit dem Bedeutungszuwachs und der Gleichbehandlung außerbörslicher multilateraler

---

818 Zur Rechtfertigung der Ausweitung des Insiderhandelsverbots auf den Freiverkehr BT-Drucks. 12/6679, S. 45; siehe auch Hopt, in: Schimansky / Bunte / Lwowski, Bankrechts-Handbuch, § 107, Rn. 12 und Assmann, in: Assmann / Schneider, WpHG, § 12 Rn. 7 m. w. N.

819 Vgl. Burmeister/Staebe, EuR 2009, 444, 444 ff.

820 Europäische Kommission, Überprüfung des Lamfalussy-Prozesses – Ausbau der aufsichtlichen Konvergenz, 20.11.2007, KOM (2007) 727 endg., S. 5 f.; vgl. Burmeister/Staebe, EuR 2009, 444, 446.

821 Vgl. Lutter, JZ 1992, 593, 602; Bleckmann, RIW 1987, 929, 930; Langenbucher, in: Langenbucher, Europarechtliche Bezüge des Privatrechts, § 1, Rn. 105; Habersack/Mayer, JZ 1999, 913, 921; Schnorbus, RabelsZ 65 (2001), 654, 685 f. Diesbezüglich kritisch Bracht, Best Execution, S. 83 ff., der in dem System der europarechtlichen Rahmengesetzgebung ein detailliertes und abgeschlossenes System von Pflichten sieht, welches sowohl strengere, wie auch weniger strenge nationale Regeln regelmäßig als unzulässig ansieht. So auch Riehm, JZ 2006, 1035, 1037 und Burmeister/Staebe, EuR 2009, 444, 453 Ruffert, in: Calliess / Ruffert, EUV/AEUV, Art. 288, Rn. 83 m. w. N.

Handelsplätze verändert. Insoweit war der Gesetzgeber inkonsequent, als er den nach der MiFID als multilaterales Handelssystem einzustufenden Freiverkehr börsenrechtlich regelte und privilegierte. Die Begründung zur Anwendung der Insiderüberwachung auf den Freiverkehr basiert auf der Wahrnehmung des Publikums des Freiverkehrs als mit der Börse verbundenem Markt. Indem sich die rechtlichen Rahmenbedingungen aus denen sich diese Wahrnehmung ergibt auch nach der MiFID nicht grundlegend geändert haben, gleichzeitig MTF aber nicht in gleicher Weise wertpapierhandelsrechtlichen Regeln wie der Insiderüberwachung unterzogen werden, wird die angestrebte Gleichstellung zu Ungunsten von MTF nicht effektiv umgesetzt.

Allein die Regelung in § 31f Abs. 1 Nr. 3 WpHG, wonach der Betreiber eines multilateralen Handelssystems über angemessene Kontrollverfahren zur Überwachung und Einhaltung des Verbots von Insidergeschäften und der Marktmanipulation zu verfügen hat, vermag die vorgenannte Unterscheidung zwischen MTF und dem Freiverkehr nicht zu kompensieren. Denn ein Verstoß gegen das Verbot des Insiderhandels ist nach §§ 38, 39 WpHG straf- und bußgeldbewährt, wohingegen sich mögliche Sanktionen bei einem Verstoß gegen § 31f Abs. 1 Nr. 3 WpHG gemäß der Ermessensvorschriften nach §§ 35 Abs. 2, 36 KWG auf Maßnahmen im Zusammenhang mit der Aufhebung der Erlaubnis zum Betrieb des MTF und der Abberufung von Geschäftsleitern oder weiteren Eingriffen in die Geschäftstätigkeit beschränken.[822]

Im Ergebnis gilt hiernach, dass nicht die überschießende Umsetzung der insiderhandelsrechtlichen Vorschriften in Bezug auf den Freiverkehr europarechtlich bedenklich sind, sondern die Nichtausweitung auf MTF auf Basis der sich aus der MiFID und dem FSAP ergebenden Vorgaben, wonach dem MTF eine konsequente wettbewerbliche Gleichstellung im Vergleich zum Betrieb organisierter Märkte erfahren sollen. Denn Vorgabe für eine Richtlinienumsetzung ist die effektive Anpassung der Rechtsordnung des Mitgliedstaats im Hinblick auf die Zwecke der Richtlinie.[823] Da in diesem Zusammenhang auch das sonstige

---

822 Um eine abschreckende Wirkung zu erzielen und die Integration der Finanzmärkte in der Europäischen Union zu stärken, schlägt die Europäische Kommission mit dem „Vorschlag für einen Richtlinie des Europäischen Parlaments und des Rates über strafrechtliche Sanktionen für Insider-Geschäfte und Marktmanipulationen" (KOM(2011) 654 endgültig vom 20. Oktober 2011) Mindestvorgaben für strafrechtliche Sanktionen in Bezug auf Insidergeschäfte und Marktmanipulationen vor, Europäische Kommission, Pressemitteilung IP/11/1218 vom 20. Oktober 2011.

823 EuGH, Rs. 48/75, Slg. 1976, 497, Rn. 69/73; Ruffert, in: Calliess / Ruffert, EUV/AEUV, Art. 288 AEUV Rn. 27; Frenz, Hdb. Europarecht, Bd. 5, Rn. 898 und 915;

nationale Regelungsumfeld zu berücksichtigt ist,[824] wäre auch die bereits vor der MiFID erfolgte Umsetzung der Vorgaben der Marktmissbrauchs-Richtlinie zu Gunsten des Freiverkehrs in entsprechender Weise für das MTF umzusetzen gewesen. Der Gesetzgeber hat sich durch die überschießende insiderhandelsrechtliche Umsetzung von Unionsrecht in gewisser Weise selbst gebunden. Indem er diesen Regulierungsstandard für den Freiverkehr setzt, kann er nicht ohne sachlichen Grund, in Bezug auf von Wertpapierdienstleistungsunternehmen betriebenen MTF hiervon abweichen. Die Unterlassung führt dazu, dass MTF regulatorisch dem Freiverkehr hinterherhinken, so dass gerade nicht das von der Europäischen Kommission beabsichtigte *level playing field* geschaffen worden ist. Insoweit ist bereits die Gefahr einer nicht den Zwecken der Richtlinienvorgaben entsprechenden Umsetzung ausreichend.[825]

Die geplante Neufassung der Marktmissbrauchs-Richtlinie, wonach auch MTF in den Anwendungsbereich des Verbots des Insiderhandels einbezogen werden, wird diesen unzulässigen Zustand wohl bereits heilen, sollte der Vorschlag verabschiedet werden und sollte der Gesetzgeber nicht eine über den Anwendungsbereich der Verordnung hinausgehende Regelung zu Gunsten von Freiverkehr treffen, welche erneut eine regulatorische Besserstellung des Freiverkehrs und damit des börslichen Handelsplatzes gegenüber dem MTF darstellen würde.[826]

3. Überschießende Umsetzung der Vorgaben zur Überwachung des Verbots der Marktmanipulation

Neben dem Verbot des Insiderhandels ist das Verbot der Marktmanipulation gemäß § 20a WpHG die zentrale handelstechnische Verhaltensnorm des Wertpapierhandelsgesetzes.[827]

Gegenstand des Verbots sind gemäß § 20a Abs. 1 S. 1 WpHG unrichtige oder irreführende Angaben, Geschäfte oder Aufträge, die geeignet sind, falsche oder irreführende Marktsignale herbeizuführen oder sonstige Täuschungshandlungen, die geeignet sind auf den Preis des Finanzinstruments einzuwirken.

Bleckmann, in: Bieber / Ress, Die Dynamik des Europäischen Gemeinschaftsrechts, S. 200; Bleckmann, RIW 1987, 929, 933; Bach, JZ 1990, 1108, 1112; Lutter, JZ 1992, 593, 605.

824 Kalss, in: Riesenhuber, Europäische Methodenlehre, S. 616.

825 Frenz, Hdb. Europarecht, Bd. 6, Rn. 3370 f.

826 Zur Frage des Harmonisierungsniveaus Veil/Koch, WM 2011, 2297, 2298 f.

827 Vogel, in: Assmann / Schneider, WpHG, § 20a Rn. 2.

Durch das Verbot der Marktmanipulation wird die Zuverlässigkeit und Wahrheit des Preisbildungsprozesses an dem betreffenden Handelsplatz geschützt.[828] Der Anwendungsbereich der Verbotsnorm geht mit der Einbeziehung des Freiverkehrs gemäß § 20a Abs. 1 S. 1 Nr. 1 WpHG ebenfalls über die europarechtliche Vorgabe von Art. 5 der Marktmissbrauchs-Richtlinie hinaus. Entsprechend der Regelungen zur Insiderüberwachung bezieht sich das Verbot der Marktmanipulation danach nur auf Finanzinstrumente, die zum Handel an einem geregelten Markt zugelassen sind. Folglich liegt bezüglich des Freiverkehrs auch parallel zur überschießenden Umsetzung in Bezug auf die Insiderüberwachung ein überschießende Umsetzung der Vorgaben zum Verbot der Marktmanipulation vor.[829]

Hinsichtlich der Rechtfertigung des Gesetzgebers zur Ausweitung des Verbots auf die in den Freiverkehr einbezogenen Finanzinstrumente, erfolgt keine weitergehende Begründung.[830] Es ist davon auszugehen, dass sich der Gesetzgeber von der im Zusammenhang mit der Ausweitung insiderhandelsrechtlicher Vorschriften auf den Freiverkehr bestehenden Motivlage hat leiten lassen. Insoweit war die Vergleichbarkeit des Freiverkehrs mit dem börslichen Handelsplatz sowie der Bedeutung des Freiverkehrs für den gesamten Kapitalmarkt auch hinsichtlich der Anwendung des Verbots der Marktmanipulation auf den Freiverkehr entscheidend. Entsprechend der Insiderüberwachung kann auch die Vorgabe nach § 31f Abs. 1 Nr. 3 WpHG, die den Betreiber eines MTF verpflichtet, über angemessenen Kontrollverfahren zur Überwachung und Einhaltung des Verbots der Marktmanipulation zu verfügen, mangels straf- und bußgeldbewährter Sanktionsmöglichkeiten nicht in gleicher Weise das Vertrauen der Anleger schützen und die Funktionsfähigkeit des Marktes gewährleisten. Die unterlassene regulatorische Gleichstellung zwischen dem Freiverkehr und MTF widerspricht damit ebenfalls den Vorgaben der MiFID hinsichtlich der Schaffung eines integrierten Finanzbinnenmarktes.

Auch in Bezug auf die Neufassung zum Verbot der Marktmanipulation durch die Europäische Kommission würde der bedeutendste Schritt in der Ausweitung des Anwendungsbereichs der Vorschriften auf außerbörsliche Handelsplätze bestehen.[831] Danach wird die unzulässige Ungleichbehandlung zwischen Freiverkehr und MTF wohl auch in Bezug auf das Verbot der Marktmanipulation durch die Verabschiedung des Vorschlags und eine dann nicht über den An-

---

828 Vgl. Fleischer, in: Fuchs, WpHG, § 20a Rn. 1.

829 Ausführlich hierzu Kapitel III. C.I.2.

830 Siehe BT-Drucks. 15/3174, S. 37.

831 Vgl. Veil/Koch, WM 2011, 2297, 2301.

wendungsbereich der Verordnung zu Gunsten des Freiverkehrs hinausgehende Regulierung ausgeglichen werden.

II. Zwischenergebnis

Aus § 1 Abs. 1 WpHG könnte gefolgert werden, dass die Vorschriften des Wertpapierhandelsrechts auf die Erbringung von Wertpapierdienstleistungen im gesamten börslichen und außerbörslichen Handel anzuwenden sind. Eine feinere Unterscheidung nach Handelsplatztypen wie sie sich aus der MiFID ergeben, wird danach nicht vorgenommen. Tatsächlich erstreckt sich der Anwendungsbereich der für den Betrieb und die Nutzung von Handelsplätzen wesentlichen Vorschriften zum Verbot des Insiderhandels und der Marktmanipulation aber nicht auf alle außerbörslichen Handelsplatztypen. Mit der abschließenden Anwendung auf die im regulierten Markt und im Freiverkehr gehandelten Finanzinstrumente finden die wertpapierhandelsrechtlichen Schutzvorschriften der Insiderüberwachung und des Verbots der Marktmanipulation damit nur auf die von Börsenträgergesellschaften betriebenen Handelsplatztypen Anwendung. Die Betreiber von MTF sind lediglich zur Schaffung angemessener Kontrollverfahren zur Überwachung und Einhaltung der wertpapierhandelsrechtlichen Vorschriften verpflichtet. Ein Verstoß gegen die Kontroll- und Überwachungspflichten ist jedoch anders als ein Verstoß gegen das konkrete, gesetzliche Verbot des Insiderhandels oder der Marktmanipulation nicht straf- oder bußgeldbewährt, sondern kann sich nur auf die Erlaubnis zum Betrieb des MTF oder bestimmte interne Geschäftsabläufe auswirken und hat damit einen geringeren, personenbezogenen Präventionscharakter.

Die zur Begründung angeführte Auffassung, der börsliche Handel und der Handel über den Freiverkehr würden als einheitlicher Handel angesehen, weshalb zum Schutz des Kapitalmarktes eine einheitliche – und lediglich auf diese Märkte beschränkte – Anwendung erforderlich sei, stimmt zwar mit der aktuellen Verteilung des Handelsvolumens überein, ist aber gerade auch Anlass für die Frage, inwieweit die von Börsenträgergesellschaften und Wertpapierdienstleistungsunternehmen betriebenen außerbörslichen multilateralen Handelsplätze gleich behandelt werden.

Über das Verbot des Insiderhandels und der Marktmanipulation soll die materiell richtige Feststellung von Preisen gefördert werden. Die Verbote stehen daher auch in Verbindung mit der Berechnung von Börsenpreisen gemäß § 24

BörsG.[832] Angesichts der börsenrechtlichen Regulierung des Freiverkehrs ist die Ausweitung des Anwendungsbereichs auf den Freiverkehr damit zunächst konsistent. In Folge der Vorgaben der MiFID für eine regulatorische Gleichstellung zwischen börslichen Handelsplätzen und MTF, führt die Nichtberücksichtigung von MTF in Bezug auf die zu Gunsten des Freiverkehrs vorgenommene überschießende Umsetzung unionsrechtlicher Vorgaben zu einer europarechtswidrigen Umsetzung der MiFID. Denn auch wenn sich die MiFID nicht auf den betreffenden Regelungsbereich bezieht, ist zu einer effektiven Umsetzung der sich aus der MiFID ergebenden Vorgaben auch das sonstige Regulierungsumfeld zu berücksichtigen.

Die unterschiedliche Behandlung des Freiverkehrs und der MTF verfestigt danach vielmehr die bei Anlegern vorherrschende Vermutung, dass der Freiverkehrshandel einem börslichen Handel gleich komme, obwohl der Handel im Freiverkehr tatsächlich vielmehr dem eines MTF entspricht. Durch die Bevorzugung des Freiverkehrs gegenüber dem MTF fördert der Gesetzgeber einen sich selbst verstärkenden Prozess der Steigerung der Attraktivität des börslichen Handelsplatzes und benachteiligt Wertpapierdienstleistungsunternehmen beim Betrieb multilateraler Handelssysteme.

Die Berücksichtigung alleine des Freiverkehrs bei der Umsetzung der Vorgaben aus der Marktmissbrauchslinie im Wege der überschießenden Umsetzung war für sich genommen nicht problematisch. In Bezug auf die Vorgaben der MiFID und des FSAP zu Schaffung eines Finanzbinnenmarktes, in welchem Börsenbetreibergesellschaften und Wertpapierdienstleistungsunternehmen beim Angebot von Wertpapierhandelsdienstleistungen gleich behandelt werden sollen, ist die Nichtberücksichtigung von MTF jedoch nicht europarechtskonform. Denn die effektive Umsetzung der unionsrechtlichen Vorgaben geht über den Regelungsgehalt der MiFID hinaus. Nach dem zu beachtenden Effektivitätsgrundsatz bei der Umsetzung europäischer Vorgaben, wären auch Regelungen wie die des Insiderhandelsrechts und des Verbots der Marktmanipulation hinsichtlich ihrer Auswirkungen auf die mit der MiFID verbundenen Zwecke zu prüfen gewesen. Da die überschießende Umsetzung der Insiderhandels-Richtlinie und der Marktmissbrauchs-Richtlinie zu einer Steigerung der Attraktivität des Freiverkehrs führt und der Freiverkehr aufgrund seiner materiellrechtlichen Ausgestaltung und praktischen Bedeutung der natürliche Wettbewerber des MTF ist, privilegiert der Gesetzgeber faktisch den hinter dem Freiverkehr stehenden Börsenbetreiber und damit auch den börslichen Handelsplatz gegenüber Wertpapierdienstleistungsunternehmen. Im Sinne einer Angleichung

832 Beck, in: Schwark / Zimmer, Kapitalmarktrechts-Kommentar, § 24 BörsG Rn. 3.

der wettbewerblichen Bedingungen wäre im Zuge der Umsetzung der MiFID eine Berücksichtigung der auf MTF gehandelten Finanzinstrumente im Rahmen der Verbote des Insiderhandels und der Marktmanipulation erforderlich gewesen.

Jedoch könnte der von der Europäischen Kommission unterbreitete Vorschlag, wonach der Anwendungsbereich der Verbote des Insiderhandels und der Marktmanipulation auch auf MTF auszuweiten ist, diesen Zustand beseitigen.

D. Primär- und sekundärmarktrechtliche Publizitätspflichten

Publizitätsmaßnahmen in Bezug auf die in einem Markt handelbaren Wertpapiere können Einfluss auf die Akzeptanz und Entwicklung des Marktes haben. Die Adressaten von Veröffentlichungspflichten (Emittenten oder Handelsteilnehmer) sind auf der einen Seite von einem gewissen Kostenaufkommen bei einer möglichen Verpflichtung zur Publizität betroffen, können aber andererseits von den positiven Effekten einer umfangreichen Informationsgrundlage für die Nutzer der Märkte profitieren. Deren Vertrauen auf die Verpflichtung von Publizitätsmaßnahmen kann entscheidenden Einfluss auf die Bereitschaft haben einen Markt zu nutzen. Im Folgenden sollen daher die Rahmenbedingungen für Publizitätspflichten vor der Aufnahme zum Handel in den Freiverkehr bzw. in ein MTF sowie Publizitätspflichten nach der Einbeziehung untersucht werden, um feststellen zu können, ob gesetzliche Voraussetzungen im Bereich der Veröffentlichung von Informationen Börsenträgergesellschaften mittelbar über den Freiverkehr gegenüber Wertpapierdienstleistungsunternehmen privilegieren.

Unter dem Begriff der Publizität versteht man in erster Linie bestimmte Erscheinungsformen der Veröffentlichung von Informationen durch die Emittenten von Wertpapieren.[833] Veröffentlichungsmaßnahmen jedweder Art, also auch solche durch Handelsteilnehmer oder Betreiber von Handelsplätzen, haben unter dem Gesichtspunkt der institutionellen Effizienz eine besondere Bedeutung für die Funktionsfähigkeit des Kapitalmarktes. Umfang und Qualität von Publizitätsmaßnahmen bestimmen das Vertrauen der Anleger in den jeweiligen Markt.

833 Ausführlich zu den verschiedenen Deutungsvarianten des Begriffs der Publizität siehe Merkt, Unternehmenspublizität, S. 6 ff.

Je umfassender und präziser die Vorgaben für Veröffentlichungsmaßnahmen sind, desto stärker fördern sie das Investitionsverhalten von Anlegern.[834]

Der Ausgangspunkt für Publizitätspflichten ist der Anlegerschutz.[835] Anders als etwa in den USA, gibt es in Deutschland im Zusammenhang mit der kapitalmarktrechtlichen Publizität kein einheitliches Regelungskonzept.[836] Im Laufe der Zeit haben sich unterschiedliche Formen herausgebildet, die mittlerweile überwiegend im Wertpapierhandelsgesetz angesiedelt sind. Abhängig von dem betreffenden Handelsplatz können neben die gesetzlichen Publizitätspflichten auch noch von dem jeweiligen Betreiber vorgegebene, handelsplatzinterne Veröffentlichungspflichten treten.[837] Der Veröffentlichungsvorgang umfasst dabei – zumindest in Bezug auf die gesetzlichen Pflichten – regelmäßig zwei Komponenten: Zum einen die Mitteilung an die zuständige Aufsichtsbehörde und zum anderen einen für die Öffentlichkeit bestimmten Veröffentlichungsvorgang.[838]

Gegenstand dieser Arten von Publizitätsmaßnahmen ist die schnellstmögliche Versorgung des Marktes mit den für die Kursbildung von Wertpapieren wesentlichen Informationen. Für diese Informationen reduzieren sich die Suchkosten der Nutzer des Marktes, wodurch neben einer Verbesserung der institutionellen Effizienz auch eine effiziente Kapitalallokation sichergestellt wird. Denn die Höhe der Suchkosten für die Anleger beeinflusst die Transaktionskosten insgesamt.[839] Als Folge geringerer Transaktionskosten erhöht sich in der Theorie die Liquidität im Markt, was aufgrund höherer Handelswahrscheinlichkeiten und marktgerechter und fairerer Preisfeststellung wiederum zu einer höheren Akzeptanz des betreffenden Marktes insgesamt führt.[840] Vor der Veröffentlichung von Informationen, die sich auf den laufenden Handel beziehen steht jedoch eine

---

834 Vgl. Horst, Kapitalanlegerschutz, S. 317.

835 Hierzu ausführlich Schwark, in: Kley / Leven / Rudolph / Schneider, Aktie und Kapitalmarkt, S. 493 ff.

836 Merkt, Unternehmenspublizität, S. 275 f.

837 Besondere Zulassungspflichten im Sinne des § 42 BörsG oder privatrechtliche Vorgaben nach den Geschäftsbedingungen der Handelsplatzbetreiber, §§ 48 Abs. 1 BörsG, 31f Abs. 1 WpHG.

838 Merkt, Unternehmenspublizität, S. 144.

839 Klöhn, in: Langenbucher, Europarechtliche Bezüge des Privatrechts, § 6 Rn. 54.

840 Vgl. zu den Zusammenhängen zwischen Kapitalallokation, Transaktionskosten und Liquidität Kapitel I. A.III.

mögliche Publizitätspflicht im Zusammenhang mit der Emission von Wertpapieren im Primärmarkt.[841]

I. Emissionspublizität am Primärmarkt

Die Emissionspublizität (auch *Prospektpublizität* oder *Primärmarktpublizität*) ist ein wesentlicher Bestandteil im allgemeinen Regelsystem der Offenlegung und wesentliches Element der Primärmarktpublizität.[842] Mit ihr wird das Ziel eines Vertrauensindividualschutzes wie auch eines Vertrauenskollektivschutzes verfolgt.[843] Der einzelne Anleger soll durch zutreffende und umfassende Informationen in die Lage versetzt werden, die mit der betreffenden Kapitalanlage verbundenen Risiken richtig einschätzen und vor diesem Hintergrund seine Anlageentscheidung in voller Kenntnis der Sachlage treffen zu können. Daran schließen sich die übergeordneten Ziele von Transparenz und Gleichbehandlung aller Anleger an. Durch den kollektiven Schutz des Anlegerpublikums wird vermutet, dass das allgemeine Vertrauen in die Kapitalmärkte gestärkt wird und zum ordnungsmäßigen Funktionieren des Wertpapiermarktes beiträgt.[844]Je geringer die Primärmarktpublizität ist, desto höher sind die Kosten für den erhöhten Suchaufwand nach Informationen zu dem Wertpapier. Die Prospektpflicht fördert daher die operationale Effizienz des Primärmarktes.[845] Sie bezieht sich auf Veröffentlichungen aufgrund der Ausgabe und Platzierung von Wertpapieren.[846] Dies umfasst Fremdemissionen[847] und Eigenemissionen[848] im Rahmen

---

841 Zur Abgrenzung und Wechselwirkung zwischen Primär- und Sekundärmarkt siehe 1. Kapitel A.II.

842 Wieneke, in: Grundmann / Schwintowski / Singer / Weber, Anleger- und Funktionsschutz, S. 39. Vgl. auch Art. 3 Abs. 1 der Prospekt-Richtlinie 2003/71/EG, wonach die Mitgliedstaaten in ihrem Hoheitsgebiet kein öffentliches Angebot von Wertpapieren ohne vorherige Veröffentlichung eines Prospekts gestatten dürfen.

843 Zimmer, WM 2004, 9, 10; Fleischer, Kapitalmarktrechtliches Gutachten, F 25 f.

844 Vgl. auch Erwägungsgrund (39) MiFID, wonach es Ziel der europäischen Bemühungen im Bereich der Kapitalmarktregulierung ist, ein reibungslos funktionierendes, integriertes europäisches Finanzsystem zu schaffen.

845 Klöhn, in: Langenbucher, Europarechtliche Bezüge des Privatrechts, § 6 Rn. 38.

846 Rein, Prospektpflicht und Prospekthaftung bei Wertpapieremissionen, S. 36 f.; Fleischer, Kapitalmarktrechtliches Gutachten, F 41.

847 Der in der Praxis weit überwiegende Fall der Fremdemission beinhaltet die Übernahme der Wertpapiere durch eine oder mehrere Banken (sog. Übernahmekonsortium) zu einem festen Kurs in deren Bestand und deren Weitergabe über ihre eigenen Vertriebska-

von Primärplatzierungen (*Initial Public Offerings*) oder Sekundärplatzierungen (*secondary offerings*).[849] Von sonstigen Publizitätsmaßnahmen unterscheidet sich die Emissionspublizität dadurch, dass sie bereits im Bereich des Primärmarktes stattfindet und als solche Bedeutung für die Marktintegrität, die Markttransparenz und folglich den Anlegerschutz hat, bevor die Einbeziehung des Wertpapiers zum Handel an dem entsprechenden Handelsplatz erfolgt.[850]

1. Prospektpflicht bei der Zulassung zum Handel im regulierten Markt

Die Zulassung von Wertpapieren zum Handel an der Börse,[851] d. h. die öffentlich-rechtliche Erlaubnis, die Börseneinrichtungen für den Handel in den betreffenden Wertpapieren in dem jeweiligen Marktsegment zu nutzen,[852] setzt nach § 3 Abs. 3, 13 ff. WpPG, § 32 Abs. 3 Nr. 2 BörsG voraus, dass der Zulassungsantragsteller einen von der BaFin gebilligten oder bescheinigten Prospekt veröffentlicht, soweit die Zulassungsart nicht nach § 4 Abs. 2 WpPG von der Prospektpflicht ausgenommen ist.[853] Erst nach erfolgter Zulassung entscheidet die

---

näle an private und institutionelle Anleger, vgl. Groß, in: Bosch / Groß, Emissionsgeschäft, Rn. 258; Schücking, in: Habersack / Mülbert / Schlitt, Unternehmensfinanzierung am Kapitalmarkt, § 26 Rn. 31 ff., 43 ff.; Klenke, Börsendienstleistungen im Europäischen Binnenmarkt, S. 34. Zu den Beteiligten an einer Emission, Ekkenga/Maas, Wertpapieremissionen, S. 42 – 57; Hopt, Die Verantwortlichkeit der Banken bei Emissionen, S. 31 ff.; Schäfer, in: Boos / Fischer / Schulte-Mattler, KWG, § 1 Rn. 104; Schäfer, WM 2002, 361, 362 f.; du Buisson, WM 2003, 1401, 1402.

848 Bei einer Eigenemission werden die Wertpapiere vom Emittenten direkt bei den Anlegern platziert, vgl. Schanz, Börseneinführung, § 10 Rn. 10 ff. und Florian, Rechtsfragen des Wertpapierhandels im Internet, S. 164 ff.

849 Eine Sekundärplatzierung ist die Platzierung junger Aktien einer bereits börsennotierten Gesellschaft, etwa aus einer Kapitalerhöhung, vgl. Langenbucher Aktien- und Kapitalmarktrecht, § 13 Rn. 4.

850 Trapp, in: Habersack / Mülbert / Schlitt, Unternehmensfinanzierung am Kapitalmarkt, § 31 Rn. 1.

851 Der prospektrechtliche „organisierte Markt" ist gemäß § 2 Nr. 16 WpPG identisch mit dem nach § 2 Abs. 5 WpHG definierten organisierten Markt.

852 Von Rosen, in: Assmann / Schütze, Kapitalanlagerecht, § 2 Rn. 144; Groß, Kapitalmarktrecht, BörsG, § 32 Rn. 5.

853 Der Wortlaut von § 3 Abs. 3 WpPG, wonach für Wertpapiere, die an einem „organisierten Markt zugelassen werden sollen" eine Prospektpflicht besteht, lässt vermuten, dass sie bereits dann besteht, wenn der Emittent die Absicht einer Börsenzulassung hat.

Börsengeschäftsführung gemäß § 38 Abs. 1 BörsG über die Aufnahme der Notierung im regulierten Markt.[854] Die Notierung eines Wertpapiers bewirkt die erstmalige Herbeiführung von Umsätzen im Sekundärmarkt, welche zu einer Kursfeststellung führen.[855] Sie bedeutet also den Beginn des börslichen Sekundärhandels nach Platzierung der Wertpapiere.[856] Bei einer Einbeziehung von Wertpapieren im Sinne des § 33 BörsG, welche auf Antrag eines Handelsteilnehmers oder von Amts wegen durch die Geschäftsführung der Börse erfolgen kann,[857] wenn die Wertpapiere an einer anderen inländischen Börse zum Handel im regulierten Markt oder an einem anderen organisierten Markt innerhalb der EU bzw. des EWR oder einem vergleichbaren Markt in Drittstaaten zugelassen sind,[858] entsteht hingegen keine Prospektpflicht nach § 3 Abs. 3 WpPG.[859] Da der Emittent nicht auch selbst Antragsteller ist, können ihm aus der Einbezie-

---

Durch Art. 3 Abs. 3 der Prospekt-Richtline (2003/71/EG) wird jedoch klargestellt, dass eine Prospektpflicht erst mit der Zulassung als solcher entsteht. Mit dieser Prospektpflicht ergibt sich die eigentliche Voraussetzung für die Zulassung von Wertpapieren zum regulierten Markt, da § 32 Abs. 3 Nr. 2 BörsG nur die Vorlage des gebilligten Prospekts vorschreibt, vgl. Groß, Kapitalmarktrecht, § 3 WpPG, Rn. 11. Die Entscheidung über eine Zulassung trifft im Übrigen die Geschäftsführung der Börse, nachdem der reduzierte Aufgabenbereich der Zulassungsstellen infolge der Einführung des Wertpapierprospektgesetzes mit einer Übertragung der Prüfungskompetenz für Börsenzulassungsprospekte auf die BaFin zu deren Abschaffung führte, s. BT-Drucks. 16/4028, S. 87 und Schanz, Börseneinführung, § 12 Rn. 38.

854 Ekkenga/Maas, Wertpapieremissionen, S. 118 f.

855 Groß, in: Marsch-Barner / Schäfer, Handbuch börsennotierte AG, § 9 Rn. 5.

856 Langenbucher Aktien- und Kapitalmarktrecht, § 13 Rn. 13; Trapp, in: Habersack / Mülbert / Schlitt, Unternehmensfinanzierung am Kapitalmarkt, § 31 Rn. 57.

857 Eine Einbeziehung von Amts wegen kommt in Betracht, wenn die Börsengeschäftsführung ein entsprechendes Marktbedürfnis erkennt, BT-Drucks. 16/4028, S. 87 f.

858 Vgl. zu den diesbezüglichen Voraussetzungen Heidelbach, in: Schwark, Kapitalmarktrechts-Kommentar, § 30 BörsG, Rn. 21 ff.; vgl. auch Trapp, in: Habersack / Mülbert / Schlitt, Unternehmensfinanzierung am Kapitalmarkt, § 31 Rn. 60 f. Aufgrund der detaillierten standardisierten europäischen Vorgaben zu Mindestangaben (§ 7 WpPG) und Struktur des Prospekts (§ 5 WpPG), werden die verschiedenen Angebote zum Kauf von Wertpapieren vergleichbar gemacht. Durch die sich daran anschließenden Veröffentlichungspflichten (§ 14 WpPG) wird die Markttransparenz gesteigert.858 Für das ausschließliche oder ergänzende öffentliche Angebot von Wertpapieren in einem oder mehreren Staaten des EWR, besteht nach §§ 17 f. WpPG die Möglichkeit einer grenzüberschreitenden Geltung gebilligter Prospekte

859 Ledermann, in: Schäfer / Hamann, Kapitalmarktgesetze, § 56 BörsG, Rn. 1; Groß, Kapitalmarktrecht, § 33 BörsG, Rn. 5.

hung gemäß Art. 40 Abs. 5 S. 3 der MiFID keine in diesem Zusammenhang stehenden Pflichten entstehen.[860]

2. Die Einbeziehung in einen außerbörslichen multilateralen Handelsplatz

Die Aufnahme eines Wertpapiers zum Handel im Freiverkehr oder einem MTF, erfolgt im Wege einer Einbeziehung.[861] Anders als der Notierungsaufnahme im börslichen Handel geht einer Einbeziehung kein öffentlich-rechtliches Zulassungsverfahren voraus. Sie erfolgt über die vom Träger des außerbörslichen multilateralen Handelsplatzes beschlossenen Geschäftsbedingungen auf privatrechtlicher Grundlage.[862] Weder der Freiverkehr noch MTF sind organisierte Märkte im Sinne des § 2 Nr. 16 WpPG.[863] Damit hängt die Pflicht zur Veröffentlichung eines Prospekts davon ab, ob die betreffenden Wertpapiere öffentlich angeboten oder privat platziert werden.

Ein die Prospektpflicht auslösendes öffentliches Angebot von Wertpapieren liegt nach § 2 Nr. 4 WpPG bei einer Mitteilung an das Publikum in jedweder Form und auf jedwede Art und Weise vor, die ausreichende Informationen über die Angebotsbedingungen und die anzubietenden Wertpapiere enthält, um einen Anleger in die Lage zu versetzen, über den Kauf oder die Zeichnung dieser Wertpapiere zu entscheiden.[864] Der Emittent muss Anleger zielgerichtet ange-

---

860 Schlitt/Schäfer, AG 2007, 227, 228.

861 Allein im regulierten Markt zugelassene Wertpapiere sind „börsennotiert". Weder die Einbeziehung in den regulierten Markt noch eine Einbeziehung in den Freiverkehr, bei welchem die Preisermittlung gemäß § 24 Abs. 1 S. 2 BörsG immerhin zu Börsenpreisen führt, entspricht einer Börsennotierung, Groß, Kapitalmarktrecht, § 32 BörsG, Rn. 7 f.

862 Ledermann, in: Schäfer / Hamann, Kapitalmarktgesetze, § 57, Rn. 14; Groß, Kapitalmarktrecht, § 48 BörsG, Rn. 3. Da die Einbeziehung sowie die Ablehnung eines Antrags auf Einbeziehung keine Verwaltungsakte sind, kommt als Rechtsweg nur die Zivilgerichtsbarkeit in Betracht; eine Anspruchsgrundlage aufgrund welcher eine Einbeziehung durchgesetzt werden könnte besteht aber wohl nicht, vgl. Hopt, in: Baumbach / Hopt, Handelsgesetzbuch, § 48 BörsG, Rn. 1; Groß, Kapitalmarktrecht, § 48 BörsG, Rn. 8 und Ledermann, in: Schäfer / Hamann, Kapitalmarktgesetze, § 57 BörsG, Rn. 19.

863 Ritz/Zeising, in: Just / Voß / Ritz / Zeising, WpPG, § 2 Rn. 154, 278 ff.

864 Ein öffentliches Angebot gemäß § 2 Nr. 4 WpPG entspricht dem Begriffsverständnis nach einem öffentlichen Angebot im Sinne des Verkaufsprospektgesetz, BT-Drucks. 15/4999, S. 28. Folglich kann auf frühere Aussagen in der Bekanntmachung des Bundesaufsichtsamts für den Wertpapierhandel („BAWe") zum Wertpapier-

sprochen oder eine Ursache gesetzt haben, aufgrund deren er von Anlegern angesprochen wird.[865] Dabei werden keine Einschränkungen in Bezug auf das Medium der Mitteilung gemacht,[866] so dass auch solche Formen erfasst werden, die bislang nicht bekannt oder nicht genutzt werden. Eine Mitteilung liegt allein dann nicht vor, wenn sich ein Anleger selbst an den Emittenten wendet.[867]

Die Mitteilung muss dazu mittels werbender Elemente einen gewissen Konkretisierungsgrad in Bezug auf die Angebotsbedingungen und die Wertpapiere aufweisen. Dazu gehören etwa Hinweise auf den Zeitplan des Angebots, Modalitäten der Angebotsabgabe, Ausstattungsmerkmale der Wertpapiere und sonstige Bedingungen.[868]

In einer Negativabgrenzung kann daher immer dann von einer Mitteilung an ein Publikum ausgegangen werden, wenn es sich nicht um ein Angebot an einen nur begrenzten Personenkreis handelt, da diese aufgrund ihrer besonderen Verbindung zu dem Anbieter kein vergleichbares Informationsbedürfnis haben.[869]

Verkaufsprospektgesetz zurückgegriffen werden, Hamann, in: Schäfer / Hamann, Kapitalmarktgesetze, § 2 WpPG, Rn. 19.

865 Ritz, in: Assmann / Lenz / Ritz, VerkProspG, § 1 Rn. 61, 65.

866 Hamann, in: Schäfer / Hamann, Kapitalmarktgesetze, § 2 WpPG, Rn. 20.

867 Ritz/Zeising, in: Just / Voß / Ritz / Zeising, WpPG, § 2 Rn. 114 ff.

868 Groß, Kapitalmarktrecht, § 2 WpPG, Rn. 11 ff.; Ritz/Zeising, in: Just / Voß / Ritz / Zeising, WpPG, § 2 Rn. 122 ff; Hamann, in: Schäfer / Hamann, Kapitalmarktgesetze, § 2 WpPG, Rn. 44; vgl. Schlitt/Schäfer, AG 2006, 147, 153; Sudmeyer/Rückert/Kuthe, BB 2005, 2703, 2705. Umstritten ist, ob eine konkrete Erwerbs- oder Zeichnungsmöglichkeit vorliegen muss. In einem engen Begriffsverständnis bejahen dies BT-Drucks. 15/4999, S. 28; BAWe, Bekanntmachung für den Wertpapierhandel zum Verkaufsprospektgesetz, S. 3; Leuering, Der Konzern 2006, 4, 6; Giedinghagen, BKR 2007, 233, 234; Groß, Kapitalmarktrecht, § 2 WpPG, Rn. 13. Unter Berufung auf den Wortlaut und den Schutzcharakter der Publizitätsvorschrift wird mit guten Gründen vertreten, dass es zur Qualifikation einer Mitteilung als öffentliches Angebot keiner konkreten Erwerbs- oder Zeichnungsmöglichkeit bedarf, Harrer/Müller, WM 2006, 653, 656; Schlitt/Schäfer, AG 2005, 498, 500; Kunold/Schlitt, BB 2004, 501, 503; Weber, NZG 2004, 360, 361 f.

869 BT-Drucks. 11/6340, S. 11; BAWe, Bekanntmachung für den Wertpapierhandel zum Verkaufsprospekt, S. 4; Ritz/Zeising, in: Just / Voß / Ritz / Zeising, WpPG, § 2 Rn. 101; vgl. auch zum Verkaufsprospektgesetz Bosch, in Bosch / Groß, Emissionsgeschäft, Rn. 106; Hüffer, Wertpapier-Verkaufsprospektgesetz, S. 19.

Der Begriff des Publikums kann in diesem Zusammenhang mit dem der Öffentlichkeit gleichgesetzt werden.[870]

In Abgrenzung zu einem öffentlichen Angebot liegt eine Privatplatzierung vor, wenn sich das Angebot nicht an das Publikum richtet.[871] Das Angebot muss sich an einen Personenkreis richten, zu dem der Anbieter bereits zuvor eine persönliche Beziehung unterhalten hat.[872] Von einem nicht öffentlichen Angebot kann auch dann ausgegangen werden, wenn sich das Angebot an einen speziellen Anlegerkreis oder an einen begrenzten, namentlich bekannten Anlegerkreis richtet.[873] Die Privatplatzierung kann negativ vom öffentlichen Vertrieb bzw. vom öffentlichen Angebot abgegrenzt werden.[874]

Privatplatzierungen zeichnen sich gegenüber öffentlichen Angeboten dadurch aus, dass sie nicht der Prospektpflicht unterliegen, weil davon ausgegangen wird, dass die relevanten Informationen individuell mitgeteilt werden und ein hinreichender vertraglicher Schutz zwischen den Beteiligten gewährleistet ist.[875] Dadurch entsteht eine geringere Kostenbelastung. Gleichzeitig wird die Flexibilität erhöht, indem die Platzierung schneller durchführbar ist.[876]

Der Antrag auf die Einbeziehung in einen außerbörslichen multilateralen Handelsplatz sowie die Einbeziehung selbst, stellen für sich genommen kein öffentliches Angebot im Sinne des §§ 2 Nr. 4, 3 Abs. 1 S. 1 WpPG dar.[877] Denn ohne ergänzende Vermarktungsmaßnahmen liegt keine Mitteilung an das Publi-

---

870 Leuering, Der Konzern 2006, 4, 5; Hamann, in: Schäfer / Hamann, Kapitalmarktgesetze, § 2 WpPG, Rn. 21.

871 Hamann, in: Schäfer / Hamann, Kapitalmarktgesetze, § 2 WpPG, Rn. 21, der eine Abgrenzung zwischen öffentlichem Angebot und Privatplatzierung allein nach qualitativen Kriterien vornimmt.

872 Vgl. Groß, Kapitalmarktrecht, § 2 WpPG, Rn. 17.

873 Meyer, in: Habersack / Mülbert / Schlitt, Unternehmensfinanzierung am Kapitalmarkt, § 30 Rn. 6; Leuering, Der Konzern 2006, 4, 7; Schäfer, ZIP 1991, 1557, 1559; Ritz, in: Assmann / Lenz / Ritz, VerkProspG, § 2 Rn. 14.

874 Dittrich, Die Privatplatzierung im deutschen Kapitalmarktrecht, S. 32 ff.

875 Müller, in: Kümpel / Wittig, Bank- und Kapitalmarktrecht, Rn. 15.97 f.

876 Schanz, Börseneinführung, § 10 Rn. 14.

877 Vgl. BT-Druck. 15/4999, S. 28; Schlitt/Schäfer, AG 2005, 498, 500; Schwark, in: Horn / Lwowski / Nobbe, Bankrecht – Schwerpunkte und Perspektiven, S. 751 f .; Schlitt/Ponick, in: Habersack / Mülbert / Schlitt, Kapitalmarktinformation, § 4 Rn. 37 jeweils in Bezug auf den Freiverkehr, wobei für MTF aufgrund der materiellen Vergleichbarkeit nichts anderes gelten kann.

kum vor, welche einen entsprechenden Informationsgehalt für eine Anlageentscheidung enthalten müsste.[878] Dies bezieht sich nicht nur auf die tatsächliche Einbeziehung, sondern auch auf die Antragstellung zur Einbeziehung sowie die im Nachgang dazu erfolgenden Handelsaktivitäten.[879]

Bei den über eine Handelsplattform abgeschlossenen Geschäften, handelt es sich um Einzelgeschäfte, die nicht zwischen dem Anleger und dem Anbieter der Handelsplattform abgeschlossen werden (was sie von bilateralen Systemen unterscheidet), sondern zwischen den Marktteilnehmern. In der Aufnahme zum Handel kann es sich deshalb auch nicht um eine *invitatio ad offerendum* handeln, falls in dieser überhaupt die Voraussetzungen für ein öffentliches Angebot gesehen werden könnten.[880] Dies ergibt sich schon deshalb nicht, weil es sich bei den Teilnehmern um eine Vielzahl handelt und es lediglich um die Möglichkeit des Abschlusses eines Einzelgeschäftes geht. Dies könnte aufgrund des Wortlauts des § 2 Abs. 3 Nr. 8 WpHG anders zu beurteilen sein. Danach führen multilaterale Handelssysteme zwingend zu einem Vertrag über den Kauf oder Verkauf von Wertpapieren, anders als Börsen, die den Vertragsschluss auch nur lediglich fördern können. In diesem Fall müsste aber der Anbieter des Systems dann auch einen solchen Antrag abgeben haben. Allein aus der bloßen Existenz eines solchen Systems kann noch nicht die Einladung zur Abgabe eines Angebots verstanden werden, denn dieses würde sich ohnehin nur an den Vertragspartner richten, welcher der Anbieter jedenfalls nicht ist. Zudem besteht zwar eine konkrete Abschlusswahrscheinlichkeit über ein MTF, jedoch ist nicht absehbar, wer in diesem Fall der Vertragspartner sein sollte.

Vergleichbar mit den besonderen Zulassungsvoraussetzungen für Teilbereiche des regulierten Marktes nach § 42 Abs. 1 BörsG, können auch die Betreiber außerbörslicher multilateraler Handelssysteme Regelungen treffen, wonach Teilbereiche mit besonderen Einbeziehungsvoraussetzungen gebildet werden. Im Bereich des Freiverkehrs gehören zu den bekanntesten dieser über die gesetzlichen Mindestanforderungen hinausgehenden Bereiche der Entry Standard

---

878 Vgl. Ritz, in: Assmann / Lenz / Ritz, VerkProspG, § 1 Rn. 52; Schwark, in: Schwark, Kapitalmarktrechts-Kommentar, § 57 BörsG, Rn. 7; Hamann, in: Schäfer / Hamann, Kapitalmarktgesetze, § 2 WpPG, Rn. 39 m. w. N.

879 Groß, Kapitalmarktrecht, § 2 WpPG, Rn. 15.

880 Langenbucher, Aktien- und Kapitalmarktrecht, § 14 Rn. 4; Schwark, in: Horn / Lwowski / Nobbe, Bankrecht – Schwerpunkte und Perspektiven, S. 752; Lenenbach, Kapitalmarktrecht, Rn. 3.227. Nach der Gesetzesbegründung in BT-Drucks. 11/6340, S. 11 kommt es hingegen nicht darauf an, ob ein Angebot im Rechtssinne vorliegt oder eine Aufforderung zur Abgabe eines Angebots durch einen potentiellen Anleger.

des Freiverkehrs der Deutsche Börse AG und m:access der Bayerische Börse AG.

So gelten nach § 16 AGB FV DBAG besondere Bestimmungen für die Einbeziehung von Wertpapieren in den Entry Standard. Dazu gehören gemäß § 16 Abs. 3 AGB FV DBAG u. a. ein geprüfter Konzernabschluss samt Konzernlagebericht und ein Unternehmensportrait. Danach kann die Einbeziehung in den Freiverkehr mitunter Regelungen mit sich bringen, die gesetzesähnlichen Publizitätspflichten im Bereich des regulierten Marktes vergleichbar sind.

3. Zwischenergebnis

So unterschiedlich die von Wertpapierdienstleistungsunternehmen betriebenen MTF und der Freiverkehr rechtlich behandelt werden, prospektrechtlich sind sie gleichgestellt. Nach § 2 Nr. 4 WpPG sind die Mitteilungen aufgrund des Handels von Wertpapieren an einem organisierten Markt oder im Freiverkehr kein öffentliches Angebot. Für beide besteht keine allgemeine Prospektpflicht. Dementsprechend wird für den Freiverkehr in § 48 Abs. 3 S. 2 BörsG die Anwendbarkeit der Prospekthaftungsvorschriften gemäß §§ 44 – 47 BörsG ausgeschlossen. Eine Pflicht zur Veröffentlichung trifft im Vorfeld einer Einbeziehung in jeden der beiden Handelsplatztypen nur dann zu, wenn Wertpapiere öffentlich angeboten werden. Im Bereich der Emissionspublizität hat die Stellung des Freiverkehrs somit keinen Einfluss auf die wettbewerblichen Verhältnisse zwischen Börsenträgergesellschaften und Wertpapierdienstleistungsunternehmen beim Angebot von Wertpapierdienstleistungen.

II. Publizitätspflichten im Sekundärmarkt

Neben Publizitätsakten im Bereich des Primärmarktes gibt es eine Vielzahl sekundärmarktrechtlicher Publizitätspflichten.[881] Teilweise handelt es sich dabei um regelmäßige Pflichten, teilweise um unregelmäßige, anlassbezogene Veröffentlichungspflichten. Zu den wichtigsten Publizitätspflichten im Sekundärmarkt ist die Ad hoc-Publizität zu zählen.

---

881 Eine Übersicht zu den umfassenden Zulassungsfolgepflichten im regulierten Markt bei Harrer/Müller, WM 2006, 653, 654 ff.

1. Ad hoc-Publizität

Die Ad hoc-Publizität steht in engem Zusammenhang mit dem Recht der Insiderüberwachung.[882] Ihr Zweck besteht in dem Schutz gegenwärtiger aber auch potentiell zukünftiger Anleger von Finanzinstrumenten.[883] Gegenstand der Ad-hoc-Publizität ist nach § 15 WpHG die Veröffentlichung und Übermittlung von Insiderinformationen. Adressat der Publizitätspflicht sind Inlandsemittenten, deren Aktien von Insiderinformationen betroffen sein könnten. Macht der Emittent oder eine Person, die im Auftrag des Emittenten oder auf dessen Rechnung handelt, einem Dritten eine Insiderinformation zugänglich, hat er diese nach § 15 Abs. 1 S. 4 WpHG gleichzeitig zu veröffentlichen und dem Unternehmensregister im Sinne des § 8b HGB zur Speicherung zu übermitteln. Erfolgt die Mitteilung oder Zugänglichmachung der Insiderinformation unwissentlich, ist die Veröffentlichung und Übermittlung unverzüglich nachzuholen. Die Einzelheiten im Zusammenhang mit der Veröffentlichung ergeben sich aus der Wertpapierhandelsanzeige- und Insiderverzeichnisverordnung (*WpAIV*).[884]

Vor der Veröffentlichung hat der Emittent die Insiderinformation nach § 15 Abs. 4 S. 1 WpHG der Geschäftsführung der inländischen regulierten Märkte, an welchen die betreffenden Finanzinstrumente zum Handel zugelassen sind, der Geschäftsführung der inländischen regulierten Märkte, an denen Derivate gehandelt werden, die sich auf die betreffenden Finanzinstrumente beziehen und der BaFin mitzuteilen. Aus dem Inhalt der Mitteilung kann die Aussetzung oder Einstellung des Handels in dem betreffenden Wertpapier gemäß § 25 BörsG resultieren. Ein Verstoß gegen die Ad-hoc-Publizität verpflichtet den Emittenten nach § 15 Abs. 6 WpHG unter den Voraussetzungen der §§ 37b, c WpHG zum Ersatz des daraus entstehenden Schadens. Bei bewusst wahrheitswidrigen Ad hoc-Mitteilungen haben Aktionäre einen persönlichen Schadenersatzanspruch gegen den Vorstand des Emittenten.[885]

Der Anleger eines der zur Veröffentlichung von Insiderinformationen verpflichteten Emittenten, kann darauf vertrauen, dass er keinen erheblichen Beeinflussungen des betreffenden Wertpapiers ausgesetzt ist, ohne dass er selbst die Möglichkeit hatte, zumindest gleichzeitig bzw. unverzüglich von den eine Be-

---

882 Zur Insiderüberwachung bereits Kapitel III. C.I.

883 Vgl. Sangiovanni, ZfRV 1998, 143, 143 f.

884 Verordnung zur Konkretisierung von Anzeige-, Mitteilungs- und Veröffentlichungspflichten sowie der Pflicht zur Führung von Insiderverzeichnissen nach dem Wertpapierhandelsgesetz vom 12. August 2008, BGBl. I, S. 1666.

885 BGH NJW 2005, 2450 ff.; BGH NJW 2004, 2664 ff.

einflussung auslösenden Umständen Kenntnis zu erlangen. Durch die erhöhte Transparenz wird das Vertrauen in den Emittenten wie auch den betreffenden Handelsplatz gestärkt und somit dessen Funktionsfähigkeit erhöht.[886] Eine umfassende Information von bedeutenden Umständen im Sinne des § 13 WpHG mindert die Suchkosten der Anleger und erhöht die operationale Effizienz eines Handelsplatzes. Höhere Informationsdichte und niedrigere Transaktionskosten bewirken eine Allokationseffizienz. Die informationelle Gleichheit steigert die institutionelle Effizienz.[887]

Die Regelungen zur Ad hoc-Publizität befinden sich in Abschnitt 3 (Insiderüberwachung) des WpHG, der grundsätzlich auf den Freiverkehr, nicht jedoch auf MTF anwendbar ist. Nach § 15 Abs. 1 WpHG wird jedoch nur der Inlandsemittent von Finanzinstrumenten verpflichtet Insiderinformationen, die ihn unmittelbar betreffen, unverzüglich zu veröffentlichen. Ein Inlandsemittent ist nach § 2 Abs. 6, 7 WpHG jedoch nur ein solcher Emittent, dessen Finanzinstrumente an einem regulierten Markt zugelassen sind. Die Emittenten von Finanzinstrumenten, die lediglich in den Freiverkehr einbezogen sind, unterliegen danach nicht den Pflichten nach § 15 WpHG.[888] Die geplante Neufassung der Marktmissbrauchs-Richtlinie bringt vereinzelte Änderungen mit sich, lässt jedoch das bestehende System der Veröffentlichung von Insiderinformationen unangetastet. Vor dem Hintergrund, dass weder der Freiverkehr noch das MTF in den Anwendungsbereich einbezogen sind, erübrigt sich eine nähere Auseinandersetzung mit Feinheiten der geplanten Neuregelung.[889]

Insgesamt zeigt sich am Beispiel laufender Publizitätspflichten ein großer Unterschied zwischen der Zulassung im regulierten Markt und der Einbeziehung in den Freiverkehr wie auch in MTF. Für die Emittenten im außerbörslichen Handel gelten weder die Vorschriften für die Ad hoc-Publizität noch müssen sie andere sekundärmarktrechtliche Publizitätspflichten beachten. Hintergrund der Nichtanwendbarkeit von Publizitätspflichten ist, dass die Einbeziehung von Finanzinstrumenten nicht vom Emittenten des Handelssystems veranlasst wird, sondern Handelsteilnehmer an dem Handelsplatz zur Erleichterung des Handels in dem betreffenden Finanzinstrument eine Einbeziehung beantragen. In diesem Zusammenhang kann der Emittent einer Einbeziehung im Übrigen auch wider-

---

886 Vgl. Heidmeier, AG 1992, 110, 113.

887 Klöhn, in: Langenbucher, Europarechtliche Bezüge des Privatrechts, § 6 Rn. 73.

888 Geibel/Schäfer, in: Schäfer / Hamann, Kapitalmarktgesetze, § 16 WpHG, Rn. 41; Assmann, in: Assmann / Schneider, WpHG, § 15 Rn. 46.

889 Zu Einzelheiten siehe Veil/Koch, WM 2011, 2297, 2301 ff.

sprechen. Da dieses Widerspruchsrecht aber nicht gesetzlich verankert, sondern anhängig von den Geschäftsbedingungen des Handelsplatzes ist, erscheint es gerechtfertigt, dem Emittenten keine erheblichen Pflichten aufzuerlegen, wenn er keinen Einfluss auf die die Pflichten auslösende Einbeziehung in den Freiverkehr oder ein MTF hat.[890] So ist ein Emittent, dessen Finanzinstrumente ohne seine Zustimmung in den Handel in einem MTF einbezogen werden, nach § 31f Abs. 2 WpHG nicht verpflichtet, Informationen in Bezug auf diese Finanzinstrumente für dieses MTF zu veröffentlichen. Eine solche gesetzliche Regelung existiert für den Freiverkehr nicht, sie kann aber entsprechend auf ihn übertragen werden.

Von der Befreiung von Veröffentlichungspflichten ausgenommen ist der Fall, dass sich der Emittent im Zusammenhang mit der Einbeziehung von Finanzinstrumenten verpflichtet, Zulassungsfolgepflichten zu erfüllen.

2. Eigengeschäfte von Führungskräften

Eine spezielle Form der Ad hoc-Publizität bezieht sich gemäß § 15a WpHG auf Geschäfte mit Aktien des Emittenten oder sich auf diese beziehenden Finanzinstrumente durch Personen mit Führungsaufgaben bei dem Emittenten oder Personen, die mit diesen in einer engen Beziehung stehen (*Directors' Dealings*).

Genau wie die allgemeinen Bestimmungen der Ad hoc-Publizität soll durch die Mitteilung von Directors' Dealings die Markttransparenz und die informationelle Gleichbehandlung der Anleger sichergestellt werden, indem Anleger durch das Verhalten von denjenigen, die als Erste kursbeeinflussende Umstände erfahren, eine Indikation für ihr eigenes Anlageverhalten bekommen.[891]

Entsprechend der Ausführungen zur Ad hoc-Publizität gemäß § 15 WpHG findet auch die Verpflichtung zur Veröffentlichung von Directors' Dealings keine Anwendung außerhalb des börslichen Handels.[892] Die geplante Neufassung der Marktmissbrauchs-Richtlinie soll nur zu marginalen Anpassungen führen. So soll sich die Mitteilungspflicht der Führungskräfte gegenüber der BaFin von fünf auf zwei Geschäftstage verkürzen und der Schwellenwert der betreffenden Geschäfte von EUR 5.000 auf EUR 20.000 angehoben werden.

---

890 Lenenbach, Kapitalmarktrecht, Rn. 3.224 und Rn. 3.246.

891 Fleischer, ZIP 2002, 1217, 1218 ff.; Zimmer/Osterloh, in: Schwark / Zimmer, Kapitalmarktrechts-Kommentar, § 15a WpHG Rn. 8 ff.; Lenenbach, Kapitalmarktrecht, Rn. 13.363; Merkt, Unternehmenspublizität, S. 275 ff.

892 Vgl. Lenenbach, Kapitalmarktrecht, Rn. 13.367.

3. Stimmrechtsmitteilungen

Gemäß § 21 Abs. 1 WpHG hat derjenige, der gewisse Schwellen von Stimmrechtsanteilen an einem Emittenten erreicht, überschreitet oder unterschreitet, dies unverzüglich dem Emittenten und der BaFin mitzuteilen. Nach den §§ 21 ff. WpHG sind Informationen über die Beteiligungsverhältnisse zwischen drei Prozent und 75 Prozent bekannt zu geben. Der Markt und der einzelne Anleger sollen wissen können, wie die Zahlen der gehandelten und gehaltenen Aktien im Verhältnis zu der Gesamtzahl der Aktien eines Emittenten einzuschätzen sind und welche Bedeutung die Verteilung der Stimmrechtanteile für die Entwicklung des Emittenten hat.[893]

Der Zweck der Mitteilungspflicht liegt in dem Schutz der Funktionsfähigkeit des Kapitalmarktes und der Anleger.[894] Die Offenlegung der Aktionärsstruktur und der Beherrschungsverhältnisse eines Emittenten sind ein wesentliches Kriterium für eine Anlageentscheidung. Zudem soll dadurch die Transparenz und damit das Vertrauen in die Wertpapiermärkte geschützt werden. Insgesamt führt dies zu einer Förderung der Funktionsfähigkeit des Marktes.[895] Die Verletzung der Mitteilungspflicht führt wohl trotz des Fehlens einer mit § 15 Abs. 6 WpHG vergleichbaren Pflicht, zu Schadenersatzansprüchen gegen den Meldepflichtigen.[896]

Der Anwendungsbereich der Mitteilungspflicht ist jedoch begrenzt. Denn unter einem Emittenten, dessen Stimmrechtsverbriefung durch Aktien Gegenstand der Mitteilungspflichten ist, sind gemäß § 21 Abs. 2 WpHG nur solche Emittenten zu verstehen, deren Aktien zum Handel an einem organisierten Markt zugelassen sind. Börslich gehandelte Aktien sind damit Gegenstand der Mitteilungspflicht. Da die Emittenten, deren Aktien in den Freiverkehr oder in ein MTF einbezogenen sind, nicht als börsennotierte Gesellschaften gelten,[897]

893 Vgl. BT-Drucks. 12/6679, S. 33, 52; Lenenbach, Kapitalmarktrecht, Rn. 13.374 und 13.378.

894 Schwark, in: Schwark / Zimmer, Kapitalmarktrechts-Kommentar, Vor § 21 WpHG Rn. 4.

895 BVerwG, NZI 2005, 510, 511; Schneider, in: Assmann / Schneider, WpHG, Vor § 21 Rn. 18 ff.

896 Schneider, in: Assmann / Schneider, WpHG, Vor § 21 Rn. 24.

897 BT-Drucks. 13/9712, S. 12; Groß, Kapitalmarktrecht, § 48 BörsG, Rn. 11; Hüffer, Aktiengesetz, § 3 Rn. 6; Heider, in: MünchKomm, AktG, § 3 Rn. 38; Ekkenga/Maas, Wertpapieremissionen, S. 164; Leuering/Simon, NJW-Spezial, 2006, 27, 27. Ausführ-

werden keine Pflichten zur Mitteilung, Veränderung und Übermittlung von Veränderungen der Stimmrechtsanteiles an einem solchen Emittenten ausgelöst.[898]

4. Jährliches Dokument

Die Vorschrift des § 10 WpPG verpflichtet Emittenten, die Wertpapiere zum Handel an einem organisierten Markt zugelassen haben, zur mindestens jährlichen Veröffentlichung aller in den vergangenen zwölf Monaten veröffentlichten Kapitalmarktinformationen.[899] Bei dem jährlichen Dokument handelt sich somit um eine „Information über Informationen",[900] zu deren Erstellung Emittenten, deren Aktien in den Freiverkehrsmarkt oder ein MTF einbezogen sind, nicht verpflichtet sind.

5. Veröffentlichung und Übermittlung von Finanzberichten

Wie auch andere Vorschriften des Wertpapierhandelsgesetzes sollen die Veröffentlichung und Übermittlung von Finanzberichten nach den §§ 37v ff. WpHG dem Ziel eines umfassenderen Anlegerschutzes dienen, um eine verbesserte Kapitalallokation im Kapitalmarkt zu erreichen.[901]

Gegenstand der regelmäßigen Finanzberichterstattung ist die Veröffentlichung von Jahres- und Halbjahresfinanzberichten sowie von Zwischenmitteilungen. Die Richtigkeit der Finanzangaben ist über die strafbewehrten Vorschriften der §§ 37v Abs. 2 Nr. 3, 37w Abs. 2 Nr. 3 WpHG i.V.m. § 331 Nr. 3a HGB durch die Ableistung eines sogenannten „Bilanzeides" abgesichert.[902] Aber auch bezüglich der Finanzberichtspflichten ist der Anwendungsbereich eingeschränkt. Von den §§ 37v ff. WpHG sind nur Unternehmen betroffen, die als

---

lich zur Bedeutung der Börsennotierung im Kapitalmarkt- und Aktienrecht auch Doralt/Diregger, in: MünchKomm AktG, § 3 Rn. 40 ff.

898 Vgl. Lenenbach, Kapitalmarktrecht, Rn. 13.386; Schwark, in: Schwark / Zimmer, Kapitalmarktrechts-Kommentar, § 21 WpHG Rn. 2 ff.

899 Friedl, in: Just / Voß / Ritz / Zeising, WpPG, § 10 Rn. 5. Da das jährliche Dokument eine Zusammenfassung der nach dem Wertpapierhandelsgesetzt sekundärmarktrechtlich vorgenommenen Veröffentlichungen darstellt, ist es im primärmarktrechtlichen Wertpapierprospektgesetz systematisch falsch verortet, so auch Lenenbach, Kapitalmarktrecht, Rn. 13.581.

900 Götze, NZG 2007, 570, 570.

901 Götze/Wunderlich, in: Habersack / Mülbert / Schlitt, Kapitalmarktinformation, § 9 Rn. 1.

902 Südbeck, in: Park, Kapitalmarktstrafrecht, § 331 HGB Rn. 81 ff..

Inlandsemittenten Wertpapiere begeben.[903] Mithin sind Unternehmen, deren Aktien zum Handel im Freiverkehr oder einem MTF einbezogen sind, nicht vom Anwendungsbereich der Finanzberichtspflicht erfasst.

III. Zwischenergebnis

Der Freiverkehr und das MTF unterscheiden sich weder in Bezug auf primärmarktrechtliche Publizitätspflichten noch in Bezug auf sekundärmarktrechtliche Publizitätspflichten. Der Bereich der Publizität kann danach insgesamt nicht als Faktor im Zusammenhang mit dem Ziel der Schaffung eines integrierten Finanzbinnenmarktes und der wettbewerblichen Gleichstellung zwischen börslichen Handelsplätzen und MTF ausgemacht werden.

903 Heidelbach/Doleczik, in: Schwark / Zimmer, Kapitalmarktrechts-Kommentar, § 37v WpHG Rn. 7.; Götze/Wunderlich, in: Habersack / Mülbert / Schlitt, Kapitalmarktinformation, § 9 Rn. 4 ff.

Zusammenfassung

Mit dem Aktionsplan für Finanzdienstleistungen (Financial Services Action Plan – *FSAP*) verfolgt die Europäische Union das Ziel der Schaffung eines integrierten Finanzbinnenmarktes. Darunter ist ein Markt für Finanzdienstleistungen zu verstehen, in welchem der freie Verkehr von Waren, Personen, Dienstleistungen und Kapital gewährleitstet ist und Wertpapierhandelsdienstleistungen unter gleichartigen regulatorischen Bedingungen zwischen den Betreibern der verschiedenen Handelsplatztypen angeboten werden können (*level playing field*).

Als wesentliche Einzelmaßnahme des FSAP sieht die Finanzmarkt-Richtlinie (Markets in Financial Instruments Directive – *MiFID*) bedeutende Schritte zu einer Reform der Marktorganisation vor. Dazu gehört unter anderem eine Klassifizierung derjenigen Handelsplatztypen, zwischen welchen das *level playing field* hergestellt werden soll. Als bedeutendste Handelsplatztypen klassifiziert die MiFID den organisierten Markt, bei welchem es sich im Wesentlichen um den börslichen Handelsplatz handelt, und das multilaterale Handelssystem (Multilateral Trading Facility – *MTF*). Indem beide Handelsplatztypen den Handel zwischen einer Vielzahl von Marktteilnehmern in einem nichtdiskretionären Handel vorsehen, unterscheiden sie sich auch nach der Umsetzung der Richtlinie zunächst nur geringfügig. Allerdings ist der börsliche Handelsplatz von der öffentlich-rechtlichen Regulierung des Börsenwesen geprägt. Im Rahmen einer dualistischen Organisationsstruktur zeichnet den börslichen Handelsplatz insbesondere aus, dass der Handel und alle damit zusammenhängenden organisationstechnischen Abläufe mit der Börsenanstalt von einer öffentlich-rechtlichen Institution veranstaltet wird und die Börsenanstalt von einem typischerweise privatrechtlichen Träger finanziert wird. Die vom beliehenen Börsenträger wahrzunehmenden Verwaltungsaufgaben bestehen im Wesentlichen aus finanz-, personal- und organisationsbezogenen Handlungen. Der Börsenträger nimmt sie über die verschiedenen öffentlich-rechtlichen Handlungsformen, d. h. durch Satzungserlass, Verwaltungsakt, Verwaltungsvertrag oder schlichthoheitlich wahr. Für seine Tätigkeiten stehen dem Börsenträger keine finanziellen Ansprüche gegenüber dem beleihenden Bundesland, in welchem die Börse ihren Sitz hat, zu. Er refinanziert sich im Rahmen des Börsenbetriebs vielmehr über Gebühren und Entgelte nach § 17 BörsG. Aufgrund der dualen Organisationsstruktur verfügt die Börse zudem über ein mit hoheitlichen Befugnissen ausgestattetes Selbstverwaltungsrecht.

Bei dem MTF handelt es sich hingegen um einen durch ein Wertpapierdienstleistungsunternehmen privatrechtlich betriebenen Handelsplatz – und damit um eine Wertpapierdienstleistung. Betrieb und Durchführung des Handels erfolgen auf Basis einer monistischen Organisationsstruktur. Der Betreiber des MTF hat dementsprechend auch keine hoheitlichen Befugnisse.

Zur Verwirklichung des Ziels der Europäischen Union, einen Finanzbinnenmarkt zu verwirklichen und dessen Funktionieren zu gewährleisten, waren die Börse und das MTF regulatorisch gleichzustellen, um Wertpapierdienstleistungsunternehmen den Zutritt in die von den Betreibern der etablierten Börsen dominierten Märkte zu ermöglichen. Zur Herstellung eines vergleichbaren Regulierungsniveaus sah die MiFID neben einer Anpassung der Zulassungsbedingungen und Vorgaben für die Ausübung des Betriebs eines multilateralen Handelsplatzes (Markttransparenz und –integrität) auch die Abschaffung jeglicher Vorschriften vor, die einen Börsenvorrang zum Gegenstand haben. Die MiFID sieht darüber hinaus die Aufstellung marktorientierter Ausführungsgrundsätze vor, welche den Strom der Wertpapierhandelsaufträge auf Handelsplätze anhand der besten Ausführungsbedingungen für den Anleger steuern (*best execution*). Danach soll sich die Weiterleitung von Wertpapierhandelsaufträgen zur Ausführung an einem Handelsplatz nicht mehr an dem Typ des Handelsplatzes, sondern an seiner Attraktivität für den Anleger orientieren.

Die regulatorischen Vorgaben für die Betreiber der Handelsplätze haben dabei unmittelbare Auswirkungen auf die Attraktivität der betroffenen Handelsplatztypen. Sie wirken sich insbesondere auf die Höhe der Transaktionskosten und die Liquidität auf dem Handelsplatz aus. Die Teilnehmer des Kapitalmarktes werden sich dabei für den Handelsplatz entscheiden, welcher die geringsten Transaktionskosten bei gleichzeitig liquiditätsbedingt höchster Ausführungswahrscheinlichkeit verspricht. Weiter ist die Integrität des Handelsplatzes an sich entscheidend. Das trifft insbesondere auf die Preisfeststellung und die Handelsüberwachung zu. Die verschiedenen daran beteiligten Faktoren bedingen einander gegenseitig und haben jeweils auch einen sich selbst verstärkenden Effekt. Die in Verbindung mit den Kenngrößen eines Handelsplatzes stehenden Kostenbelastungen sind insbesondere für kleine und mittlere Unternehmen (*KMU*) von Bedeutung. Die Kosten entscheiden mitunter nicht nur über die Frage, ob das Unternehmen überhaupt auf dem Kapitalmarkt aktiv wird, sondern falls dies der Fall ist, auch an welchem Handelsplatz das Unternehmen die Aufnahme emittierter Wertpapiere zum Handel anstrebt. Hier zeigt sich auch die Verbindungsfunktion, welche Handelsplätze zwischen dem Primärmarkt, dem Markt für die Emission von Wertpapieren, und dem Sekundärmarkt, dem Markt zum Handel in den emittierten Wertpapieren, ausüben.

Während die Umsetzung der Marktorganisationsreform auf gesamteuropäischer Ebene zu einem verstärkten Wettbewerb zwischen börslichen Handelsplätzen und MTF geführt hat, ist diese von der Europäischen Union angestrebte

Entwicklung des *Marktes für Märkte* zu Gunsten der Betreiber von MTFs in Deutschland nicht zu erkennen. Insbesondere haben sich keine MTF in dem weiterhin von Börsen dominierten Markt etablieren können. Mit dem MTF Tradegate hat zuletzt das einzige überhaupt im Bereich des Aktienhandels aktive MTF über seinen Träger erfolgreich die Erlaubnis zum Betrieb als Börse beantragt und den Wechsel in den öffentlich-rechtlichen Marktbereich vollzogen. In der Folge konnte dieser Handelsplatz bedeutende Zuwächse seines Handelsvolumens verzeichnen. Während es sich dabei um eine gute Nachricht aus Sicht derjenigen handelt, die um den Zustand der Börsen besorgt waren, und derjenigen, die in der Klassifizierung und Wettbewerbsorientierung des Marktes für Märkte aufgrund einer möglichen Zersplitterung der Liquidität sogar die Funktionsfähigkeit des Kapitalmarktes insgesamt gefährdet sahen, spiegelt sich darin allerdings auch die Verfehlung der europäischen Zielvorgaben für einen Wettbewerb zwischen Börsen und MTF wider. Das von der Europäischen Union angestrebte regulatorische *level playing field* zwischen den Betreibern börslicher Handelsplätze und den Betreibern von MTF findet seine Grenzen in den Besonderheiten der deutschen marktorganisationsrechtlichen Strukturen. Konkret bezieht sich diese Feststellung allerdings nicht auf das Verhältnis zwischen der Börse und dem MTF oder auf die Regulierung der Börse an sich, sondern steht im Zusammenhang mit der börsen- und wertpapierhandelsrechtlichen Regulierung des Freiverkehrs.

Der Freiverkehr ist ein von der MiFID nicht ausdrücklich klassifizierter Handelsplatztyp. Bei ihm handelt es sich weder um einen organisierten Markt, wie dies beim Betrieb eines börslichen Handelsplatzes der Fall ist, noch um eine Wertpapierdienstleistung, wie beim Betrieb eines MTF. Er nimmt daher eine gewisse Sonderstellung zwischen diesen beiden Handelsplatztypen ein, was vor dem Hintergrund, dass die Reformen der Marktorganisation in Deutschland nicht die von der Europäischen Union beabsichtigten Effekte gezeigt haben, Anlass gab, seine Rolle und Bedeutung näher zu betrachten.

Der Freiverkehr unterliegt privatrechtlichen Regelwerken. Organisation und Betrieb des Freiverkehrs werden vom Börsenträger in seiner Eigenschaft als privatrechtlicher Marktakteur über § 48 BörsG wahrgenommen. Die Börse als Anstalt des öffentlichen Rechts ist organisatorisch nicht in den Freiverkehr involviert. Der Freiverkehr ist daher auch weder Bestandteil von Zulassungs- noch von etwaig bestehenden Notierungssegmenten einer Börse. Gleichwohl ist der Freiverkehr eng mit der börslichen Organisationsstruktur verbunden. Die Regeln für die Nutzung der börslichen Handelsplattform ergeben sich aus der Handelsordnung für den Freiverkehr, die vom Börsenrat als Satzung erlassen wird und handelstechnisch die normative Verbindung zwischen dem privatrechtlichen Freiverkehr und dem öffentlich-rechtlichen Börsenbetrieb ist.

Andererseits weist der Freiverkehr eine materielle Identität mit dem MTF auf. Die Geschäftsbedingungen, welche die Teilnahme am Handel und die Einbeziehung von Wertpapieren zum Handel regeln, sind rein privatrechtlicher Natur. Anders als die Börse wird der Freiverkehr somit nicht staatlich reguliert. Nichtsdestotrotz tritt er im Gewand des öffentlich-rechtlichen Börsenbetriebs auf. Der Freiverkehrsmarkt ist zudem in gewisser Weise der natürliche Konkurrent des MTF. Von dem Freiverkehr werden Emittenten angesprochen, die im Vergleich zum börslichen Handelsplatz an liberaleren Regulierungs- und Notierungsstandards interessiert sind. Er ist dadurch insbesondere für KMU interessant, welche die besonderen Voraussetzungen für die Zulassung von Wertpapieren zum regulierten Markt nach der Börsenzulassungsverordnung nicht erfüllen können oder wollen. Gleichzeitig ist der Freiverkehr durch geringere Publizitätsanforderungen im Vergleich zu etwaigen Publizitätspflichten an der Börse ein kostengünstigerer Zugang zum Kapitalmarkt. Jene Merkmale des Freiverkehrs treffen in gleicher Weise auch auf MTF zu. Auch wenn die Betreiber von MTF dabei nicht auf Emittenten beschränkt sind, deren Wertpapiere weder zum Handel in den regulierten Markt zugelassen, noch zum Handel in den regulierten Markt einbezogen sind (nur diese dürfen in den Freiverkehr einbezogen werden), konkurrieren sie im Wesentlichen um die gleiche Zielgruppe. Denn hinsichtlich bereits an einer Börse zugelassener oder einbezogener Emittenten besteht angesichts des hohen Liquiditätssogs an dem betreffenden börslichen Handelsplatz keine überragend hohe Motivation für Emittenten oder Handelsteilnehmer zur Handelsausweitung auf einen zusätzlichen, zudem noch auf einen zu Beginn seines Betriebs wenig liquiden Handelsplatz zu wechseln. Somit ist die Anziehungskraft eines Marktes für Erstemittenten von großer Wichtigkeit für die Betreiber von MTF als neue Marktakteure, um einen erfolgreichen Markteinstieg vornehmen zu können. Ein dadurch belebter Wettbewerb beim Angebot von Wertpapierhandelsdienstleistungen zwischen den Betreibern börslicher Handelsplätze und multilateraler Handelssysteme würde sich nicht nur positiv auf die Kostenbelastung von Emittenten und Anlegern auswirken, sondern in einem zunehmend attraktiven Kapitalmarktumfeld auch zur wirtschaftlichen Stabilisierung durch eine gesteigerte Funktionsfähigkeit des Kapitalmarktes beitragen.

Der Vorschlag der Europäischen Kommission zur Einführung sogenannter KMU-Wachstumsmärkte, welche durch eine Registrierung nachweisen können sollen, dass sie speziell auf die Bedürfnisse von kleinen und mittleren Unternehmen zugeschnitten sind, bestätigt die hier vertretene Ansicht hinsichtlich der

Konkurrenzsituation zwischen dem Freiverkehr und MTF. Von der Einführung solcher Märkte sind allerdings keine Auswirkungen auf den Wettbewerb im Sinne einer Kompensation von Privilegien des Freiverkehrs zu erwarten, da die Registrierung auch dem Freiverkehr offen steht. Die Regulierung des Freiverkehrs ist somit von wesentlicher Bedeutung für die marktorganisationsrechtlichen Strukturen multilateraler Handelsplätze und zur Beurteilung der vollständigen Umsetzung der mit der MiFID verfolgten Vorgaben für einen integrierten Finanzbinnenmarkt.

Die Regulierung des Freiverkehrs weist hiernach eine hybride Form auf, da sie aus öffentlich-rechtlichen und privatrechtlichen Elementen besteht und sich abschließend weder vollständig dem einen noch dem anderen Rechtsbereich zuordnen lässt. Der Freiverkehr ist ein MTF *sui generis* und kann als eine durch einen Börsenbetreiber privatrechtlich organisierte, außerbörsliche Handelsplattform in Form eines MTF beschrieben werden. Durch die enge regulatorische Verbundenheit mit dem börslichen Handelsplatz wirkt sich dabei allerdings die Integrität der Wahrnehmung der börslichen Regulierung positiv auf den Freiverkehr aus und ihm dadurch einen gewissen „Gütestempel“.

Angesichts der Ziele der Schaffung eines Finanzbinnenmarktes und eines fairen Wettbewerbs zwischen den Betreibern börslicher Handelsplätze und MTF, ist die hybride Regulierung des Freiverkehrs insoweit als sie den Vorgaben des FSAP oder der MiFID entgegenstehen bzw. ihnen nicht zu größtmöglicher Wirksamkeit verhelfen, nicht europarechtskonform. Eine europarechtskonforme Umsetzung der MiFID hätte es erforderlich gemacht, dem Zielvorgaben der MiFID und des FSAP zur praktisch größtmöglichen Wirksamkeit zu verhelfen. Dabei wären nicht nur die konkreten Vorgaben selbst, sondern auch bereits bestehende Vorschriften auf ihre Vereinbarkeit mit den Vorgaben der MiFID zur Schaffung eines integrierten Finanzbinnenmarktes zu prüfen und gegebenenfalls anzupassen gewesen. Denn bereits die sich aus derartigen Vorschriften ergebende Gefahr, dass die vorgegebenen Ziele nicht erreicht werden könnten, für eine nicht europarechtskonforme Umsetzung europäischer Vorgaben bereits ausreichend.

Im Einzelnen handelt es sich dabei um die Vorschriften im Zusammenhang mit der Bestimmung der Marktorganisationsform des Freiverkehrs, seiner Finanzierung, der Preisermittlung und Handelsüberwachung im Freiverkehr und die Einbeziehung der im Freiverkehr gehandelten Finanzinstrumente in den Anwendungsbereich der Verbote des Insiderhandels und der Marktmanipulation bei gleichzeitiger Nichtausweitung dieser wertpapierhandelsrechtlichen Verbotsvorschriften auf die in MTF einbezogenen Finanzinstrumente.

Die Sonderstellung des Freiverkehrs als Ausprägung eines MTF ist im Vergleich zur Regulierung der durch Wertpapierdienstleistungsunternehmen betriebenen MTF nicht nachvollziehbar. Durch eine strenge Regulierung des börslichen Handels soll das staatliche Interesse an effizienten Wertpapiermärkten, d. h. neutraler, transparenter und unter staatlicher Kontrolle laufender Preisfeststellung sowie eine gewisse Liquidität an den Börsen gewährleiste werden. Aufgrund der Zulassung des Freiverkehrs an einer öffentlich-rechtlichen Börse wird dieser trotz materiell-funktionaler Identität zu den von Wertpapierdienstleistungsunternehmen betriebenen MTF nach Ansicht des Gesetzgebers derart in die Börse integriert, dass er in gewisser Weise Bestandteil der Börsenselbstverwaltung wird. Der Gesetzgeber macht die Abgrenzung des Freiverkehrs vom MTF und den grundlegenden Unterschied, welchen der Betrieb des Freiverkehrs an einer öffentlich-rechtlichen Börse im Vergleich zum „Normalfall des außerbörslichen multilateralen Handelssystems" mit sich bringe, weiter durch eine alleinige Bezugnahme auf börsenrechtliche Vorschriften unter § 48 BörsG deutlich.

Der Gesetzgeber hat die Einbindung des Freiverkehrs in die Organisationsstruktur der Börse gesetzestechnisch lediglich in zwei Punkten aufgeweicht. Zum einen wird der Freiverkehr mit § 48 BörsG nunmehr in einem eigenen Abschnitt geregelt, zum anderen hat der Gesetzgeber die „Handelsrichtlinien" gemäß § 57 BörsG a. F. in eine Handelsordnung und Geschäftsbedingungen gewandelt, um der privatrechtlichen Rechtsnatur des Freiverkehrs zumindest insoweit Rechnung zu tragen.

Weiterer Anlass für eine börsenrechtliche Regulierung des Freiverkehrs waren Befürchtungen, dass sich Unregelmäßigkeiten im Freiverkehr aufgrund oder im Rahmen einer anderweitigen Form der Regulierung negativ auf den börslichen Handelsplatz auswirken könnten. Die Bezugnahme auf einen Funktionsschutz des Freiverkehrs kann jedoch nicht überzeugen. Zum einen sind für den deutschen Kapitalmarkt schädliche Spekulationen bei in den Freiverkehr einbezogenen Wertpapieren ausländischer Unternehmen mit einem Anteil von mehr als 96 Prozent aller einbezogenen Wertpapiere kaum zu erwarten. Zum anderen lässt sich das Argument, dass die organisationstechnische Gleichstellung des Freiverkehrs mit der Börse erforderlich sei, da der Freiverkehr vom inländischen und ausländischen Publikum weithin als ein Marktsegment der Börse betrachtet werde und die Zustände im Freiverkehr Auswirkungen auf das gesamte Börsengeschäft hätten, angesichts der mit einer Einbindung des Freiverkehrs in die börsliche Organisationsstruktur verbundenen Benachteiligung der MTFs darauf zurückführen, dass es gerade der Gesetzgeber ist, der diesen Eindruck genau durch die in Frage stehende Regulierung aufrecht erhält. Die historisch bedingte Stellung des Freiverkehrs im Börsenrecht führt bis heute dazu, dass eine institutionelle Trennung der Handelsvorgänge in die Bereiche der öffentlich-rechtlichen Börsenanstalt und des privatrechtlichen Freiverkehrs kaum erkennbar ist und die verschiedenen Handelsplatztypen Börse und Freiverkehr von den Marktteilnehmern weiter überwiegend als ein einheitlicher Markt wahrgenommen werden. Das Ziel der MiFID, den historischen Vorteil der Börsen gegenüber Wertpapierdienstleistungsunternehmen durch die Ermöglichung eines fairen Wettbewerbs auf den Prüfstand zu stellen, wird durch die Verfestigung alter Strukturen und einer Verweigerung der Annahme neuer Wettbewerbsherausforderungen, zumindest nicht mit letzter Konsequenz verfolgt. Im Rahmen der Umsetzung europäischer Vorgaben kann es aber insbesondere auch zu der Notwendigkeit von „Einschnitten in gewachsene nationale Rechtsstrukturen" kommen, um innerhalb der Europäischen Union den angestrebten einheitlichen Rechtsrahmen erreichen zu können. Im Übrigen werden durch die Berufung auf die Marktwahrnehmung, die mit dem FSAP und der MiFID verfolgten Maßnahmen zur Steigerung der Funktionsfähigkeit und Effizienz des Kapitalmarktes sowie dem Schutz der Anleger ausgeblendet.

Im Ergebnis führen weder die gesetzessystematische Änderung in Bezug auf den Freiverkehr, noch die Aufspaltung der Handelsrichtlinien in eine Handelsordnung und Geschäftsbedingungen zu einer Aufspaltung der grundlegenden Einordnung des Freiverkehrs in die börsliche Organisationsstruktur. Die Einschätzung des Gesetzgebers, dass der Betrieb des Freiverkehrs durch den Börsenträger „insoweit anderen multilateralen Handelsplattformen nach den §§ 31f ff. WpHG gleichgestellt" sei und damit „der Wettbewerb zwischen dem Freiverkehr und anderen multilateralen Handelssystemen gefördert" werde, trifft lediglich auf die Rechtsnatur des Handelsplatzes und eine auf diese bezogene Gleichstellung mit dem privatrechtlichen MTF zu. So liegt bereits ein Wertungswiderspruch vor, wenn auf der einen Seite auch festgestellt wird, dass durch die getroffenen Maßnahmen, der Wettbewerb zwischen dem Freiverkehr und anderen multilateralen Handelssystemen gefördert werde, andererseits aber die Sonderstellung des Freiverkehrs betont und damit dem Wettbewerb der unterschiedlichen Handelsplätze ein echtes *level playing field* versagt wird. Zudem ist die formalrechtliche Gleichstellung angesichts des mit der Umsetzung durch die europäische Union verfolgten Ziels nicht alleine maßgeblich. Entscheidend sind vielmehr die praktischen Auswirkungen der Umsetzungsmaßnahmen im Hinblick auf die Forcierung gleicher Wettbewerbsbedingungen zwischen den verschiedenen Handelsplätzen und im Hinblick auf die Schaffung des europäischen Finanzbinnenmarktes.

Die unzureichende Trennung zwischen dem Freiverkehr und den Organisationsstrukturen des börslichen Handelsplatzes sowie der unzureichenden Umsetzung der MiFID und des FSAP zur Gleichstellung zwischen Börsenbetreibern und Wertpapierdienstleistungsunternehmen beim Angebot von Wertpapierhandelsdienstleistungen führen jedenfalls dazu, dass sich der Freiverkehr im Windschatten des regulierten Marktes der jeweiligen Börse entwickeln kann und typischerweise vorhandene Reputationsvorteile des börslichen Handels eine positive Ausstrahlungswirkung auf den Freiverkehr haben. Da die Liquidität als entscheidender Faktor für die Integrität und Effizienz eines Marktes erkannt wurde, profitiert der Freiverkehr mitunter von vermeintlich auf ihn ausstrahlenden positiven Eigenschaften eines liquiden börslichen Handels. Denn die Zulassung und Überwachung von Wertpapieren an der hochregulierten Börse wird mit einem gewissen „Gütestempel" verbunden, den der Freiverkehr für sich in Anspruch nehmen kann.

Im Ergebnis werden durch die börsenrechtliche Regulierung des Freiverkehrs die Ziele der MiFID und des FSAP nicht vollständig umgesetzt. Sie ist nicht europarechtskonform. Insbesondere die auf den Betrieb des Freiverkehrs ausstrahlende Integrität des börslichen Handelsplatzes behindert die Entstehung eines Wettbewerbs zwischen den Betreibern organisierter Märkte und Wertpapierdienstleistungsunternehmen im Bereich des Angebots von Wertpapierhandelsdienstleistungen, speziell im Bereich des Aktienhandels. Indem der Freiverkehrsträger für die Durchführung des Freiverkehrs die Einrichtungen der öffentlich-rechtlichen Börse nutzt, ist er der Börse mehr faktisch als rechtlich angegliedert, obwohl der Freiverkehr aufgrund seiner eigenen Organisationsstruktur als ein von den übrigen Dienstleistungen der Börse abtrennbarer Bereich betrachtet werden kann.

Bedingt durch die marktorganisatorische Einordnung des Freiverkehrs und den Betrieb durch den Börsenbetreiber ergibt sich eine zumindest teilweise Finanzierung des Freiverkehrs aus Gebühren und Entgelten, die im Zusammenhang mit Leistungen aus dem Angebot des öffentlich-rechtlichen Börsenhandels erzielt werden. Der Börsenträger ist im Rahmen des Beleihungsverhältnisses zum Sitzland der Börse Berechtigter der Gebühren- und Entgeltforderungen nach § 17 BörsG. Gleichzeitig ist der Börsenträger aber auch der Betreiber des Freiverkehrsmarktes. Da der Freiverkehr aber an sich ein privatrechtlicher Markt des Börsenbetreibers ist, sollte er eigentlich nicht derart in die öffentlich-rechtlichen Strukturen eingebunden sein, da er auf diese Art und Weise durch die sich aus diesem Bereich ergebenden Erlösen (mit-)finanziert wird. Im Wettbewerb des Freiverkehrs mit anderen privatrechtlichen multilateralen Handelsplätzen verzerrt die Quersubventionierung des Freiverkehrs durch den börslichen Handelsbetrieb den Wettbewerb zwischen der Börse und MTF, denn der Betreiber des börslichen Handelsplatzes erspart sich die separate Finanzierung des von ihm privatrechtlich betrieben Handelsplatzes. Zudem sind eigens für den Freiverkehr betriebene Wertpapierhandelssysteme nicht bekannt. Indem die Börsenträger in der Folge keine eigenen Handelsplattformen für den Betrieb des Freiverkehrs aufzubauen müssen, haben sie einen weiteren wirtschaftlichen Wettbewerbsvorteil, da davon ausgegangen werden kann, dass sie durch den Parallelbetrieb mit den börslichen Einrichtungen einen Kostenvorteil gegenüber den Wertpapierdienstleistungsunternehmen als Betreiber von MTF verbuchen. Der Betreiber des börslichen Handelsplatzes profitiert somit über den quersubventionierten Betrieb des Freiverkehrs indirekt von den sich aus seiner Beleihung als Börsenträger mit dem Betrieb des börslichen Handels ergebenden Gebühren und Entgelten.

Die börsenrechtliche Regulierung des Freiverkehrs hat auch zur Folge, dass der Handel und die Preisfeststellung im Freiverkehr im für den Freiverkehrsbetreiber positiven Sinne über das zulässige Maß hinausgehender Weise staatlich überwacht werden. Die Handelsüberwachungsstelle – ein Organ der Börse – gewährleistet die neutrale und ordnungsgemäße Preisfeststellung, indem sie die Einhaltung der Voraussetzungen zur Feststellung des Preises von Finanzinstrumenten, die in den Freiverkehr einbezogen sind, als Börsenpreise überwacht. Die Überwachung und Qualität der im Freiverkehr festgestellten Preise als Börsenpreise und damit das Ergebnis einer Geschäftsabwicklung im Freiverkehr als börslich betriebenes multilaterales Handelssystem sind ein weiteres Gütesiegel für den Freiverkehr und damit auch für den Börsenbetreiber im Wettbewerb mit dem MTF. Die Preisfeststellung im MTF ist gemäß § 31f Abs. 1 Nr. 4 WpHG i. V. m. § 24 Abs. 2 BörsG mit der börslichen Preisfeststellung zwar in materieller Hinsicht gleichgestellt, im Unterschied dazu ist die Preisfeststellung anders als im Freiverkehr in formaler Hinsicht nicht mit der Preisfeststellung des börslichen Handels vergleichbar. Denn die Einhaltung der Regeln beim MTF wird zunächst nur von dem Betreiber des MTF selbst sichergestellt. Mangels Börsenpreisqualität ist die Feststellung des Preises im MTF allerdings nicht bußgeld- und strafbewehrt, wobei die Europäische Kommission die Einführung strafrechtlicher Sanktionen für den Fall eines Marktmissbrauchs im Rahmen der von ihr gemachten Neuvorschläge einführen möchte. Der Freiverkehr steht wiederum aufgrund der dort als Börsenpreise festgestellten Preise insoweit börslichen Handelsplätzen gleich. Dadurch profitiert indirekt wiederum der Betreiber des börslich organisierten Marktes als gleichzeitiger Betreiber des Freiverkehrs, da Marktbereiche, in welchen MTF unmittelbar mit dem Freiverkehrsmarkt konkurrieren könnten, aufgrund der mit der börslichen Handelsorganisation verbundenen Strukturen des Freiverkehrs eine faire Wettbewerbsposition versagt wird.

Zusätzlich zu seiner börsenrechtlichen Begünstigung, wird der Freiverkehr auch durch wertpapierhandelsrechtliche Regelungen privilegiert. So wird der Freiverkehr dem MTF dadurch bevorzugt, dass nur er in die bedeutenden Verbotsvorschriften des Insiderhandels und der Marktmanipulation einbezogen ist. Die Verbote sind von Bedeutung für das Angebot von Wertpapierhandelsdienstleistungen, weil sie die Integrität und Attraktivität eines Marktes fördern. Der mit dem Verbot des Insiderhandels und der Marktmanipulation in Verbindung gebrachte Schutz für Anleger ermöglicht eine höhere Liquidität und damit wiederum niedrigere Transaktionskosten. Beide Komponenten haben erneut einen sich selbst verstärkenden Effekt und sind Anlegern wie Emittenten gleichermaßen willkommen. Hier zeigt sich deutlich die Verbindung zwischen dem Primärmarkt und dem Sekundärmarkt. Bereits die Kenntnis um ein attraktives Handelsumfeld auf dem Sekundärmarkt, d. h. dem Markt, in welchem der laufende Handel mit bereits emittierten Wertpapieren stattfindet, wird Emittenten im Primärmarkt, also dem Markt, in welchem Wertpapiere zur Zeichnung angeboten werden, bewegen, die Zulassung bzw. Einbeziehung in einen entsprechenden Sekundärmarkt zu erklären. Unter diesen Gesichtspunkten wird der Freiverkehrsmarkt dem MTF bevorzugt werden, so dass keine europarechtskonforme Umsetzung der MiFID vorliegt.

Da die Ausweitung der Verbotsvorschriften des Insiderhandels und der Marktmanipulation auf den Freiverkehr auf europäische Richtlinienvorgaben zurückgehen, welche lediglich einen entsprechenden Schutz für den börslichen Handel vorsahen, handelt es sich bei der Ausweitung um eine zulässige, überschießende Umsetzung unionsrechtlicher Vorgaben. Denn dem Gesetzgeber ist es grundsätzlich unbenommen, Sachverhalte, die nicht von europäischen Vorgaben erfasst sind, den gleichen Rechtsfolgen zu unterwerfen, wie sie für andere Sachverhalte vorgesehen sind. Daher ist hier nicht die Ausweitung der europäischen Vorgaben in Bezug auf die Verbote des Insiderhandels und der Marktmanipulation selbst zu kritisieren, sondern die Unterlassung einer vergleichbaren Regulierung zu Gunsten von MTF.

Der Gesetzgeber hat sich im Wege der überschießenden Umsetzung in gewisser Weise selbst gebunden. Konsequenterweise hätte er die frühere Ausweitung von Verbotsvorschriften zu Gunsten des Freiverkehrs im Rahmen der Vorgaben der MiFID in entsprechender Weise würdigen müssen. Im Ergebnis bleibt der Gesetzgeber somit hinter dem von der Europäischen Union mit der MiFID verfolgten Zweck, ein *level playing field* zwischen den Betreibern börslicher Handelsplätze und MTF zu schaffen, zurück. Denn bei der Umsetzung von Richtlinienvorgaben wäre auch das sich außerhalb der Regelungen der MiFID befindliche Regulierungsumfeld hinsichtlich seiner Vereinbarkeit mit der MiFID zu prüfen und anzupassen gewesen, um eine effektive Umsetzung der Vorgaben zu gewährleisten.

Der Vorschlag für eine Neufassung der Marktmissbrauchs-Richtlinie, wonach auch MTF in den Anwendungsbereich des Verbots des Insiderhandels und der Marktmanipulation einbezogen werden sollen, würde diesen unzulässigen Zustand beseitigen, sollte der Vorschlag verabschiedet werden und sollte der Gesetzgeber nicht eine über den Anwendungsbereich der Verordnung hinausgehende Regelung zu Gunsten des Freiverkehrs treffen, welche erneut seine regulatorische Besserstellung begründen würde. Insoweit als sich der Gesetzgeber in Bezug auf die Art und Weise der Regulierung des Freiverkehrs auf den Schutz der Funktionsfähigkeit des Kapitalmarktes beruft, wird dieses Argument auch vor dem Hintergrund der beabsichtigten Neufassung der MiFID immer schwächer. Zwar sind Anlass der geplanten Neufassung die Erfahrungen aus der Finanz- und Wirtschaftskrise, welche die Erkenntnis hervorbrachte, dass die Märkte noch effektiver geschützt werden können und müssen. Allerdings sollen die Effektivität und Funktionsfähigkeit des Marktes durch eine erweiterte Gleichstellung der Handelsplätze erreicht werden. Die Sonderstellung des Freiverkehrs verhindert jedoch gerade die Ausweitung des *level playing field* auf alle Handelsplätze.

Somit gestattet die Sonderstellung des Freiverkehrs dem Betreiber der Börse, ein umfassendes Marktangebot im Bereich des Wertpapierhandels. Einerseits gewinnt der Börsenbetreiber Kapitalnachfrager und Kapitalanbieter mit den höchsten Regulierungsstandards im börslichen Handel, andererseits bietet er mit dem Freiverkehr einen mit dem börslichen Handelsplatz verbundenen, attraktiven Markt im Bereich geringerer Regulierungsniveaus. Angesichts eines solchen Regulierungsumfelds laufen auch die verbindlichen Ausführungsgrundsätze leer, durch welche der jeweils attraktivste Handelsplatz zur Ausführung von Kundenaufträgen durch das entsprechende Wertpapierdienstleistungsunternehmen bevorzugt werden soll. Denn mangels Liquidität, können sich Transaktionskosten, Ausführungsgeschwindigkeit und weitere wesentliche Faktoren für die Wahl eines Handelsplatzes vor dem Hintergrund des bestehenden Regulierungsregimes kaum zu Gunsten von MTF auswirken. Die Ausweitung von Regulierungsstandards für Börsen auf den Freiverkehr verfestigt schließlich die bei Anlegern vorherrschende Ansicht, dass der Freiverkehrsmarkt einem börslichen Handelsplatz entspreche, obwohl er vielmehr einem MTF entspricht. Der Gesetzgeber, der die einheitliche Wahrnehmung der beiden Handelsplatztypen gerne als Argument für die Art und Weise der börsen- und wertpapierhandelsrechtlichen Regulierung im Hinblick auf einen Schutz der Funktionsfähigkeit des Kapitalmarktes benutzt, versperrt sich dadurch in letzter Konsequenz den mit dem FSAP und der MiFID verfolgten Maßnahmen zur Steigerung der Funktionsfähigkeit und Effizienz des Kapitalmarktes sowie dem Schutz der Anleger und schließlich, der effektiven Schaffung eines integrierten Finanzbinnenmarktes.

Literaturverzeichnis

Amihud, Yakov / *Ho,* Thomas / *Schwartz,* Robert: Market Making and the Changing Structure of the Securities Industries, Toronto 1985 (zit.: *Bearbeiter,* in: Amihud / Ho / Schwartz, Market Making and the Changing Structure of the Securities Industries)

Anschütz, Gerhard: Staatsaufsicht und Börsenverwaltung, in: Verwaltungsarchiv, Zeitschrift für Verwaltungsrecht und Verwaltungsgerichtsbarkeit (VerwArch) 1903, S. 519 – 552

Assmann, Heinz-Dieter: Das künftige deutsche Insiderrecht (II), in: Die Aktiengesellschaft (AG) 1994, S. 237 – 258

Assmann, Heinz-Dieter: Konzeptionelle Grundlagen des Anlegerschutzes, in: Zeitschrift für Bankrecht und Bankwirtschaft (ZBB) 1989, S. 49 – 63

Assmann, Heinz-Dieter / *Schneider,* Uwe: Wertpapierhandelsgesetz. Kommentar, 5. Auflage, Köln 2009 (zit.: *Bearbeiter,* in: Assmann / Schneider, WpHG)

Assmann, Heinz-Dieter / *Schütze,* Rolf: Handbuch des Kapitalanlagerechts, 3. Auflage, München 2007 (zit.: *Bearbeiter,* in: Assmann / Schütze, Kapitalanlagerecht)

Assmann, Heinz-Dieter / *Lenz,* Jürgen / *Ritz,* Corinna: Verkaufsprospektgesetz, Verkaufsprospekt-Verordnung, Verkaufsprospektgebühren-Verordnung. Kommentar, Köln 2001 (zit.: *Bearbeiter,* in: Assmann / Lenz / Ritz, VerkProspG)

Assmussen, Jörg / *Mai,* Stefan / *Nawrath,* Axel: Zur Weiterentwicklung der EU-Finanzmarktintegration, in: Zeitschrift für das gesamte Kreditwesen (ZfgK) 2004, S. 198 – 204

Ausschuss der Weisen: Schlussbericht des Ausschusses der Weisen über die Regulierung der europäischen Wertpapiermärkte vom 15. Februar 2001, abrufbar über www.europa.eu (zit.: Ausschuss der Weisen, Schlussbericht über die Regulierung der europäischen Wertpapiermärkte)

Ausschuss der Weisen: Erster Bericht des Ausschusses der Weisen über die Reglementierung der europäischen Wertpapiermärkte vom 09. November 2000, abrufbar über www.ec.europa.eu (zit.: Ausschuss der Weisen, Erster Bericht über die Reglementierung der europäischen Wertpapiermärkte)

Averdiek-Bolwin, Christoph: Die Effizienz von Aktienbörsen. SEAQ versus Tradepoint, München 1998 (zit.: Averdiek-Bolwin, Die Effizienz von Aktienbörsen)

Bachmann, Gregor: Regelwerk und Rechtsgeschäft – Zur Einseitigen Änderung privater Börsenregeln, in: Wertpapier-Mitteilungen (WM) 2001, S. 1793 – 1798.

BaFin (Bundesanstalt für Finanzdienstleistungsaufsicht): Jahresbericht 2008, Bonn und Frankfurt am Main 2009 (zit.: BaFin, Jahresbericht 2008)

BaFin (Bundesanstalt für Finanzdienstleistungsaufsicht): Jahresbericht 2009, Bonn und Frankfurt am Main 2010 (zit.: BaFin, Jahresbericht 2009)

Bauer, Hartmut / *Pleyer,* Marcus / *Hirche,* Kirsten: Die Befugnis der Deutsche Börse AG zur einseitigen Änderung des Regelwerks Neuer Markt – Zugleich ein Beitrag zur Penny-Stock-Kontroverse und zu Privaten Rechtsnormen, in: Zeitschrift für Bank- und Kapitalmarktrecht (BKR) 2002, S. 102 – 119

Bauer, Hartmut / *Möllers,* Christoph: Die Beendigung des Parketthandels an der Frankfurter Wertpapierbörse. Rechtliche Direktiven für den ausschließlichen Wertpapierhandel im elektronischen Handelssystem Xetra und die Beendigung der Kursmaklertätigkeit an der Frankfurter Wertpapierbörse, Baden-Baden 2001 (zit.: Bauer/Möllers, Die Beendigung des Parkethandels an der FWB)

Baums, Theodor: Aktienmarkt und Finanzierung kleiner Unternehmen, in: Zeitschrift für Wirtschaftsrecht (ZIP) 1997, S. 1942 – 1948

Baums, Theodor / *Segna,* Ulrich: Börsenreform, Osnabrück 1998 (zit.: Baums/Segna, Börsenreform)

BAWe (Bundesaufsichtsamt für den Wertpapierhandel): Bekanntmachung des Bundesaufsichtsamtes für den Wertpapierhandel zum Wertpapier-Verkaufsprospektgesetz (Verkaufsprospektgesetz) vom 6. September 1999 (zit.: BAWe, Bekanntmachung für den Wertpapierhandel zum Verkaufsprospektgesetz)

Beck, Heiko: Die Reform des Börsenrechts im Vierten Finanzmarktförderungsgesetz – Teil 1: Änderungen des Börsenorganisationsrechts, in: Zeitschrift für Bank- und Kapitalmarktrecht (BKR) 2002, S. 662 – 668

Beck, Heiko: Die Reform des Börsenrechts im Vierten Finanzmarktförderungsgesetz – Teil 2: Neuregelung der Handelsplattformen, des Maklerrechts und der Wertpapierzulassung, in: Zeitschrift für Bank- und Kapitalmarktrecht (BKR) 2002, S. 699 – 709

Beck, Heiko: Das neue elektronische Handelssystem Xetra der Frankfurter Wertpapierbörse, in: Wertpapier-Mitteilungen (WM) 1998, S. 417 – 430

Beck, Heiko: Die erwerbswirtschaftliche Betätigung Beliehener am Beispiel des Trägers einer Wertpapierbörse, in: Wertpapier-Mitteilungen (WM) 1996, S. 2313 – 2319

Behrens, Peter: Die ökonomischen Grundlagen des Rechts. Politische Ökonomie als rationale Jurisprudenz, Tübingen 1986 (zit.: Behrens, Die ökonomischen Grundlagen des Rechts)

Berding, Benjamin: Gesellschafts- und kapitalmarktrechtliche Grundsätze im Übernahmerecht, in: Wertpapier-Mitteilungen (WM) 2002, S. 1149 – 1158

Bernet, Beat: Institutionelle Grundlagen der Finanzintermediation, München 2003 (zit.: Bernet, Finanzintermediation)

Bessler, Wolfgang: Börsen, Banken und Kapitalmärkte. Festschrift für Hartmut Schmidt zum 65. Geburtstag, Berlin 2006 (zit.: *Bearbeiter,* in: Bessler, Börsen, Banken und Kapitalmärkte)

Bessler, Wolfgang / *Schmidt,* Hartmut: Wertpapiertransaktionen im Spannungsfeld von börslichem und außerbörslichem Handel, in: Die Hamburger Börse 1558 – 2008. Trends im Börsenwesen, S. 109 – 145, herausgegeben von der Handelskammer Hamburg, Hamburg 2008 (zit.: Bessler/Schmidt, Wertpapiertransaktionen im Spannungsfeld von börslichem und außerbörslichem Handel)

Bezzenberger, Gerold / *Schuster,* Detlev: Die öffentliche Anstalt als abhängiges Konzernunternehmen, in: Zeitschrift für Unternehmens- und Gesellschaftsrecht (ZGR) 1996, S. 481 – 499

Bieber, Roland / *Epiney,* Astrid / *Haag,* Marcel: Die Europäische Union – Europarecht und Politik, 8. Auflage, Baden-Baden 2009 (zit.: Bieber/Epiney/Haag, Die Europäische Union)

Bieber, Roland / *Ress,* Georg: Die Dynamik des Europäischen Gemeinschaftsrechts / The dynamics of EC-law. Die Auslegung des Europäischen Gemeinschaftsrechts im Lichte nachfolgender Praxis der Mitgliedstaaten und der EG-Organe, Baden-Baden 1987 (zit.: *Bearbeiter*, in: Bieber / Ress, Die Dynamik des Europäischen Gemeinschaftsrechts)

Bleckmann, Albert: Probleme bei der Auslegung von EWG-Richtlinien, in Recht der internationalen Wirtschaft (RIW) 1987, S. 929 – 935

Bley, Siegfried: Grundlagen und Praxis des Wertpapiergeschäfts, 4. Auflage, Stuttgart 1979 (zit.: Bley, Grundlagen und Praxis des Wertpapiergeschäfts)

Blum, Ulrich / *Dudley,* Leonard / *Leibbrand,* Frank / *Weiske,* Andreas: Angewandte Institutionenökonomik. Theorien – Modelle – Evidenz, Wiesbaden 2005 (Blum/Dudley/Leibbrand/Weiske, Angewandte Institutionenökonomik)

Blume, Marshall / *Siegel,* Jeremy / *Rottenberg,* Dan: Revolution on Wall Street. The Rise and Decline of the New York Stock Exchange, New York 1993 (zit.: Blume/Siegel/Rottenberg, Revolution on Wall Street)

Blumentritt, Jan: Die privatrechtlich organisierte Börse: ein Beitrag zur Diskussion um die Neuordnung des Börsenwesens, Frankfurt am Main 2003 (zit.: Blumentritt, Die privatrechtlich organisierte Börse)

Bode, Christoph: Anlegerschutz und Neuer Markt – eine empirische Untersuchung des Publizitätsverhaltens ausgewählter Unternehmen des Neuen Marktes, Gottmadingen 2006 (zit.: Bode, Anlegerschutz und Neuer Markt)

Böhme, Philip: Transaktionskosten im Aktienhandel. Wettbewerbliche Analyse institutioneller und alternativer Handelssysteme in Europa, Wiesbaden 2004 (zit.: Böhme, Transaktionskosten im Aktienhandel)

Börsensachverständigenkommission: Empfehlungen zur Regulierung Alternativer Handelssysteme, Mai 2001 (zu beziehen über www.deutsche-boerse.com)

Book, Thomas: Elektronischer Börsenhandel und globale Märkte, Wiesbaden 2001 (zit.: Book, Elektronischer Börsenhandel und globale Märkte)

Boos, Karl-Heinz / *Fischer,* Reinfried / *Schulte-Mattler,* Hermann: Kreditwesengesetz. Kommentar zu KWG und Ausführungsvorschriften, 3. Auflage, München 2008 (zit.: *Bearbeiter,* in: Boos / Fischer / Schulte-Mattler, KWG)

Bortenlänger, Christine: Börsenautomatisierung: Effizienzpotentiale und Durchsetzbarkeit, Wiesbaden 1996 (zit.: Bortenlänger, Börsenautomatisierung)

Bosch, Ulrich / *Groß,* Wolfgang: Das Emissionsgeschäft, 2. Auflage, Köln 2000 (zit.: *Bearbeiter,* in: Bosch / Groß, Emissionsgeschäft)

Boschan, Christoph: Wertpapierhandelssysteme. Erscheinungsformen und Funktionsweisen, rechtliche Systematisierung und aufsichtsrechtliche Steuerung, Hamburg 2007 (zit.: Boschan, Wertpapierhandelssysteme)

Bracht, Hannes: Die Pflicht von Wertpapierdienstleistungsunternehmen zur bestmöglichen Ausführung von Kundenaufträgen (Best Execution), Baden-Baden 2009, (zit.: Bracht, Best Execution)

Brand, Dieter: Der Transaktionskostenansatz in der betriebswirtschaftlichen Organisationstheorie. Stand und Weiterentwicklung der theoretischen Diskussion sowie Ansätze zur Messung des Einflusses kognitiver und motivationaler Persönlichkeitsmerkmale auf das transaktionskostenrelevante Informationsverhalten, Frankfurt am Main 1990 (zit.: Brand, Der Transaktionskostenansatz in der betriebswirtschaftlichen Organisationstheorie)

Breitkreuz, Tilman: Die Ordnung der Börse. Verwaltungsrechtliche Zentralfragen des Wertpapierbörsenwesens, Berlin 2000 (zit.: Breitkreuz, Ordnung der Börse)

Bremer, Heinz: Grundzüge des deutschen und ausländischen Börsenrechts, Heidelberg 1969 (zit.: Bremer, Grundzüge des deutschen und ausländischen Börsenrechts)

Bressler, Stefan: Public Private Partnership im Bank- und Börsenrecht durch Beleihung mit einer Anstaltsträgerschaft, Frankfurt am Main 2009 (zit.: Bressler, Public Private Partnership im Bank- und Börsenrecht)

Breuer, Rolf-Ernst: Handbuch Finanzierung, 3. Auflage, Wiesbaden 2001 (zit.: *Bearbeiter*, in: Breuer, Finanzierung)

Brockhausen, Jürgen: Kapitalmarktaufsicht in Selbstverwaltung – Voraussetzungen und Bedingungen am Beispiel der Handelsüberwachungsstelle gemäß § 1b Börsengesetz – , in: Wertpapier-Mitteilungen (WM) 1997, S. 1924 – 1930

Brockmeier, Matthias / *Kapferer,* Helmut / *Nickel,* Hans / *Willershausen,* Jens: Das Finanzmarktrichtlinien-Umsetzungsgesetz. Die neuen Vorschriften für die Anlageberatung, München 2007 (zit.: Brockmeier/Kapferer/Nickel/Willershausen, FRUG)

Brunner, Antje: Meßkonzepte zur Liquidität auf Wertpapiermärkten, Frankfurt am Main 1996 (zit.: Brunner, Meßkonzepte zur Liquidität auf Wertpapiermärkten)

Bruns, Georg / *Häuser,* Karl: Deutschland als Finanzplatz. Analysen und Perspektiven, Frankfurt am Main 1992 (zit.: Bruns / Häuser, Deutschland als Finanzplatz)

Buck-Heeb, Petra: Kapitalmarktrecht, 3. Auflage, Heidelberg 2009 (zit.: Buck-Heeb, Kapitalmarktrecht)

Buckley, Ross: International Financial System. Policy and Regulation, Alphen aan den Rijn (NED) 2008 (zit.: Buckley, International Financial System)

Budäus, Dietrich: Kooperationsformen zwischen Staat und Markt. Theoretische Grundlagen und praktische Ausprägungen von Public Private Partnership, Baden-Baden 2006 (zit.: *Bearbeiter,* in: Budäus, Kooperationsformen zwischen Staat und Markt)

Burmeister, Frank / *Staebe,* Erik: Grenzen des sog. *Gold Plating* bei der Umsetzung europäischer Richtlinien in nationales Recht, in: Zeitschrift Europarecht (EuR) 2009, S. 444 – 457

Burgi, Martin: Börse, Börsenträger und Börsenaufsicht im System des Wirtschaftsverwaltungsrechts, in: Wertpapier-Mitteilungen (WM) 2009, S. 2337 – 2343

Burgi, Martin: Privatisierung öffentlicher Aufgaben – Gestaltungsmöglichkeiten, Grenzen, Regelungsbedarf, Gutachten D für den 67. Deutschen Juristentag, herausgegeben von der Ständigen Deputation des Deutschen Juristentages, München 2008 (zit.: Burgi, Privatisierung öffentlicher Aufgaben)

Burgi, Martin: Die Beleihung als kartellvergaberechtlicher Ausnahmetatbestand (am Beispiel des Subventionsmittlers nach § 44 III BHO), in: Neue Zeitschrift für Verwaltungsrecht (NVwZ) 2007, S. 383 – 388

Burgi, Martin: Funktionale Privatisierung und Verwaltungshilfe. Staatsaufgabendogmatik Phänomenologie – Verfassungsrecht, Tübingen 1999 (zit.: Burgi, Funktionale Privatisierung und Verwaltungshilfe)

Calliess, Christian / *Ruffert,* Matthias: EUV/EGV. Das Verfassungsrecht der Europäischen Union mit Europäischer Grundrechtecharta, 3. Auflage, München 2007 (zit.: *Bearbeiter,* in: Calliess / Ruffert, EUV/EGV)

Calliess, Christian / *Ruffert,* Matthias: EUV/AEUV. Das Verfassungsrecht der Europäischen Union mit Europäischer Grundrechtecharta, 4. Auflage, München 2011 (zit.: *Bearbeiter,* in: Calliess / Ruffert, EUV/AEUV)

Carlton, Dennis: Futures Markets: Their purpose, their history, their growth, their success and failures, in: The Journal of Futures Markets 1984, S. 237 – 271

Casey, Jean-Pierre / *Lanoo,* Karel: The MiFID Revolution, ECMI Policy Brief No. 3, Brüssel 2006, abrufbar über www.eurocapitalmarkets.org (zit.: Casey/Lanoo, The MiFID Revolution)

Caspari, Karl-Burkhard: Die geplante Insiderregelung in der Praxis, in: Neue Zeitschrift für Gesellschaftsrecht (ZGR) 1994, S. 530 – 546

CESR (The Committee of European Securities Regulators): CESR Technical Advice to the European Commission in the Context of the MiFID Review and Responses to the European Commission Request for Additional Information, vom 29. Juli 2010 (zit.: CESR, MiFID Review)

CESR (The Committee of European Securities Regulators): Standards for Alternative Trading Systems, CESR/02-086b, 2002 (zit.: CESR, Standards for Alternative Trading Systems)

Christoph, Fabian: Börsenkooperationen und Börsenfusionen, Berlin 2007 (zit.: Christoph, Börsenkooperationen und Börsenfusionen)

Christoph, Fabian: Die börsenrechtliche Zulässigkeit einer expansiven Unternehmenspolitik durch deutsche Börsenbetreiber. Das Werben der Deutsche Börse AG um ausländische Börsengesellschaften durch die Deutsche Börse AG, in: Zeitschrift für Bankrecht und Bankwirtschaft (ZBB) 2005, S. 82 – 95

Claussen, Carsten: Bank- und Börsenrecht, 4. Auflage, München 2008 (zit.: *Bearbeiter,* in: Claussen, Bank- und Börsenrecht)

Claussen, Carsten: Noch einmal: Die Rechtsform deutscher Wertpapierbörsen, in: Zeitschrift für Bankrecht und Bankwirtschaft (ZBB) 2000, S. 1 – 10

Claussen, Carsten: Das neue Börsenaufsichtsrecht, in: Der Betrieb (DB) 1994, S. 969 – 974

Claussen, Carsten / *Hoffmann,* Michael: Neues zur Rechtsform deutscher Wertpapierbörsen, in: Zeitschrift für Bankrecht und Bankwirtschaft (ZBB) 1995, S. 68 – 72

Clouth, Peter / *Lang,* Peter: MiFID Praktikerhandbuch. Neue Verhaltenspflichten für Banken und Sparkassen durch Gesetzgeber und Bankenaufsicht, Köln 2007 (zit.: *Bearbeiter,* in: Clouth / Lang, MiFID Praktikerhandbuch)

Coase, Ronald: The Nature of the Firm, Economica New Series, Vol. 4, Nr. 16, 1937, S. 386-405

Cohn, Daniela: Alternative Handelssysteme – Ein Beitrag zur Neufassung der §§ 58 ff. BörsG, in: Zeitschrift für Bankrecht und Bankwirtschaft (ZBB) 2002, S. 365 – 377

Damm, Reinhard / *Heermann,* Peter / *Veil,* Rüdiger: Festschrift für Thomas Raiser zum 70. Geburtstag am 20. Februar 2005, Berlin 2005 (zit.: *Bearbeiter,* in: Damm / Heermann / Veil, FS Raiser)

Damrau, Jan: Selbstregulierung im Kapitalmarktrecht. Eine rechtsökonomische Analyse der Normsetzung der deutschen Börsen und ihrer Träger, Berlin 2003 (zit.: Damrau, Selbstregulierung im Kapitalmarktrecht)

Davis, Philip / *Steil,* Benn: Institutional Investors, Cambridge 2001 (zit.: Davis/Steil, Institutional Investors)

Dethof, Sascha: Anforderungen des deutschen und europäischen Kartellrechts an Business-to-Business Internet-Marktplätze. Eine rechtliche Würdigung mit Hinweisen für die Praxis, Aachen 2004 (zit.: Dethof, Internet-Marktplätze)

Detterbeck, Steffen: Allgemeines Verwaltungsrecht mit Verwaltungsprozessrecht, 6. Auflage, München 2008 (zit.: Detterbeck, Allgemeines Verwaltungsrecht)

Deutsche Börse AG: Factbook 2009, herausgegeben von der Deutsche Börse AG, 2010, abrufbar über www.deutsche-boerse.com (zit.: Deutsche Börse AG, Factbook 2009)

Deutsche Börse AG: Xetra BEST Marktmodell, 2009, abrufbar über www.deutsche-boerse.com (zit.: Deutsche Börse AG, Xetra BEST Marktmodell)

Deutsche Börse AG: Präsentation „Ein Jahr Entry Standard – Facts & Figurs vom 26 November 2006, Frankfurt a. M. 2010, abrufbar über www.deutsche-boerse.com (zit.: Deutsche Börse AG, Ein Jahr Entry Standard)

Deutsche Börse AG, Pressemitteilungen vom 20. Juli 2001, 2. Juli 2009 und 24. März 2011 sowie Mitteilungen vom 3. Januar 2011 und 6. Januar 2011 (abrufbar über www.deutsche-boerse.com)

Di Noia, Carmen: Competition and Integration among Stock Exchanges in Europe: Network Effects, Implicit Mergers and Remote Access, Working Paper, Financial Institutions Center, The Wharton School, University of

Pennsylvania, 1998, (zit.: Di Noia, Competition and Integration among Stock Exchanges in Europe)

Dierkes, Thomas: Best Execution in der deutschen Börsenlandschaft, in: Zeitschrift für Bankrecht und Bankwirtschaft (ZBB) 2008, S. 11 – 19

Dietl, Helmut / *Pauli,* Markus / *Royer,* Susanne: Internationaler Finanzplatzwettbewerb. Ein ressourcenorientierter Vergleich, Wiesbaden 1999 (zit.: Dietl / Pauli / Royer, Internationaler Finanzplatzwettbewerb)

Dittrich, Kurt Peter: Die Privatplatzierung im deutschen Kapitalmarktrecht. Eine Untersuchung der Vorschriften des Auslandsinvestmentgesetzes, der Wertpapier-Verkaufsprospektgesetzes und des Gesetzes über Kapitalanlage-Gesellschaften unter Berücksichtigung des Rechts der Vereinigten Staaten von Amerika und des Vereinigten Königreiches, Frankfurt am Main 1998 (zit.: Dittrich, Die Privatplatzierung im deutschen Kapitalmarktrecht)

Domowitz, Ian / *Steil,* Benn: Automation, Trading Costs, and the Structure of the Securities Trading Industry, in: Litan, Robert / Santomero, Anthony, Brookings-Wharton Papers on Financial Services, Washington D.C.1999 (zit.: Domowitz/Steil, Automation, Trading Costs, and the Structure of the Securities Trading Industry)

du Buisson, Joachim: Die Reichweite der Erlaubnistatbestände Emissionsgeschäft und Eigenhandel für andere in § 1 Kreditwesengesetz (KWG), in: Wertpapier-Mitteilungen (WM) 2003, S. 1401 – 1412

Duve, Christian / *Keller,* Moritz: MiFID: Die neue Welt des Wertpapiergeschäfts. Transparenz und Marktintegrität für einen europäischen Kapitalmarkt, in: Betriebs Berater (BB) 2006, S. 2537 – 2542

Economides, Nicholas: Network Economics with Application to Finance, in: Financial Markets, Institutions & Instruments (FMII), Vol. 2, 1993, S. 89 – 97

Eger, Thomas: Institutionen und wirtschaftliche Entwicklung, Berlin 2003 (zit.: *Bearbeiter*, in: Eger, Institutionen und wirtschaftliche Entwicklung)

Ehlers, André: Wertpapierhandel über Neue Medien. Zum Wandel der Rollen der Marktteilnehmer, Baden-Baden 2007 (zit.: Ehlers, Wertpapierhandel über Neue Medien)

Ekkenga, Jens: Anlegerschutz, Rechnungslegung und Kapitalmarkt. Eine vergleichende Studie zum europäischen, deutschen und britischen Bilanz-,

Gesellschafts- und Kapitalmarktrecht, Tübingen 1998 (zit.: Ekkenga, Anlegerschutz, Rechnungslegung und Kapitalmarkt)

Ekkenga, Jens / *Maas,* Heyo: Das Recht der Wertpapieremissionen, Berlin 2006 (zit.: Ekkenga/Maas, Wertpapieremissionen)

Ekkenga, Jens / *Hadding,* Walther / *Hammen,* Horst: Bankrecht und Kapitalmarktrecht in der Entwicklung. Festschrift für Siegfried Kümpel zum 70. Geburtstag, Berlin 2003 (zit.: *Bearbeiter,* in: Ekkenga / Hadding / Hammen, Bankrecht und Kapitalmarktrecht in der Entwicklung)

Elster, Nico: Europäisches Kapitalmarktrecht. Recht des Sekundärmarktes, München 2002 (zit.: Elster, Europäisches Kapitalmarktrecht)

Erichsen, Hans-Uwe / *Ehlers,* Dirk: Allgemeines Verwaltungsrecht, 13. Auflage, Berlin 2006 (zit.: *Bearbeiter,* in: Erichsen / Ehlers, Allgemeines Verwaltungsrecht)

Erlei, Mathias / *Leschke,* Martin / *Sauerland,* Dirk: Neue Institutionenökonomik, 2. Auflage, Stuttgart 2007 (zit.: Erlei/Leschke/Sauerland, Neue Institutionenökonomik)

Escher, Markus / *Walz,* Christian: Bundestag verabschiedet Viertes Finanzmarktförderungsgesetz nach erheblichen Änderungen im Finanzausschuss, in: Zeitschrift für Bank- und Kapitalmarktrecht (BKR) 2002, S. 337 -338

Europäische Kommission: Insider-Geschäfte und Marktmanipulation: Europäische Kommission fordert strafrechtliche Sanktionen zur Abschreckung und zur Verbesserung der Marktintegrität, Pressemitteilung IP/11/1218 vom 20. Oktober 2011, abrufbar über www.ec.europa.eu (zit.: Europäische Kommission, Mitteilung IP/11/1218)

Europäische Kommission: Entschlossene Maßnahmen gegen Insider-Geschäfte und Marktmanipulation, Pressemitteilung IP/11/1217 vom 20. Oktober 2011, abrufbar über www.ec.europa.eu (zit.: Europäische Kommission, Mitteilung IP/11/1217)

Europäische Kommission: Finanzdienstleistungen: Bessere europäische Vorschriften zur Schaffung eines robusteren Rahmens für sämtliche Finanzakteure und Finanzinstrumente, Mitteilung IP/10/1677 vom 8. Dezember 2010, abrufbar über www.europa.eu (zit.: Europäische Kommission, Mitteilung IP/10/1677)

Europäische Kommission: Markets in Financial Instruments Directive (MiFID): Frequently Asked Questions, Mitteilung Memo/10/659 vom 8. Dezember 2010, abrufbar über www.ec.europa.eu (zit.: Europäische Kommission, Mitteilung Memo/10/659)

Europäische Kommission: Märkte für Finanzinstrumente (MiFID) und Wertpapierdienstleistungen vom 7. Oktober 2009, aus „Zusammenfassung der EU-Gesetzgebung/Binnenmarkt/Gemeinsamer Markt für Finanzdienstleistungen/Finanzdienstleistungen: Wertpapiermärkte", abrufbar über www.ec.europa.eu (zit.: Europäische Kommission, Märkte für Finanzinstrumente (MiFID) und Wertpapierdienstleistungen)

Europäische Kommission: Vorschlag für neue Wertpapierdienstleistungsrichtlinie, in: Zeitschrift für Bankrecht und Bankwirtschaft (ZBB) 2002, S. 518 – 563

Europäische Kommission: Finanzdienstleistungen: Kommission schlägt Aktionsrahmen vor, Mitteilung IP/98/941 vom 28. Oktober 1998, abrufbar über www.ec.europa.eu (zit.: Europäische Kommission, Mitteilung IP/98/941)

Europäische Kommission: Finanzdienstleistungen: Umsetzung des Finanzmarktrahmens: Aktionsplan, Mitteilung der Kommission, KOM(1999)232 vom 11. Mai 1999, abrufbar über www.ec.europa.eu (zit.: Europäische Kommission, FSAP)

Europäische Kommission: Finanzdienstleistungen. Endspurt für den FSAP, abrufbar über www.ec.europa.eu (zit.: Europäische Kommission, Endspurt für den FSAP)

Europäische Zentralbank: Jahresbericht 2005, Frankfurt am Main 2006 (zit.: Europäische Zentralbank, Jahresbericht 2005)

Europäische Zentralbank: The Euro Equity Markets, Frankfurt am Main 2001 (zit.: Europäische Zentralbank, Euro Equity Markets)

Fama, Eugene: Efficient Capital Markets – A Review of the Theory and Empirical Work, in: The Journal of Finance 1970, Vol. 25, S. 383 – 417

Fernholz, Frank: Börse und ihre Alternativen. Eine Transaktionskostensicht, Köln 2005 (zit.: Fernholz, Börse und ihre Alternativen)

Ferrarini, Guido: Best Execution and competition between trading venues – MiFID's likely impact, in: Capital Markets Law Journal (CMLJ) 2007, S. 404 – 413

Ferrarini, Guido: European Securities Markets. The investment services directive and beyond, London 1998 (zit.: *Bearbeiter,* in: Ferrarini, European Securities Markets)

Fey, Gerrit / *Kuhn,* Norbert: Mittelstand und Börse 2007. Ergebnisse einer Umfrage, Studien des Deutschen Aktieninstituts, Heft 40, herausgegeben von Rüdiger *von Rosen*, Frankfurt am Main 2007 (zit.: Fey/Kuhn, Mittelstand und Börse)

Fleckner, Andreas / *Vollmuth,* Christian: Geschäfte zu nicht marktgerechten Preisen (Mistrades) im außerbörslichen Handel – Zu den Grenzen außerbörslicher Mistrade-Regeln, zur Interessenwahrung im außerbörslichen Handel sowie zur Drittschadensliquidation im Rahmen des § 122 BGB – zugleich Anmerkung zu BGH WM 2002, 1687, in: Wertpapier-Mitteilungen (WM) 2004, S. 1263 – 1278

Fleischer, Holger: Die Richtlinie über Märkte für Finanzinstrumente und das MiFID-Umsetzungsgesetz – Entstehung, Grundkonzeption, Regelungsschwerpunkte, in: Zeitschrift für Bank- und Kapitalmarktrecht (BKR) 2006, S. 389 – 396

Fleischer, Holger: Empfiehlt es sich, im Interesse des Anlegerschutzes und zur Förderung des Finanzplatzes Deutschland das Kapitalmarkt- und Börsenrecht neu zu regeln? Kapitalmarktrechtliches Teilgutachten. Gutachten F für den 64. Deutschen Juristentag, herausgegeben von der Ständigen Deputation des Deutschen Juristentages, München 2002 (zit.: Fleischer, Kapitalmarktrechtliches Gutachten)

Fleischer, Holger: Directors' Dealings, in: Zeitschrift für Wirtschaftsrecht (ZIP) 2002, S. 1217 – 1229

Fleischer, Holger: Informationsasymmetrie im Vertragsrecht, München 2001 (zit.: Fleischer, Informationsasymmetrie im Vertragsrecht)

Florian, Ulrich: Rechtsfragen des Wertpapierhandels im Internet, München 2001 (zit.: Florian, Rechtsfragen des Wertpapierhandels im Internet)

Freitag, Oliver: Das Beleihungsrechtsverhältnis. Rahmen, Begründung und Inhalt, Baden-Baden 2005 (zit.: Freitag, Das Beleihungsrechtsverhältnis)

Freixas, Xavier / *Hartmann,* Philipp / *Mayer,* Colin: Handbook of European Financial Markets and Institutions, Oxford 2008 (zit.: *Bearbeiter,* in: Freixas / Hartmann / Mayer, European Financial Markets and Institutions)

Frenz, Walter: Handbuch Europarecht. Band 5. Wirkungen und Rechtsschutz, Heidelberg 2010 (zit.: Frenz, Hdb. Europarecht, Bd. 5)

Frenz, Walter: Handbuch Europarecht. Band 6. Institutionen und Politiken, Heidelberg 2010 (zit.: Frenz, Hdb. Europarecht, Bd. 6)

Frenz, Walter: Die Staatshaftung in den Beleihungstatbeständen, Berlin 1992 (zit.: Frenz, Die Staatshaftung in den Beleihungstatbeständen)

Fuchs, Andreas: Wertpapierhandelsgesetz (WpHG). Kommentar, München 2009 (zit.: *Bearbeiter,* in: Fuchs, WpHG)

Fuchs, Andreas / *Schwintowski,* Hans-Peter / *Zimmer,* Daniel: Wirtschafts- und Privatrecht im Spannungsfeld von Privatautonomie, Wettbewerb und Regulierung. Festschrift für Ulrich Immenga zum 70. Geburtstag, München 2004 (zit.: *Bearbeiter,* in: Fuchs /Schwintowski / Zimmer, Wirtschafts- und Privatrecht im Spannungsfeld von Privatautonomie, Wettbewerb und Regulierung, FS Immenga)

Gebhardt, Cord: Prime und General Standard: Die Neusegmentierung des Aktienmarktes an der Frankfurter Wertpapierbörse, in: Wertpapier-Mitteilungen (WM) 2003, Sonderbeilage Nr. 2

Gerke, Wolfgang: Die Börse der Zukunft: Märkte, Plätze, Netze, Stuttgart 1997 (zit.: *Bearbeiter*, in: Gerke, Die Börse der Zukunft)

Gerke, Wolfgang: Probleme deutscher mittelständischer Unternehmen beim Zugang zum Kapitalmarkt. Analyse und wirtschaftspolitische Schlußfolgerungen, Baden-Baden 1995 (zit.: Gerke, Probleme deutscher mittelständischer Unternehmen beim Zugang zum Kapitalmarkt)

Gerke, Wolfgang: Computerbörse für den Finanzplatz Deutschland, in: Die Betriebswirtschaft (DBW) 1993, S. 725 – 748

Gerke, Wolfgang: Gutachten zur Fortentwicklung des deutschen Börsenwesens durch Einführung eines elektronischen Handelssystems (EHS), Mannheim 1991 (zit.: Gerke, Gutachten zur Fortentwicklung des deutschen Börsenwesens)

Gerke, Wolfgang / *Rapp,* Heinz-Werner: Strukturveränderungen im internationalen Börsenwesen, in: Die Betriebswirtschaft (DBW) 1994, S. 5-23

Gewiese, Susanne: Individueller Anlegerschutz bei Finanzdienstleistungen, Tübingen 2009 (zit.: Gewiese, Individueller Anlegerschutz bei Finanzdienstleistungen)

Giedinghagen, Jan: Arbeitnehmerbeteiligungen im Lichte des Wertpapierprospektgesetzes, in: Zeitschrift für Bank- und Kapitalmarktrecht (BKR) 2007, S. 233 – 238

Göppert, Heinrich: Das Recht der Börsen – Ein Beitrag zum Verwaltungsrecht, Berlin 1932 (zit.: Göppert, Das Recht der Börsen)

Götze, Cornelius: Das jährliche Dokument nach § 10 WpPG – eine Bestandsaufnahme, in: Neue Zeitschrift für Gesellschaftsrecht (NZG) 2007, S. 570 – 574

Gomber, Peter: MiFID – Einfluss auf den horizontalen und vertikalen Wettbewerb, Compliance-Tagung des eFinance Lab in Frankfurt a.M. am 16. November 2006 (zit.: Gomber, MiFID – Einfluss auf den horizontalen und vertikalen Wettbewerb)

Gomber, Peter: Elektronische Handelssysteme. Innovative Konzepte und Technologien im Wertpapierhandel, Heidelberg 2000 (zit.: Gomber, Elektronische Handelssysteme)

Gomber, Peter / *Pujol,* Gregor / *Wranik,* Adrian: MiFID Umsetzung in Deutschland – Eine Analyse der Grundsätze der Auftragsausführung, in: Zeitschrift für Bankrecht und Bankwirtschaft (ZBB) 2009, S. 72 – 82

Gomber, Peter / *Chlistalla,* Michael / *Groth,* Sven: Neue Börsenlandschaft in Europa? Die Umsetzung der MiFID aus Sicht europäischer Marktplatzbetreiber, in: Zeitschrift für Bankrecht und Bankwirtschaft (ZBB) 2008, S. 2 – 11

Gomber, Peter / *Chlistalla,* Michael / *Gsell,* Markus / *Pujol,* Gregor / *Steenbergen,* Jan: Umsetzung der MiFID in Deutschland. Empirische Studien zu Status Quo und Entwicklung der MiFID-Readiness der deutschen Finanzindustrie, Norderstedt 2007 (zit.: Gomber/Chlistalla/Gsell/Pujol/Steenbergen, Umsetzung der MiFID in Deutschland)

Gomber, Peter / *Hirschberg,* Holger: Ende oder Stärkung der konventionellen Börsen?, in: Die Aktiengesellschaft (AG) 2006, S. 777 – 784

Gottschalk, Ulrich: IBIS – Inter-Banken-Informations-System, in: Zeitschrift für Bankrecht und Bankwirtschaft (ZBB) 1991, S. 23 – 27

Grabitz, Eberhard / *Hilf,* Meinhard / *Nettesheim*, Martin: Das Recht der Europäischen Union, Band III, 40. Ergänzungslieferung, Stand Oktober 2009 (zit.: *Bearbeiter*, in: Grabitz / Hilf / Nettesheim, Das Recht der Europäischen Union, Bd. III)

Greenbaum, Stuart / *Thakor,* Anjan: Contemporary Financial Intermediation, 2. Auflage, Amsterdam 2007 (zit.: Greenbaum/Thakor, Contemporary Financial Intermediation)

Groß, Wolfgang: Kapitalmarktrecht. Kommentar zum Börsengesetz, zur Börsenzulassungs-Verordnung, zum Wertpapierprospektgesetz und zum Verkaufsprospektgesetz, 4. Auflage, München 2009 (zit.: Groß, Kapitalmarktrecht)

Grote, Michael: Die Entwicklung des Finanzplatzes Frankfurt. Eine evolutionsökonomische Untersuchung, Berlin 2004 (zit.: Grote, Die Entwicklung des Finanzplatzes Frankfurt)

Grote, Michael / *Harrschar-Ehrnborg,* Sofia / *Lo,* Vivien: Technologies and Proximities: Frankfurt's New Role in the European Financial System, Working Paper Series: Finance and Accounting, No.46, Goethe-Universität Frankfurt 1999 (zit.: Grote/Harrschar-Ehrnborg/Lo, Technologies and Proximities)

Grundmann, Stefan: Wettbewerb der Regelgeber im Europäischen Gesellschaftsrecht – jedes Marktsegment hat seine Struktur, in: Zeitschrift für Unternehmens- und Gesellschaftsrecht (ZGR) 2001, S. 783 – 832

Grundmann, Stefan: EG-Richtlinie und nationales Privatrecht, in: Juristenzeitung (JZ) 1996, S. 274 – 287

Grundmann, Stefan / *Schwintowski,* Hans-Peter, *Singer,* Reinhard / *Weber,* Martin: Anleger- und Funktionsschutz durch Kapitalmarktrecht. Symposium und Seminar zum 65. Geburtstag von Eberhard Schwark, Berlin 2006 (zit.: *Bearbeiter,* in: Grundmann / Schwintowski / Singer / Weber, Anleger- und Funktionsschutz)

Grunewald, Barbara / *Schlitt*, Michael: Einführung in das Kapitalmarktrecht, 2. Auflage, München 2009 (zit.: *Bearbeiter*, in: Grunewald / Schlitt, Kapitalmarktrecht)

Habersack, Mathias / *Joeres,* Hans-Ulrich / *Krämer,* Achim: Entwicklungslinien im Bank- und Kapitalmarktrecht. Festschrift für Gerd Nobbe, Köln 2009 (zit.: *Bearbeiter,* in: Habersack / Joeres / Krämer, Entwicklungslinien im Bank- und Kapitalmarktrecht)

Habersack, Mathias / *Mülbert,* Peter / *Schlitt,* Michael: Unternehmensfinanzierung am Kapitalmarkt, 2. Auflage, Köln 2008 (zit.: *Bearbeiter,* in: Habersack / Mülbert / Schlitt, Unternehmensfinanzierung am Kapitalmarkt)

Habersack, Mathias / *Mülbert,* Peter / *Schlitt,* Michael: Handbuch der Kapitalmarktinformation, München 2008 (zit.: *Bearbeiter,* in: Habersack / Mülbert / Schlitt, Kapitalmarktinformation)

Habersack, Mathias / *Mayer,* Christian: Die überschießende Umsetzung von Richtlinien, in: Juristische Zeitschrift (JZ) 1999, S. 913 – 921

Hammen, Horst: Gebühren- und Entgeltregelungen für die Teilnahme am elektronischen Börsenhandel, in: Unternehmensrecht zu Beginn des 21. Jahrhunderts. Festschrift für Eberhard Schwark zum 70. Geburtstag, herausgegeben von Stefan Grundmann, Christian Kirchner, Thomas Raiser, Hans-Peter Schwintowski, Martin Weber, Christine Windbichler, S. 389 – 405, München 2009 (zit.: Hammen, Gebühren- und Entgeltregelungen für die Teilnahme am elektronischen Börsenhandel)

Hammen, Horst: Interessenkonflikte beim Börsengang von Börsen, Frankfurt am Main 2009 (zit.: *Bearbeiter,* in: Hammen, Interessenkonflikte beim Börsengang von Börsen)

Hammen, Horst: Zwischenberichtspflicht im Geregelten Markt der Frankfurter Wertpapierbörse? in: Wertpapier-Mitteilungen (WM) 2003, S. 997 – 1003

Hammen, Horst: „Best" – Was ist Börsenhandel, in: Wertpapier-Mitteilungen (WM) 2002, S. 2129 – 2137

Hammen, Horst: Börsen- und kreditwesengesetzliche Aufsicht über börsenähnliche Handelssysteme, Wertpapierbörsen und Börsenträger, in: Wertpapier-Mitteilungen (WM) 2001, S. 929 – 940

Hammen, Horst: Börsenorganisationsrecht im Wandel – Vorschläge für ein 4. Finanzmarktförderungsgesetz, in: Die Aktiengesellschaft (AG) 2001, S. 549 – 567

Hardt, Judith: A first assessment of the impact of MiFID on competition in the European equity markets, Brüssel 2010, abrufbar unter www.fese.be (zit.: Hardt, Assessment of the impact of MiFID)

Harms, Jens / *Reichard,* Christoph: Die Ökonomisierung des öffentlichen Sektors: Instrumente und Trends, Baden-Baden 2003 (zit.: *Bearbeiter,* in: Harms / Reichard, Ökonomisierung des öffentlichen Sektors)

Harrer, Herbert / *Müller,* Roger: Die Renaissance des Freiverkehrs – Eine aktuelle Analyse mit internationalem Vergleich, in: Wertpapier-Mitteilungen (WM) 2006, S. 653 – 664

Harter, Winfried / *Franke,* Jörg / *Hogrefe,* Jürgen / *Seger,* Rolf: Wertpapiere in Theorie und Praxis, 2. Auflage, Stuttgart 1989 (zit.: Harter/Franke/Hogrefe/Seger, Wertpapiere in Theorie und Praxis)

Hartmuth, Armin: Institutioneller Wandel von Börsen. Eine evolutionsökonomische Analyse, Wiesbaden 2004 (zit.: Hartmuth, Institutioneller Wandel von Börsen)

Heiderhoff, Bettina: Gemeinschaftsprivatrecht, 2. Auflage, München 2007 (zit.: Heiderhoff, Gemeinschaftsprivatrecht)

Heidmeier, Heiner: Die Ad-hoc-Publizität gemäß § 44a BörsG im System der Berichtspflichten für börsennotierte Aktiengesellschaften, in: Die Aktiengesellschaft (AG) 1992, S. 110 – 115

Heimburg, Sibylle, von: Verwaltungsaufgaben und Private. Funktionen und Typen der Beteiligung Privater an öffentlichen Aufgaben unter besonderer Berücksichtigung des Baurechts, Berlin 1982 (zit.: Heimburg, Verwaltungsaufgaben und Private)

Heinemann, Friedrich / *Jopp,* Mathias: The Benefits of a Working European Retail Market for Financial Services. Report to European Financial Services Round Table, Bonn 2002 (zit.: Heinemann/Jopp, The Benefits of a Working European Retail Market for Financial Services)

Heinze, Stephan: Europäisches Kapitalmarktrecht. Recht des Primärmarktes, München 1999 (zit.: Heinze, Europäisches Kapitalmarktrecht)

Heldrich, Andreas / *Prölls*, Jürgen / *Koller*, Ingo, sowie *Langenbucher*, Katja / *Grigoleit*, Hans Christoph / *Hager*, Johannes / *Hey*, Felix Christopher / *Neuner*, Jörg / *Petersen*, Jens / *Singer*, Reinhard, Festschrift für Claus-Wilhelm Canaris zum 70. Geburtstag, Band I, München 2007 (zit.: Bearbeiter, in: Festschrift Canaris)

Hellwig, Hans-Jürgen: Möglichkeiten einer Börsenreform zur Stärkung des deutschen Kapitalmarkts, in: Zeitschrift für Unternehmens- und Gesellschaftsrecht (ZGR) 1999, 781 – 819

Hendler, Reinhard: Selbstverwaltung als Ordnungsprinzip, Köln 1984 (zit.: Hendler, Selbstverwaltung als Ordnungsprinzip)

Heyder, Stefan: Die einseitige Abänderung des Regelwerks Neuer Markt. Zugleich Besprechung des Urteils des OLG Frankfurt a.M., BKR 2002, BKR Jahr 2002 Seite 459, und der Entscheidung des Primary Markets Arbitration Panel, BKR 2002, BKR Jahr 2002 Seite 468, in: Zeitschrift für Bank- und Kapitalmarktrecht (BKR) 2002, S. 806 – 810

Hirschberg, Holger: MiFID – Ein neuer Rechtsrahmen für die Wertpapierhandelsplätze in Deutschland, in: Die Aktiengesellschaft (AG) 2006, S. 398 – 406

Hoffmann-Riem, Wolfgang / *Schmidt-Aßmann,* Eberhard / *Voßkuhle,* Andreas: Grundlagen des Verwaltungsrechts, Band I, München 2006 (zit.: *Bearbei-*

ter, in: Hoffmann-Riem / Schmidt-Aßmann / Voßkuhle, Grundlagen des Verwaltungsrechts, Bd. I)

Hohberg, Karsten: Wertpapierbörse im Internet. Aufsichts- und vertragsrechtliche Aspekte, Tübingen 2005 (zit.: Hohberg, Wertpapierbörse im Internet)

Holzborn, Timo / *Israel,* Alexander: Die Neustrukturierung des Finanzmarktrechts durch das Finanzmarktrichtlinienumsetzungsgesetz (FRUG), in: Neue Juristische Wochenschrift (NJW) 2008, S. 791 – 796

Hopt, Klaus: Die Verantwortlichkeit der Banken bei Emissionen. Recht und Praxis in der EG, in Deutschland und in der Schweiz, München 1991 (zit.: Hopt, Die Verantwortlichkeit der Banken bei Emissionen)

Hopt, Klaus: Vom Aktien- und Börsenrecht zum Kapitalmarktrecht? Teil 2: Die deutsche Entwicklung im internationalen Vergleich in: Zeitschrift für das gesamte Handelsrecht und Wirtschaftsrecht (ZHR) 1977, S. 389 – 441

Hopt, Klaus: Inwieweit empfiehlt sich eine allgemeine gesetzliche Regelung des Anlegerschutzes? Gutachten G für den 51. Deutschen Juristentag, herausgegeben von der Ständigen Deputation des Deutschen Juristentages, München 1976 (zit.: Hopt, Gutachten G für den 51. Deutschen Juristentag)

Hopt, Klaus: Der Kapitalanlegerschutz im Recht der Banken: Gesellschafts-, bank- und börsenrechtliche Anforderungen an das Beratungs- und Verwaltungsverhalten der Kreditinstitute, München 1975 (zit.: Hopt, Der Kapitalanlegerschutz im Recht der Banken)

Hopt, Klaus / *Baumbach,* Adolf: Handelsgesetzbuch, 34. Auflage, München 2010 (zit.: *Bearbeiter,* in: Baumbach / Hopt, Handelsgesetzbuch)

Hopt, Klaus / *Rudolph,* Bernd / *Baum,* Harald: Börsenreform: Eine ökonomische, rechtsvergleichende und rechtspolitische Untersuchung, Stuttgart 1997 (zit.: *Bearbeiter,* in: Hopt / Rudolph / Baum, Börsenreform)

Hopt, Klaus / *Baum,* Harald: Börsenrechtsreform: Überlegungen aus vergleichender Perspektive, in: Wertpapier-Mitteilungen (WM) 1997, Sonderbeilage Nr. 4

Horsch, Andreas / *Meinhövel,* Harald / *Paul,* Stephan: Institutionenökonomie und Betriebswirtschaftslehre, München 2005 (zit.: *Bearbeiter,* in: Horsch / Meinhövel / Paul, Institutionenökonomie und Betriebswirtschaftslehre)

Horst, Peter: Kapitalanlegerschutz. Haftung bei Emission und Vertrieb von Kapitalanlagen; eine juristische und ökonomische Analyse, München 1987 (zit.: Horst, Kapitalanlegerschutz)

Hüffer, Jens: Das Wertpapier-Verkaufsprospektgesetz. Prospektpflicht und Anlegerschutz, Köln 1996 (zit.: Hüffer, Wertpapier-Verkaufsprospektgesetz)

Hüffer, Uwe: Aktiengesetz, 9. Auflage, München 2010 (zit.: Hüffer, Aktiengesetz)

Hummel, Detlev / *Bühler,* Wilhelm / *Schuster,* Leo: Banken in globalen und regionalen Umbruchsituationen, Stuttgart 1997 (zit.: *Bearbeiter,* in: Hummel / Bühler / Schuster, Banken in globalen und regionalen Umbruchsituationen)

Hummel, Detlev / *Breuer,* Rolf: Handbuch Europäischer Kapitalmarkt, Wiesbaden 2001 (zit.: *Bearbeiter,* in: Hummel / Breuer, Handbuch Europäischer Kapitalmarkt)

Jaskulla, Ekkehard: Voraussetzungen und haftungsrechtliche Konsequenzen einer Aussetzung des Börsenhandels vor dem Hintergrund der Ereignisse des 11. September 2001 – Zugleich Überlegungen im Anschluss an die Entscheidung des OLG Frankfurt a.M. – 1 U 209/99 – (rechtskräftig) vom 18. Januar 2001 –, in: Wertpapier-Mitteilungen (WM) 2002, 1093 – 1105

Jickeli, Joachim / *Schliesky,* Utz: Aufgaben des modernen Staates in Europa, Kiel 2008 (zit.: *Bearbeiter,* in: Jickeli / Schliesky, Aufgaben des modernen Staates)

Jütten, Herbert: Das Zweite Finanzmarktförderungsgesetz aus Sicht der Kreditwirtschaft, in: Die Bank 1993, S. 601 – 607

Just, Clemens / *Voß,* Thorsten / *Ritz,* Corinna / *Zeising,* Michael: Wertpapierprospekt (WpPG) und EU-Prospektverordnung, München 2009 (zit.: *Bearbeiter,* in: Just / Voß / Ritz / Zeising, WpPG)

Kasten, Roman: Das neue Kundenbild des § WPHG § 31a WpHG – Umsetzungsprobleme nach MiFID & FRUG, in: Zeitschrift für Bank- und Kapitalmarktrecht (BKR) 2007, S. 261 – 267

Kesy, Christoph: Informationsverarbeitung am Rentenmarkt, Bad Soden 2004 (zit.: Kesy, Informationsverarbeitung am Rentenmarkt)

Kilger, Moritz: Ein Finanzmarkt für Euroland. Finanzmarktintegration in der EU, Marburg 2008 (zit.: Kilger, Finanzmarktintegration in der EU)

Kirchhof, Gregor: Rechtfolgen der Privatisierung. Jede Privatisierung lockert, löst öffentlich-rechtliche Bindungen, in: Archiv des öffentlichen Rechts (AöR) 2007, S. 215 – 256

Klenke, Hilmar: Börsendienstleistungen im Europäischen Binnenmarkt. Die Marktkonzeption der Wertpapierdienstleistungsrichtlinie am Beispiel der Aktienmärkte, Berlin 1998 (zit.: Klenke, Börsendienstleistungen im Europäischen Binnenmarkt)

Kley, Max Dietrich / *Leven,* Franz-Josef / *Rudolph,* Bernd / *Schneider,* Uwe: Aktie und Kapitalmarkt: Anlegerschutz, Unternehmensfinanzierung und Finanzplatz. Festschrift für Rüdiger von Rosen zum 65. Geburtstag, Stuttgart 2008 (zit.: *Bearbeiter,* in: Kley / Leven / Rudolph / Schneider, Aktie und Kapitalmarkt)

Kluth, Winfried / *Müller,* Martin / *Peilert,* Andreas: Wirtschaft – Verwaltung – Recht. Festschrift für Rolf Stober zum 65. Geburtstag am 11. Juni 2008, Köln, München 2008 (zit.: *Bearbeiter,* in: Kluth / Müller / Peilert, Wirtschaft – Verwaltung – Recht)

Koch, Jens: Die Einheit der nationalen Rechtsordnung und die europäische Privatrechtsangleichung, in: Juristenzeitung (JZ) 2006, S. 277 – 284

Kölner Kommentar zum WpHG, herausgegeben von Heribert Hirte und Thomas Möllers, Köln 2007 (zit.: *Bearbeiter,* KölnKomm, WpHG)

Köndgen, Johannes: Ownership and Corporate Governance of Stock Exchanges, in: Journal of Institutional and Theoretical Economics (JITE) 1998, S. 224 – 251

Köndgen, Johannes / *Mues,* Jochen: Zwangslizenz für Xetra?, in: Wertpapier-Mitteilungen (WM) 1998, S. 53 – 62

König, Klaus / *Benz,* Angelika: Privatisierung und staatliche Regulierung, Baden-Baden 1997 (zit.: *Bearbeiter,* in: König / Benz, Privatisierung und staatliche Regulierung)

Körber, Thorsten: Grundfreiheiten und Privatrecht, Tübingen 2004 (zit.: Körber, Grundfreiheiten und Privatrecht)

Kohl, Helmut / *Kübler,* Friedrich / *Ott,* Claus / *Schmidt,* Karsten: Zwischen Markt und Staat. Gedächtnisschrift für Rainer Walz, Berlin 2008 (zit.: *Bearbeiter*, in: Kohl /Kübler / Ott / Schmidt, Zwischen Markt und Staat)

Kropp, Sabine: Modernisierung des Staates in Deutschland: Konturen einer endlosen Debatte, Politische Vierteljahresschrift (PVS) 2004, S. 416 – 439

Krumnow, Jürgen / *Lange,* Thomas: Management-Handbuch eBanking, Stuttgart 2001 (zit.: *Bearbeiter,* in: Krumnow / Lange, eBanking)

Kübler, Friedrich / *Assmann,* Heinz-Dieter: Gesellschaftsrecht. Die privatrechtlichen Ordnungsstrukturen und Regelungsprobleme von Verbänden und Unternehmen, 6. Auflage, Heidelberg 2006 (zit.: Kübler/Assmann, Gesellschaftsrecht)

Kübler, Friedrich / *Mertens,* Hans-Joachim / *Werner,* Winfried: Festschrift für Theodor Heinsius zum 65. Geburtstag am 25. September 1991, Berlin 1991 (zit.: *Bearbeiter,* in: Kübler / Mertens / Werner, Festschrift Heinsius)

Kümpel, Siegfried / *Wittig,* Arne: Bank- und Kapitalmarktrecht, 4. Auflage, Köln 2011 (zit.: *Bearbeiter,* in: Kümpel / Wittig, Bank- und Kapitalmarktrecht)

Kümpel, Siegfried: Bank- und Kapitalmarktrecht, 3. Auflage, Köln 2004 (zit.: Kümpel, Bank- und Kapitalmarktrecht)

Kümpel, Siegfried: Kapitalmarktrecht: eine Einführung, 3. Auflage, Berlin 2004 (zit.: Kümpel, Kapitalmarktrecht)

Kümpel, Siegfried: Zur öffentlichrechtlichen Organisation der deutschen Wertpapierbörsen, in: Zeitschrift für Bank- und Kapitalmarktrecht (BKR) 2003, S. 3 – 13

Kümpel, Siegfried: Die öffentlichrechtliche Börsenorganisation im Lichte der Reformvorschläge, in: Wertpapier-Mitteilungen (WM) 1997, S. 1917 – 1923

Kümpel, Siegfried: Börsenrechtliche Fragen bei der Schaffung des geregelten Marktes, in: Festschrift für Klemens Pleyer: Zum 65. Geburtstag, herausgegeben von Paul Hofmann, Ulrich Meyer-Cording und Hebert Wiedemann, Köln 1986 (zit.: Kümpel, Festschrift Pleyer)

Kümpel, Siegfried: Amtlicher Markt und Freiverkehr an der Börse aus rechtlicher Sicht, in: Wertpapier-Mitteilungen (WM) 1985, Sonderbeilage Nr. 5

Kümpel, Siegfried / *Veil,* Rüdiger: Wertpapierhandelsgesetz – Eine systematische Darstellung –, 2. Auflage, Berlin 2006 (zit.: Kümpel / Veil, Wertpapierhandelsgesetz)

Kümpel, Siegfried / *Hammen,* Horst / *Ekkenga,* Jens: Kapitalmarktrecht, Loseblattsammlung, Berlin, Stand März 2009 (zit.: *Bearbeiter,* in: Kümpel/Hammen/Ekkenga, Kapitalmarktrecht)

Kümpel, Siegfried / *Hammen,* Horst: Börsenrecht – Eine systematische Darstellung –, 2. Auflage, Berlin 2003 (zit.: Kümpel / Hammen, Börsenrecht)

Kullmann, Walburga / *van Aerssen,* Rick: Neuer Markt und EASDAQ – Ein Vergleich der Zulassungsvoraussetzungen und Zulassungsfolgepflichten, in: Zeitschrift für Bankrecht und Bankwirtschaft (ZBB) 2010, S. 10 – 32

Kumpan, Christoph: Transparenz als Mittel der Kapitalmarktregulierung – Die neuen Transparenzvorschriften der Richtlinie über Märkte für Finanzinstrumente – , in: Wertpapier-Mitteilungen (WM) 2006, S. 797 – 806

Kumpan, Christoph: Die Regulierung außerbörslicher Wertpapierhandelssysteme im deutschen, europäischen und US-amerikanischen Recht, Berlin 2005 (zit.: Kumpan, Die Regulierung außerbörslicher Wertpapierhandelssysteme)

Kunold, Uta / *Schlitt,* Michael: Die neue EU-Prospektrichtlinie, in: Betriebs-Berater (BB) 2004, S. 501 – 512

Lämmerzahl, Torsten: Die Beteiligung Privater an der Erledigung öffentlicher Aufgaben. Eine Untersuchung ihrer verfassungs- und verwaltungsrechtlichen Möglichkeiten und Grenzen, Berlin 2007 (zit.: Lämmerzahl, Die Beteiligung Privater an der Erledigung öffentlicher Aufgaben)

Langenbucher, Katja: Aktien- und Kapitalmarktrecht, München 2008 (zit.: Langenbucher, Aktien- und Kapitalmarktrecht)

Langenbucher, Katja: Europarechtliche Bezüge des Privatrechts, 2. Auflage, Baden-Baden 2008 (zit.: *Bearbeiter,* in: Langenbucher, Europarechtliche Bezüge des Privatrechts)

Lattemann, Christoph / *Zuber,* Pascal: Eine marktmikrostrukturtheoretische Analyse der deutschen Strombörsenlandschaft, in: Zeitschrift für Energiewirtschaft (ZfE) 2001, S. 75 – 87

Lenenbach, Markus: Kapitalmarktrecht und kapitalmarktrelevantes Gesellschaftsrecht, 2. Auflage, Köln 2010 (zit.: Lenenbach, Kapitalmarktrecht)

Lepczyk, Dennis: Rechtliche Aspekte internationaler Börsenfusionen. Gesellschaftsrecht, Organisationsrecht, Aufsichtsrecht, Frankfurt am Main 2009 (zit.: Lepczyk, Rechtliche Aspekte internationaler Börsenfusionen)

Lepczyk, Dennis: Schwerpunktereich – Eine Einführung in das Börsenrecht, in: Juristische Schulung (JuS) 2007, S. 985 – 989

Leuering, Dieter: Prospektpflichtige Anlässe im WpPG, in: Der Konzern 2006, S. 4 – 11

Leuering, Dieter / *Simon,* Stefan: Der Freiverkehr als Börsensegment für kleine und mittlere Unternehmen, in: Neue Juristische Wochenschrift-Spezial (NJW-Spezial) 2006, S. 27 – 28

Liersch, Jan: Nachteile für den Finanzplatz durch außerbörsliche Wertpapiergeschäfte, in: Wertpapier-Mitteilungen (WM) 2003, S. 473 – 479

Littwin, Frank / *Schöne,* Franz-Josef: Public private partnership im öffentlichen Hochbau, Stuttgart 2006 (zit.: *Bearbeiter,* in: Littwin / Schöne, Public Private Partnership)

Loff, Detmar, Alternative Handelssysteme. Probleme des Zulassungs- und Aufsichtsrechts der Betreiber alternativer Handelssysteme in Deutschland unter Berücksichtigung europarechtlicher Regelungen, Köln 2007 (zit.: Loff, Alternative Handelssysteme)

Lorenz, Oliver: Die Wertpapierbörse und ihr Träger. Ein Beitrag zur Inhaltsbestimmung der Betriebspflicht und zur erwerbswirtschaftlichen Betätigung des Trägers, Frankfurt am Main 2004 (zit.: Lorenz, Die Wertpapierbörse und ihr Träger)

Lüdecke, Torsten: Struktur und Qualität von Finanzmärkten, Wiesbaden 1996 (zit.: Lüdecke, Struktur und Qualität von Finanzmärkten)

Lutter, Marcus: Die Auslegung angeglichenen Rechts, in: Juristenzeitung (JZ) 1992, S. 593 – 607

Lutter, Marcus / *Mertens,* Hans-Joachim: Festschrift für Walter Stimpel zum 68. Geburtstag am 29. November 1985 (zit.: *Bearbeiter,* in: Lutter / Mertens, FS Stimpel)

Maas, Heyo: Zwangsdelisting und Anlegerschutz. Der Schutz der Börsennotierung vor gesellschaftsfremden Maßnahmen, Frankfurt a.M. 2009 (zit.: Maas, Zwangsdelisting und Anlegerschutz)

Macey, Jonathan / *Kanda,* Hideki: The Stock Exchange as a Firm: The Emergence of Close Substitutes for the New York and Tokyo Stock Exchanges, in: Cornell Law Review 1990, S. 1007 – 1052

Maes, Ivo: Half a century of European financial integration. From the Rome Treaty to the 21st century, Brüssel 2007 (zit.: Maes, European financial integration)

Marsch-Barner, Reinhard / *Schäfer,* Frank: Handbuch börsennotierte AG: Aktien- und Kapitalmarktrecht, 2. Auflage, Köln 2009 (*Bearbeiter*, in: Marsch-Barner / Schäfer, Handbuch börsennotierte AG)

Maunz, Theodor / *Dürig,* Günter: Grundgesetz. Kommentar, Band V, Art. 54 – 85, herausgegeben von Roman Herzog, Matthias Herdegen, Rupert Scholz und Hans Klein, 58. Ergänzungslieferung, München 2010 (zit.: *Bearbeiter,* in: Maunz / Dürig, GG)

Maurer, Hartmut: Allgemeines Verwaltungsrecht, 14. Auflage, München 2002 (zit.: Maurer, Allgemeines Verwaltungsrecht)

Mayer, Otto: Deutsches Verwaltungsrecht, I. und II. Band, 3. Auflage, Berlin 1924 (zit.: Mayer, Deutsches Verwaltungsrecht II)

Mayer, Christian / *Schürnbrand,* Jan: Einheitlich oder gespalten? – Zur Auslegung nationalen Rechts bei überschießender Umsetzung von Richtlinien, in: Juristenzeitung (JZ) 2004, S. 545 – 552

Mensching, Christian: Der neue Komitologie-Beschluss des Rates, in: Europäische Zeitschrift für Wirtschaftsrecht (EuZW) 2000, S. 268 – 271

Merkt, Hanno: Empfiehlt es sich, im Interesse des Anlegerschutzes und zur Förderung des Finanzplatzes Deutschland das Kapitalmarkt- und Börsenrecht neu zu regeln? Börsenrechtliches Teilgutachten. Gutachten G für den 64. Deutschen Juristentag, herausgegeben von der Ständigen Deputation des Deutschen Juristentages, München 2002 (zit.: Merkt, Börsenrechtliches Gutachten)

Merkt, Hanno: Unternehmenspublizität. Offenlegung von Unternehmensdaten als Korrelat der Marktteilnahme, Tübingen 2000 (zit.: Merkt, Unternehmenspublizität)

Merkt, Hanno / *Rossbach,* Oliver: Zur Einführung: Kapitalmarktrecht, in: Juristische Schulung (JuS) 2003, S. 217 – 224

Michaelis, Rüdiger: Der Beliehene. Ein Beitrag zur Verflechtung zwischen öffentlichem und privatem Recht, Münster 1969 (zit.: Michaelis, Der Beliehene)

Möller, Andreas: Kapitalmarktaufsicht: Wandel und Neubestimmung der nationalen und europäischen Kapitalmarktaufsicht anhand des Beispiels der Aufsicht über die Börsen und den Börsenhandel, Berlin 2006 (zit.: Möller, Kapitalmarktaufsicht)

Mühlenkamp, Holger: Ökonomische Analyse von Public Private Partnerships (PPP) – PPP als Instrument zur Steigerung der Effizienz der Wahrnehmung öffentlicher Aufgaben oder als Weg zur Umgehung von Budgetbeschränkungen?, Speyer 2010 (zit.: Mühlenkamp, Ökonomische Analyse von Public Private Partnerships)

Mülbert, Peter: Die neuen Transparenzregeln im Vorschlag einer Richtlinie über Wertpapierdienstleistungen und geregelte Märkte – insbesondere die Pre-Trade-Transparenzpflicht von systematischen Internalisierern, Arbeitspapiere 2003 (zit.: Mülbert, Transparenzregeln)

Münchener Kommentar zum Aktiengesetz: Band 5, §§ 278 – 328, herausgegeben von Wulf Goette und Mathias Habersack, 3. Auflage, München 2010 (zit.: *Bearbeiter,* in: MünchKomm AktG)

Münchener Kommentar zum Aktiengesetz: Band 1, §§ 1 – 75, herausgegeben von Wulf Goette und Mathias Habersack, 3. Auflage, München 2008 (zit.: *Bearbeiter,* in: MünchKomm AktG)

Münchener Kommentar zum Bürgerlichen Gesetzbuch. Allgemeines Gleichbehandlungsgesetz, Band 1/Teilband 2, herausgegeben von: Franz Säcker und Roland Rixecker, 5. Auflage, München 2007 (zit.: *Bearbeiter,* in: MünchKomm BGB)

Münchener Kommentar zum Bürgerlichen Gesetzbuch. Band 2, Schuldrecht Allgemeiner Teil, §§ 241 – 432, herausgegeben von: Franz Säcker und Roland Rixecker, 5. Auflage, München 2007 (zit.: *Bearbeiter,* in: MünchKomm BGB)

Münchener Kommentar zum Handelsgesetzbuch: Band 6, §§ 373 – 406, herausgegeben von Karsten Schmidt, 2. Auflage, München 2007 (zit.: *Bearbeiter,* in: MünchKomm HGB)

Mues, Jochen: Anmerkung zum Börsengesetz nach dem Diskussionsentwurf nach dem Vierten Finanzmarktförderungsgesetz, in: Zeitschrift für Bankrecht und Bankwirtschaft (ZBB) 2001, S. 353 – 360

Mues, Jochen: Die Börse als Unternehmen. Modell einer privatrechtlichen Börsenorganisation, Baden-Baden 1999 (zit.: Mues, Die Börse als Unternehmen)

Mutschler, Sibylle: Internalisierung der Auftragsausführung im Wertpapierhandel. Eine rechtliche und ökonomische Betrachtung unter besonderer Berücksichtigung der Richtlinie 2004/39/EG des Europäischen Parlaments und des Rates vom 21. April 2004 über Märkte für Finanzinstrumente, Baden-Baden 2007 (zit.: Mutschler, Internalisierung der Auftragsausführung im Wertpapierhandel)

Nabben, Stefan / *Rudolph,* Bernd: Die Börse als Marktplatz und Dienstleister, in: Marketing. Zeitschrift für Forschung und Praxis (ZFP) 1994, S. 167 – 180

Neubauer, Maik: Alternative Trading Systems – Schlüssel zum Retailmarkt?, in: Die Bank 2001, S. 104 – 107

Neumann, Manfred / *Rux,* Johannes: Einbindung öffentlich-rechtlicher Einrichtungen in einen privatrechtlichen Konzern, in: Der Betrieb (DB) 1996, S. 1659 – 1662

Niedereichholz, Dirk: Die Zukunft der Börse: Verbandbetrieb oder Publikumsgesellschaft, Hamburg 2004 (zit.: Niedereichholz, Die Zukunft der Börse)

Nobel, Peter / *Sauerwein,* Nina. Steter Wandel – die einzige Konstante der Börsenwelt. Mit Bemerkungen zur Struktur der Deutsche Börse AG im Lichte der neuen Entwicklungen, in: Unternehmensrecht zu Beginn des 21. Jahrhunderts. Festschrift für Eberhard Schwark zum 70. Geburtstag, herausgegeben von Stefan Grundmann, Christian Kirchner, Thomas Raiser, Hans-Peter Schwintowski, Martin Weber, Christine Windbichler, S. 587 – 597, München 2009 (zit.: Nobel/Sauerwein, Struktur der Deutsche Börse AG)

North, Douglas: Institutionen, institutioneller Wandel und Wirtschaftsleistung, Tübingen 1992 (zit.: North, Institutionen, institutioneller Wandel und Wirtschaftsleistung)

Nottmeier, Horst: Der Einsatz der Computertechnik an den europäischen Wertpapiermärkten, seine Auswirkungen auf den Aktien- und Aktienterminhandel und das zukünftige Erscheinungsbild der Börsen, Paderborn 1990 (zit.: Nottmeier, Computertechnik an den europäischen Wertpapiermärkten)

Nußbaum, Arthur: Kommentar zum Börsengesetz für das Deutsche Reich vom 22. Juni 1896 / 8. Mai 1908, nebst einer Darstellung der Rechtsgrundsätze über den Effektenhandel zwischen Bankier und Kunden, München 1910 (zit.: Nußbaum, Kommentar zum Börsengesetz)

Obst, Georg / *Hintner,* Otto: Geld-, Bank- und Börsenwesen, 40. Auflage, herausgegeben von Jürgen von Hagen und Johann Heinrich von Stein, Stuttgart 2000 (zit.: Obst / Hintner, Geld-, Bank- und Börsenwesen)

Oelke, Torsten: Der neue Entry Standard Index der Deutschen Börse – ein Instrument zur Mittelstandsfinanzierung?, in: Zeitschrift für Bank- und Kapitalmarktrecht (BKR) 2006, S. 7 – 10

Ossenbühl, Fritz: Die Erfüllung von Verwaltungsaufgaben durch Private, in: Veröffentlichungen der Vereinigung der Deutschen Staatsrechtslehrer (VVDStRL), Heft 29, 1971

Pagano, Marco: Endogenous Market Thinness and Stock Price Volatility, in: Review of Economic Studies 1989, S. 269-287

Pagano, Marco: Trading Volume and Asset Liquidity, in: Quarterly Journal of Economics, Vol. 104, 1989, S. 255 – 274

Palandt, Otto: Bürgerliches Gesetzbuch, 68. Auflage, München 2009 (zit.: *Bearbeiter,* in: Palandt, BGB)

Park, Tido: Kapitalmarktstrafrecht. Handkommentar, 2. Auflage, Baden-Baden 2008 (zit.: *Bearbeiter,* in: Park, Kapitalmarktstrafrecht)

Pape, Ulrich: Grundlagen der Finanzierung und Investition, München 2009 (zit.: Pape, Grundlagen der Finanzierung und Investition)

Peine, Franz-Joseph: Grenzen der Privatisierung – verwaltungsrechtliche Aspekte, in: Die öffentliche Verwaltung (DÖV) 1997, S. 353 – 365

Petersen, Kathrin: EG-Richtlinienumsetzung und Übergangsgerechtigkeit. Fragen der Rückwirkung, der Kontinuität und der Systemgerechtigkeit, Frankfurt a. M. 2008 (zit.: Petersen, EG-Richtlinienumsetzung und Übergangsgerechtigkeit)

Petersen, Ole / *Pujol,* Gregor: Wie lässt sich die MiFID für neue Geschäftsmodelle nutzen?, in: Zeitschrift für das gesamte Kreditwesen: Ausgabe Technik – IT für Finanzdienstleister (ZfgK Technik) 2007, S. 11 – 13

Picot, Arnold: Transaktionskosten im Handel. Zur Notwendigkeit einer flexiblen Strukturentwicklung in der Distribution, in: Betriebs-Berater (BB) 1986, S. 1 – 16

Picot, Arnold / *Bortenlänger,* Christine / *Röhrl,* Heiner: Börsen im Wandel. Der Einfluß von Informationstechnologie und Wettbewerb auf die Organisation von Wertpapiermärkten, Frankfurt am Main 1996 (zit.: Picot/Bortenlänger/Röhrl, Börsen im Wandel)

Picot, Arnold / *Dietl,* Helmut: Transaktionskostentheorie, in: Wirtschaftswissenschaftliches Studium (WiSt) 1990, S. 178 – 184

Pietzcker, Jost: Zuteilung von Aktienskontren im Lichte der Grundrecht, in: Zeitschrift für Bankrecht und Bankwirtschaft (ZBB) 2007, S. 295 – 303

Plückelmann, Katja: Der Neue Markt der Deutsche Börse AG, Frankfurt a.M. (zit.: Plückelmann, Der Neue Markt der Deutsche Börse AG)

Podewils, Felix: Wertpapier-Auftragsausführungssysteme im Wettbewerb. Börsen, Geregelte Märkte und Internalisierer, Hamburg 2007 (zit.: Podewils, Wertpapier-Auftragsausführungssysteme im Wettbewerb)

Posegga, Volker: Gesellschafts- und aufsichtsrechtliche Aspekte des Zusammenschlusses von Börsen am Beispiel der Verschmelzung der Trägergesellschaften – Zugleich ein Beitrag zur „Betriebspflicht“ des Börsenträgers im Sinne des § 1 Abs. 2 Börsengesetz n.F., in: Wertpapier-Mitteilungen (WM) 2002, S. 2402 – 2408

Pozniak, Gregor: Die Wiener Börse in ihrem geänderten rechtlichen Umfeld, in: Zeitschrift für Bankrecht und Bankwirtschaft (ZBB) 1998, S. 357 – 378

Prechtel, Andreas: Europarechtliche Rahmenbedingungen für grenzüberschreitende Wertpapierhandelssysteme, Frankfurt am Main 2001 (zit.: Prechtel, Grenzüberschreitende Wertpapierhandelssysteme)

Raiser, Thomas: Konzernverflechtungen unter Einschluß öffentlicher Unternehmen, in: Zeitschrift für Unternehmens- und Gesellschaftsrecht (ZGR) 1996, S. 458 – 480

Raiser, Thomas / *Veil,* Rüdiger: Recht der Kapitalgesellschaften. Ein Handbuch für Praxis und Wissenschaft, 5. Auflage, München 2010 (zit.: Raiser/Veil, Recht der Kapitalgesellschaften)

Rawls, John: Eine Theorie der Gerechtigkeit, Frankfurt am Main 1975 (zit.: Rawls, Theorie der Gerechtigkeit)

Rein, Thorben: Die Prospektpflicht und Prospekthaftung bei Wertpapieremissionen. Reform und Reformüberlegungen, Hamburg 2009 (zit.: Rein, Prospektpflicht und Prospekthaftung bei Wertpapieremissionen)

Reuschle, Fabian / *Fleckner,* Andreas: Börsenähnliche Einrichtungen – die privatrechtliche Organisation einer Börse im materiellen Sinne, in: Zeitschrift für Bank- und Kapitalmarktrecht (BKR) 2002, S. 617 – 625

Reuter, Alexander: PPP-Refinanzierung unter Haushalts-, Gebühren-, Preis- und Beihilferecht: Zielkonflikte und Lösungsansätze, in: Neue Zeitschrift für Verwaltungsrecht (NVwZ) 2005, S. 1246 – 1255

Richter, Rudolf / *Furubotn,* Eirik: Neue Institutionenökonomik, 3. Auflage, Tübingen 2003 (zit.: Richter/Furubotn, Neue Institutionenökonomik)

Riehm, Thomas: Die überschießende Umsetzung vollharmonisierender EG-Richtlinien im Privarecht, in: Juristenzeitung (JZ) 2006, S. 1035 – 1045

Riesenhuber, Karl: Europäische Methodenlehre. Handbuch für Ausbildung und Praxis, 2. Auflage, Berlin 2010 (zit.: *Bearbeiter*, in: Riesenhuber, Europäische Methodenlehre)

Riesenhuber, Karl: Privatrechtsgesellschaft. Entwicklung, Stand und Verfassung des Privatrechts, Tübingen 2007 (zit.: *Bearbeiter,* in: Riesenhuber, Privatrechtsgesellschaft)

Rittner, Fritz: Das Gemeinschaftsprivatrecht und die europäische Integration, in: Juristenzeitung (JZ) 1995, S. 849 – 858

Rittner, Fritz / *Dreher,* Meinrad: Europäisches und deutsches Wirtschaftsrecht. Eine systematische Darstellung, 3. Auflage, Heidelberg 2008 (zit.: Rittner/Dreher, Europäisches und deutsches Wirtschaftsrecht)

Röhrl, Heiner: Börsenwettbewerb. Die Organisation der Bereitstellung von Börsenleistungen, Wiesbaden 1996 (zit.: Röhrl, Börsenwettbewerb)

Ruthig, Josef / *Storr,* Stefan: Öffentliches Wirtschaftsrecht, Heidelberg 2005 (zit.: Ruthig / Storr, Öffentliches Wirtschaftsrecht)

Samm, Carl-Theodor: Börsenrecht. Grundzüge, Insider-Problematik, Optionshandel, Stuttgart 1978 (zit.: Samm, Börsenrecht)

Salomon, Annette: MiFID: Neue Pflichten im Wertpapiergeschäft?, in: Bank-Praktiker 2006, S. 472 – 477

Sangiovanni, Valerio: Die Ad-hoc-Publizität im deutschen Recht, in: Zeitschrift für Rechtsvergleichung (ZfRV) 1998, S. 143 – 149

Schäfer, Frank / *Hamann,* Uwe: Kapitalmarktgesetze: Wertpapierhandelsgesetz, Börsengesetz mit BörsZulV, Wertpapierprospektgesetz, Verkaufsprospektgesetz, Wertpapiererwerbs- und Übernahmegesetz ; Kommentar, 2. Auflage, Stuttgart 2009, Stand der Lieferung BörsG: 01/2006, Stand der Lieferung WpPG: 01/2008 (zit.: *Bearbeiter,* in: Schäfer / Hamann, Kapitalmarktgesetze)

Schäfer, Frank: Der Begriff des Emissionsgeschäfts im KWG – und die Tätigkeiten von Venture-Capital Gesellschaften aus bankaufsichtsrechtlicher Sicht –, in: Wertpapier-Mitteilungen (WM) 2002, S. 361 – 367

Schäfer, Frank: Emission und Vertrieb von Wertpapieren nach dem Wertpapierverkaufsprospektgesetz, in: Zeitschrift für Wirtschaftsrecht (ZIP) 1991, S. 1557 – 1565

Schäfer, Klaus / *Burghof,* Hans-Peter / *Johanning,* Lutz / *Wagner,* Hannes F. / *Rodt,* Sabine: Risikomanagement und kapitalmarktorientierte Finanzierung. Festschrift zum 65. Geburtstag von Bernd Rudolph, Frankfurt am Main 2009 (zit.: *Bearbeiter,* in: Schäfer / Burghof / Johanning / Wagner / Rodt, Risikomanagement und kapitalmarktorientierte Finanzierung)

Schäffer, Heinz / *Berka,* Walter / *Stolzlechner,* Harald / *Werndl,* Josef: Staat – Verfassung- Verwaltung. Festschrift anläßlich des 65. Geburtstages von Prof. DDr. DDr. h.c. Friedrich Koja, Wien 1998 (zit.: *Bearbeiter,* in: Schäffer / Berka / Stolzlechner / Werndl, Staat – Verfassung – Verwaltung)

Schanz, Kay-Michael: Börseneinführung. Recht und Praxis des Börsengangs, 3. Auflage, München 2007 (Schanz, Börseneinführung)

Scheffrahn, Raymund: Gestaltung einer wettbewerbsfähigen Börse Schweiz, Bern 1992 (zit.: Scheffrahn, Gestaltung einer wettbewerbsfähigen Börse Schweiz)

Schenk, Norman: Informationstechnologie und Börsensysteme: Analyse und Architektur computerisierter Wertpapiermärkte, Wiesbaden 1997, (zit.: Schenk, Informationstechnologie und Börsensysteme)

Schiereck, Dirk: Die Ziele eines Anlegers bei der Wahl des Börsenplatzes, in: Zeitschrift für Bankrecht und Bankwirtschaft (ZBB) 1996, S. 185 – 196

Schiereck, Dirk: Börsenplatzentscheidungen institutioneller Investoren beim Handel deutscher Aktien, in: Zeitschrift für Betriebswirtschaft (ZfB) 1996, S. 1057 – 1079

Schiereck, Dirk: Internationale Börsenplatzentscheidungen institutioneller Investoren, Wiesbaden 1995 (zit.: Schiereck, Internationale Börsenplatzentscheidungen institutioneller Investoren)

Schimansky, Herbert / *Bunte,* Hermann-Josef / *Lwowski,* Hans-Jürgen: Bankrechts-Handbuch, 3. Auflage, München 2007 (zit.: *Bearbeiter,* in: Schimansky / Bunte / Lwowski, Bankrechts-Handbuch)

Schliesky, Utz: Öffentliches Wirtschaftsrecht. Deutsche und europäische Grundlagen, 3. Auflage, Heidelberg 2008 (zit.: Schliesky, Öffentliches Wirtschaftsrecht)

Schlitt, Michael: Die neuen Marktsegmente der Frankfurter Wertpapierbörse, in: Die Aktiengesellschaft (AG) 2003, S. 57 – 69

Schlitt, Michael / *Schäfer,* Susanne: Auswirkungen der Umsetzung der Transparenzrichtlinie und der Finanzmarktrichtlinie auf Aktien- und Equity-Linked-Emissionen, in: Die Aktiengesellschaft (AG) 2007, S. 227 – 236

Schlitt, Michael / *Schäfer,* Susanne: Der neue Entry Standard der Frankfurter Wertpapierbörse, in: Die Aktiengesellschaft (AG) 2006, S. 147 – 155

Schlitt, Michael / *Schäfer,* Susanne: Auswirkungen des Prospektrichtlinie-Umsetzungsgesetzes auf Aktien- und Equity-linked Emissionen, in: Die Aktiengesellschaft (AG) 2005, S. 498 – 511

Schlüter, Uwe: Börsenhandelsrecht. Handbuch für Banken und Finanzdienstleistungsinstitute, 2. Auflage, München 2002 (zit.: Schlüter, Börsenhandelsrecht)

Schmidt, Andreas: Börsenpreis als Gütesiegel im Wertpapierhandel, in: Die Aktiengesellschaft Report (AG-Report) 2003, R 108

Schmidt, Hartmut: Vorteile und Nachteile eines integrierten Zirkulationsmarktes für Wertpapiere gegenüber einem gespaltenem Effektenmarkt, Brüssel/Luxemburg 1997 (zit.: Schmidt, Vorteile und Nachteile eines integrierten Zirkulationsmarktes für Wertpapiere)

Schmidt, Hartmut: Wertpapierbörsen. Strukturprinzip, Organisation, Kassa- und Terminmärkte, München 1988 (zit.: Schmidt, Wertpapierbörsen)

Schmidt, Hartmut: Marktorganisationsbestimmte Kosten und Transaktionskosten als börsenpolitische Kategorien, in: Kredit und Kapital 1983, S. 184 – 204

Schmidt, Hartmut / *Schleef,* Michael / *Simic,* André: Warentest für Handelsplattformen – Zur Anlegerfreiheit am Aktienmarkt, in: Zeitschrift für Bankrecht und Bankwirtschaft (ZBB) 2001, S. 69 – 83

Schmidt, Hartmut / *Oesterhelweg,* Olaf / *Treske,* Kai: Der Strukturwandel im Börsenwesen: Wettbewerbstheoretische Überlegungen und Trends im Ausland als Leitbilder für den Finanzplatz Deutschland, in: Kredit und Kapital 1997, S. 369 – 411

Schmidt, Hartmut / *Iversen,* Peter / *Treske,* Kai: Parkett oder Computer?, in: Zeitschrift für Bankrecht und Bankwirtschaft (ZBB) 1993, S. 209 – 221

Schmidt, Hartmut / *Iversen,* Peter: Geld-Brief-Spannen deutscher Standardwerte in IBIS und MATIS, in: Zeitschrift für Bankrecht und Bankwirtschaft (ZBB) 1991, S. 209 – 226

Schmidt, Siegmar / *Schünemann,* Wolf: Europäische Union. Eine Einführung, Baden-Baden 2009 (zit.: Schmidt/Schünemann, Europäische Union)

Schmidt am Busch, Birgit: Die Beleihung: Ein Rechtsinstitut im Wandel, in: Die öffentliche Verwaltung (DÖV) 2007, S. 533 – 542

Schmitt, Cornelia / *Schielke,* Sven: Best Execution unter MiFID, in: Die Bank 2006, S. 32 – 36

Schneider, Dieter: Betriebswirtschaftslehre, Band 1, Grundlagen, 2. Auflage, München 1995 (zit.: Schneider, Betriebswirtschaftslehre)

Schneider, Uwe / *Hommelhoff,* Peter / *Schmidt,* Karsten / *Timm,* Wolfram / *Grunewald,* Barbara / *Drygala,* Tim: Festschrift für Marcus Lutter zum 70. Geburtstag. Deutsches und europäisches Gesellschafts-, Konzern- und Kapitalmarktrecht, Köln 2000 (zit.: Bearbeiter, in: Schneider / Hommelhoff / Schmidt / Timm / Grunewald / Drygala, FS Lutter)

Schneider, Uwe / *Burgard,* Ulrich: Börsenrechtliche Bewertung einer Einbeziehung der Trägergesellschaft der Frankfurter Wertpapierbörse in einem multinationalen Börsenkonzern und die Verlagerung des Handels in Standardwerten an eine andere Börse, in: Wertpapier-Mitteilungen (WM) 2000, Sonderbeilage Nr. 3, S. 24 – 45

Schnorbus, York: Autonome Harmonisierung in den Mitgliedstaaten durch die Inkorporation von Gemeinschaftsrecht, in: Rabels Zeitschrift für ausländisches und internationales Privatrecht (RabelsZ), 65. Jahrgang, 2001, S. 654 – 705

Schoch, Friedrich / *Schmidt-Aßmann,* Eberhard / *Pietzner,* Rainer: Verwaltungsgerichtsordnung, Stand: Mai 2010 (20. Ergänzungslieferung) (zit.: *Bearbeiter,* in: Schoch / Schmidt-Aßmann / Pietzner, VwGO)

Schön, Wolfgang: Das Bild des Gesellschafters im Europäischen Gesellschaftsrecht, in: Rabels Zeitschrift für ausländisches und internationales Privatrecht (RabelsZ), 64. Jahrgang, 2000, S. 1 – 37

Schrader, Torsten: Geregelter Markt und Freiverkehr. Auswirkungen gesetzgeberischer Eingriffe, Wiesbaden 1993 (zit.: Schrader, Geregelter Markt und Freiverkehr)

Schulte, Arnd: Die Regulierung der deutschen Effektenbörsen: Eine Analyse staatlicher Maßnahmen im deutschen Börsenwesen seit der Währungsreform, Frankfurt am Main 1995 (zit.: Schulte, Die Regulierung der deutschen Effektenbörsen)

Schuster, Detlev / *Sohns,* Marcus: Zur Veräußerung von Sparkassen, in: Zeitschrift für Bankrecht und Bankwirtschaft (ZBB) 2006, S. 342 – 354

Schwark, Eberhard: Kapitalmarktrechts-Kommentar. Börsengesetz mit Börsenzulassungsverordnung, Verkaufsprospektgesetz mit Verkaufsprospektverordnung, Wertpapierhandelsgesetz, Wertpapiererwerbs- und Übernahmegesetz, 3. Auflage, München 2004 (zit.: *Bearbeiter,* in: Schwark, Kapitalmarktrechts-Kommentar)

Schwark, Eberhard: Zur rechtlichen Zulässigkeit der Konzerneingliederung des Trägers der Frankfurter Wertpapierbörse unter eine ausländische Holding und eines bluechips-Handelssegments in alleiniger Zuständigkeit einer ausländischen Börsenholding, in: Wertpapier-Mitteilungen (WM) 2000, S. 2517 – 2532

Schwark, Eberhard: Börsen und Wertpapierhandelsmärkte in der EG, in: Wertpapier-Mitteilungen (WM) 1997, S. 293 – 307

Schwark, Eberhard / *Zimmer,* Daniel: Kapitalmarktrechts-Kommentar. Börsengesetz mit Börsenzulassungsverordnung, Wertpapierprospektgesetz, Verkaufsprospektgesetz mit Vermögensanlagen-Verkaufsprospektverordnung, Wertpapierhandelsgesetz, Wertpapiererwerbs- und Übernahmegesetz, 4. Auflage, München 2010 (zit.: *Bearbeiter,* in: Schwark / Zimmer, Kapitalmarktrechts-Kommentar)

Schwarz, Günter: Kapitalmarktrecht – Ein Überblick, in: Deutsches Steuerrecht (DStR) 2003, S. 1930 – 1935

Segna, Ulrich: Die Rechtsform deutscher Wertpapierbörsen – Anmerkungen zur Reformdiskussion, Arbeitspapier Nr. 75, Osnabrück 1999 (zit.: Segna, Die Rechtsform deutscher Wertpapierbörsen)

Segna, Ulrich: Die Rechtsform deutscher Wertpapierbörsen – Anmerkungen zur Reformdiskussion, in: Zeitschrift für Bankrecht und Bankwirtschaft (ZBB) 1999, S. 144 – 152

Seifert, Werner G. / *Habbel,* Markus / *Mattern,* Frank / *Streit,* Clara / *Voth,* Hans-Joachim: Performance ist kein Schicksal. Ideale Investoren gewinnen – den Kapitalmarkt erfolgreich managen, Frankfurt am Main/New York 2003 (zit.: Seifert/Habbel/Mattern/Streit/Voth, Performance ist kein Schicksal)

Seitz, Jochen: Die Integration der europäischen Wertpapiermärkte und die Finanzmarktgesetzgebung in Deutschland, in: Zeitschrift für Bank- und Kapitalmarktrecht (BKR) 2002, S. 340 – 347

Siebel, Ulf / *Röver,* Jan-Hendrik / *Knütel,* Christian: Rechtshandbuch Projektfinanzierung und PPP. Vertragsgestaltung und Projektdurchführung nach deutschem Recht unter Berücksichtigung internationaler Erfahrungen, 2. Auflage, Köln 2008 (zit.: *Bearbeiter,* in: Siebel / Röver / Knütel, Projektfinanzierung und PPP)

Siller, Christian: Kapitalmarktrecht, München 2006 (zit.: Siller, Kapitalmarktrecht)

Spindler, Gerald: Neuregelungen des Kapitalmarkt- und Börsenrechts zum Anlegerschutz? - Zur gesellschafts- und wirtschaftsrechtlichen Abteilung des 64. Deutschen Juristentages, in: Deutsches Steuerrecht (DStR) 2002, S. 1576 – 1587

Spindler, Gerald: Elektronische Finanzmärkte und Internet-Börsen – Teil I: Grundlegende Risiken und Reform des nationalen Kapitalmarktrechts, in: Wertpapier-Mitteilungen (WM) 2002, S. 1325 – 1341

Spindler, Gerald / *Kasten,* Roman: Der neue Rechtsrahmen für den Finanzdienstleistungssektor – die MiFID und ihre Umsetzung, in: Wertpapier-Mitteilungen (WM) 2006, S. 1749 – 1756

Steiner, Udo: Öffentliche Verwaltung durch Private. Allgemeine Lehren, Hamburg 1975 (zit.: Steiner, Öffentliche Verwaltung durch Private)

Stelkens, Paul / *Bonk,* Joachim / *Sachs,* Michael: Verwaltungsverfahrensgesetz, 7. Auflage, München 2008 (zit.: *Bearbeiter,* in: Stelkens / Bonk / Sachs, VwVfG)

Stenzel, Stefan: Außerbörslicher Aktienhandel – Teilband I: Umfang und Ursachen, Berlin 1995 (zit.: Stenzel, Außerbörslicher Aktienhandel)

Streinz, Rudolf: Europarecht, 8. Auflage, Heidelberg 2008 (zit.: Streinz, Europarecht)

Streinz, Rudolf: EUV/EGV – Vertrag über die Europäische Union und Vertrag zur Gründung der Europäischen Gemeinschaft, München 2003 (zit: Bearbeiter, in: Streinz: EUV/EGV)

Stünkel, Kerstin: EG-Grundfreiheiten und Kapitalmärkte. Die Auswirkungen der Grundfreiheiten auf die Integration der Sekundärmarkte, Baden-Baden 2005 (zit.: Stünkel, EG-Grundfreiheiten und Kapitalmärkte)

Stürner, Rolf: Markt und Wettbewerb über alles? Gesellschaft und Recht im Fokus neoliberaler Marktideologie, München 2007 (zit.: Stürner, Markt und Wettbewerb)

Stuible-Treder, Jutta: Der Beliehene im Verwaltungsrecht, Tübingen 1986 (zit.: Stuible-Treder, Der Beliehene im Verwaltungsrecht)

Sudmeyer, Jan: Mitteilungs- und Veröffentlichungspflichten nach §§ 21, 22 WpHG, in: Betriebs-Berater (BB) 2002, S. 685 – 692

Sudmeyer, Jan / *Susanne,* Rückert / *Kuthe,* Thorsten: Entry Standard – Das neue Segment für den Mittelstand, in: Betriebs Berater (BB) 2005, S. 2703 – 2706

Theewen, Eckhard: Bank- und Kapitalmarktrecht. Handbuch für Fachanwaltschaft und Bankpraxis, Köln 2010 (zit.: *Bearbeiter,* in: Theewen, Bank- und Kapitalmarktrecht)

Thum, Marcel: Netzwerkeffekte, Standardisierung und staatlicher Regulierungsbedarf, Tübingen 1995 (zit.: Thum, Netzwerkeffekte)

Uppenbrink, Martin: Die deutschen Wertpapierbörsen als Körperschaften des öffentlichen Rechts, Heidelberg 1963 (zit.: Uppenbrink, Die deutschen Wertpapierbörsen als Körperschaften des öffentlichen Rechts)

Veil, Rüdiger / *Koch,* Philipp: Auf dem Weg zu einem Europäischen Kapitalmarktrecht: die Vorschläge der Kommission zur Neuregelung des Marktmissbrauchs, in: Wertpapier-Mitteilungen (WM) 2011, S. 2297 – 2306

von Daniels, Holger: Private equity secondary transactions. Chancen und Grenzen des Aufbaus eines institutionalisierten secondary market, Wiesbaden 2004 (zit.: von Daniels, Private equity secondary transactions)

von Kuczkowski, Anke: Elektronische Primär- und Sekundärmärkte im Internet. Eine institutionenökonomisch basierte Betrachtung möglicher Implikationen für die Risikokapitalakquisition mittelständischer Unternehmen, Göttingen 2001 (von Kuczkowski, Elektronische Primär- und Sekundärmärkte im Internet)

von Olenhusen, Götz: Börsen und Kartellrecht. Zur wettbewerbsrechtlichen Problematik der Börsenleistungen, Baden-Baden 1983 (zit.: von Olenhusen, Börsen und Kartellrecht)

von Rosen, Rüdiger: Börsen als Dienstleister, in: Zeitschrift für das gesamt Kreditwesen (ZfgK) 2005, S. 664 – 665

von Staudinger, Julius: J. von Staudingers Kommentar zum Bürgerlichen Gesetzbuch mit Einführungsgesetz und Nebengesetzen. Buch 2 – Recht der Schuldverhältnisse §§ 315 – 326 (Leistungsstörungsrecht 2), Berlin 2009 (zit.: *Bearbeiter*, in: Staudinger, BGB)

Wabnitz, Heinz-Bernd / *Janovsky,* Thomas: Handbuch des Wirtschafts- und Steuerstrafrechts, 3. Auflage, München 2007 (zit.: *Bearbeiter,* in: Wabnitz / Janovsky, Wirtschafts- und Steuerstrafrecht)

Wagner, Eike: Börsensegmentierung und die Informationspflichten bei der Vermögensanlage in börsennotierte Aktien, Frankfurt a.M. 2007 (zit.: Wagner, Börsensegmentierung und die Informationspflichten bei der Vermögensanlage in börsennotierte Aktien)

Walter, Rolf: Einführung in die Wirtschafts- und Sozialgeschichte, Köln 2008 (zit.: Walter, Wirtschafts- und Sozialgeschichte)

Wastl, Ulrich: Die juristische Organisationsstruktur deutscher Börsen – bzw. Finanzplätze und deren Optimierung, in: Wertpapier-Mitteilungen (WM) 1999, S. 620 – 630

Wastl, Ulrich / *Schlitt,* Christian: Abkehr vom klassischen Börsenbegriff – Chance für einen Neuanfang de lege lata? – Ein Diskussionsbeitrag zur Abgrenzung außerbörslicher, insbesondere computergestützter Wertpapierhandelsplattformen von Börsen –, in: Wertpapier-Mitteilungen (WM) 2001, S. 1702 – 1710

Weatherill, Stephen: Better Regulation, Oxford und Portland, Oregon 2007 (zit.: *Bearbeiter,* in: Weatherill, Better Regulation)

Weber, Martin: Die Entwicklung des Kapitalmarktrechts im Jahre 2007, in: Neue Juristische Wochenschrift (NJW) 2007, S. 3688 – 3696

Weber, Martin: Unterwegs zu einer europäischen Prospektkultur. Vorgaben der neuen Wertpapierprospektrichtlinie vom 4. 11. 2003, in: Neue Zeitschrift für Gesellschaftsrecht (NZG) 2004, S. 360 – 366

Weber, Martin / *Alfen,* Hans: Public-Private-Partnership. Rechtliche Rahmenbedingungen, Wirtschaftlichkeit, Finanzierung, München 2006 (zit.: Weber/Alfen, Public-Private-Partnership)

Weber, Martin:/ *Schäfer,* Michael / *Hausmann,* Friedrich: Praxishandbuch Public Private Partnership, München 2006 (zit.: *Bearbeiter,* in: Weber / Schäfer / Hausmann, Praxishandbuch PPP)

Weinhardt, Christof / *Meyer zu Sellhausen,* Hermann / *Morlock,* Martin: Informationssysteme in der Finanzwirtschaft, Berlin 1998 (zit.: *Bearbeiter,* in: Weinhardt / Meyer zu Sellhausen / Morlock, Informationssysteme in der Finanzwirtschaft)

Welfens, Paul: Finanzmarktintegration und Wirtschaftswachstum im EU-Binnenmarkt, Stuttgart 2009 (zit.: Welfens, Finanzmarktintegration und Wirtschaftswachstum)

Wenzler, Hariolf: Institutionenökonomik und öffentliche Finanzkontrolle, Frankfurt am Main 1997 (zit.: Wenzler, Institutionenökonomik und öffentliche Finanzkontrolle)

Wiede, Peter: Die Börse als verwaltungsrechtliches Problem und Rechtsinstitut, Köln 1965 (zit.: Wiede, Die Börse als verwaltungsrechtliches Problem und Rechtsinstitut)

Wiegand, Britta: Die Beleihung mit Normsetzungskompetenzen. Das Gesundheitswesen als Exempel, Berlin 2008 (zit.: Wiegand, Die Beleihung mit Normsetzungskompetenzen)

Williamson, Oliver: Markets and Hierarchies: Analysis and antitrust Implications. A Study in the Economics of Internal Organization, New York 1975 (zit.: Williamson, Markets and Hierarchies)

Witt, Carl-Heinz: Die Änderungen der Mitteilungs- und Veröffentlichungspflichten nach §§ 21 ff. WpHG durch das geplante Wertpapiererwerbs- und Übernahmegesetz, in: Die Aktiengesellschaft (AG) 2001, S. 233 – 241

Wittich, Georg: Zusammenwachsende europäische Märkte – eine Herausforderung für die Wertpapieraufsicht in Europa, in: Wertpapier-Mitteilungen (WM) 1999, S. 1613 – 1614

Wolf, Manfred: Der Ausschluss vom Neuen Markt und die Aufnahme von Ausschlussgründen in das Regelwerk Neuer Markt, in: Wertpapier-Mitteilungen (WM) 2001, S. 1785 – 1792

Wolff, Hans / *Bachof,* Otto / *Stober,* Rolf / *Kluth,* Winfried: Verwaltungsrecht I, 12. Auflage, herausgegeben von Rolf Stober und Winfried Kluth, München 2007 (zit.: *Bearbeiter,* in: Wolff / Bachof / Stober / Kluth, Verwaltungsrecht I)

Wolff, Hans / *Bachof,* Otto / *Stober,* Rolf / *Kluth,* Winfried: Verwaltungsrecht II, 7. Auflage, herausgegeben von Rolf Stober und Winfried Kluth, München 2010 (zit.: *Bearbeiter,* in: Wolff / Bachof / Stober / Kluth, Verwaltungsrecht II)

Wolff, Hans / *Bachof,* Otto / *Stober,* Rolf: Verwaltungsrecht, Band 3, 5. Auflage, herausgegeben von Rolf Stober, München 2004 (zit.: *Bearbeiter,* in: Wolff / Bachof / Stober, Verwaltungsrecht Bd. 3)

Young, Patrick / *Theys,* Thomas: Revolution im Kapitalmarkt. Die Zukunft der Börse im Online-Zeitalter, 2. Auflage, München 2000 (zit.: Young/Theys, Revolution im Kapitalmarkt)

Zaß, Manfred: Welche Auswirkungen hat die Fusion der Börsen in Frankfurt und London auf die Sparkassenorganisation und ihre Kunden?, in: Zeitschrift für das gesamte Kreditwesen (ZfgK) 2000, S. 631 – 633

Zimmer, Daniel: Finanzmarktrecht – Quo Vadis?, in: Zeitschrift für Bank- und Kapitalmarktrecht (BKR) 2004, S. 421 – 423

Zimmer, Daniel: Verschärfung der Haftung für fehlerhafte Kapitalmarktinformationen – Ein Alternativkonzept, in: Wertpapier-Mitteilungen (WM) 2004, S. 9 – 21

Zingel, Frank: Die Verpflichtung zur bestmöglichen Ausführung von Kundenaufträgen nach dem MiFID-Umsetzungsgesetz, in: Zeitschrift für Bank- und Kapitalmarktrecht (BKR) 2007, S. 173 – 178

Kolibri 360 GmbH
Ferdinand-Jühlke-Straße 7
99095 Erfurt, Deutschland
produktsicherheit@kolibri360.de